"十三五"职业教育国家规划教材 | 职业院校机电类"十三五"微课版规划教材

电气控制与PLC应用 第3版

郭艳萍 张海红 冯凯 / 主编
陈冰 郭夕琴 李晓波 / 副主编

图书在版编目（CIP）数据

电气控制与PLC应用 / 郭艳萍，张海红，冯凯主编
. -- 3版. -- 北京：人民邮电出版社，2017.5（2022.5重印）
职业院校机电类“十三五”微课版规划教材
ISBN 978-7-115-45219-1

Ⅰ. ①电… Ⅱ. ①郭… ②张… ③冯… Ⅲ. ①电气控制－高等职业教育－教材②PLC技术－高等职业教育－教材 Ⅳ. ①TM571.2②TM571.6

中国版本图书馆CIP数据核字(2017)第054712号

内容提要

本书以中高级维修电工和可编程序控制系统设计师等职业标准所要求的知识技能为主线，以训练学生的电气控制及PLC编程技能为目标，选取了基本电气控制电路、常见机床电气控制电路、PLC基本指令的应用、PLC应用指令的应用、模拟量模块和PLC通信的应用、PLC控制系统设计案例6个模块34项任务，以岗位为导向、任务为载体，将工作内容与理论知识紧密结合。

本书主要作为高职高专电气自动化、机电一体化、数控技术等专业的教学用书，也可作为各类工程技术人员、在职人员的培训、自学教材以及各类企业设备管理人员的参考读物。

◆ 主　　编　郭艳萍　张海红　冯　凯
副 主 编　陈　冰　郭夕琴　李晓波
责任编辑　李育民
责任印制　焦志炜

◆ 人民邮电出版社出版发行　　北京市丰台区成寿寺路11号
邮编　100164　　电子邮件　315@ptpress.com.cn
网址　http://www.ptpress.com.cn
北京市艺辉印刷有限公司印刷

◆ 开本：787×1092　1/16
印张：17.25　　　　　2017年5月第3版
字数：412千字　　　　2022年5月北京第14次印刷

定价：44.80元

读者服务热线：(010)81055256　印装质量热线：(010)81055316
反盗版热线：(010)81055315
广告经营许可证：京东市监广登字20170147号

第 3 版前言

“电气控制与 PLC 应用”是机电类高职高专电气自动化技术、机电一体化技术、数控应用技术等专业开设的实践性很强，与生产实际联系密切，将 PLC 与变频器、触摸屏融合到一起的技术应用型课程，也是培养高职高专学生自动化工程实践能力和创新能力的一门重要课程。

本书第 2 版自 2013 年出版以来，以其实例翔实、易于学习上手、便于高职开展理实一体化教学而得到了广大读者的认可。这次修订的主要内容如下。

本书根据读者的建议和意见进行了内容上的修订。此外，针对先进智能制造业对 PLC 技术的岗位需求，将中高级电工 1+X 职业资格证书标准和相关技能大赛项目等与课程的知识点及技能点进行解构和重构；同时深挖思政元素，将价值引领融入课程，实现“岗、课、证、赛”融通，最终达到知识传授、能力培养、价值塑造的教学目标。

- 对本书第 2 版中部分章节所存在的一些问题进行了校正和修改。
- 在模块三的任务一中增加了三菱 FX3U 系列 PLC 硬件的介绍。重点讲解了 PLC 漏型输入和源型输入与传感器的接线方法、晶体管输出型 PLC 的源型和漏型输出的接线方法。
- 为了适应现在 PLC 新技术的需求，在模块三的任务二中增加了 USB 接口的编程电缆线的安装与通信。
- 为了使案例具有很强的可操作性和针对性，模块五的任务二中用送风和循环系统的具体案例替代原教材中两台 PLC 的通信案例。
- 增加了 PLC 与变频器相结合的实际案例，在模块六中增加了离心机多段速控制案例。
- 删减了一些较难理解的电路和传统的 PLC 应用案例，如模块二中的消防泵电气控制电路分析、模块四中的自动门自动开关控制程序设计和模块六中的 Z3040 摇臂钻床的 PLC 改造。

本书配有微课视频，针对重点、难点，以 5～20 分钟的小视频的形式，在实际设备上讲解和操作，进一步帮助学生理解和掌握知识点和操作技能。此外，本书还配套三菱 PLC 的学习软件 FX-TRN-BEG-C、PLC 编程手册、GX 编程软件和 GX-Simulator 仿真软件、动画、课件等丰富的教学资源，任课教师可到人民邮电出版社教学服务与资源下载社区（www.ryjiaoyu.com）免费下载使用。

本书的参考学时为 82～110 学时，其中实训环节为 30～40 学时，各模块的学时参见下面的学时分配表。

模　块	课程内容	学　时	
		理　论	实　训
模块一	基本电气控制电路	6～8	6～8
模块二	常见机床电气控制电路	6～8	4
模块三	PLC 基本指令的应用	14～18	8～10
模块四	PLC 应用指令的应用	12～12	8～10
模块五	模拟量模块和 PLC 通信的应用	6～8	2
模块六	PLC 控制系统设计案例	8～16	2～6
学时总计：82～110		52～70	30～40

本书由重庆工业职业技术学院的郭艳萍、南京机电职业技术学院的张海红和漯河职业技术学院的冯凯任主编，同时进行全书的选例、设计和统稿工作；南京机电职业技术学院的郭夕琴、漯河职业技术学院的陈冰和李晓波任副主编，襄阳汽车职业技术学院的陶慧参与了教材的编写工作。郭夕琴编写了模块一，冯凯编写了模块二，李晓波编写了模块三的任务一到任务五，陶慧编写了模块三的任务六到任务十，张海红编写了模块四，陈冰编写了模块五，郭艳萍编写了模块六和附录。本书在编写过程中参阅了大量的同类教材，在此，对这些教材的作者表示衷心的感谢！

编者

2021 年 7 月

目 录

模块一 基本电气控制电路……1

任务一 电动机点动与自锁控制电路的分析与安装……1

任务二 电动机正反转控制电路的分析与安装……14

任务三 电动机顺序启动控制电路的分析与安装……23

任务四 电动机自动往返控制电路的分析与安装……29

任务五 电动机降压启动控制电路的分析与安装……33

任务六 电动机制动控制电路的分析与安装……43

模块二 常见机床电气控制电路……50

任务一 X62W 铣床控制电路分析与故障排除……50

任务二 Z3040 摇臂钻床控制电路分析与故障排除……62

模块三 PLC 基本指令的应用……69

任务一 认识 PLC……69

任务二 电动机自锁控制程序设计……83

任务三 楼梯照明控制程序设计……98

任务四 3 台电动机顺序启动控制程序设计……103

任务五 产品出入库数量监控程序设计……111

任务六 电动机单按钮启停控制程序设计……115

任务七 电动机Y-Δ降压启动控制程序设计……118

任务八 自动运料小车控制程序设计……123

任务九 自动门控制程序设计……132

任务十 按钮式人行横道交通灯控制程序设计……138

模块四 PLC 应用指令的应用……145

任务一 8 盏流水灯控制程序设计……145

任务二 4 路抢答器控制程序设计……152

任务三 8 台电动机顺序启动控制程序设计……158

任务四 密码锁控制程序设计……165

任务五 停车场车位控制程序设计……170

任务六 8 站小车的呼叫控制程序设计……175

任务七 自动售货机控制程序设计……180

模块五 模拟量模块和 PLC 通信的应用……188

任务一 电热水炉温度控制系统……188

任务二 送风和循环系统的通信控制……200

模块六 PLC 控制系统设计案例……214

任务一 机械手的PLC 控制系统设计……214

任务二 离心机多段速的 PLC 控制系统设计……225

任务三　剪切机的 PLC 控制系统设计 ···230
任务四　基于触摸屏的Y-Δ降压启动 PLC 控制系统设计 ···240
任务五　自动分拣生产线的 PLC 控制系统设计 ···248
附录 ···264
附录 A　FX 系列 PLC 的编程元件及编号 ···264
附录 B　FX 系列 PLC 应用指令一览表 ···265
参考文献 ···269

模块一 基本电气控制电路

能力目标

1. 能根据控制要求，选配合适型号的低压电器。
2. 能根据控制要求，熟练画出典型控制电路原理图，并进行装配。
3. 掌握常用控制电路的安装、调试及维修方法。
4. 能熟练运用所学知识读懂电气图纸。

知识目标

1. 熟悉常用低压电器的结构、工作原理、型号规格、符号、使用方法及其在控制电路中的作用。
2. 掌握电气控制电路国家统一的绘图原则和标准。
3. 掌握电动机基本控制电路的工作原理及安装接线方法。

任务一　电动机点动与自锁控制电路的分析与安装

任务导入

图 1-1 所示为三相异步电动机的手动控制电路。当合上刀开关 QS 时，电动机运行；当断开刀开关时，电动机停止运行。此电路虽然比较简单，但刀开关不宜带负载操作。因此，在启动、停车频繁的场合，使用这种手动控制方法既不方便，也不安全，操作起来劳动强度大，并且不能进行远距离自动控制。那么，采用什么元器件才能实现自动控制呢？这就需要采用按钮和接触器来控制电动机的启动或停止。刀开关在电路中仅起隔离电源的作用。

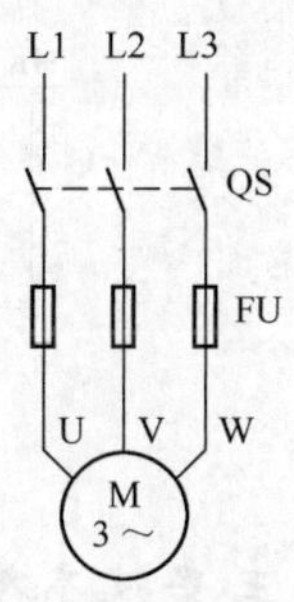

图 1-1　三相异步电动机手动控制电路

相关知识

在电能的产生、输送、分配和应用中，起着开关、控制、调节和保护作用的电气设备称为电器。常用低压电器是指工作在交流电压 1 200V 或直流电压 1 500V 以下的各种电器。

学思融合　通过乐清的蝶变，厚植爱国情怀和民族自豪感，培养学生的创新精神。

一、刀开关

刀开关是一种手动配电电器，用于不频繁接通或分断额定电流以下的负载，也可用来隔离电源，确保检修安全。刀开关也称开启式负荷开关。

1. 结构与型号

图 1-2（a）所示为开启式刀开关的结构，主要由手柄、动触点、静触点和底板构成。图 1-2（b）所示为装设有熔丝的刀开关，它具有短路保护的功能。

刀开关的型号含义和电气符号如图 1-2（c）、（d）所示。

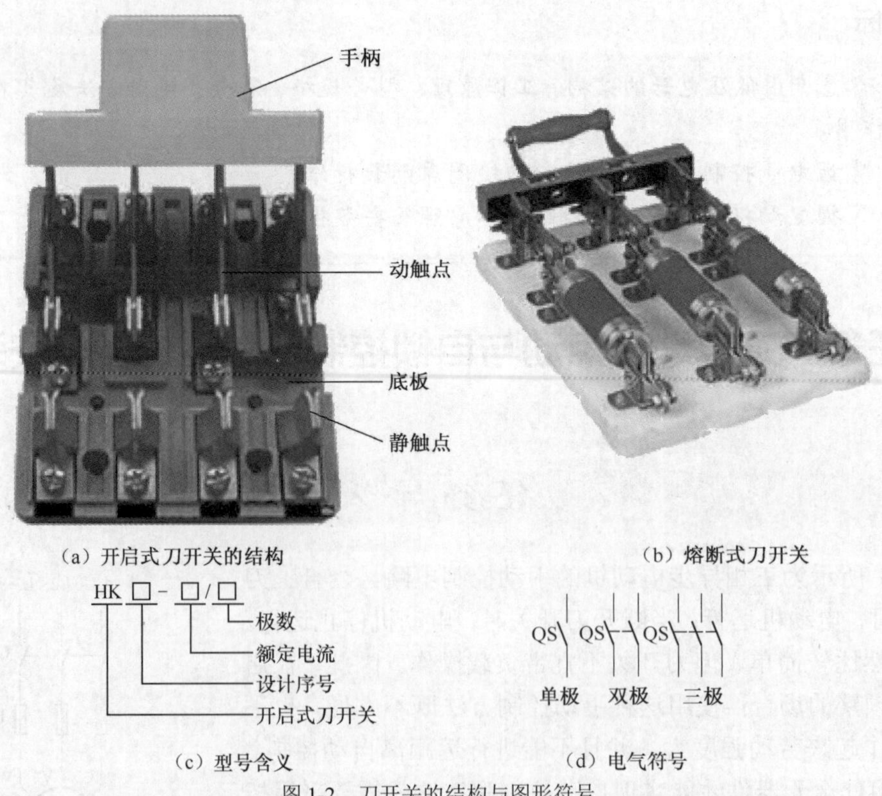

（a）开启式刀开关的结构　（b）熔断式刀开关

（c）型号含义　（d）电气符号

图 1-2　刀开关的结构与图形符号

2. 主要技术参数与选择

刀开关的种类很多，有两极（额定电压 250V）和三极（额定电压 380V）的刀开关，额定电流有 10～100A 不等，其中 60A 及以下的才用来控制电动机的接通或分断。正常情况下，刀开关一般能接通和分断其额定电流，因此，对于普通负载可根据负载的额定电流来选择刀开关的额定电流。

（1）用于照明电路时，可选用额定电压为 220V 或 250V，额定电流等于或大于电路最大工作电流的双极开关。

（2）用于电动机的直接启动时，可选用额定电压为 380V 或 500V，额定电流等于或大于电动机额定电流 3 倍的三极开关。

开启式刀开关必须垂直安装在控制屏或开关板上，不能倒装，上方接线端接电源，下方接线端接负载，即接通状态时手柄朝上，否则有可能在分断状态时闸刀开关松动落下，造成误接通。

二、转换开关

转换开关主要在电气设备中作为电源引入开关，也可作为电压表、电流表的换相开关，还可作为小容量电动机的启动、制动、调速及正反向转换的控制开关。

万能转换开关的外形如图 1-3（a）所示，主要由操作机构、面板、手柄及数个触点座等部件组成，并用螺栓组装成为一个整体。触点座可有 1～10 层，每层均可装 3 对触点，并由其中的凸轮进行控制，如图 1-3（b）所示。手柄有左、0、右 3 个档位，手柄处于不同档位时，触点的通断情况不同。

万能转换开关的电气符号如图 1-3（c）所示，水平方向的数字 1～3 表示触点编号，垂直方向的数字及文字“左”“0”“右”表示手柄的操作位置（档位），虚线表示手柄操作的联动线。在不同的操作位置，各对触点的通、断状态的表示方法为：在触点的下方与虚线相交位置有黑色圆点表示在对应操作位置时触点接通，没涂黑色圆点表示在该操作位置不通。开关的具体型号不同，触点的数目和操作档位的数目也不同。

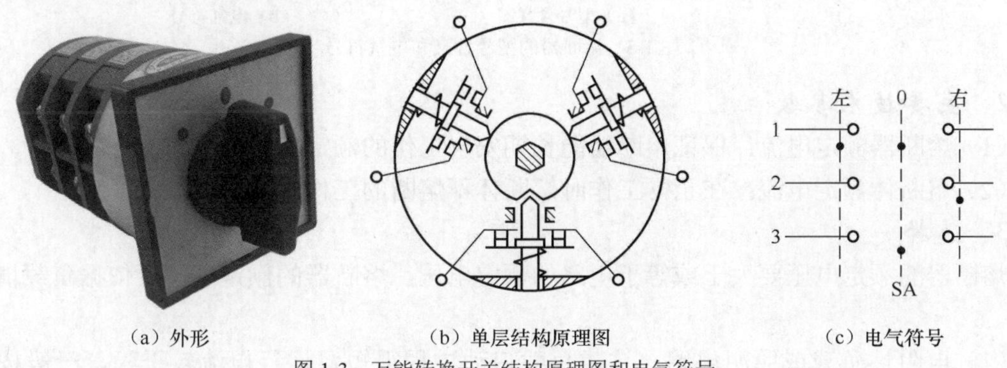

（a）外形　　（b）单层结构原理图　　（c）电气符号

图 1-3　万能转换开关结构原理图和电气符号

三、熔断器

熔断器是一种当电流超过规定值一定时间后，以它本身产生的热量使熔体熔化而分断电路的保护电器。熔断器串接于被保护电路中，当电路正常工作时，熔断器就相当于一根导线；当电路发生短路或严重过电流时快速自动熔断，从而切断电路电源，起到短路保护作用。

1．结构与分类

熔断器由熔断管（或座）、熔断体以及外加填料等部分组成，其外形如图 1-4 所示。

熔断器按结构形式可分为 RC 瓷插式、RL 螺旋式、RM 无填料封闭管式、RT 有填料封闭管式、RS 快速式等类别。熔断器的型号含义和电气符号如图 1-5 所示。

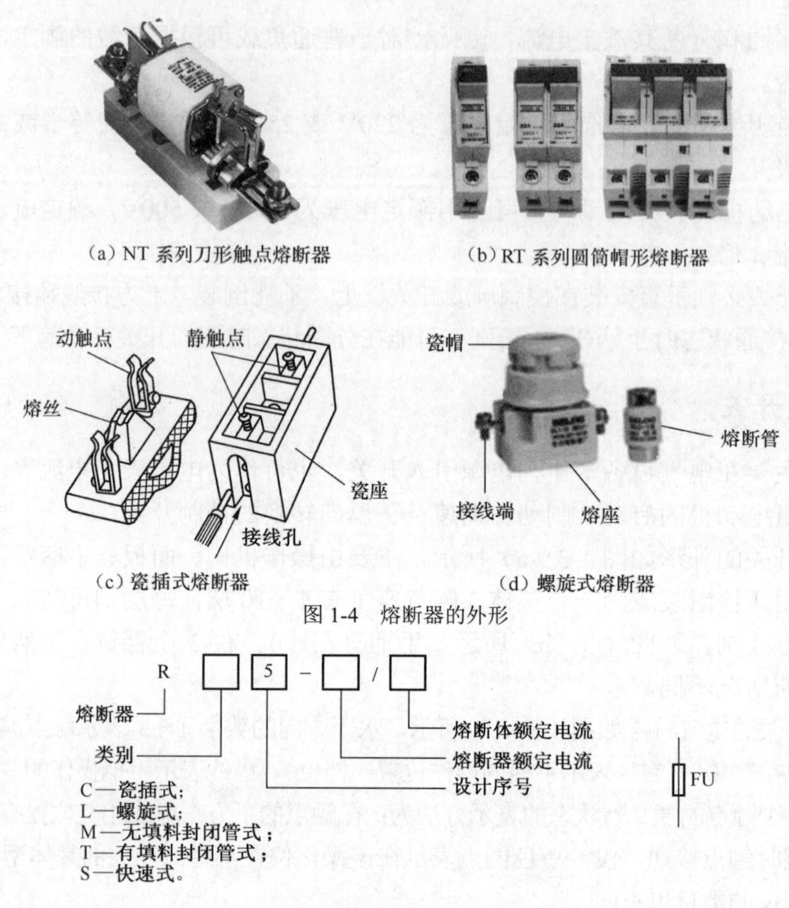

图 1-4　熔断器的外形

图 1-5　熔断器的型号含义和电气符号

2．主要技术参数

（1）熔断器额定电流：保证熔断器能长期安全工作的额定电流。

（2）熔断体额定电流：在正常工作时熔断体不熔断的工作电流。

3．选择

熔断器的额定电压要大于或等于电路的额定电压，熔断器的额定电流要依据负载情况来选择。

（1）电阻性负载或照明电路。这类负载启动过程很短，运行电流较平稳，一般按负载额定电流的 1～1.1 倍选用熔断体的额定电流，进而选定熔断器的额定电流。

（2）电动机控制电路。这类负载的启动电流为额定电流的 4～7 倍，对于单台电动机，一般选择熔断体的额定电流为电动机额定电流的 1.5～2.5 倍；对于多台电动机，熔断体的额定电流应大于或等于其中最大容量电动机的额定电流的 1.5～2.5 倍，再加上其余电动机的额定电流之和。

（3）为防止发生越级熔断，上、下级（供电干线、支线）熔断器间应有良好的协调配合，为此，应使上一级（供电干线）熔断器的熔断体额定电流比下一级（供电支线）大 1～2 个级差。

四、按钮

按钮是一种短时接通或断开小电流电路的电器，它不直接控制主电路的通断，而是在控制电路中发出手动“指令”去控制接触器、继电器等电器，再由它们去控制主电路，故称为主令电器。

按钮分为3种类型：常开按钮、常闭按钮和复合按钮。这3种按钮的外形、结构与电气符号如图1-6所示。

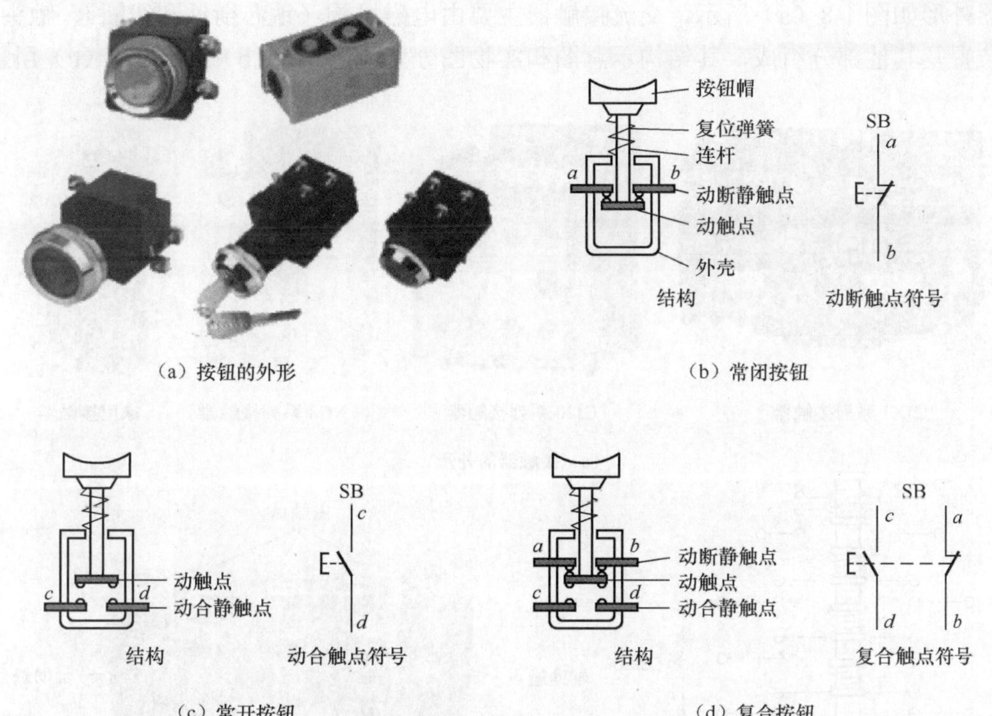

图1-6 按钮的外形、结构与电气符号

图1-6（b）为常闭按钮，在未按下按钮时，依靠复位弹簧的作用力内部的金属动触点将动断静触点 *a*、*b* 接通；当按下按钮时，动触点与动断静触点脱离，*a*、*b* 断开。

图1-6（c）为常开按钮，在未按下按钮时，金属动触点与动合静触点 *c*、*d* 断开；当按下按钮时，动触点与动合静触点接通。

图1-6（d）为复合按钮，在未按下按钮时，金属动触点与动断静触点 *a*、*b* 接通，而与动合静触点 *c*、*d* 断开；当按下按钮时，动触点与 *a*、*b* 断开，而与 *c*、*d* 接通。

常见按钮有LA系列和LAY1系列。LA系列按钮的额定电压为交流500V、直流440V，额定电流为5A；LAY1系列按钮的额定电压为交流380V、直流220V，额定电流为5A。按钮帽有红、绿、黄、白等颜色，一般红色用于停止按钮，绿色用于启动按钮。

按钮的型号含义如图1-7所示。

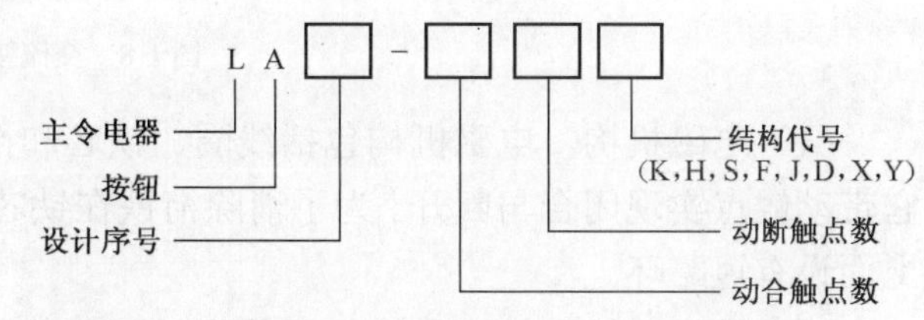

图1-7 按钮的型号含义

五、接触器

接触器是用来频繁地接通和分断交直流主回路和大容量控制电路的低压控制电器。其主要控制对象是电动机，能实现远距离控制，配合继电器可以实现定时操作、联锁控制、各种定量控制和失压及欠电压保护。

1. 结构与工作原理

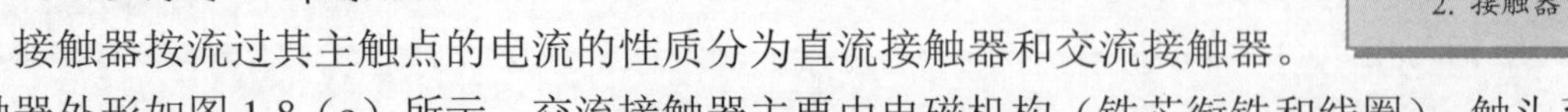

接触器按流过其主触点的电流的性质分为直流接触器和交流接触器。接触器外形如图 1-8（a）所示，交流接触器主要由电磁机构（铁芯衔铁和线圈）、触头系统、灭弧装置及其他部分组成，其结构示意图和实物图分别如图 1-8（b）和图 1-8（c）所示。

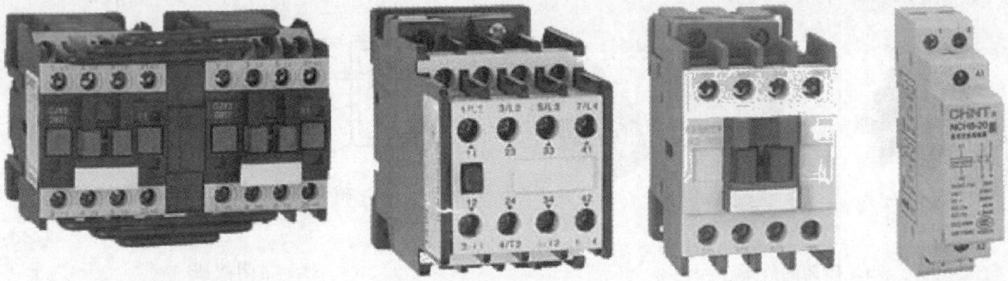

CJX1 系列接触器　　CJ20 系列接触器　　NC8 系列接触器　　家用接触器

（a）接触器的外形

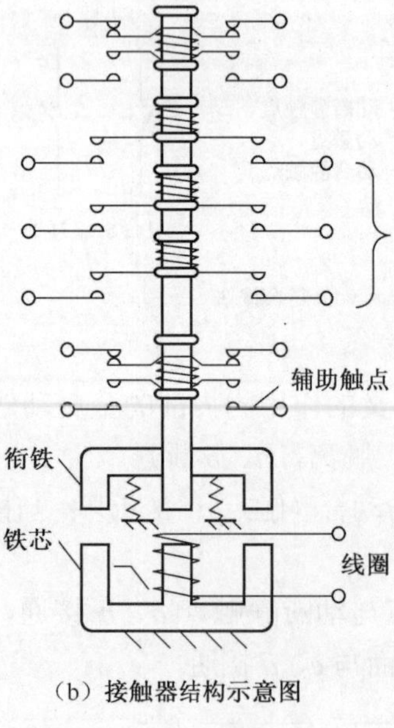

主触点　辅助触点　衔铁　铁芯　线圈

（b）接触器结构示意图

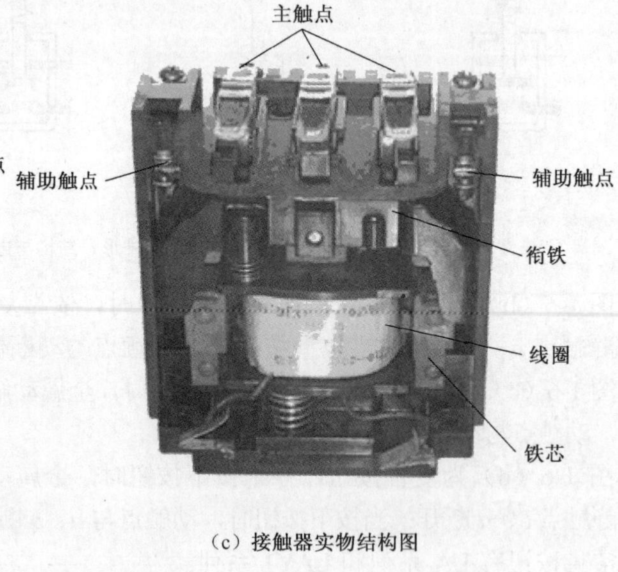

主触点　辅助触点　辅助触点　衔铁　线圈　铁芯

（c）接触器实物结构图

图 1-8　交流接触器

（1）电磁机构。电磁机构包括线圈、铁芯和衔铁，是接触器的重要组成部分，可以通过它带动触点实现闭合与断开。为了消除衔铁在铁芯上的振动和噪声，铁芯用硅钢片叠压而成，上面设有短路环。

（2）触头系统。触头是接触器的执行部分，包括主触点和辅助触点。主触点的作用是接通和分断主电路，控制较大的电流，它有 3 对触点，接在主电路中；而辅助触点和线圈接在控制电路中，以满足各种控制方式的要求，其中线圈未通电时处于断开状态的触点称为动合触点（用 NO 表示），而处于闭合状态的触点称为动断触点（用 NC 表示）。

（3）灭弧装置。通常主触点额定电流在 10A 以上的接触器都带有灭弧装置，其作用是减小和消除触点电弧，确保操作安全。

如图 1-8（b）所示，当接触器线圈通电后，在铁芯中产生磁通及电磁吸力，此电磁吸力克服弹簧弹力使得衔铁吸合，带动触点机构动作，动断触点断开，动合触点闭合，互锁或接通线路；线圈失电或线圈两端电压显著降低时，电磁吸力小于弹簧弹力，使得衔铁释放，触点机构复位，解除互锁或断开线路。

2．主要技术参数与型号

（1）额定电压。额定电压是指主触点的额定电压，交流有 220V、380V、500V；直流有 110V、220V、440V。

（2）额定电流。额定电流是指主触点的额定电流，有 5A、10A、20A、40A、60A、100A、150A、250A、400A、600A。

（3）吸引线圈额定电压。吸引线圈额定电压交流有 36V、110V、220V、380V；直流有 24V、48V、220V、440V。

（4）通断能力。通断能力可分为最大接通电流和最大分断电流。最大接通电流是指触点闭合不会造成触点熔焊时的最大电流值；最大分断电流是指触点断开时能可靠灭弧的最大电流。一般情况下，通断能力是额定电流的 5～10 倍，当然，这一数值与电路的电压等级有关，电压越高，通断能力越小。

（5）电气寿命和机械寿命。接触器的电气寿命是在按规定使用类别的正常操作条件下，不需修理或更换零件的负载操作次数。目前，接触器的机械寿命为 1 000 万次以上，电气寿命是机械寿命的 5%～20%。

（6）额定操作频率。额定操作频率（次/h）是指允许每小时接通的最多次数。交流接触器最高为 600 次/h，直流接触器可高达 1 200 次/h。

常用的交流接触器有 CJ20、CJX1、CJX2 等系列，直流接触器有 CZ18、CZ21、CZ22、CZ10、CZ2 等系列。接触器的型号含义和电气符号如图 1-9 所示。

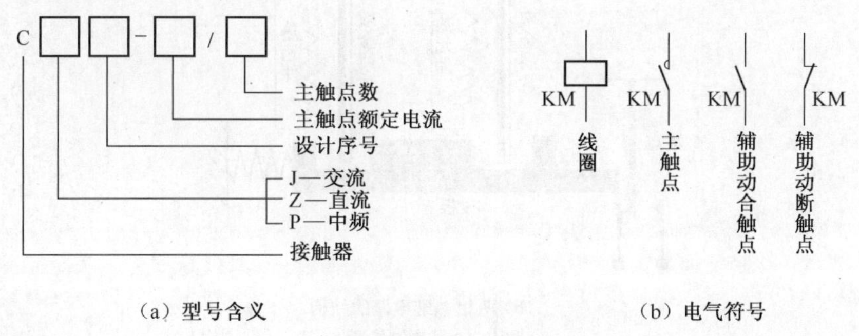

（a）型号含义　　（b）电气符号

图 1-9　接触器的型号含义和电气符号

3．选择

（1）接触器主触点的额定电压应大于或等于被控电路的额定电压。

（2）接触器主触点的额定电流应大于或等于 1.3 倍的电动机的额定电流。

（3）接触器吸引线圈额定电压的选择。当线路简单、使用电器较少时，可选用 220V 或

380V；当线路复杂、使用电器较多时或在不太安全的场所，可选用 36V 或 110V。

（4）接触器的触头数量、种类应满足控制线路的要求。

（5）操作频率的选择。当通断电流较大及通断频率超过规定数值时，应选用额定电流大一级的接触器型号；否则，会使触头严重发热，甚至熔焊在一起，造成电动机等负载缺相运行。

六、热继电器

热继电器是利用电流热效应工作的保护电器，主要用于对电动机过载、断相、电流不平衡运行等发热状态的保护。热继电器的外形如图 1-10（a）所示。

3. 热继电器

1．结构与工作原理

目前使用的热继电器有两相和三相两种类型。图 1-10（b）所示为两相热继电器的结构，它主要由热元件、双金属片和触点组成。热元件由发热电阻丝做成；双金属片由两种热膨胀系数不同的金属辗压而成。当双金属片受热时，会出现弯曲变形。

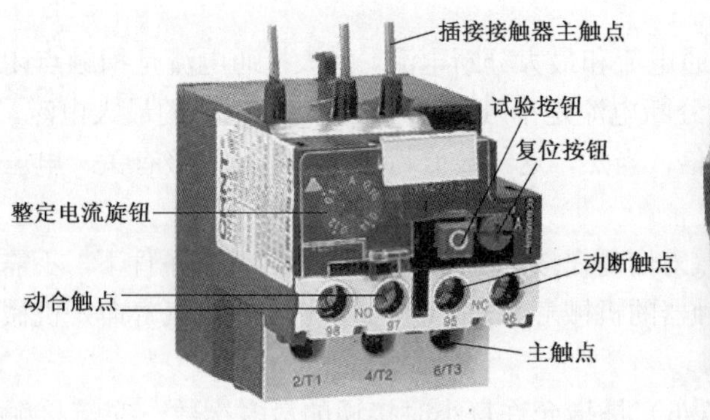

JR36 系列热继电器

JR16 系列热继电器

JR20 系列热继电器

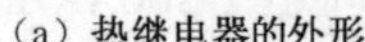

（a）热继电器的外形

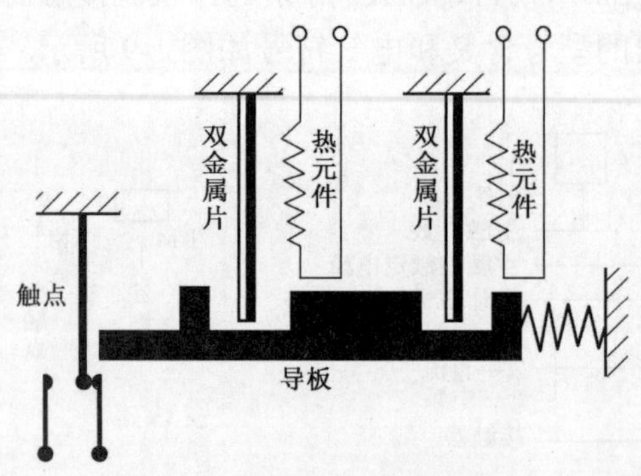

（b）两相热继电器的结构

图 1-10　热继电器

使用时，把热元件串接于电动机的主电路中，而动断触点串接于电动机的控制电路中。当电动机过载时，流过热元件的电流增大，双金属片弯曲位移增大，推动导板使动断触点断开，从而切断电动机控制电路，以起到保护作用。热继电器由于热惯性，当电路短路时不能立即动作使电路立即断开，因此不能做短路保护。同理，在电动机启动或短时过载时，热继电器也不会动作，这可避免电动机不必要的停车。每一种电流等级的热元件，都有一定的电流调节范围，一般应调节到与电动机额定电流相等，以便更好地起到过载保护作用。

热继电器的型号含义和电气符号如图 1-11 所示。

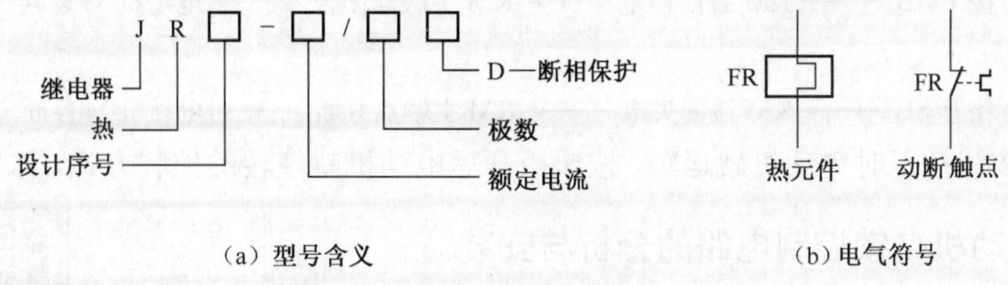

图 1-11 热继电器的型号含义和电气符号

2. 选择

（1）热继电器的类型选择。一般情况下，可选择两相或普通三相结构的热继电器，但对于三角形接法的电动机，应选用三相带断相保护装置的热继电器。

（2）热继电器的额定电流选择。热继电器的额定电流应略大于电动机的额定电流。

（3）热继电器的整定电流选择。热继电器的整定电流是指热继电器长期不动作的最大电流，超过此值即动作。一般将热继电器的整定电流调整到等于电动机的额定电流即可；对启动时间较长、拖动冲击性负载或不允许停车的电动机，热继电器的整定电流应调整到电动机额定电流的 1.1～1.15 倍。

任务实施

一、电动机点动控制电路分析

点动控制电路适合于短时间的启动操作，在起吊重物、生产设备调整工作状态时应用，其原理图如图 1-12 所示，分为主电路和控制电路两部分。主电路的电源引入采用了刀开关 QS，电动机的电源由接触器 KM 主触点的通、断来控制。

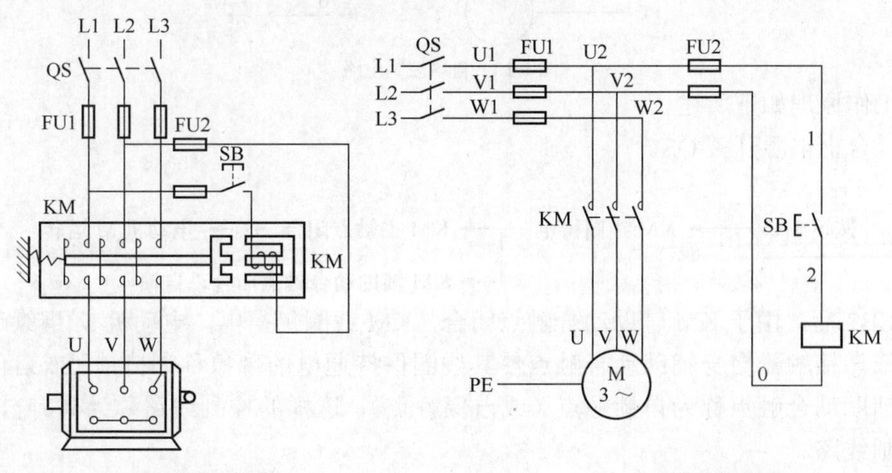

图 1-12 点动控制电路

电路工作原理如下所述。

首先，合上电源开关 QS。

启动：

按下 SB ——→ KM 线圈得电 ——→ KM 主触点闭合 ——→ 电动机 M 运转

停止：

松开 SB ——→ KM 线圈失电 ——→ KM 主触点分断 ——→ 电动机 M 停转

这种当按钮按下时电动机就运转、按钮松开后电动机就停转的控制方式，称为点动控制。

二、电动机自锁控制电路的分析与安装

4. 电动机自锁控制电路

1. 电路分析

自锁控制电路如图 1-13 所示，它是一种广泛采用的连续运行控制线路。在点动控制电路的基础上，它又在控制回路中增加了一个停止按钮 SB1，还在启动按钮 SB2 的两端并接了接触器的一对辅助动合触点 KM。除此之外，还增设了热继电器 FR 作为电动机的过载保护，它的动断触点串接在控制回路中，发热元件串接在主回路中，这对长期运转的电动机是很有必要的。

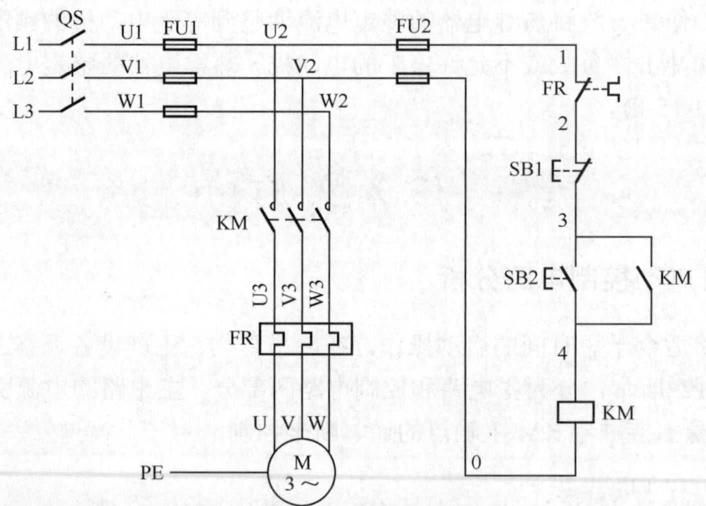

图 1-13　自锁控制电路

电路工作原理如下所述。

首先，合上电源开关 QS。

启动：

按下 SB2 ——→ KM 线圈得电 ┬→ KM 主触点闭合 ——→ 电动机 M 运转
　　　　　　　　　　　　　└→ KM 辅助动合触点闭合，自锁

松开 SB2 后，由于 KM 辅助动合触点闭合，KM 线圈仍得电，电动机 M 继续运转。

这种依靠接触器自身辅助动合触点使其线圈保持通电的现象称为自锁（或自保），起自锁作用的辅助动合触点称为自锁触点（或自保触点），这样的控制线路称为具有自锁（或自保）的控制线路。

停止：

按下 SB1 ——→ KM 线圈失电 ┬→ KM 主触点分断 ——→ 电动机 M 停转
　　　　　　　　　　　　　└→ KM 辅助动合触点分断，解锁

2．安装和调试

（1）按图 1-13 所示配齐所用电器元件，并进行质量检验。电器元件应完好无损，各项技术指标符合规定要求，否则应予以更换。

（2）在控制板上按照图 1-14 所示的电器位置图安装电器元件，并给每个电器元件贴上醒目的文字符号。

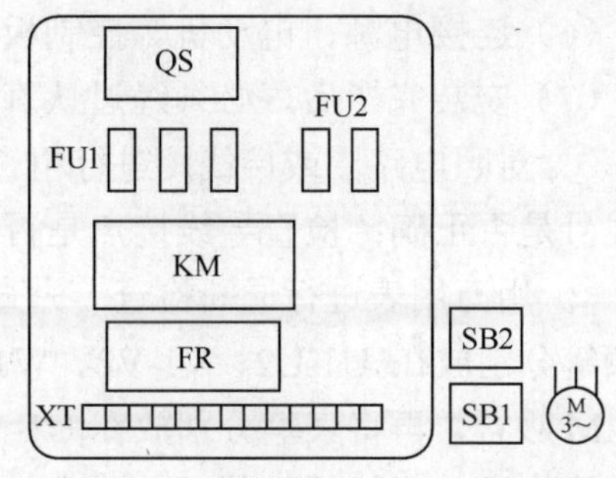

图 1-14　自锁控制电路电器元件位置图

注　意

各元器件的位置应布局合理、整齐、均匀。

（3）按图 1-15 所示的自锁电路的接线图进行板前明线布线和套编码套管，做到布线整齐、横平竖直、分布均匀、走线合理、套编码套管正确；严禁损伤线芯和导线绝缘；接点牢靠，不得松动，不得压绝缘层，不反圈、不露线芯太长等。

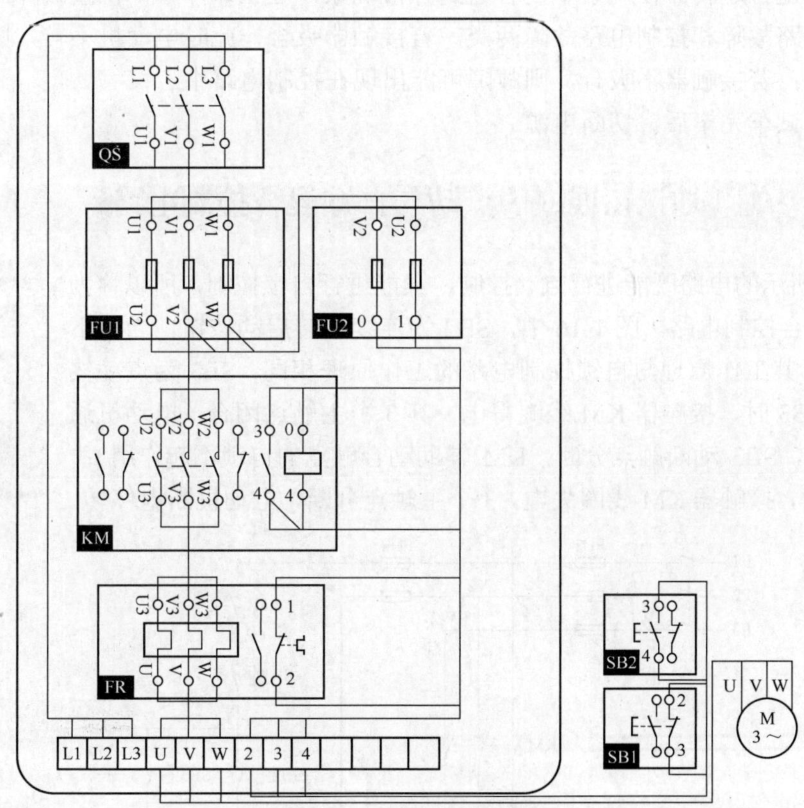

图 1-15　自锁电路的接线图

（4）安装电动机，要求安装牢固平稳，以防止在换向时产生滚动而引起事故。

（5）可靠连接电动机和按钮金属外壳的保护接地线。

学思融合　　通过保护接地问题导致的触电事故案例，培养学生良好的安全生产意识和规范作业意识。

（6）连接电源、电动机等控制板外部的导线。

（7）安装完毕后，必须经过认真检查后方可通电。检查方法如下。

① 对照电路图或接线图进行粗查。从电路图的电源端开始，逐段核对接线及接线端子处的线号是否正确；检查导线接点是否牢固，否则，带负载运行时会产生闪弧现象。

② 用万用表进行通断检查。先查主电路，此时断开控制电路，将万用表置于欧姆档，将其表笔分别放在 U1-U2、V1-V2、W1-W2 之间的接线端子上，读数应接近零；人为地将接触器 KM 吸合，再将表笔分别放在 U1-V1、V1-W1、U1-W1 之间的接线端子上，此时万用表的读数应为电动机绕组的值（此时电动机应为三角形接法）。

再检查控制电路，此时应断开主电路，将万用表置于欧姆档，将其表笔分别放在 U2-V2 接线端子上，读数应为“∞”；按下按钮 SB2 时，读数应为 KM 线圈的电阻值。

③ 用兆欧表进行绝缘检查。将 U、V 或 W 与兆欧表的接线柱 L 相连，电动机的外壳和兆欧表的接线柱 E 相连，测量其绝缘电阻应大于或等于 1MΩ。

（8）在老师的监护下，通电试车。合上开关 QS，按下启动按钮 SB2，观察接触器是否吸合、电动机是否运转。在观察中，若遇到异常现象，应立即停车，检查故障。常见的故障一般分为主电路故障和控制电路故障两类。若接触器吸合，此时电动机不转，则故障可能出现在主电路中；若接触器不吸合，则故障可能出现在控制电路中。

（9）通电试车完毕后，切断电源。

知识拓展——点动与自锁混合控制电路

图 1-16 所示的电路既能进行点动控制，又能进行自锁控制，所以称为点动和自锁混合控制电路。图 1-16 中，SB2 为连续运转启动按钮，当按下按钮 SB2 时，其工作原理与自锁控制电路的工作原理相同；SB3 为点动按钮，当按下 SB3 时，接触器 KM 线圈得电，其 3 个主触点闭合，电动机通电运转（此时，SB3 动断触点分断，KM 辅助动合触点的自锁不起作用）；当松开 SB3 时，接触器 KM 线圈失电，3 个主触点分断，电动机断电停转。

5. 点动与自锁混合控制电路

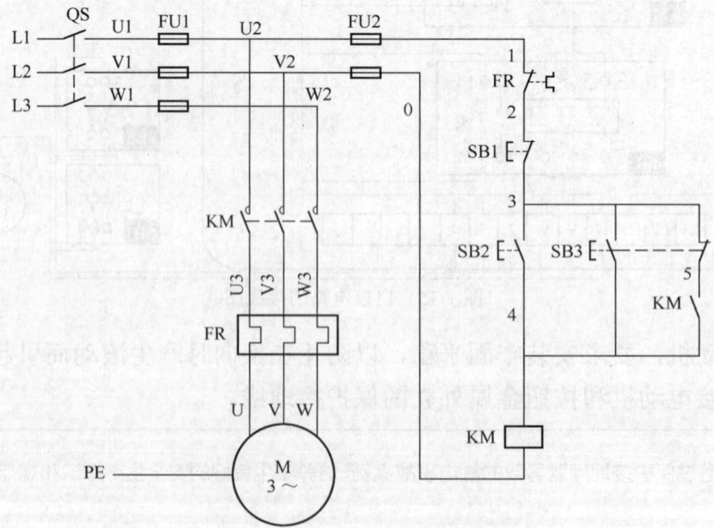

图 1-16 点动与自锁混合控制电路

思考与练习

1．填空题

（1）低压电器是指工作于交流________V以下或直流________V以下电路中的电器。

（2）接触器是一种低压自动切换的电磁式电器，具有________和________作用。其用于________的接通或断开________和________。

（3）接触器的结构主要由________、________和________等组成。

（4）接触器的触点分________与________，其中前者用于通断较大电流的________，后者用于通断较小电流的控制电路。

（5）线圈未通电时处于断开状态的触点称为________，而处于闭合状态的触点称为________。

（6）热继电器是利用________来切断电路的一种________电器，它用于电动机的________保护，不宜作为________保护。热继电器的整定电流一般情况下取________电动机额定电流。

（7）熔断器用于各种电气电路中做________保护。

（8）将按钮帽做成不同的颜色用以区别各按钮的作用，一般用________色表示________按钮，________色表示________按钮。

（9）接触器选用时，其主触点的额定工作电压应________或________负载电路的电压，主触点的额定工作电流应________或________负载电路的电流。

2．选择题

（1）图1-17所示电路中，（　　）图能实现点动和自锁工作。

（2）图1-18所示电路中，（　　）图按正常操作时会出现点动工作。

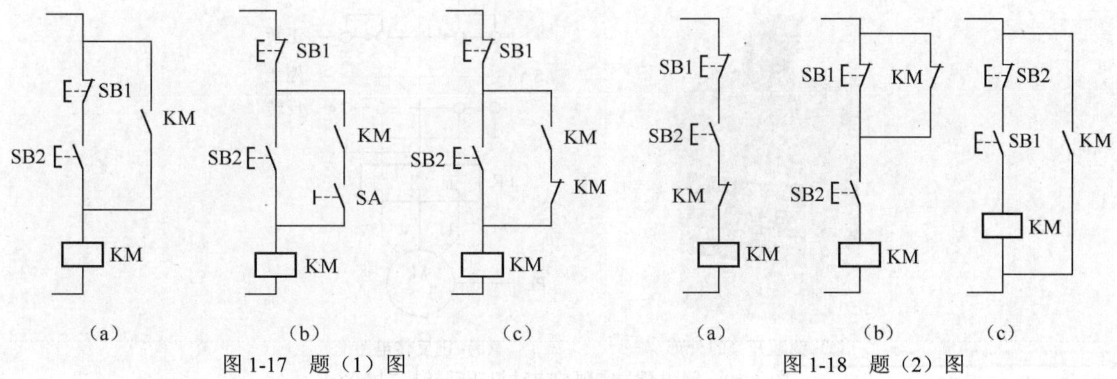

图1-17　题（1）图　　　图1-18　题（2）图

3．简答题

（1）熔断器与热继电器用于保护交流三相异步电动机时，能不能互相取代？为什么？

（2）电路中QS、FU、KM、FR和SB分别是什么电器元件的文字符号？

（3）交流接触器的主触点、辅助触点和线圈各接在什么电路中？应如何连接？

（4）电动机的启动电流很大，启动时热继电器应不应该动作？为什么？

任务二　电动机正反转控制电路的分析与安装

任务导入

在生产加工过程中，除了要求电动机实现单向运行外，往往还要求电动机能实现可逆运行，如改变机床工作台的运动方向、起重机吊钩的上升或下降等。由三相交流电动机的工作原理可知，如果将接至电动机的三相电源线中的任意两相对调，就可以实现电动机的反转。

图 1-19（a）所示为倒顺开关的外形，它的黑色操作手柄有“顺”“停”“倒”3 个档位，开关旋至“顺”档时控制电动机正转，开关旋至“停”档时控制电动机停止，开关旋至“倒”档时电动机反转。

图 1-19（b）所示为用倒顺开关控制的电动机正反转电路。其工作原理是：当开关手柄置于“顺”档时，开关内部动触片分别将 L1-U、L2-V、L3-W 相连接，使电动机正转；当开关手柄置于“倒”档时，开关内部动触片分别将 L1-W、L2-V、L3-U 接通，将接至电动机的三相电源线中的 L1 和 L3 两相对调，使电动机实现反转；当手柄置于“停”档时，动触片均不与固定触头连接，电动机停止运转。

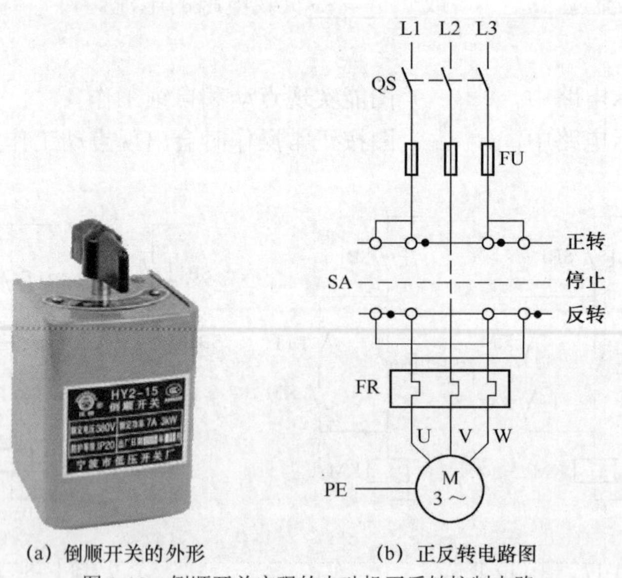

（a）倒顺开关的外形　　（b）正反转电路图

图 1-19　倒顺开关实现的电动机正反转控制电路

倒顺开关正反转控制电路一般只用于控制额定电流 10A、功率在 3kW 以下的小容量电动机。那么，在生产实践中，对于频繁正反转的电动机采用什么样的控制方法呢？

相关知识

电气图一般有电气原理图、电器元件布置图和电气安装接线图 3 种。其中电气原理图和安装接线图是最常见的形式。

一、电气原理图

电气原理图用图形和文字符号表示电路中各个电器元件的连接关系和电气工作原理，它并不反映电器元件的实际大小和安装位置。现以 CW6132 型普通车床的电气原理图为例来说明绘制电气原理图应遵循的一些基本原则，如图 1-20 所示。

学思融合　在“全国标准信息公共服务平台”上查询《电气简图用图形符号》（GB/T 4728—2018）、《电气技术用文件的编制》（GB/T 6988—2008）和《工业机械电气设备　电气图、图解和表的绘制》（GB/T 24341—2009），通过查询和学习，培养学生文献检索能力和标准意识。

（1）电气原理图一般分为主电路、控制电路和辅助电路 3 个部分。主电路包括从电源到电动机的电路，是大电流通过的部分，画在图的左边，如图 1-20 中的 1、2、3 区所示。控制电路和辅助电路通过的电流相对较小。控制电路一般为继电器、接触器的线圈电路，包括各种主令电器、继电器、接触器的触点，如图 1-20 中的 4、5 区所示。辅助电路一般指照明、信号指示、检测等电路（如图 1-20 中的 6、7 区所示）。各电路均应尽可能按动作顺序由上至下、由左至右画出。

（2）电气原理图中所有电器元件的图形符号和文字符号必须符合国家规定的统一标准。在电气原理图中，电器元件采用分离画法，即同一电器的各个部件可以不画在一起，但必须用同一文字符号标注。对于同类电器，应在文字符号后加数字序号以示区别，如图 1-20 中的 FU1～FU4。

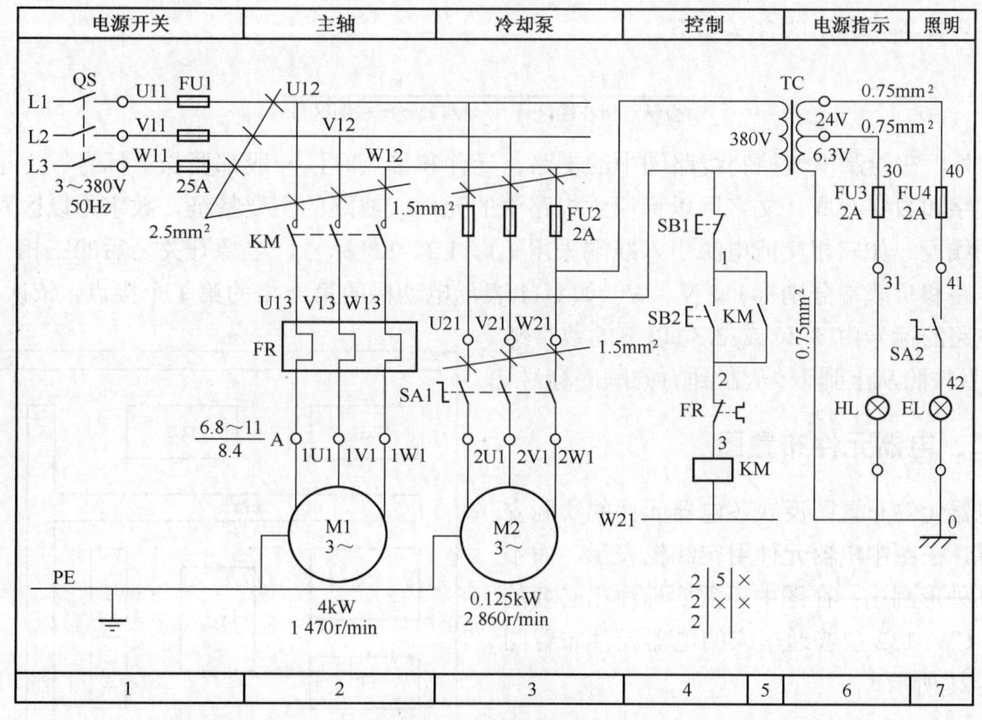

图 1-20　CW6132 型普通车床的电气原理图

（3）在电气原理图中，所有电器的可动部分均按原始状态画出。即对于继电器、接触器的触点，应按其线圈不通电时的状态画出；对于控制器，应按其手柄处于零位时的状态画出；对于按钮、行程开关等主令电器，应按其未受外力作用时的状态画出。

（4）动力电路的电源线应水平画出；主电路应垂直于电源线画出；控制电路和辅助电路

应垂直于两条或几条水平电源线之间；耗能元件（如线圈、电磁阀、照明灯、信号灯等）应接在下面一条电源线一侧，而各种控制触点应接在另一条电源线上。

（5）应尽量减少线条数量，避免线条交叉。各导线之间有电联系时，应在导线十字交叉处画实心圆点。根据图面布置需要，可以将图形符号旋转绘制，一般按逆时针方向旋转 90°，但其文字符号不可以倒置。

（6）在电气原理图上应标出各个电源电路的电压值、极性或频率及相数；对某些元器件还应标注其特性（如电阻、电容的数值等）；不常用的电器（如位置传感器、手动开关等）还要标注其操作方式和功能等。

（7）为方便阅图，在电气原理图中可将图幅分成若干个图区，图区行的代号用英文字母表示，一般可省略，列的代号用阿拉伯数字表示，其图区编号写在图的下面，并在图的顶部标明各图区电路的作用。

（8）在继电器、接触器线圈下方均列有触点表以说明线圈和触点的从属关系，即“符号位置索引”。也就是在相应线圈的下方，给出触点的图形符号（有时也可省去），对未使用的触点用“×”表明（或不作表明）。

接触器各栏表示的含义如下。

左栏	中栏	右栏
主触点所在图区号	辅助动合触点所在图区号	辅助动断触点所在图区号

继电器各栏表示的含义如下。

左栏	右栏
动合触点所在图区号	动断触点所在图区号

此外，在绘制电气控制线路图中的支路、元件和接点时，一般都要加上标号。主电路标号由文字和数字组成。文字用以标明主电路中的元件或线路的主要特征，数字用以区别电路的不同线段。如三相交流电源引入线端采用 L1、L2、L3 标号，电源开关之后的三相交流电源主电路和负载端分别标 U、V、W。如 U11 表示电动机的第一相的第 1 个接点，依次类推。控制电路的标号由 3 位或 3 位以下的数字组成，并且按照从上到下、从左到右的顺序标号。

二、电器元件布置图

电器元件布置图反映各电器元件的实际安装位置，在图中电器元件用实线框表示，而不必按其外形画出；在图中还需要标注出必要的尺寸。CW6132 型普通车床的电器元件布置图如图 1-21 所示。

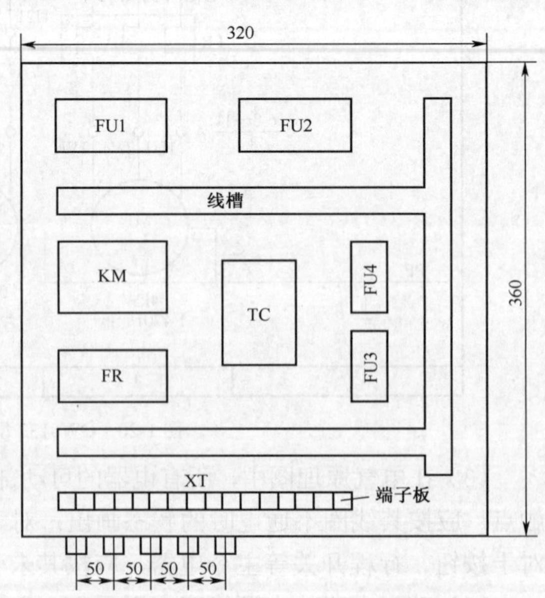

图 1-21　CW6132 型普通车床的电器元件布置图

三、电气安装接线图

电气安装接线图反映的是电气设备各控制单元内部元件之间的接线关系。图 1-22 所示为 CW6132 型普通车床的电气安装接线图。

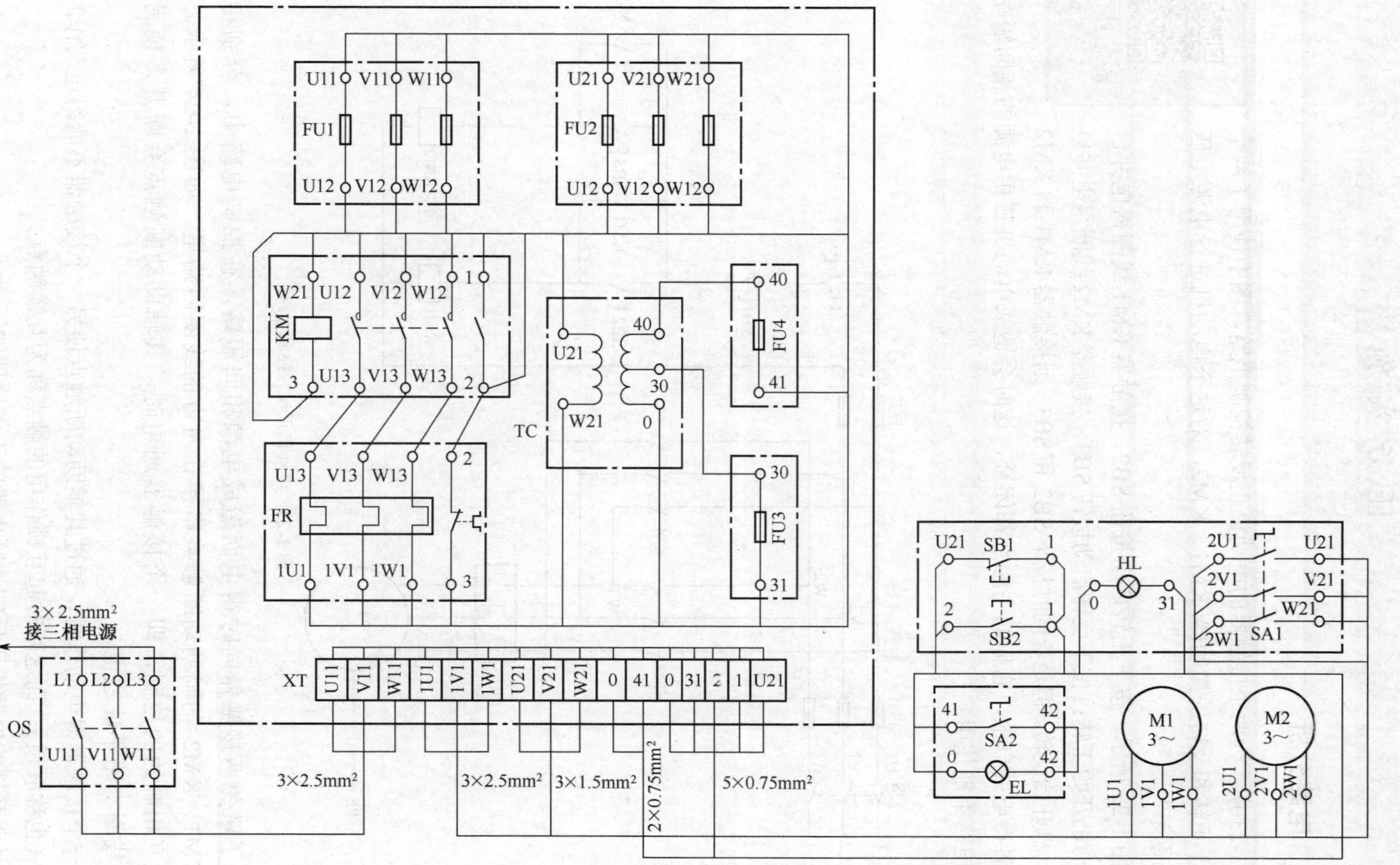

图 1-22　CW6132 型普通车床的电气安装接线图

任务实施

一、电路分析

图 1-23 所示为两个接触器的电动机正反转控制电路，图中使用了两个分别用于正转和反转的接触器 KM1、KM2，对这个电动机进行电源电压相序的调换。

6. 电动机正反转控制电路

如图 1-23 所示，按下正转启动按钮 SB2，接触器 KM1 线圈得电并自锁，电动机开始正转；按下反转启动按钮 SB3，接触器 KM2 线圈得电并自锁，电动机开始反转。但是若同时按下 SB2 和 SB3，则接触器 KM1 和 KM2 线圈同时得电并自锁，它们的主触点都闭合，这时会造成电动机三相电源的相间短路事故，所以该电路不能使用。

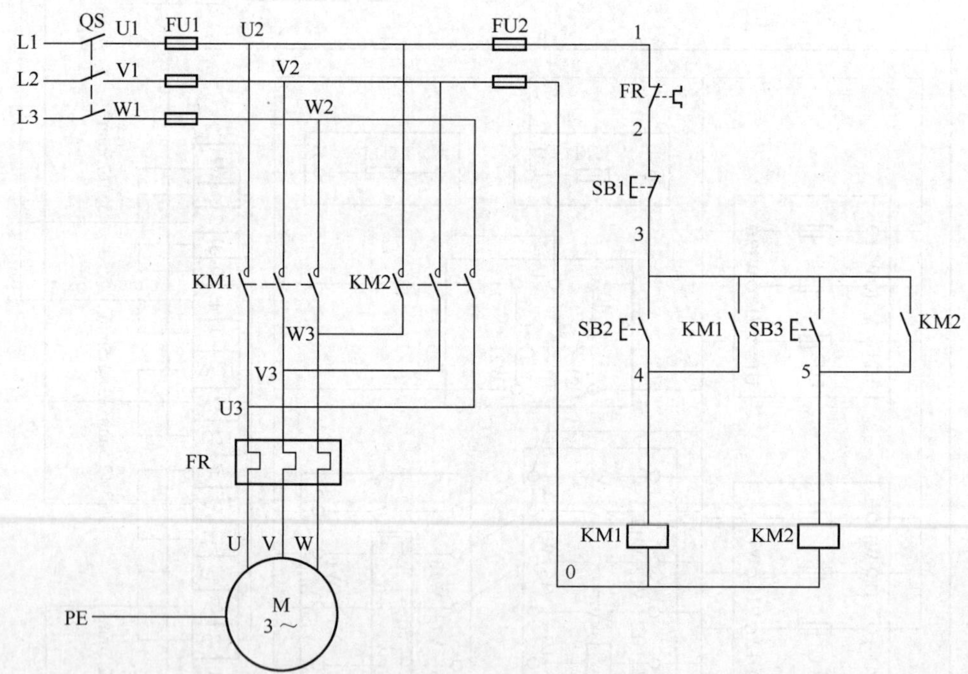

图 1-23　电动机正反转控制电路

为了避免两接触器同时得电而造成电源相间短路，在控制电路中，分别将两个接触器 KM1、KM2 的辅助动断触点串接在对方的线圈回路里，如图 1-24 所示。这样可以形成互相制约的控制，即一个接触器通电时，其辅助动断触点会断开，使另一个接触器的线圈支路不能通电。

在一个接触器得电动作时，通过其辅助动断触点使另一个接触器不能得电动作的作用叫做互锁（也称联锁），而这两对起互锁作用的触点称为互锁触点。

接触器互锁的电动机正反转控制电路的工作原理如下所述。

首先，合上电源开关 QS。

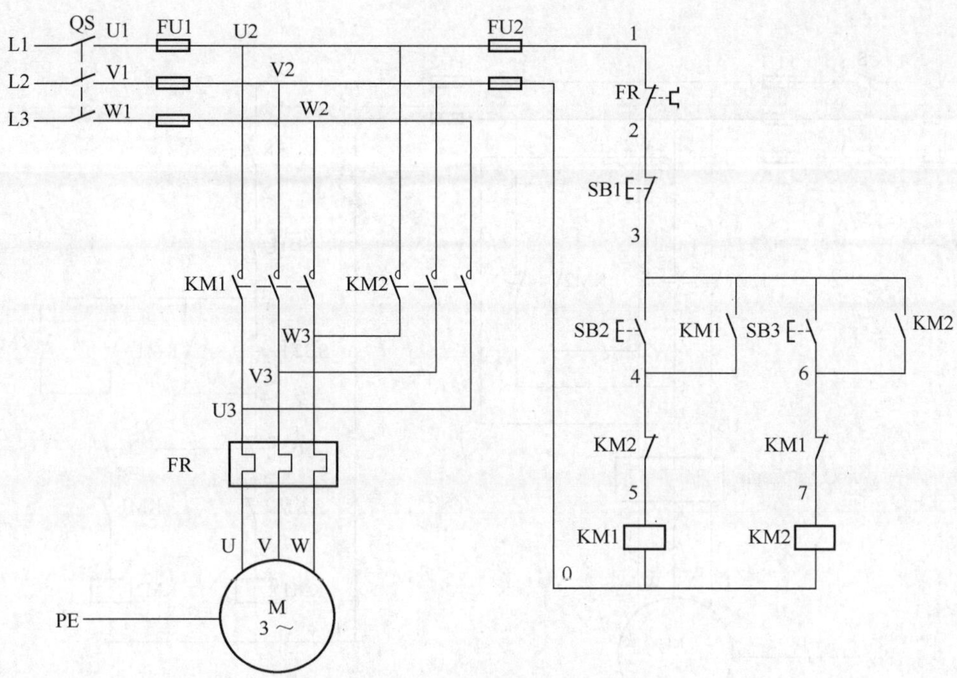

图 1-24　接触器互锁的电动机正反转控制电路

正转启动：

按下 SB2 ⟶ KM1 线圈得电 ⟶ KM1 主触点闭合 ⟶ 电动机 M 正转
⟶ KM1 辅助动断触点分断，对 KM2 互锁
⟶ KM1 辅助动合触点闭合，自锁

停止：

按下 SB1 ⟶ KM1 线圈失电 ⟶ KM1 主触点分断 ⟶ 电动机 M 停转
⟶ KM1 辅助动断触点闭合，互锁解锁
⟶ KM1 辅助动合触点分断，自锁解锁

反转启动：

按下 SB3 ⟶ KM2 线圈得电 ⟶ KM2 主触点闭合 ⟶ 电动机 M 反转
⟶ KM2 辅助动断触点分断，对 KM1 互锁
⟶ KM2 辅助动合触点闭合，自锁

欲使用该电路改变电动机的转向时，必须先按下停止按钮，使接触器触点复位后才能按下另一个启动按钮使电动机反向运转。

如果需要实现电动机直接由正转到反转的控制，应采用如图 1-25 所示的按钮、接触器双重互锁的正反转控制电路。所谓按钮互锁，就是将复合按钮动合触点作为启动按钮，而将其动断触点作为互锁触点串接在另一个接触器线圈支路中。这样，要使电动机改变转向，只要直接按反转按钮就可以了，而不必先按停止按钮，简化了操作。同时，控制电路中保留了接触器的互锁作用，因此更加安全可靠。

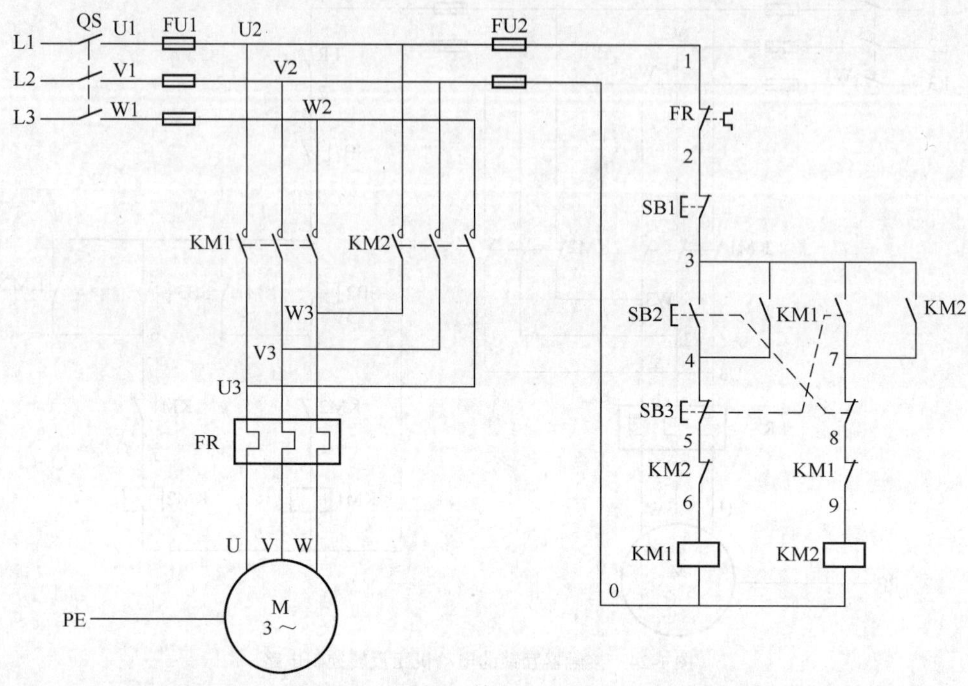

图 1-25　按钮、接触器双重互锁的电动机正反转控制电路

二、安装和调试

（1）根据图 1-24 画出电动机正反转控制电路的电器元件位置图，如图 1-26 所示。

（2）根据图 1-24 画出电动机正反转控制电路的接线图，如图 1-27 所示。

（3）按如图 1-26 所示配齐所用电器元件，并检查电器元件的数量、规格是否符合控制电路的要求，所配元器件的外观是否完好无损，用万用表欧姆档测各电器元件。

（4）在控制板上按照如图 1-26 所示的电器元件位置图安装电器元件。

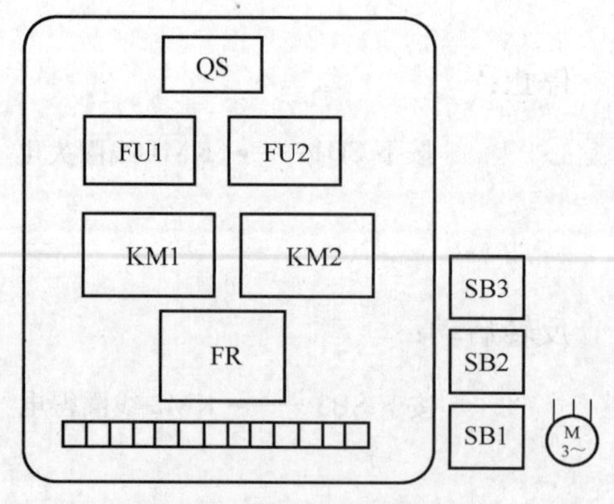

图 1-26　电动机正反转控制电路的电器元件位置图

（5）按如图 1-27 所示的接触器互锁的电动机正反转控制电路的接线图进行板前明线布线、套管。

（6）安装完毕后，必须经过认真检查后，方可通电。

（7）在老师的监护下，通电试车。若遇到异常现象，应立即停车，检查故障。

正反转控制电路的常见故障现象及故障点如表 1-1 所示。

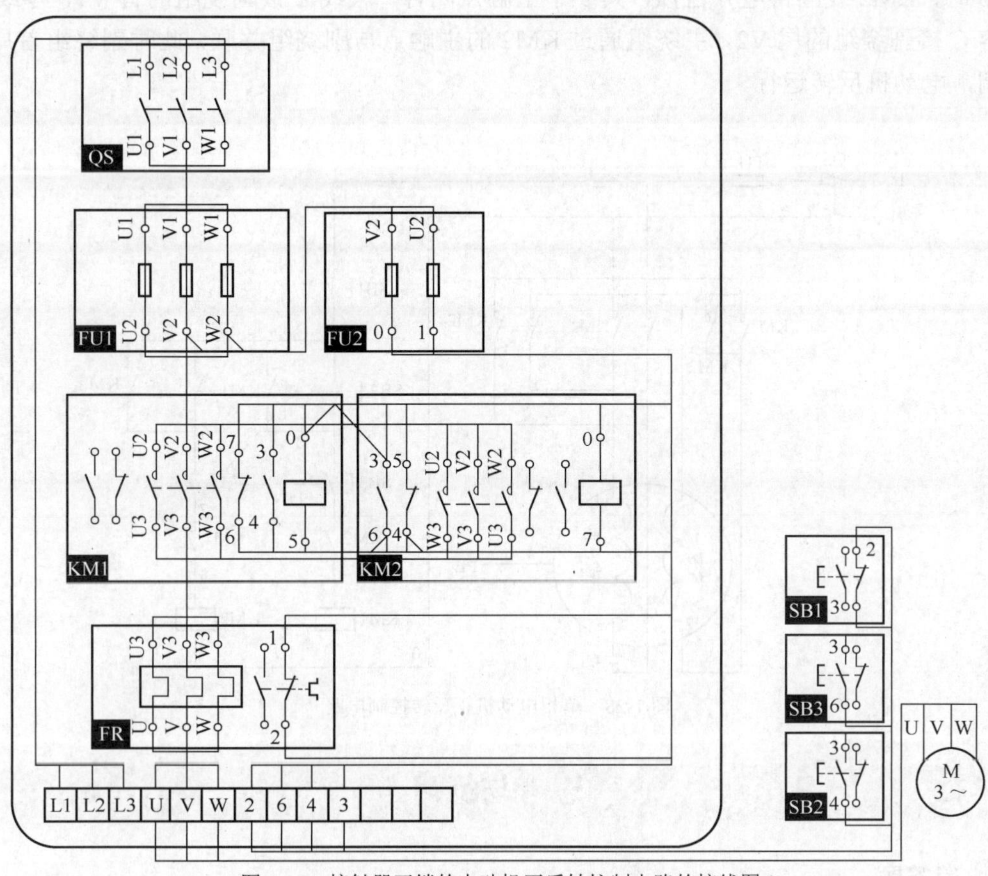

图 1-27　接触器互锁的电动机正反转控制电路的接线图

表 1-1　　　　正反转控制电路故障分析

故障现象	故障点
按下 SB2，电动机不转；按下 SB3，电动机运转正常	KM1 线圈断路或 SB2 损坏产生断路
按下 SB2 电动机正常运转，但按下 SB3 后电动机不反转	KM2 线圈断路或 SB3 损坏产生断路
按下 SB1 不能停车	SB1 熔焊
合上 QS 后，熔断器 FU2 熔断	KM1 或 KM2 线圈、触点短路
合上 QS 后，熔断器 FU1 熔断	KM1 或 KM2 短路；电动机相间短路；正反转主电路换相线接错
按下 SB2 后电动机正常运行，再按下 SB3，FU1 即熔断	正反转主电路换相线接错

（8）通电试车完毕后，切断电源。

知识拓展——单相电动机的正反转控制电路

单相交流电动机一般有两个绕组：主绕组和副绕组，要想实现反转，只要将任意一个绕组的首尾对调即可。如图 1-28 所示，主电路由接触器 KM1 和 KM2 的主触点实现副绕组 V1-V2 的首尾对调，控制电路与三相电动机正反转控制电路相同。当按下正转按钮 SB2 时，KM1 线圈得电并自锁，其 3 个主触点闭合，火线 L 通过电容 C 接副绕组的尾 V2，零线 N 接副绕组的首 V1，主绕组通过 KM1 的主触点与副绕组并联，此时电动机正转运行；当按下反转按钮 SB3 时，KM2 线圈得电并自锁，其 3 个主触点闭合，火线 L 接副绕组的首 V1，零线 N 通过电容 C 接副绕组的尾 V2，主绕组通过 KM2 的主触点与副绕组并联，此时副绕组首尾进行了对调，电动机反转运行。

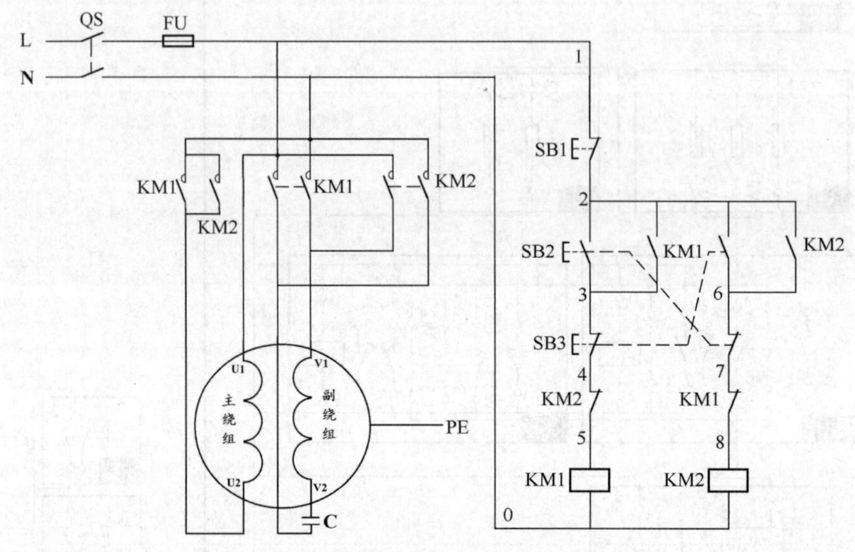

图 1-28　单相电动机正反转控制电路

思考与练习

1．简答题

（1）电气原理图的绘制原则是什么

（2）电气控制电路的主电路和控制电路各有什么特点？

（3）两个交流接触器控制的电动机正反转控制电路，为防止电源相间短路，必须实现什么控制？

2．分析题

（1）如图 1-25 所示，试分析其工作原理。如果按下 SB2，电动机正转，但按下 SB3，电动机不能反转，分析主要原因有哪些。

（2）在图 1-24 所示的电动机正反转控制线路中，采用了接触器互锁，在运行中发现合上电源开关后有如下情况。

① 按下正转（或反转）按钮，正转（或反转）接触器就不停地吸合与释放，电路无法工作；松开按钮后，接触器不再吸合。

② 当按下正转按钮时，电动机立即正向启动；当按下停止按钮时，电动机停转；但一松开停止按钮，电动机又正向启动。

③ 正向启动与停止控制均正常，但在反转控制时，只能实现启动控制，不能实现停止控制，只有切断电源开关，才能使电动机停转。

试分析上述错误的原因。

（3）分析图 1-29 所示电路运行的结果，指出存在的错误之处，并请更正之。

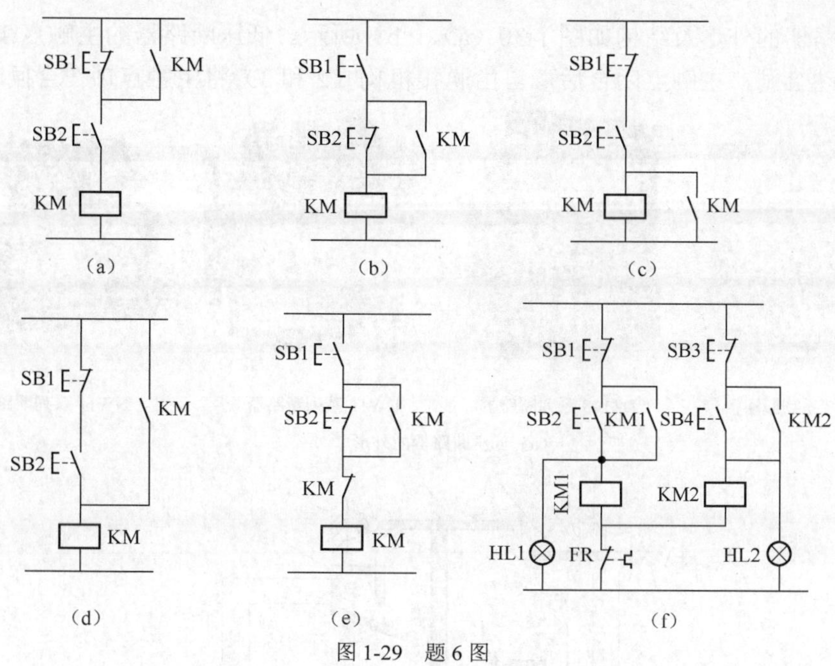

图 1-29　题 6 图

任务三　电动机顺序启动控制电路的分析与安装

任务导入

在多电动机驱动的生产机械上，各台电动机所起的作用不同，设备有时要求某些电动机按一定顺序启动并工作，以保证操作过程的合理性和设备工作的可靠性。例如，铣床工作台（放置工件）的进给电动机必须在主轴（刀具）电动机启动的条件下才能启动。这就对电动机启动过程提出了顺序控制的要求，实现顺序控制要求的电路称为顺序控制电路。那么采用什么样的措施才能实现多台电动机的顺序启动呢？

相关知识

一、低压断路器

低压断路器又称为自动空气开关，它能对电路进行不频繁的通断控制，又能在电路出现过载、短路、欠电压时自动跳闸（即自动切断电路），因此它既是一个开关，又是一个保护电器。

7. 断路器

1．结构与工作原理

低压断路器主要由触头、灭弧装置、操动机构、保护装置等组成。低压断路器的保护装置由各种脱扣器来实现，其脱扣器形式有过电流脱扣器、热脱扣器、欠电压脱扣器、分励脱扣器等。

低压断路器的外形及结构如图 1-30（a）、（b）所示。低压断路器的主触点 1 依靠操动机构手动或电动合闸，主触点闭合后，自由脱扣机构（2 和 3）将主触点锁在合闸位置上。

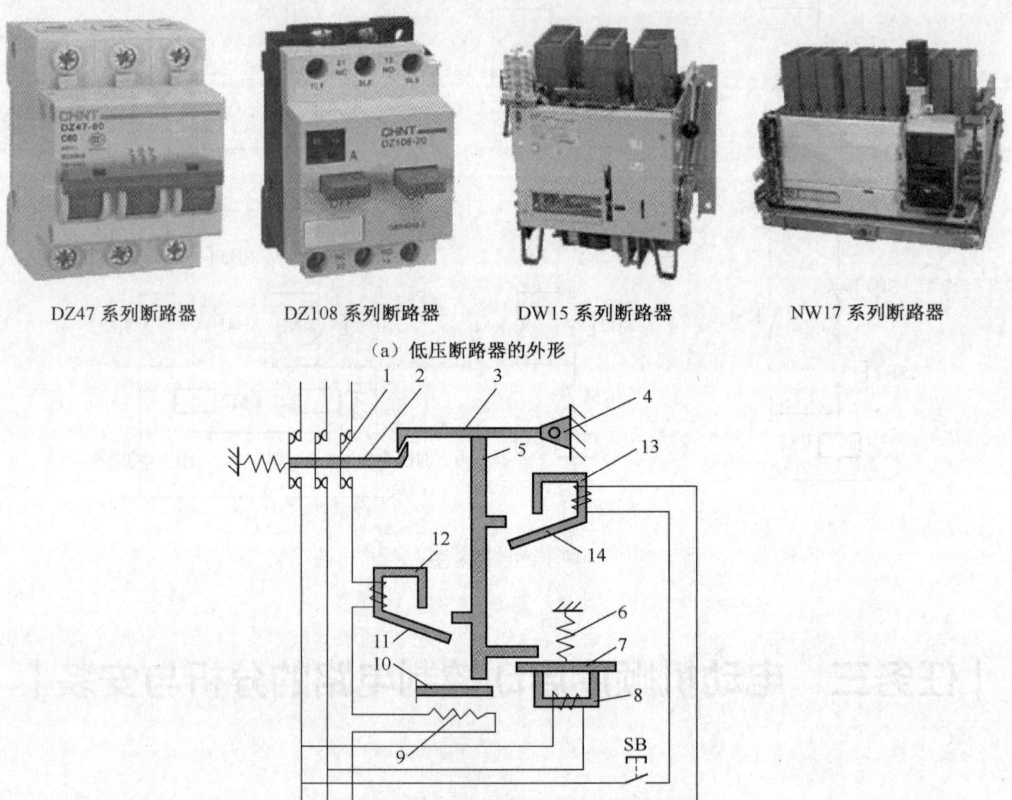

DZ47 系列断路器　　DZ108 系列断路器　　DW15 系列断路器　　NW17 系列断路器

（a）低压断路器的外形

（b）低压断路器的结构

1—主触点；2、3—自由脱扣机构；4—轴；5—杠杆；6—弹簧；7、11、14—衔铁；8—欠电压脱扣器；9—热脱扣器；10—双金属片；12—过电流脱扣器；13—分励脱扣器

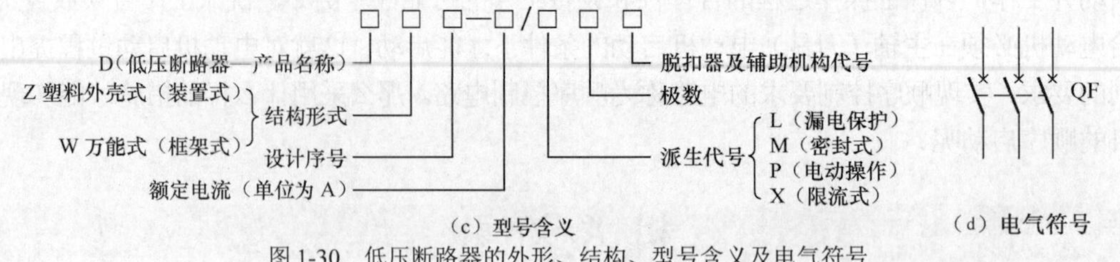

（c）型号含义　　（d）电气符号

图 1-30　低压断路器的外形、结构、型号含义及电气符号

（1）短路（又叫过电流）保护。过电流脱扣器 12 的线圈与被保护电路串联，当电路正常工作时，衔铁 11 不能被电磁铁吸合；当线路中出现短路故障时，衔铁被电磁铁吸合，通过传动机构推动自由脱扣机构释放主触头。主触头在分闸弹簧的作用下分开，切断电路起到短路保护作用。

（2）过载保护。热脱扣器 9 与被保护电路串联，出现过载现象时，线路中电流增大，双金属片弯曲，通过传动机构推动自由脱扣机构释放主触头，主触头在分闸弹簧的作用下分开，切断电路起到过载保护的作用。

（3）欠电压保护。欠电压脱扣器 8 并联在断路器的电源测，当电源侧停电或电源电压过低时，衔铁释放，通过传动机构推动自由脱扣机构使断路器掉闸，起到欠电压及零压保护作用。

（4）远距离跳闸控制。分励脱扣器 13 用于远距离操作低压断路器分闸控制，它的电磁线圈并联在低压断路器的电源侧。需要进行分闸操作时，按动常开按钮 SB 使分励脱扣器的电磁铁得电吸动衔铁，通过传动机构推动自由脱扣机构，使低压断路器跳闸。

在一台低压断路器上同时装有两种或两种以上脱扣器时，称这台低压断路器装有复式脱扣器。

低压断路器的型号含义和电气符号如图 1-30（c）、（d）所示。

2．分类

低压断路器的分类方式很多，其按极数分为单极式、二极式、三极式和四极式；按灭弧介质分为空气式和真空式（目前国产多为空气式）；按操作方式分为手动操作、电动操作和弹簧储能机械操作；按安装方式分为固定式、插入式、抽屉式、嵌入式等；按结构形式分为 DW15、DW16、CW 系列万能式（又称框架式）和 DZ5 系列、DZ15 系列、DZ20 系列、DZ25 系列塑壳式低压断路器。低压断路器容量范围很大，最小为 4A，最大可达 5 000A。

3．主要技术参数

（1）额定电压。低压断路器的额定电压是指与通断能力及使用类别相关的电压值。对多相电路而言，是指相间的电压值。

（2）额定电流。

① 低压断路器壳架等级额定电流。低压断路器壳架等级额定电流用尺寸和结构相同的框架或塑料外壳中能装入的最大脱扣器额定电流表示。

② 低压断路器额定电流。低压断路器额定电流是指在规定条件下低压断路器可长期通过的电流，又称为脱扣器额定电流。对带可调式脱扣器的低压断路器而言，低压断路器额定电流是可长期通过的最大电流。

（3）额定短路分断能力。额定短路分断能力是指低压断路器在额定频率和功率因数等规定条件下，能够分断的最大短路电流值。

4．选择

（1）低压断路器的额定电压和额定电流应大于或等于被保护线路的正常工作电压和负载电流。

（2）热脱扣器的整定电流应等于所控制负载的额定电流。

（3）过电流脱扣器的瞬时脱扣整定电流应大于负载正常工作时可能出现的峰值电流。用于控制电动机的低压断路器，其瞬时脱扣整定电流：

$$I_Z=KI_{st}$$

式中：K 为安全系数，可取 1.5～1.7；I_{st} 为电动机的启动电流。

（4）欠电压脱扣器额定电压应等于被保护线路的额定电压。

（5）低压断路器的极限分断能力应大于线路的最大短路电流的有效值。

二、漏电保护开关

漏电保护开关（脱扣器）是一种常用的漏电保护装置。它既能控制电路的通与断，又能保证其控制电路或设备发生漏电或接地故障时迅速自动跳闸，进行保护。断路器与漏电保护开关两部分合并起来就构成一个完整的漏电断路器，具有过载、短路、漏电保护功能。

漏电断路器的外形如图 1-31 所示。

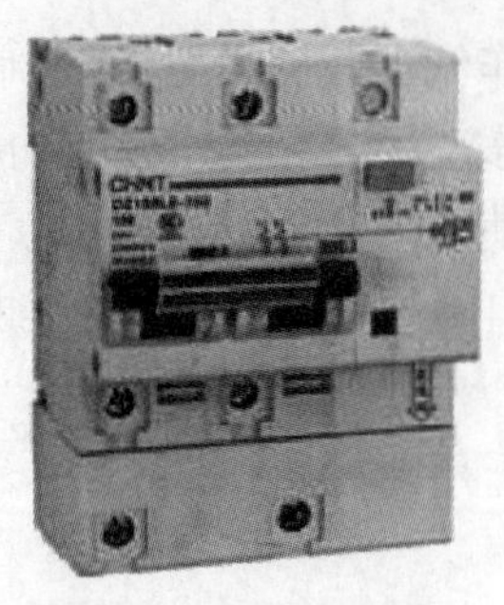
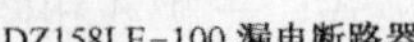
DZ158LE-100 漏电断路器

DZ267L-32 漏电断路器

DZ47LE-32 漏电断路器

图 1-31　漏电断路器的外形

漏电保护开关按动作方式可分为电压动作型和电流动作型；按动作机构可分为开关式和继电器式；按极数和线数可分为单极二线、二极、二极三线等。

漏电保护开关的选择如下。

（1）保护单相线路（设备）时，选用单极二线或二极漏电保护开关。

（2）保护三相线路（设备）时，选用三极漏电保护开关。

（3）既有三相又有单相时，选用三极四线或四极漏电保护开关。

任 务 实 施

常用的顺序控制电路有两种，一种是主电路的顺序控制；另一种是控制电路的顺序控制。

一、主电路的顺序启动控制电路分析

用主电路来实现电动机顺序启动的电路如图 1-32 所示。电动机 M1、M2 分别通过接触器 KM1、KM2 来控制，接触器 KM2 的 3 个主触点串联在接触器 KM1 主触点的下方。这就保证了只有当 KM1 闭合，电动机 M1 启动运转后，KM2 才能使电动机 M2 得电启动，满足了电动机 M1、M2 顺序启动的要求。图 1-32 中，按钮 SB2、SB3 分别用于两台电动机的启动控制，按钮 SB1 用于两台电动机的同时停止控制。

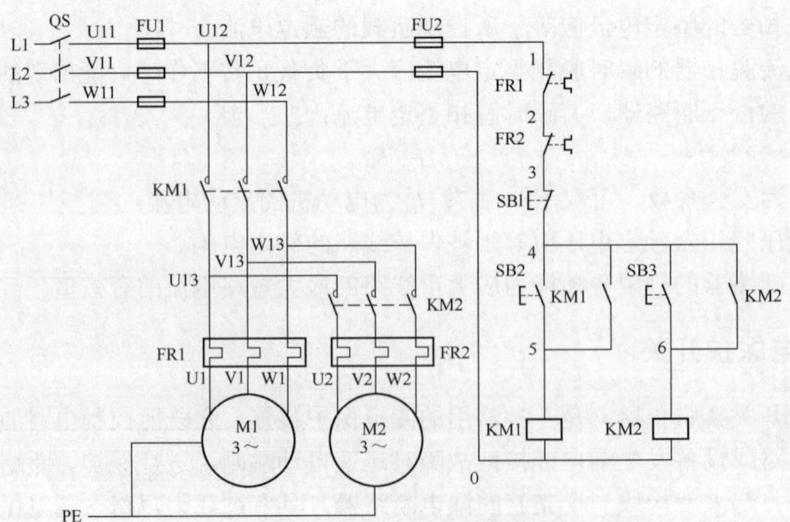

图 1-32　主电路实现电动机顺序启动

二、控制电路的顺序启动控制电路的分析与安装

1．电路分析

8. 顺序启动控制电路

图 1-33 所示为用控制电路来实现电动机顺序启动的电路。图 1-33（a）中，接触器 KM2 的线圈串联在接触器 KM1 自锁触点的下方，这就保证了只有当 KM1 线圈得电自锁、电动机 M1 启动后，KM2 线圈才可能得电自锁，使电动机 M2 启动。图 1-33（a）中，接触器 KM1 的辅助动合触点具有自锁和顺序控制的双重功能。

如图 1-33（b）所示是将图 1-33（a）中 KM1 辅助动合触点自锁和顺序控制的功能分开，专门用一个 KM1 辅助动合触点作为顺序控制触点，串联在接触器 KM2 的线圈回路中。当接触器 KM1 线圈得电自锁、辅助动合触点闭合后，接触器 KM2 线圈才具备得电工作的先决条件，同样可以实现顺序启动控制的要求。在该线路中，按下停止按钮 SB1 和 SB2 可以分别控制两台电动机使其停转。

图 1-33（c）所示的电路除具有顺序启动控制功能以外，还能实现逆序停车的功能。图 1-33（c）中，接触器 KM2 的辅助动合触点并联在停止按钮 SB1 动断触点两端，只有接触器 KM2 线圈失电（电动机 M2 停转）后，操作 SB1 才能使接触器 KM1 线圈失电，从而使电动机 M1 停转，即实现电动机 M1、M2 顺序启动，逆序停车的控制要求。

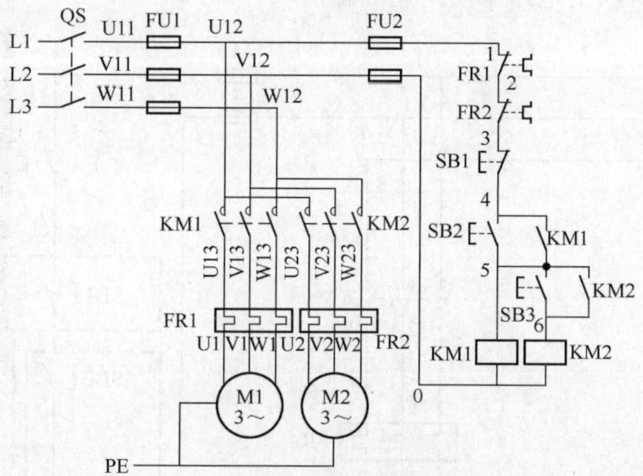

（a）自锁触点和顺序控制触点合一的电路

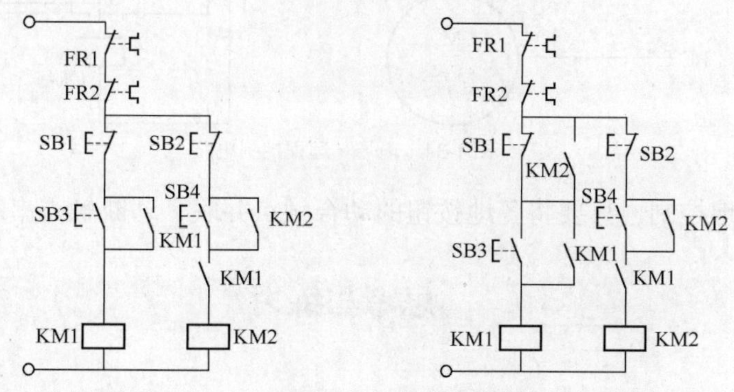

（b）自锁触点和顺序控制触点分开的电路　　（c）顺序启动、逆序停止电路

图 1-33　控制电路实现电动机顺序启动

2．安装和调试

（1）按如图 1-33（c）所示将所需的元器件配齐并画出其电器位置图和安装接线图。

（2）按照前面所讲的方法进行元器件的安装和配线。

（3）经检查无误后进行通电操作。按下启动按钮 SB3，电动机 M1 启动，这时再按下启动按钮 SB4，电动机 M2 启动；按下停止按钮 SB2，电动机 M2 停转，再按下停止按钮 SB1，电动机 M1 停转。

知识拓展——现场 · 远程控制

现场 · 远程控制指的是对于一台电动机，既可以由附近设置的现场控制板来控制，也可以由位于远处的远程控制板控制。

图 1-34 所示为现场 · 远程控制电路。图中，SB3、SB2 为现场控制的启动和停止按钮，SB4、SB1 为远程控制的启动和停止按钮。电路的特点是两地的启动按钮 SB3、SB4（动合触点）要并联在一起，停止按钮 SB1、SB2（动断触点）要串联在一起。这样就可以分别在现场、远程两地起、停同一台电动机，达到操作方便的目的，所以又称为两地控制。图 1-34 中，用断路器作短路保护和隔离开关，所以主电路中没用熔断器。

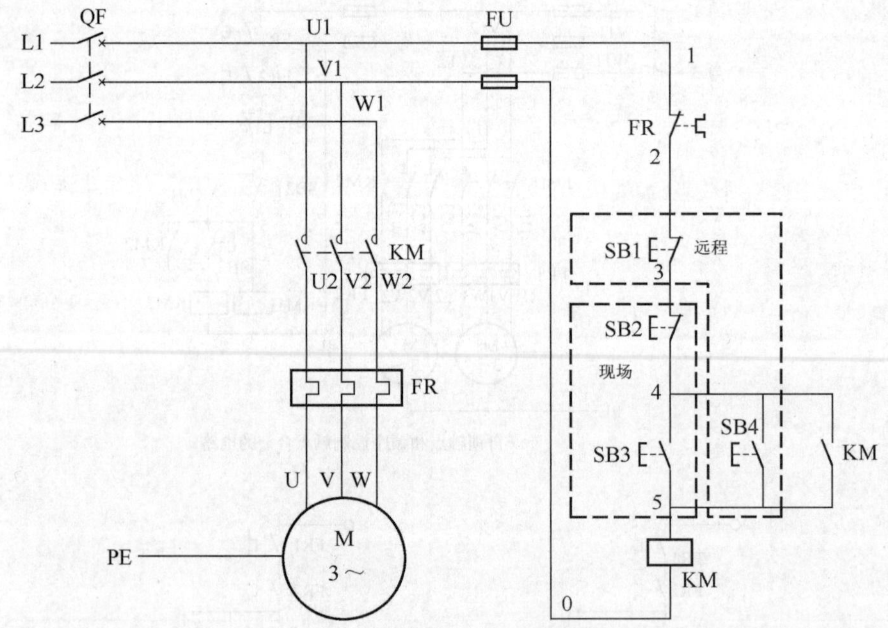

图 1-34　现场 · 远程控制电路

对三地或多地控制，只要将各地按钮的动合触点并联、动断触点串联就可实现。

思考与练习

1．简答题

（1）低压断路器有哪些保护功能？它们分别由哪些部件完成？

（2）简述低压断路器的选用原则。

（3）现场·远程控制的启动按钮和停止按钮如何接线？

2．分析题

试画出两台电动机顺序启动、同时停车的控制电路，并分析工作原理。

任务四 电动机自动往返控制电路的分析与安装

任务导入

工农业生产中有很多机械设备都是需要往复运动的。例如，机床的工作台、高炉的加料设备等要求工作台在一定距离内能自动往返运动，它是通过行程开关来检测往返运动的相对位置，进而控制电动机的正反转来实现的。因此，把这种控制称为位置控制或行程控制。

行程开关除作为位置控制外，还常用来作为车门打开自停开关或限位控制。当检修设备打开车门时自动切断控制电路，起安全保护作用。那么，行程开关是如何控制电动机自动进行往返运动的呢？

相关知识——行程开关

行程开关又称限位开关，用于控制机械设备的行程及进行终端限位保护。

根据结构形式的不同，行程开关可分为直动式、单滚轮式和双滚轮式，如图 1-35（a）所示。行程开关由触头系统、操作机构和外壳组成。如图 1-35（b）所示，行程开关内部一般由一对动合触点和一对动断触点组成，当生产机械的部件碰撞滚轮时，动触点向左运动，动合触点闭合，动断触点断开。当生产机械离开滚轮时，在弹簧的作用下，动触点向右运动，动合触点恢复常开，动断触点恢复常闭。

10. 行程开关

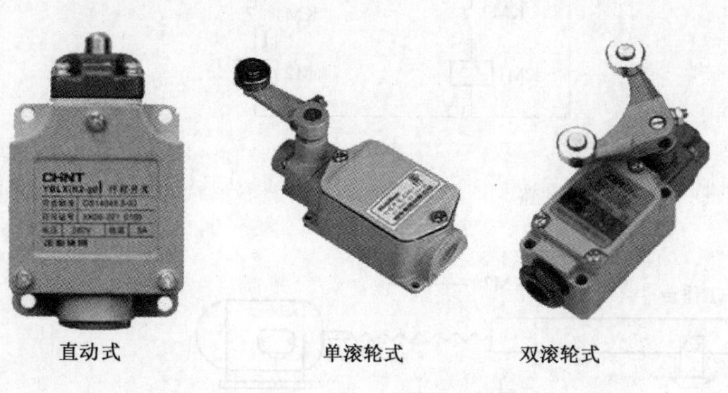

（a）常见行程开关的外形

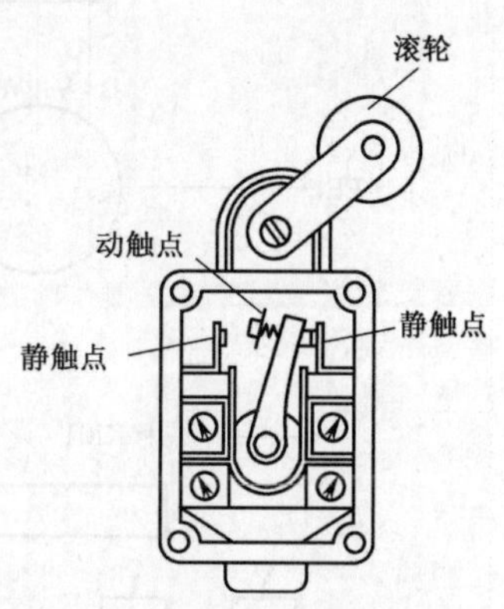

（b）行程开关结构示意图

图 1-35 行程开关

行程开关的型号含义和电气符号如图 1-36 所示。

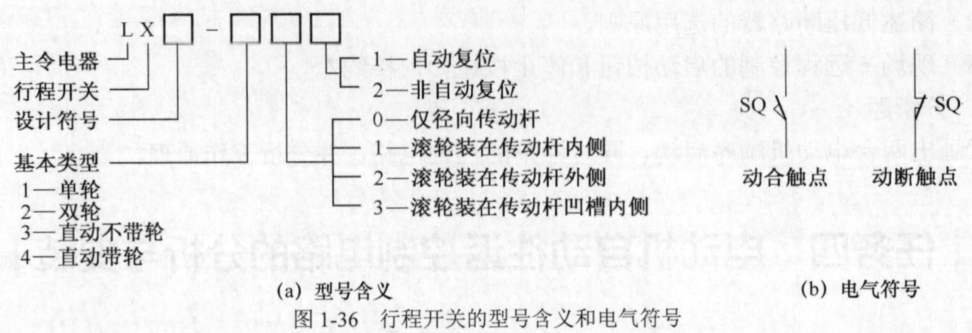

(a) 型号含义　　(b) 电气符号

图 1-36　行程开关的型号含义和电气符号

任务实施

一、电路分析

自动往返控制电路如图 1-37（a）所示。如图 1-37（b）所示为机械运动示意图，SQ1、SQ2 分别为工作台正、反向进给的换向开关，机械挡铁固定在运动部件上，SQ3、SQ4 分别为左、右限位控制。

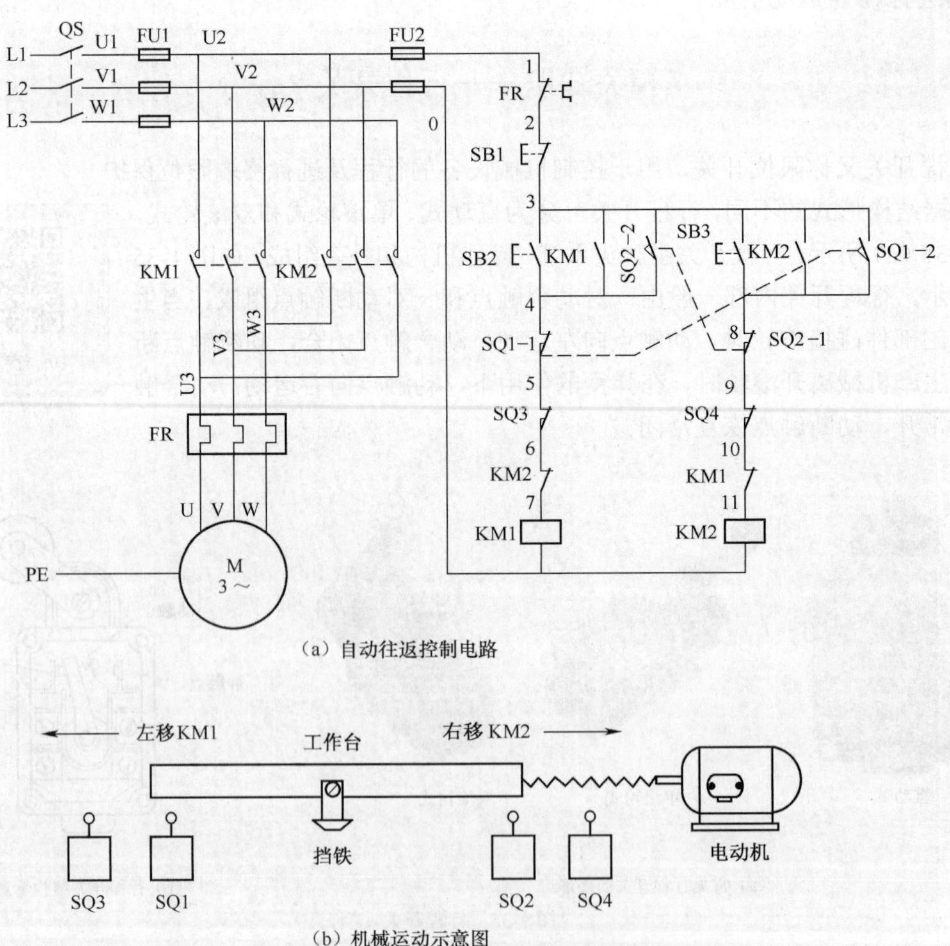

（a）自动往返控制电路

（b）机械运动示意图

图 1-37　自动往返控制电路及机械运动示意图

电路工作原理如下。

首先，合上电源开关 QS。

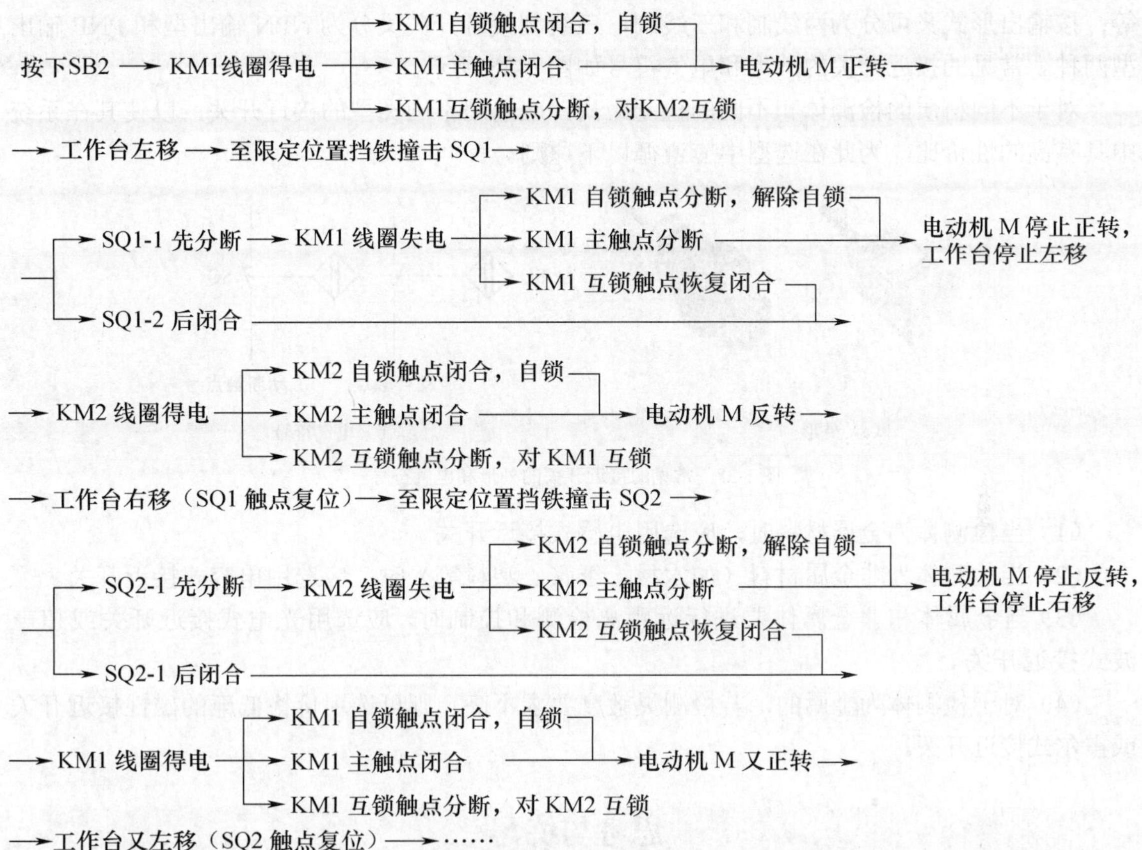

电动机不断重复上述过程，工作台就在限定的行程内做自动往返运动。

按下按钮 SB3，其工作过程与正转类似。电路中的自锁：由 KM1（或 KM2）的辅助动合触点并联 SB2（或 SB3）的动合触点实现自锁。

若想使电动机停转则按停止按钮 SB1，控制电路断电，接触器主触点断开，电动机断开电源停止运行。

二、安装和调试

（1）按如图 1-37 所示将所需的元器件配齐并画出其电器位置图和安装接线图。

（2）按照前面所讲的方法进行元器件的安装和配线。

（3）经检查无误后进行通电操作。按下启动按钮 SB2，观察电动机是否按照自动往返的过程进行动作。

知识拓展——接近开关

接近开关是一种无接触式物体检测装置，又称无触点行程开关，它除了可以完成行程控制和限位保护外，还可以用于检测零件尺寸和测速等。

当有物体移向接近开关并接近到一定距离时，接近开关的感应头才有“感知”，使其输出一个电信号，其动合触点闭合，动断触点断开。通常将这个距离称为检出距离。

接近开关按工作原理分为电感式、电容式、霍尔式、超声波式、光电式、磁性接近开关等；按输出形式又可分为两线制和三线制，三线制接近开关又分为 NPN 输出型和 PNP 输出型两种。常见的接近开关的外形和电气符号如图 1-38 所示。

对于不同材质的检测体和不同的检测距离，应选用不同类型的接近开关，以使其在系统中具有高的性价比，为此在选型中应遵循以下原则。

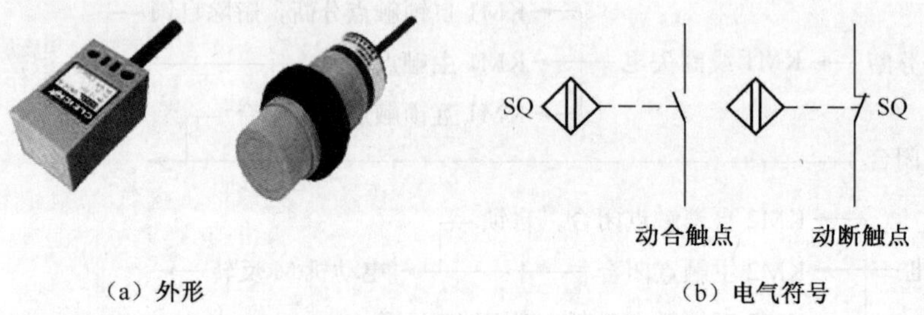

（a）外形　（b）电气符号

图 1-38　常见的接近开关的外形和电气符号

（1）当检测体为金属材料时，应选用电感式接近开关。

（2）当检测体为非金属材料（如木材、纸张、塑料等）时，应选用电容式接近开关。

（3）当金属体和非金属体要进行远距离检测和控制时，应选用光电式接近开关或超声波式接近开关。

（4）对于检测体为金属的，若检测灵敏度要求不高，则可选用价格低廉的磁性接近开关或霍尔式接近开关。

思考与练习

1．简答题

简述行程开关与接近开关的区别。

2．分析题

（1）在图 1-39 中，要求按下启动按钮后能依次完成下列动作。

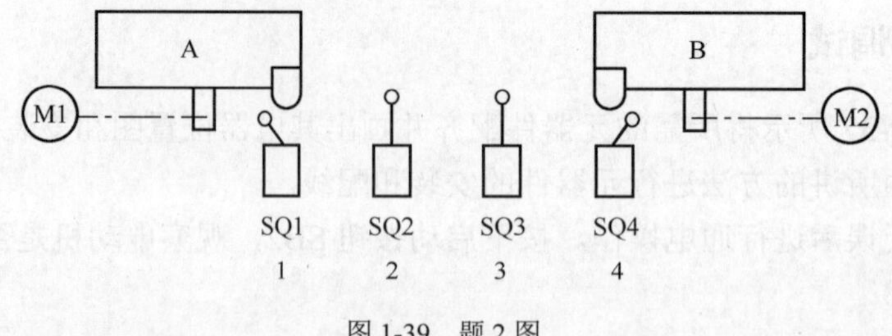

图 1-39　题 2 图

① 运动部件 A 从 1 到 2。

② 运动部件 B 从 3 到 4。

③ 运动部件 A 从 2 回到 1。

④ 运动部件 B 从 4 回到 3。

试画出电气控制线路（提示：用 4 个位置开关，装在原位和终点）。

（2）如在题 2 中完成上述动作后能自动循环工作，试画出电气控制线路。

任务五　电动机降压启动控制电路的分析与安装

任 务 导 入

容量小的三相异步电动机才允许直接启动；容量较大的电动机因启动电流较大，一般都采用降压启动方式来启动。降压启动是指利用启动设备将电压适当降低后加到电动机的定子绕组上进行启动，待电动机启动运转后，再使其电压恢复到额定值正常运转，由于电流随电压的降低而减小，所以降压启动达到了减小启动电流的目的。

常见的降压启动的方法有定子绕组串电阻（电抗）启动、自耦变压器降压启动、Y-△降压启动。

相 关 知 识

一、继电器的分类

继电器是根据一定的信号（如电流、电压、时间和速度等物理量）的变化来接通或分断小电流电路和电器的自动控制电器。

继电器一般不用来直接控制主电路，而是通过接触器或其他电器来对主电路进行控制，因此同接触器相比较，它的触点通常接在控制电路中，触点断流容量较小（5A 以下），一般不需要灭弧装置，但对继电器动作的准确性要求较高。

继电器种类很多，按输入信号可分为电压继电器、电流继电器、时间继电器、速度继电器、压力继电器、温度继电器等；按工作原理可分为电磁式继电器、感应式继电器、电动式继电器、电子式继电器、热继电器等；按用途可分为控制继电器和保护继电器；按输出形式可分为有触点继电器和无触点继电器。

继电器的型号含义如图 1-40 所示。

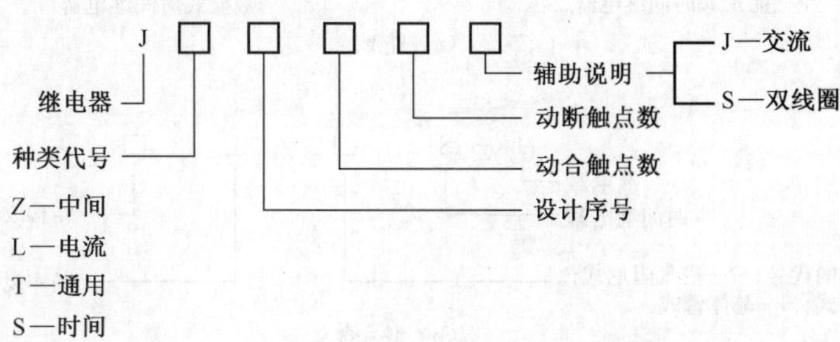

图 1-40　继电器的型号含义

二、电磁式继电器的结构及工作原理

低压控制系统中的继电器大部分为电磁式结构，如图 1-41 所示。电磁式继电器的结构组

成和工作原理与电磁式接触器相似，它也是由电磁机构和触点系统两个主要部分组成的。电磁机构由线圈 1、铁芯 2、衔铁 7 组成。触头系统由于其触点都接在控制电路中，且电流小，故不装设灭弧装置。电磁式继电器的触点一般为桥式触点，有动合和动断两种形式。另外，为了实现继电器动作参数的改变，继电器一般还具有改变弹簧松紧和改变衔铁打开后气隙大小的装置，即调节螺钉 6。

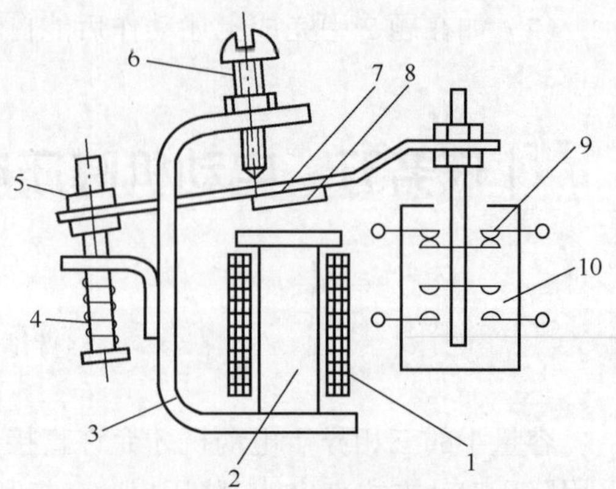

图 1-41　电磁式继电器的典型结构示意图
1—线圈；2—铁芯；3—磁轭；4—弹簧；5—调节螺母；6—调节螺钉；7—衔铁；8—非磁性垫片；9—动断触点；10—动合触点

当通过线圈 1 的电流超过某一定值时，电磁吸力大于反作用弹簧力，衔铁 7 吸合并带动绝缘支架动作，使动断触点 9 断开、动合触点 10 闭合。通过调节螺钉 6 来调节反作用力的大小，即调节继电器的动作参数值。

三、时间继电器

时间继电器是控制系统中控制动作时间的继电器。它按工作原理可分为空气阻尼式和数显式时间继电器两种。常见的时间继电器的外形和型号含义如图 1-42 所示，数显式时间继电器可通过调整键“-”和“+”设置定时时间，时间单位可在 s（秒）、m（分）、h（小时）之间切换，时间延时范围为 0.1s～99H。

12. 时间继电器

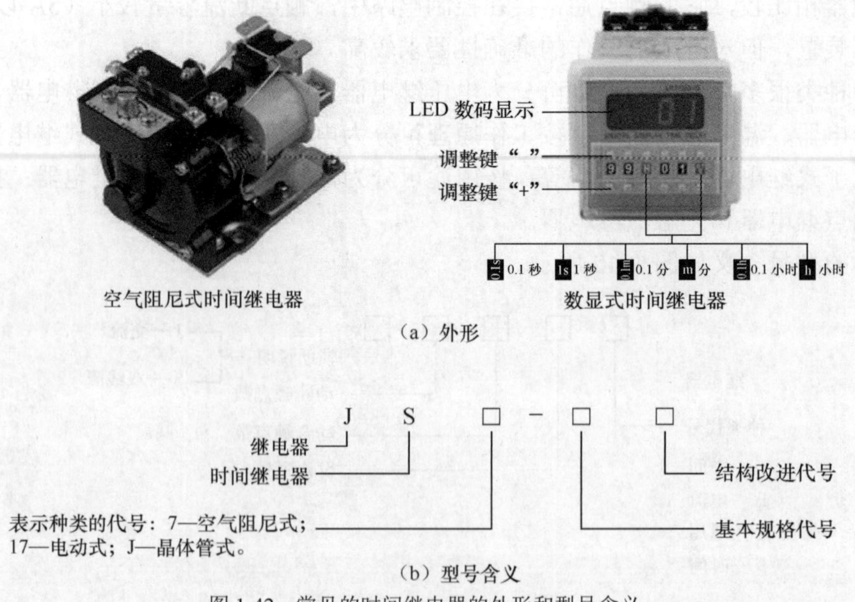

（a）外形

（b）型号含义

图 1-42　常见的时间继电器的外形和型号含义

按延时方式可将其分为通电延时型时间继电器和断电延时型时间继电器。时间继电器的电气符号及文字符号如图 1-43 所示。

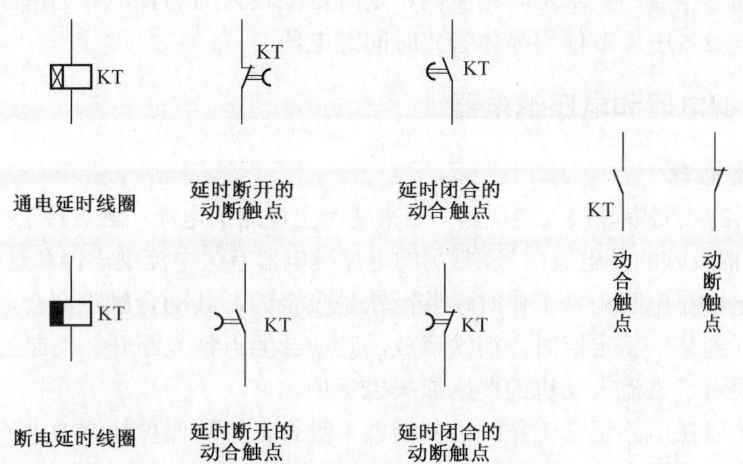

图 1-43　时间继电器的电气符号及文字符号

通电延时型时间继电器是指线圈通电后触点延时动作，即当线圈通电时，其延时动合触点要延时一段时间才闭合，延时动断触点要延时一段时间才断开；当线圈失电时，其延时动合触点迅速断开，延时动断触点迅速闭合。

断电延时型时间继电器是指线圈断电后触点延时动作，即当线圈通电时，其延时断开的动合触点迅速闭合，延时闭合的动断触点迅速断开；当线圈失电时，其延时断开的动合触点要延时一段时间再断开，延时闭合的动断触点要延时一段时间再闭合。

图 1-44 所示为 DH48S 系列数显式时间继电器，图 1-44（a）是安装好的时间继电器，图 1-44（b）是将时间继电器安装在图 1-44（c）所示的底座上，图 1-44（d）是数显式时间继电器的接线图，图中②、⑦之间接直流或交流电源。该时间继电器是通电延时型，其中延时闭合的动合触点共有 2 对（①与③、⑥与⑧）、延时断开的动断触点共有 2 对（①与④、⑤与⑧）。

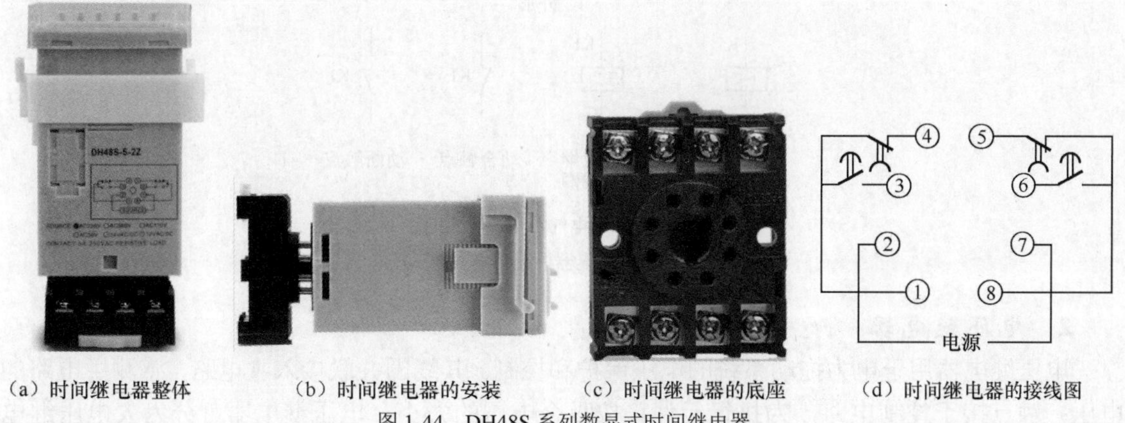

（a）时间继电器整体　（b）时间继电器的安装　（c）时间继电器的底座　（d）时间继电器的接线图

图 1-44　DH48S 系列数显式时间继电器

时间继电器形式多样、各具特点，选择时应从以下几个方面考虑。

（1）根据控制电路对延时触点的要求选择延时方式，即通电延时型或断电延时型。

（2）根据使用场合、工作环境选择时间继电器的类型。在延时精度不高的场合，可选用空气阻尼式时间继电器；要求延时精度高、延时范围较大的场合，可选用晶体管式时间继电器。目前，电气设备中较多使用晶体管式时间继电器。

四、电流继电器和电压继电器

1．电流继电器

电流继电器的线圈串联接入主电路，用来感测主电路的电流；触点接于控制电路，为执行元件。电流继电器反映的是电流信号，常用的电流继电器有欠电流继电器和过电流继电器两种。

欠电流继电器在电路正常工作时，其衔铁是吸合的，其动合触点闭合，动断触点断开。只有当电流降低到某一整定值时，衔铁释放，其动合触点恢复断开，动断触点恢复闭合。欠电流继电器主要用于直流电动机的弱磁或失磁保护。

过电流继电器在电路正常工作时，其衔铁不吸合。当被保护线路的电流高于额定值，并达到过电流继电器的整定值时，衔铁吸合，触点机构动作，其动合触点闭合，动断触点断开。因此，过电流继电器主要用于电动机的过载及短路保护。

电流继电器的外形和电气符号如图 1-45 所示。

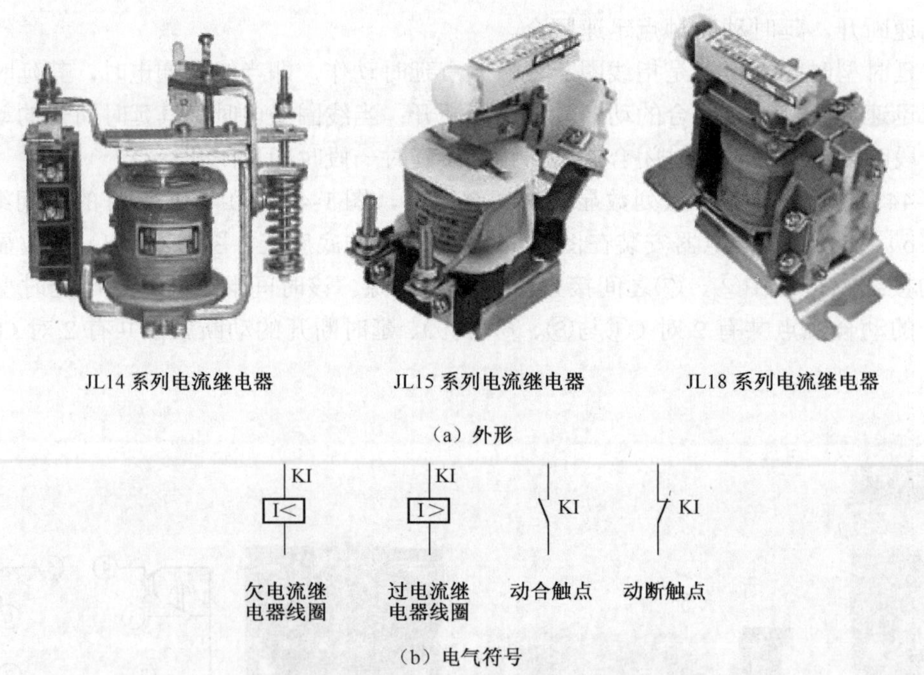

JL14 系列电流继电器　　JL15 系列电流继电器　　JL18 系列电流继电器

（a）外形

（b）电气符号

图 1-45　电流继电器的外形和电气符号

2．电压继电器

电压继电器用于电力拖动系统的电压保护和控制。其线圈并联接入主电路，感测主电路的电压；触点接于控制电路，为执行元件。按吸合电压的大小，电压继电器可分为欠电压继电器和过电压继电器。

欠电压继电器用于电路的欠电压保护。当被保护电路电压正常时，衔铁可靠吸合，其动合触点闭合，动断触点断开；当被保护电路电压降至欠电压继电器的某一整定值时，衔铁释放，触点机构复位，控制接触器及时分断被保护电路。

过电压继电器用于电路的过电压保护。当被保护电路电压正常时，衔铁不吸合；当被保护电路的电压高于额定值，达到过电压继电器的整定值时，衔铁吸合，其动合触点闭合，动断触点断开，控制电路失电，控制接触器及时分断被保护电路。

电压继电器的外形和电气符号如图 1-46 所示。

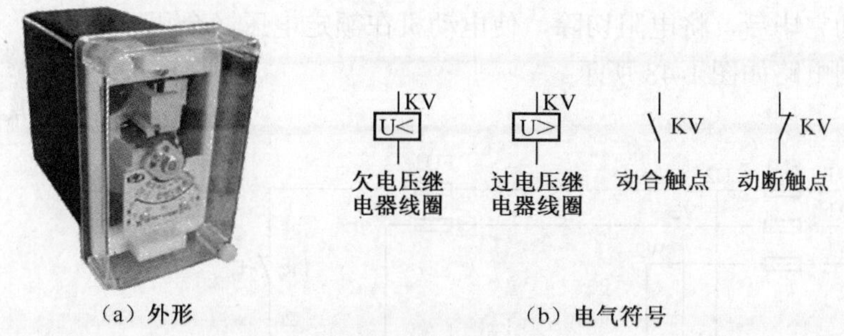

（a）外形　（b）电气符号

图 1-46　电压继电器的外形和电气符号

五、中间继电器

中间继电器实质上是一种电压继电器。但它的触点数目较多，且没有主辅触点之分，电流容量可增大，起到中间放大（触点数目和电流容量）的作用。

中间继电器的外形和电气符号如图 1-47 所示。

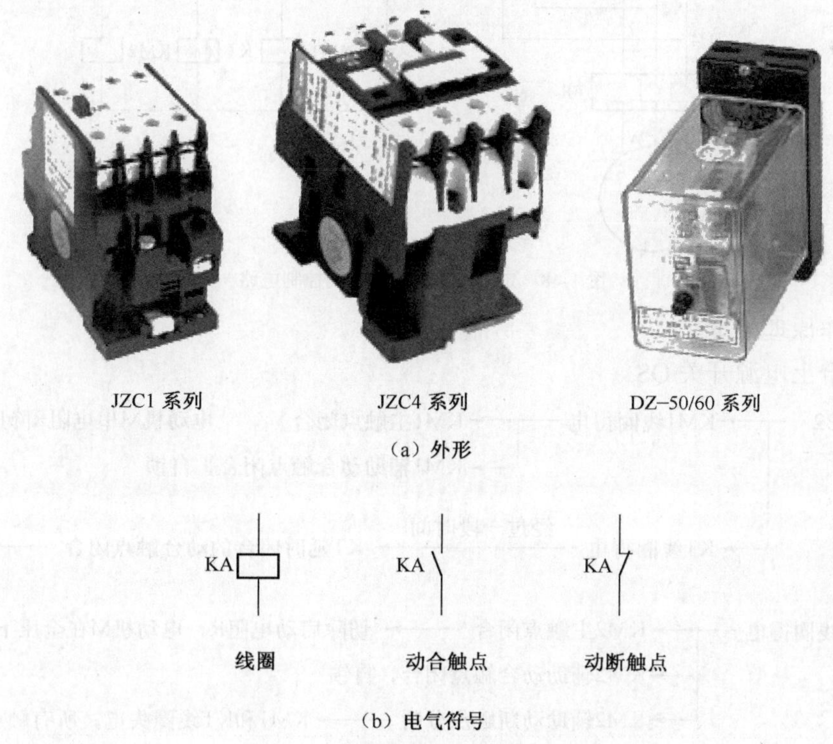

（a）外形

（b）电气符号

图 1-47　中间继电器的外形和电气符号

任务实施

一、定子串电阻降压启动控制电路分析

13. 定子串电阻降压启动控制电路

启动时，在电动机的定子绕组中串接电阻，使电动机定子绕组上的电压减小；待启动完毕后，将电阻切除，使电动机在额定电压（全压）下正常运转。其控制电路如图 1-48 所示。

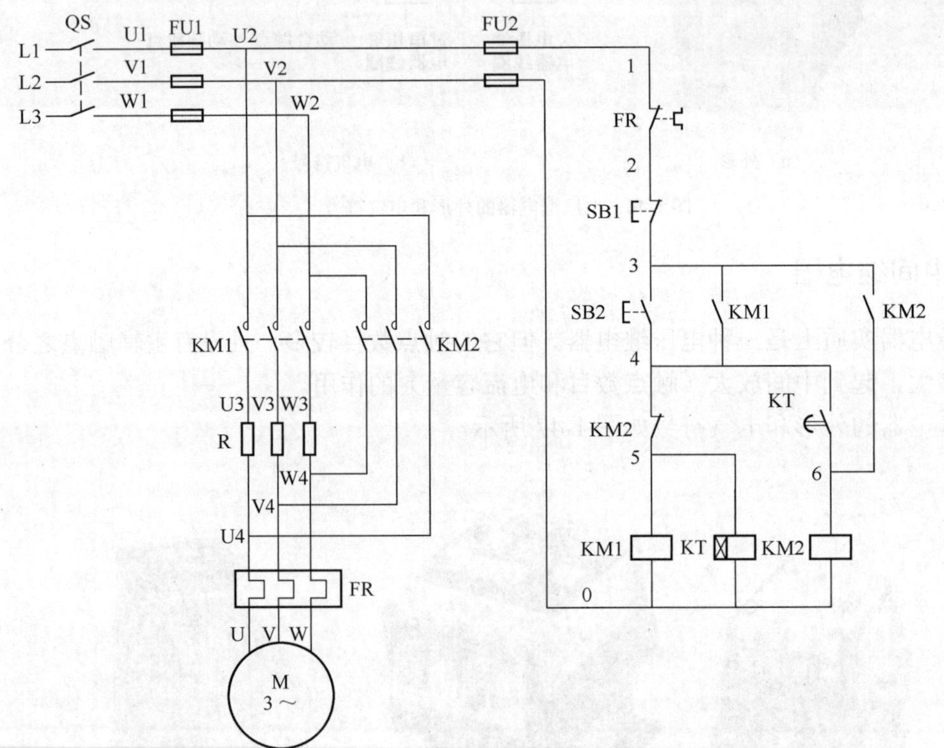

图 1-48　定子串电阻降压启动控制电路

电路工作原理如下。

首先，合上电源开关 QS。

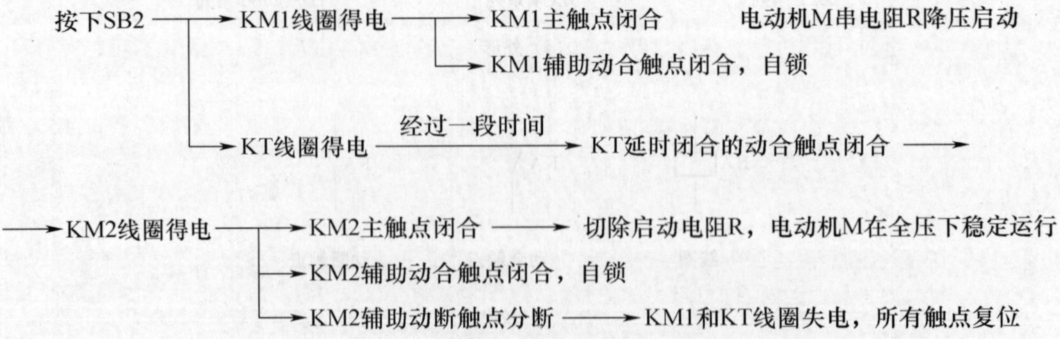

采用定子串电阻降压启动的缺点是减小了电动机启动转矩；在电阻上功率损耗较大；如果启动频繁，则电阻的温升很高，对于精密的机床会产生一定的影响。

二、自耦变压器降压启动控制电路分析

自耦变压器降压启动是指电动机启动时利用自耦变压器来降低加在电动机定子绕组上的启动电压。待启动一定时间，转速升高到预定值后，将自耦变压器切除，电动机定子绕组直接接上电源电压，进入全压运行。

14. 自耦变压器降压启动控制电路

自耦变压器降压启动控制电路如图 1-49 所示，它主要由主电路、控制电路和指示电路组成。主电路中自耦变压器 T 和接触器 KM1 的主触点构成自耦变压器启动器，接触器 KM2 主触点用以实现全压运行。启动过程按时间原则控制，电动机工作原理如下。

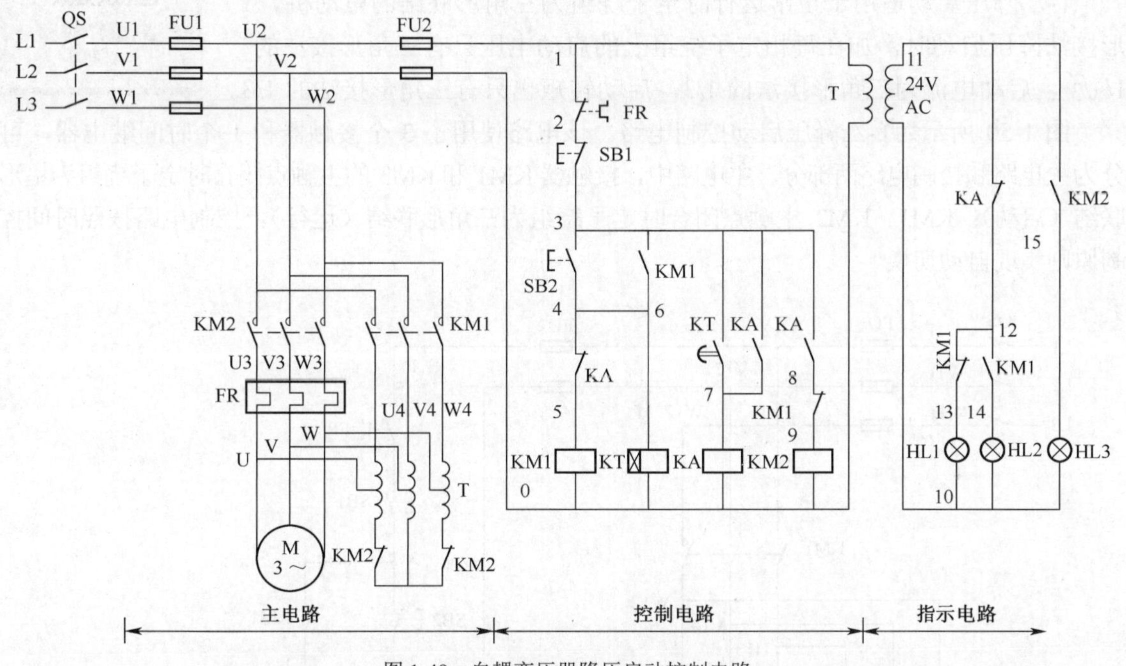

图 1-49　自耦变压器降压启动控制电路

首先，合上电源开关 QS。

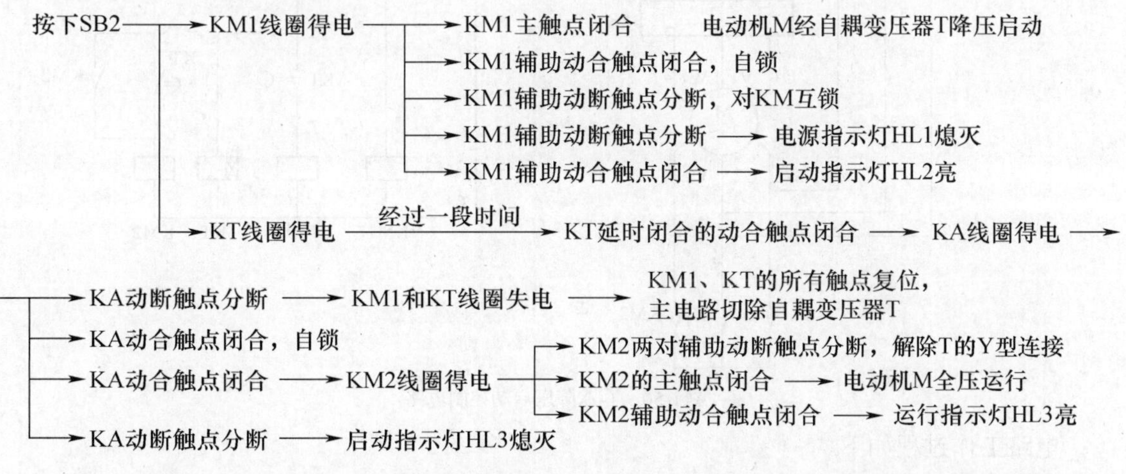

图 1-49 所示的控制电路选用中间继电器 KA，用以增加触点个数和提高控制电路设计的

灵活性。指示电路用于通电、启动、运行指示。该电路还具有过载和失压保护功能。

自耦变压器降压启动方法适用于启动较大容量的电动机。但是，自耦变压器价格较贵，而且不允许频繁启动。

三、Y-△降压启动控制电路的分析与安装

1. 电路分析

Y-△降压启动是指电动机启动时，把定子绕组接成星形，以降低启动电压，限制启动电流，待电动机启动后，再把定子绕组改接为三角形，使其全压运行。

15. 星三角降压启动控制电路

Y-△降压启动适用于正常运行时定子绕组为三角形联结的电动机。Y形接法降压启动时，加在每相定子绕组上的启动电压只有三角形接法的 $1/\sqrt{3}$，启动电流为三角形接法的 1/3，启动转矩也只有三角形接法的 1/3。

图 1-50 所示为Y-△降压启动控制电路。该电路使用了 3 个接触器和 1 个时间继电器，可分为主电路和控制电路两部分。主电路中，接触器 KM1 和 KM3 的主触点闭合时定子绕组为星形联结（启动）；KM1、KM2 主触点闭合时定子绕组为三角形联结（运行）。控制电路按照时间控制原则实现自动切换。

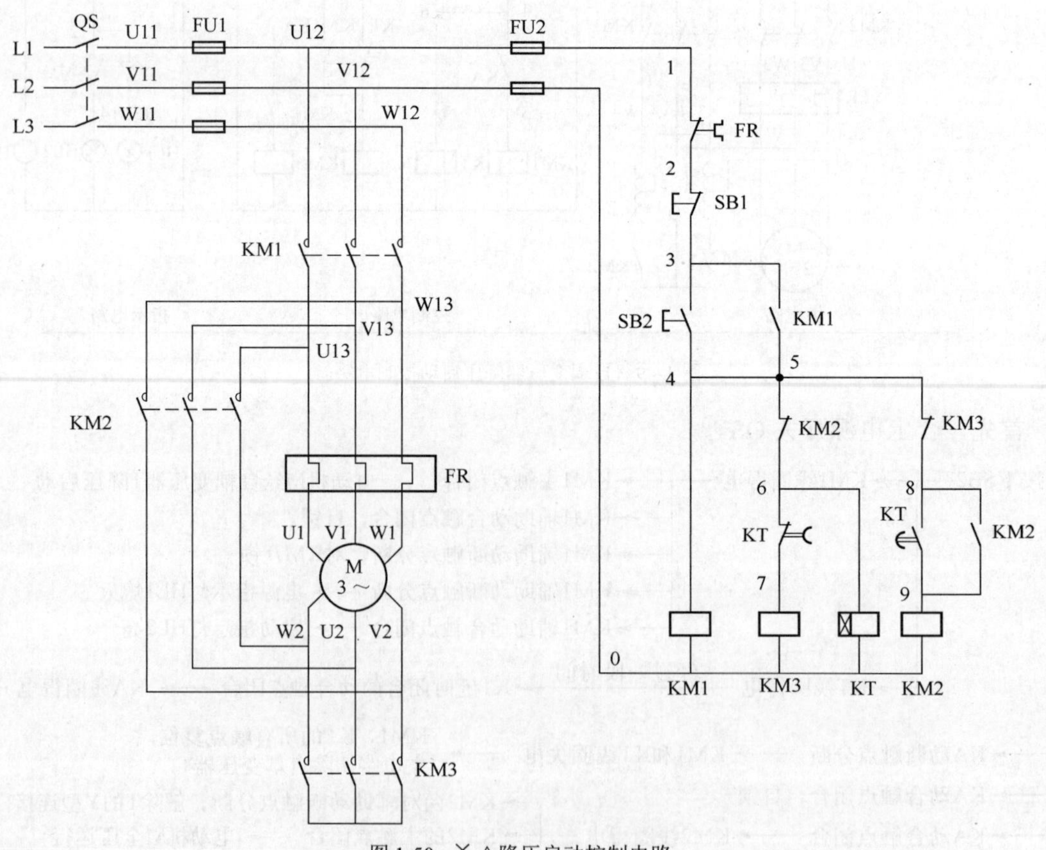

图 1-50 Y-△降压启动控制电路

电路工作过程如下。

首先，合上电源开关 QS。

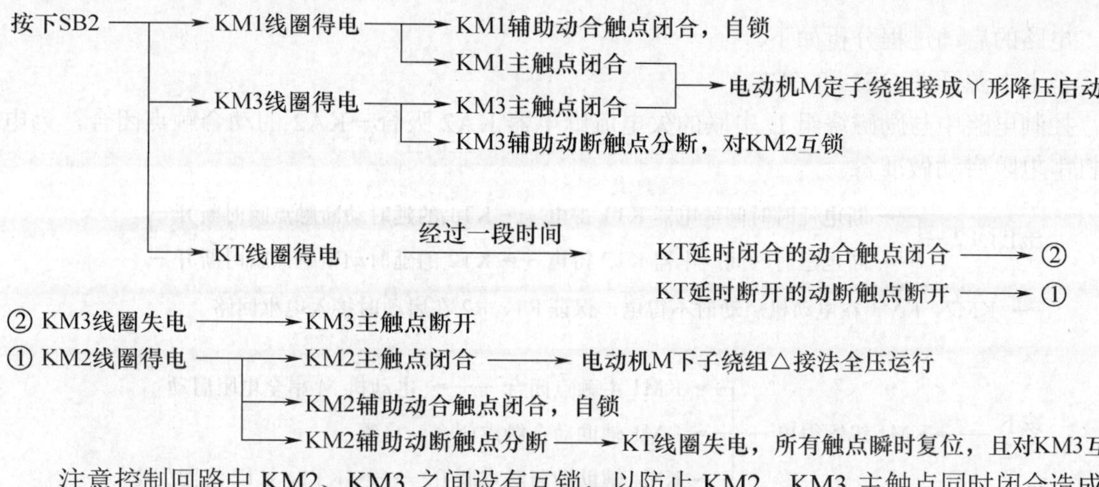

注意控制回路中 KM2、KM3 之间设有互锁，以防止 KM2、KM3 主触点同时闭合造成电动机主电路短路，保证电路的可靠工作。电路还具有短路、过载、零压和欠压等保护功能。

2．安装和调试

（1）按图 1-50 所示将所需的元器件配齐并画出其电器位置图和安装接线图。

（2）按照前面所讲的方法进行元器件的安装和配线。

（3）经检查无误后进行通电操作。注意观察 3 个接触器 KM1、KM2、KM3 的吸合情况。

知识拓展——直流电动机电枢回路串电阻降压启动控制电路

直流电动机在额定电压下直接启动，启动电流可高达额定电流的 10～20 倍，这一电流会使电网受到扰动、机组受到机械冲击、换向器产生火花。因此，必须采用电枢回路串电阻或降低电枢电压的方法来限制启动电流。电枢回路串两级电阻启动的原理图如图 1-51 所示。在图 1-51（a）的电枢主电路中串入电阻 R1 和 R2，启动过程中随着转速的不断升高通过接触器 KM2 和 KM3 的动合触点及时逐级将各分段电阻短接，使启动电流限制在某一允许值以内。

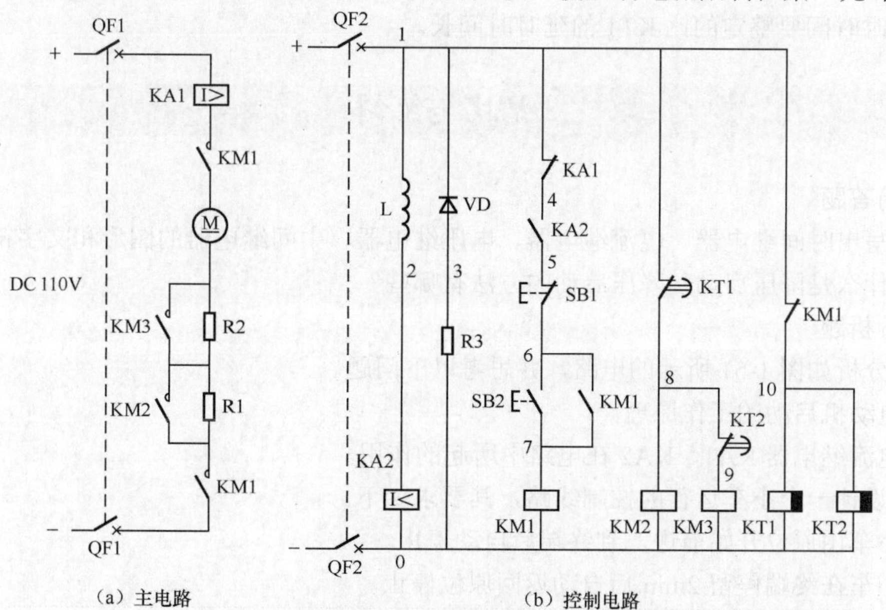

图 1-51 直流电动机电枢回路串电阻启动控制电路

电路的启动过程分析如下。

合上电源开关 QF1 和 QF2。

控制电路中与励磁绕组 L 串联的欠电流继电器 KA2 吸合→KA2 的动合触点闭合，为电动机串电阻启动做准备。

合上 QF2 ─┬→ 断电延时时间继电器 KT1 得电 → KT1 的延时动断触点瞬时断开 ─┐
　　　　　└→ 断电延时时间继电器 KT2 得电 → KT2 的延时动断触点瞬时断开 ─┘

→ KM2、KM3 在电动机启动时不得电，保证 R1、R2 在启动时接入电枢回路

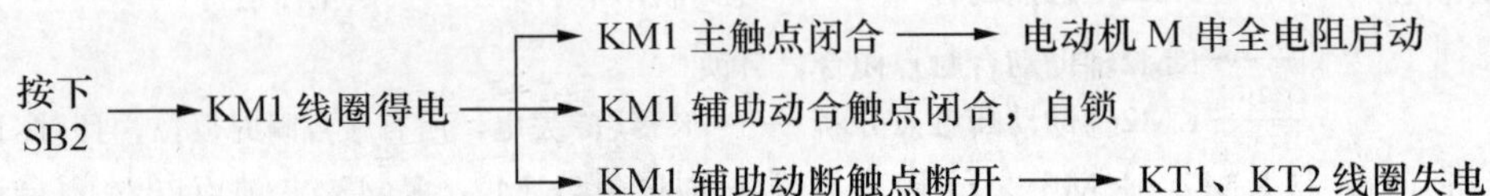

经过一段时间延时 → KT1 延时时间到，其延时闭合的动断触点闭合 → KM2 线圈得电 → KM2 主触点闭合，将电枢回路中的电阻 R1 切除

经过更长一段时间延时 → KT2 延时时间到，其延时闭合的动断触点闭合 → KM3 线圈得电 → KM3 主触点闭合，将电枢回路中的电阻 R2 切除 → 电动机 M 全压运行

按下 SB1 →KM1 线圈失电 →KM1 主触点断开，电枢回路电源切断，电动机 M 停转。

图 1-51 中，电阻 R3 和二极管为励磁绕组断电提供了一个放电回路；电枢回路中串联过电流继电器 KA1 是为了对直流电动机进行过载保护，一旦主电路发生过载现象，其串联在控制电路中的动断触点 KA1 立即断开控制电路，迫使电动机停转；控制电路中与励磁绕组串联的欠电流继电器 KA2 是为了对直流电动机进行失磁或弱磁保护，一旦控制电路中电动机的励磁绕组断开或电流减小，欠电流继电器 KA2 就动作，其动合触点 KA2 立即断开，从而切断接触器 KM1 的电路，迫使电动机停转。

注意，在图 1-51 中，两个断电延时时间继电器 KT1 和 KT2 的延时时间需整定的不同，KT2 的延时时间要整定的比 KT1 的延时时间长。

思考与练习

1．简答题

（1）写出时间继电器、电流继电器、电压继电器、中间继电器的图形和文字符号。

（2）什么是降压启动？降压启动的方法有哪些？

2．分析题

（1）分析如图 1-51 所示的电路，并思考以下问题。

① 电动机启动的工作原理。

② 电流继电器 KA1、KA2 在电路中所起的作用。

（2）设计一个小车运行的控制线路，其要求如下。

① 小车由原位开始前进，到终端后自动停止。

② 小车在终端停留 2min 后自动返回原位停止。

③ 小车在前进或后退途中的任意位置都能停止或启动。

任务六　电动机制动控制电路的分析与安装

任务导入

由于机械惯性的影响，高速旋转的电动机从切除电源到停止转动要经过一定的时间。这样往往满足不了某些生产工艺快速、准确停车的控制要求，这就需要对电动机进行制动控制。采用什么元器件可以构成电动机制动控制电路呢？

相关知识

所谓制动，就是采取措施迫使电动机迅速停转。电动机常用的制动方法有机械制动和电气制动两大类。

一、机械制动控制电路

16. 机械制动控制电路

利用机械装置使电动机断开电源后迅速停转的方法称为机械制动。机械制动常用的方法有电磁抱闸制动和电磁离合器制动。这里主要介绍电磁抱闸制动，它可分为通电制动型和断电制动型两种。

电磁抱闸制动装置由电磁操作机构和弹簧力机械抱闸机构组成。图 1-52 所示为断电制动型电磁抱闸的控制电路。

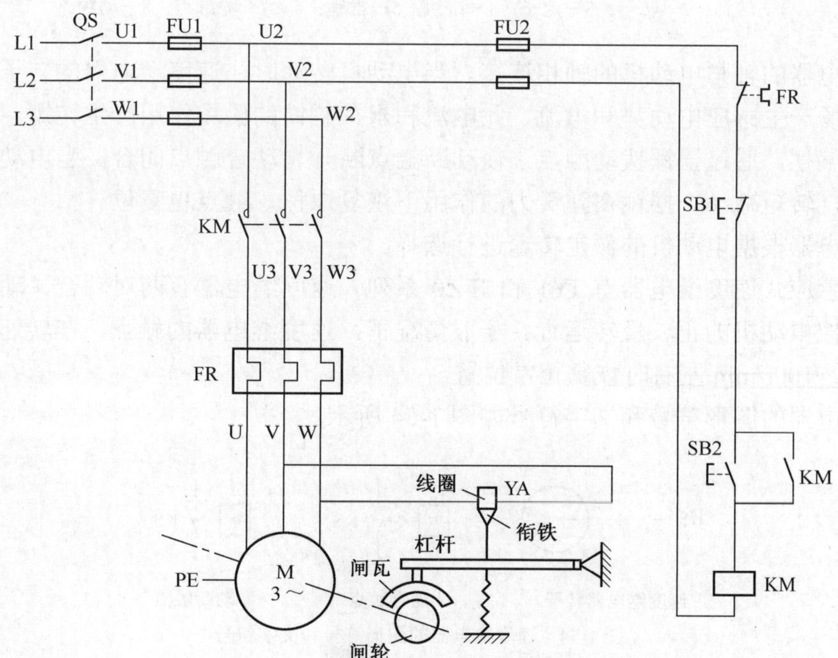

图 1-52　断电制动型电磁抱闸的结构及其控制电路

工作原理介绍如下。

合上电源开关 QS，按下启动按钮 SB2 后，接触器 KM 线圈得电自锁，主触点闭合，电磁铁线圈 YA 通电，衔铁吸合，使制动器的闸瓦和闸轮分开，电动机 M 启动运转。停车时，按下停止按钮 SB1 后，接触器 KM 线圈断电，自锁触点和主触点分断，使电动机和电磁铁线圈 YA 同时断电，衔铁与铁芯分开，在弹簧拉力的作用下闸瓦紧紧抱住闸轮，电动机迅速停转。

电磁抱闸制动适用于各种传动机构的制动，且多用于起重电动机的制动。

二、速度继电器

17. 速度继电器

速度继电器主要用于鼠笼式异步电动机的反接制动控制中，故也称为反接制动继电器。

图 1-53 所示为速度继电器的外形及结构示意图。它主要由定子、转子和触点 3 部分组成。

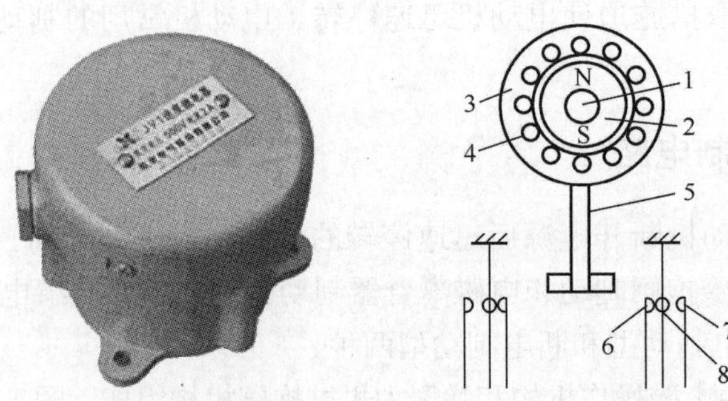

（a）速度继电器外形 （b）结构示意图

图 1-53 速度继电器的外形及结构示意图

1—转轴；2—转子；3—定子；4—绕组；5—摆锤；6、7—静触点；8—动触点

速度继电器的轴与电动机的轴相连接。当电动机转动时，速度继电器的转子随之转动，绕组切割磁场产生感应电动势和电流，此电流和永久磁铁的磁场作用产生转矩，使定子向轴的转动方向偏摆，通过摆锤拨动触点，使动断触点断开、动合触点闭合。当电动机转速下降到接近零时，转矩减小，摆锤在弹簧力的作用下恢复原位，触点也复位。

速度继电器根据电动机的额定转速进行选择。

常用的感应式速度继电器有 JY1 和 JFZ0 系列。速度继电器有两对动合、动断触点，分别对应于被控电动机的正、反转运行。一般情况下，速度继电器的触点，在转速达 120r/min 左右时动作，100r/min 左右时恢复正常位置。

速度继电器的图形符号和文字符号如图 1-54 所示。

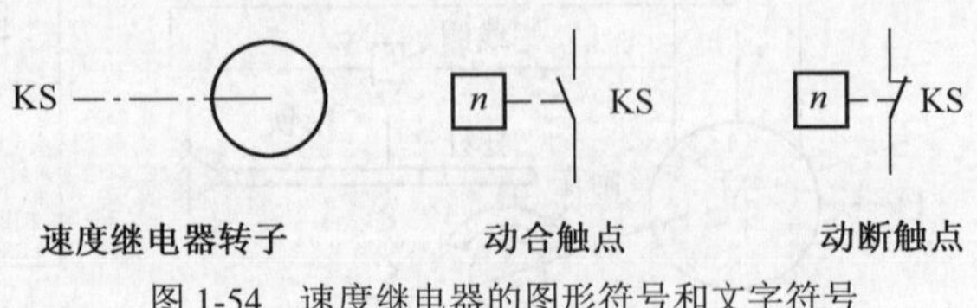

速度继电器转子 动合触点 动断触点

图 1-54 速度继电器的图形符号和文字符号

任务实施

电气制动就是给正在运行的电动机加上一个与原转动方向相反的制动转矩，从而迫使电动机迅速停转。三相交流异步电动机常用的电气制动分为能耗制动和电源反接制动两种。

一、能耗制动控制电路分析

1．能耗制动的方法

能耗制动是在切除三相交流电源之后，定子绕组通入直流电流，让电动机产生一个与惯性转动方向相反的电磁力矩而使电动机迅速停转，并在制动结束后将直流电源切除。这种制动方法称为**能耗制动**。

能耗制动的制动力矩随惯性转速的下降而减小，因而制动平稳，并且可以准确停车。

2．能耗制动控制电路分析

对于 10kW 以上容量较大的电动机，多采用有变压器全波整流能耗制动控制电路。图 1-55 所示为按时间原则控制的能耗制动控制电路。接触器 KM1、KM2 的主触点用于电动机工作时接通三相电源，并可实现正、反转控制，接触器 KM3 的主触点用于制动时接通全波整流电路提供的直流电源，电路中的电阻 R 起限制和调节直流制动电流以及调节制动强度的作用。

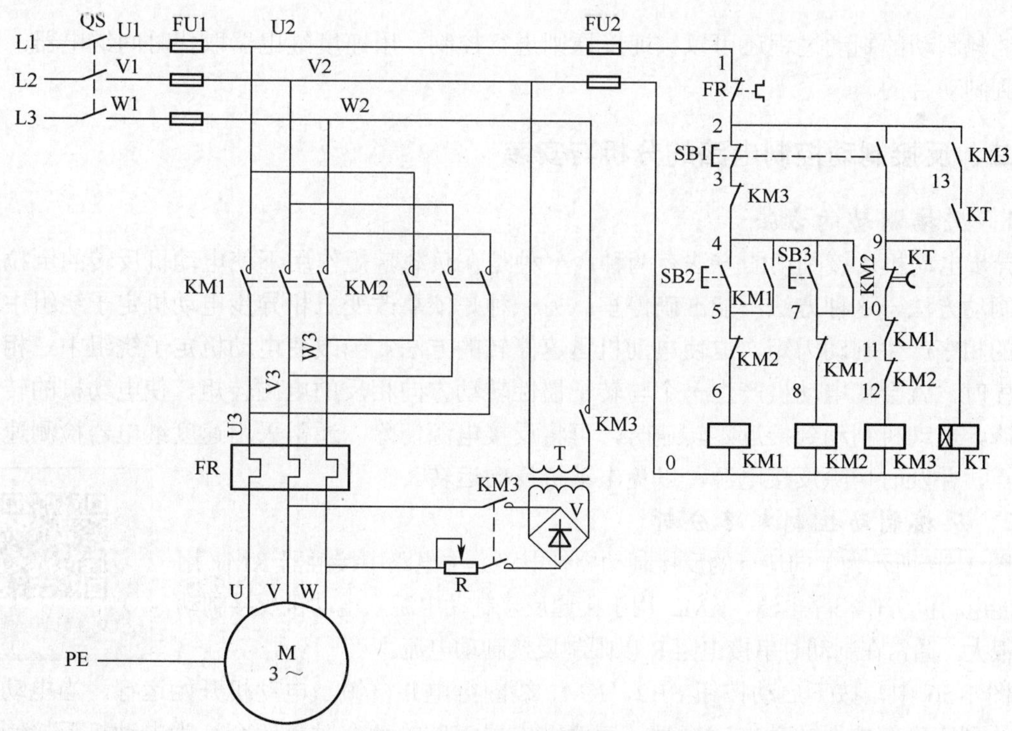

图 1-55　按时间原则控制的能耗制动控制电路

电动机的工作原理如下。

首先，合上电源开关 QS。

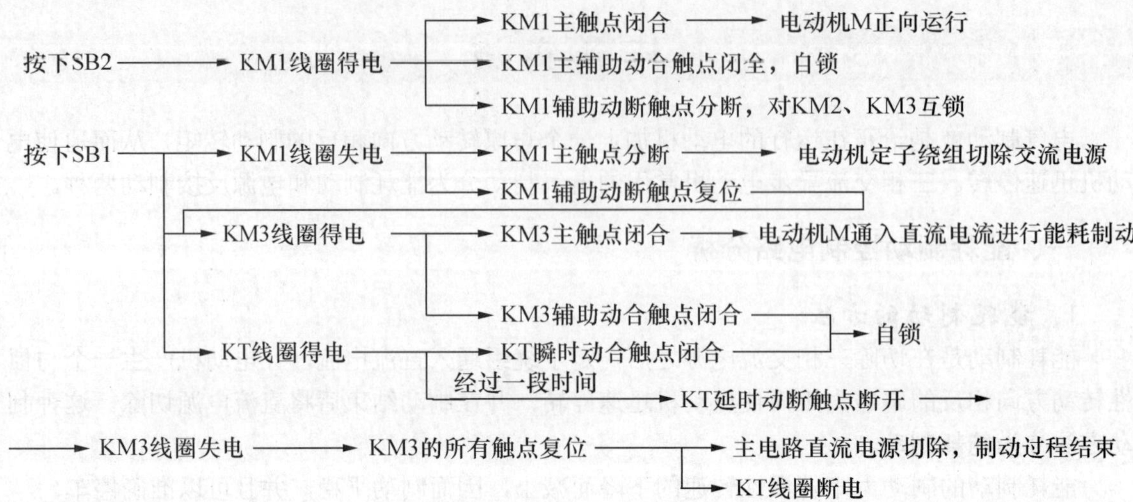

图 1-55 中，制动时 KM3 接触器线圈的自锁触点除了自身的 KM3 动合触点外，还串联了一个时间继电器的瞬动触点 KT，目的是保证在制动过程结束时及时切除直流电源。若不串联 KT 的瞬动触点，则制动时按下停止按钮 SB1，KM3 线圈得电并自锁，电动机进行能耗制动。若此时时间继电器损坏，则其延时断开的动断触点不会断开，导致 KM3 一直得电，则电动机的定子绕组一直通入直流电，从而烧坏电动机。

按下按钮 SB3 则可实现电动机反转，停车时仍按停车复合按钮 SB1，制动过程与正转制动相似。

能耗制动的制动过程还可以按速度原则进行控制，用速度继电器取代时间继电器，同样能达到制动目的。

二、反接制动控制电路的分析与安装

1．反接制动的方法

异步电动机反接制动的方法有两种：一种是在负载转矩作用下使电动机反转的倒拉反转反接制动方法，这种方法不能准确停车；另一种是依靠改变三相异步电动机定子绕组中三相电源的相序产生制动力矩，迫使电动机迅速停转的方法。当改变电动机定子绕组中三相电源的相序时，就会使电动机产生一个与转子惯性转动方向相反的电磁转矩，使电动机的转速迅速下降，电动机制动到接近零转速时，再将反接电源切除。通常采用速度继电器检测速度的过零点，并及时切除反接电源，以免电动机反向运转。

2．反接制动控制电路分析

18. 反接制动控制电路

图 1-56 所示为单向运行的反接制动控制电路。主电路中接触器 KM1 用于接通电动机工作相序电源，KM2 用于接通反接制动电源，电动机反接制动电流很大，通常在制动时串接电阻 R 以限制反接制动电流。

图 1-56 中，按下启动按钮 SB2，KM1 线圈得电并自锁，电动机开始运行，当电动机的速度达到速度继电器的动作速度时，速度继电器 KS 的动合触点闭合，为电动机反接制动做准备。制动时，按下停止按钮 SB1，KM1 线圈失电，由于速度继电器 KS 的动合触点在惯性转速作用下仍然闭合，使 KM2 线圈得电自锁，电动机实现反接制动。当其转子的转速小于 100r/min 时，KS 的动合触点复位断开，KM2 线圈失电，制动过程结束。

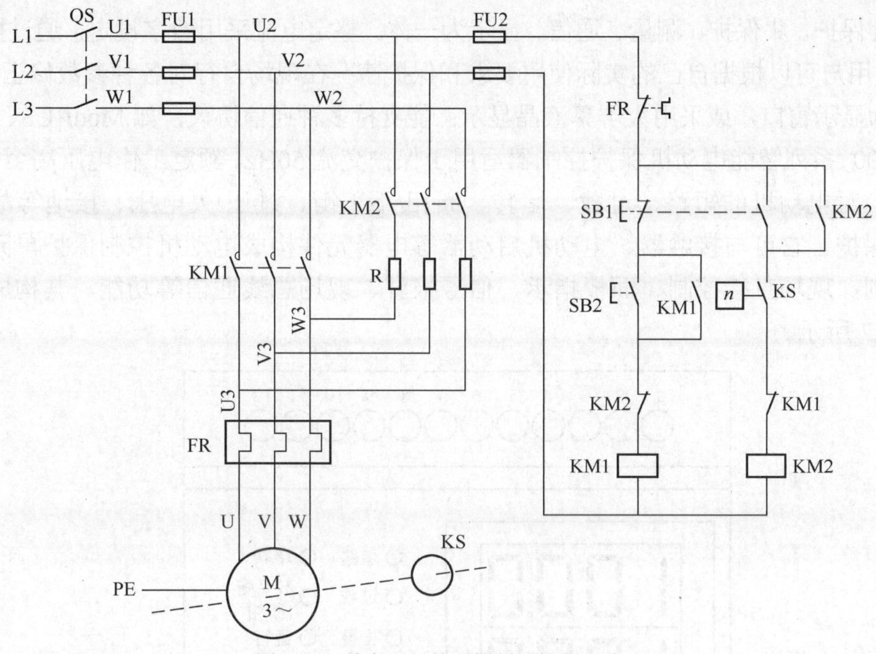

图 1-56 单向运行的反接制动控制电路

3. 安装和调试

（1）按图 1-56 所示将所需的元器件配齐并画出其电器位置图和安装接线图。

（2）按照前面所讲的方法进行元器件的安装和配线。

（3）经检查无误后进行通电操作。注意观察电动机的制动情况。

知识拓展——电动机保护装置

（1）短路保护。图 1-56 中由熔断器 FU1、FU2 分别对主电路和控制电路进行短路保护。常用短路保护元件有熔断器和低压断路器。

（2）过载保护。图 1-56 中由热继电器 FR 对电动机进行过载保护。当电动机工作电流长时间超过额定值时，FR 的动断触点会自动断开控制回路，使接触器线圈失电释放，从而使电动机停转，起到过载保护作用。

（3）欠电压和失压保护。在电源电压降到允许值以下时，需要采用保护措施，及时切断电源，这就是欠电压保护。通常采用欠电压继电器或设置专门的零电压继电器。在控制线路的主电路和控制电路由同一个电源供电时，具有电气自锁的接触器兼有欠电压和零电压保护作用。例如，图 1-56 中，由接触器本身的电磁机构实现欠电压和失压保护。当电源电压过低或失去电压时，接触器的衔铁自行释放，电动机断电停转；而当电压恢复正常时，要重新操作启动按钮才能使电动机再次运转，这样可以防止重新通电后因电动机自行运转而发生的意外事故。

（4）弱磁保护。直流电动机正在运行时磁场突然减弱或消失，电动机转速就会迅速升高，甚至发生“飞车”事故，因此需要采用弱磁保护。弱磁保护是通过在电动机励磁回路中串入欠电流继电器实现的。例如，图 1-51 中的 KA2，在电动机运行中，如果励磁电流消失或降低太多，欠电流继电器 KA2 就会释放，其触点切断主回路接触器线圈电路，使电动机断电停车。

（5）电动机综合保护装置。数字式电动机保护器主要以单片机作为控制器，可实现电机的智能化综合保护，集保护、测量、通信、显示为一体。整定电流采用数字设定，通过操作面板按钮来操作，用户可以根据自己的实际使用要求和保护情况在现场自行对各种参数修正设定；采用数码管作为显示窗口，或采用大屏幕液晶显示；能支持多种通信协议，如 ModBUS、ProfiBUS。

YD2300 系列智能电动机保护控制器适用于保护交流 50Hz、额定工作电压高至 660V 的各种电动机。对电动机的短路、过载、堵转、断相/不平衡、过压/欠电压、接地等故障引起的危害予以保护。它可与接触器、电动机启动器等电器元件构成电动机控制保护单元，具有远程自动控制、现场直接控制、面板指示、信号报警、现场总线通信等功能。其构成的保护电路如图 1-57 所示。

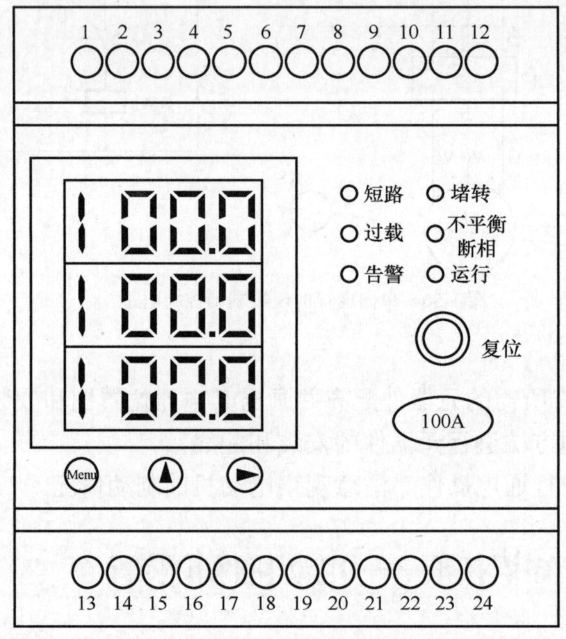

（a）YD2300 保护装置的面板

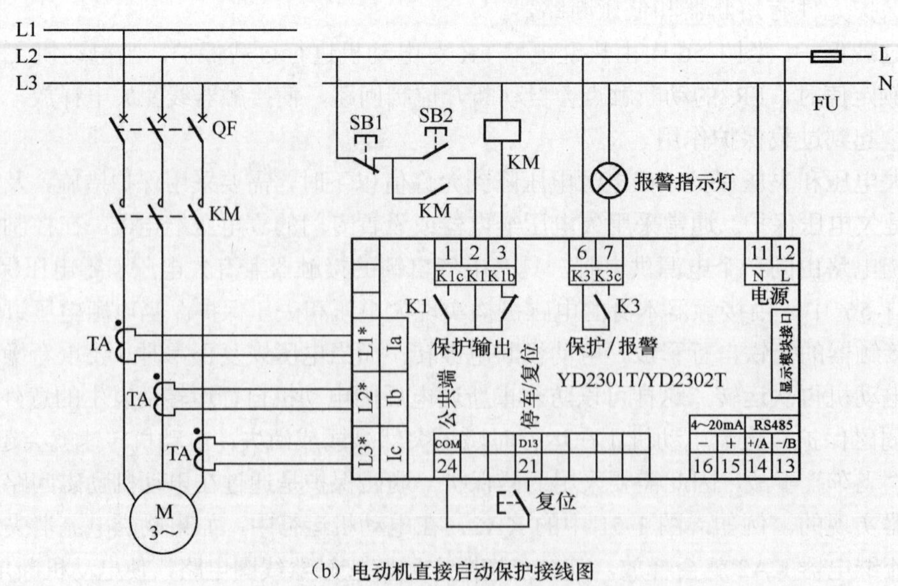

（b）电动机直接启动保护接线图

图 1-57　YD2300 保护装置示意图

图 1-57（b）中，保护跳闸模式下将保护输出的动断触点 2（K1）、3（K1b）串联在接触器 KM 的线圈电路中。按下启动按钮 SB2，接触器 KM1 得电并自锁，KM1 的主触点闭合，电动机 M 得电运行。按下停止按钮 SB1，则接触器 KM 失电，电动机 M 停止。如果电动机有故障，则通过 K1 得电，其动断触点 K1b 断开，接触器 KM 失电跳闸，切除电动机 M 的电源使其停车。故障排除后须将控制器复位后才能重新启动电动机。

我国的电动机保护装置大约经历了全面仿苏、自行设计、更新换代、智能化发展等几个阶段。值得一提的是，由于近年来微处理器技术的发展，给电动机保护器向智能化、多功能化方向发展提供了硬件平台，使得电动机保护进入了一个飞速发展的阶段。

思考与练习

1．简答题

（1）什么叫能耗制动，什么叫反接制动，各有什么特点及适用场合？

（2）速度继电器在反接制动中起什么作用？

（3）在图 1-56 中，若将速度继电器 KS 的正转动作触点和反转动作触点接错，电路将会出现什么现象？

2．分析题

（1）试在图 1-56 的基础上进一步组成电动机可逆运行的反接制动控制电路。

（2）试设计一个控制一台三相异步电动机的控制电路，使其满足下列要求。

① Y-△降压启动。

② 停机时进行能耗制动。

③ 具有必要的保护环节。

模块二 常见机床电气控制电路

能力目标

通过对常见电气控制电路的分析，能够具备识读复杂电气控制电路图的能力和常见故障的诊断与排除能力。

知识目标

1. 了解电气控制电路分析的一般方法和步骤。
2. 能熟练分析机电设备的电气控制原理图。
3. 掌握典型机电设备电气控制系统中常见故障的诊断与排除。

| 任务一　X62W 铣床控制电路分析与故障排除 |

任务导入

X62W 铣床如图 2-1（a）所示。它由床身、主轴、刀杆、横梁、工作台、回转台、横溜板、升降台等几部分组成，如图 2-1（b）所示。床身的前方装有垂直导轨，一端悬持的升降台 12 可沿导轨上、下垂直移动。工作台 8 可沿溜板上部回转台 9 的导轨在垂直于主轴轴线的方向（纵向或左右）移动。这样，安装在工作台上的工件就可以在 3 个方向调整位置或完成进给运动。

学思融合　通过我国在机床制造方面取得的成就，激发学生对我国科技发展成就的认同感和民族自豪感，激励学生将个人的理想追求融入国家和民族发展的事业中。

（1）主运动。主运动为主轴带动铣刀的旋转运动，由一台笼型异步电动机 M1 拖动。为适应顺铣和逆铣的需要，要求主轴电动机能进行正反转；为实现快速停车，主轴电动机常采用反接制动停车方式；为使主轴变速时变速器内齿轮易于啮合，减小齿轮端面的冲击，要求主轴电动机在变速时具有变速冲动。

（2）进给运动。进给运动为在进给电动机的拖动下，工作台带动工件在纵向、横向和垂直 3 种运动形式、6 个方向上的直线运动。若安装上附件圆工作台也可完成旋转进给运动。由于铣床的主运动和进给运动之间没有速度比例协调的要求，故进给运动由一台进给电动机 M2 拖动，要求进给电动机能正反转。

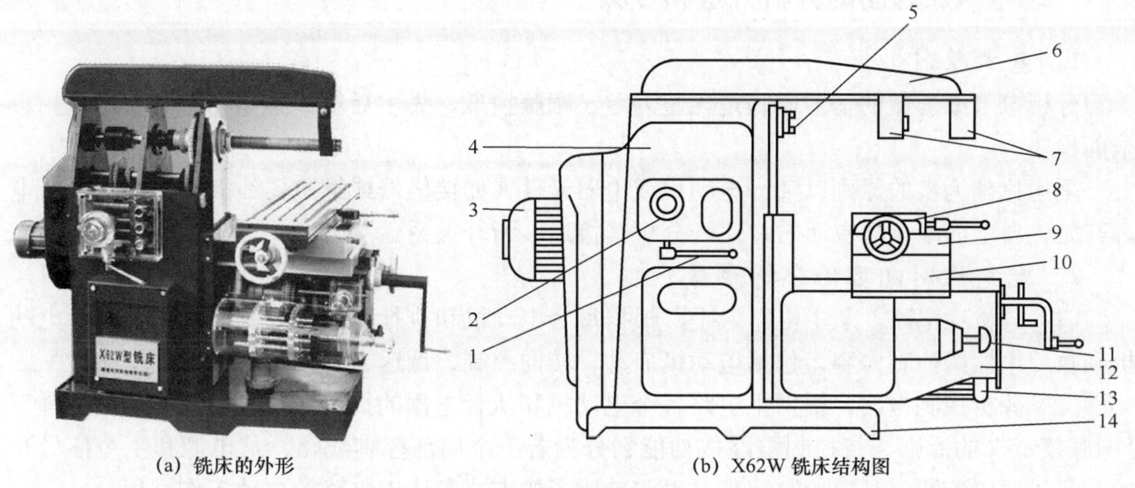

(a) 铣床的外形　　(b) X62W 铣床结构图

图 2-1　X62W 铣床

1—主轴变速手柄；2—主轴变速盘；3—主轴电动机；4—床身；5—主轴；6—悬梁；7—刀杆支架；8—工作台；9—回转台；10—溜板；11—进给变速手柄及变速盘；12—升降台；13—进给电动机；14—底座

（3）辅助运动。为了缩短调整运动的时间，提高铣床的工作效率，工作台在纵向、横向和垂直 3 个方向上必须能进行快速移动控制；另外，圆工作台能快速回转，这些都称为铣床的辅助运动。X62W 铣床是采用快速电磁铁 YA 吸合来改变传动链的传动比从而实现快速移动的。

（4）变速冲动。为适应加工的需要，主轴转速与进给速度应有较宽的调节范围。X62W 铣床是采用机械变速的方法改变变速箱传动比来实现的。为保证变速时齿轮易于啮合，减小齿轮端面的冲击，要求变速时有电动机冲动（短时转动）控制。

（5）联锁。

① 主轴电动机和进给电动机的联锁。在铣削加工中，为了不使工件和铣刀碰撞发生事故，要求进给拖动一定要在铣刀旋转时才能进行，因此要求主轴电动机和进给电动机之间要有可靠的联锁。

② 纵向、横向、垂直方向与圆工作台的联锁。为了保证机床、刀具的安全，在铣削加工时，只允许工作台进行一个方向的进给运动。在使用圆工作台加工时，不允许工件进行纵向、横向和垂直方向的进给运动。为此，各方向进给运动之间应具有联锁环节。

（6）冷却润滑。铣削加工中，根据不同的工件材料，也为了延长刀具的寿命和提高加工质量，需要切削液对工件和刀具进行冷却润滑，而有时又不采用，因此采用转换开关控制冷却泵电动机单向旋转供给铣削时的冷却液。

（7）两地控制及安全照明。为操作方便，应能在两地控制各部件的启动与停止，并配有安全照明电路。

铣床的上述控制要求是如何实现的呢？这需要对 X62W 铣床的电气控制原理进行详细分析。

相关知识

一、电气原理图的分析方法和步骤

1．基本原则

分析电气原理图的基本原则是化整为零、顺藤摸瓜、先主后辅、集零为整、安全保护、全面检查。

采用化整为零的原则以某一电动机或电器元件（如接触器或继电器线圈）为对象，从电源开始，自上而下、自左而右，逐一分析其接通、断开关系。

2．电气控制电路的分析步骤

（1）分析主电路。从主电路入手，根据每台电动机和执行电器的控制要求去分析各电动机和执行电器的控制内容，包括电动机启动、转向控制、调速、制动等基本控制电路。

（2）分析控制电路。根据主电路各个电动机和执行电器的控制要求，运用“化整为零”“顺藤摸瓜”的原则，将控制电路按功能划分为若干个局部控制线路，从电源和主令信号开始，经过逻辑判断，写出控制流程，以简单明了的方式表达出电路的自动工作过程。

（3）分析辅助电路。辅助电路包括执行元件的工作状态显示、电源显示、参数测定、照明和故障报警等部分。辅助电路中很多部分是由控制电路中的元器件来控制的，所以分析辅助电路时，还要回过头来对控制电路的这部分电路进行分析。

（4）分析联锁保护环节。生产机械对安全性、可靠性有很高的要求，实现这些要求，除了合理地选择拖动、控制方案之外，在控制电路中还设置了必要的电气联锁和一系列的电气保护。必须对电气联锁与电气保护环节在控制线路中的作用进行分析。

（5）总体检查。经过“化整为零”，逐步分析每一局部电路的工作原理以及各部分之间的控制关系后，还必须用“集零为整”的方法，全面检查整个控制电路，看是否有遗漏。特别要从整体角度去进一步检查和理解各控制环节之间的联系，以达到正确理解原理图中每一个电器元件的作用。

二、电气控制电路故障的分析方法

1．电气控制电路故障的诊断步骤

（1）故障调查。

问：询问设备操作人员故障发生前后的情况，有利于根据电气设备的工作原理来判断发生故障的部位，分析出故障的原因。

看：观察熔断器内的熔断体是否熔断；其他电器元件是否烧毁、发热、断线或导线连接螺钉是否松动；触点是否氧化、积尘等。

听：电动机、变压器、接触器等正常运行的声音和发生故障时的声音是有区别的，听声音是否正常可以帮助寻找故障的范围及部位。

摸：电动机、电磁线圈、变压器等发生故障时，温度会显著上升，可切断电源后用手去触摸，判断元件是否正常。

注 意

不论电路通电还是断电，要特别注意不能用手直接去触摸金属触点，必须借助仪表来测量。

（2）电路分析。根据调查结果，参考该电气设备的电气原理图进行分析，初步判断出故障产生的部位，然后逐步缩小故障范围，直至找到故障点并加以消除。

（3）断电检查。检查前先断开电路总电源，然后根据故障可能产生的部位，逐步找出故障点。检查时应先检查电源线进线处有无因碰伤引起的电源接地、短路等现象，螺旋式熔断器的熔断指示器是否跳出，热继电器是否动作。然后，检查电气外部有无损坏，连接导线有无断路、松动，绝缘有否过热或烧焦。

（4）通电检查。做断电检查仍未找到故障时，可对电气设备做通电检查。

在通电检查时要尽量使电动机和其所传动的机械部分脱开，将控制器和转换开关置于零位，行程开关还原到正常位置。然后用万用表检查电源电压是否正常，有否缺相或严重不平衡。再进行通电检查，检查的顺序为：先检查控制电路，后检查主电路；合上开关，观察各电器元件是否按要求动作，有否冒火、冒烟、熔断器熔断的现象，直至查到发生故障的部位。

2．电气控制电路故障的诊断方法

电气故障的诊断方法较多，常用的有电压测量法和电阻测量法等。

（1）电压测量法。电压测量法是一种利用万用表测量电气线路上某两点间的电压值来判断故障点的范围或故障元件的方法。

① 电压分阶测量法。电压分阶测量法如图 2-2 所示。检查时，首先用万用表测量 1、7 两点间的电压，若电路正常应为 380V 或 220V。然后按住启动按钮 SB2 不放，同时将黑色表笔接到点 7 上，红色表笔按 6、5、4、3、2 标号依次向前移动，分别测量 7—6、7—5、7—4、7—3、7—2 各阶之间的电压。电路正常的情况下，各阶的电压值均为 380V 或 220V。如测到 7、6 之间无电压，说明是断路故障，此时可将红色表笔向前移，如果移至某点（如点 2）时电压正常，说明点 2 以前的触点或接线有断路故障。一般是点 2 后第一个触点（即刚跨过停止按钮 SB1 的触点）或连接线断路。

② 电压分段测量法。电压分段测量法如图 2-3 所示。检查时，首先用万用表测试 1、7 两点，电压值为 380V 或 220V，说明电源电压正常。电压分段测试法是用红、黑两表笔逐段测量相邻两标号点 1—2、2—3、3—4、4—5、5—6、6—7 的电压。如电路正常，按启动按钮 SB2 后，除 6、7 两点间的电压等于 380V 或 220V 之外，其他任何相邻两点间的电压值均为零。如按下启动按钮 SB2，接触器 KM1 不吸合，说明发生断路故障，此时可用电压表逐段测试各相邻两点间的电压。如测量到某相邻两点间的电压为 380V 或 220V，说明这两点间所包含的触点、连接导线接触不良或有断路故障。如标号 4、5 两点间的电压为 380V 或 220V，说明接触器 KM2 的动断触点接触不良。

（2）电阻测量法。电阻测量法是指利用万用表测量电气线路上某两点间的电阻值来判断故障点的范围或故障元件的方法。

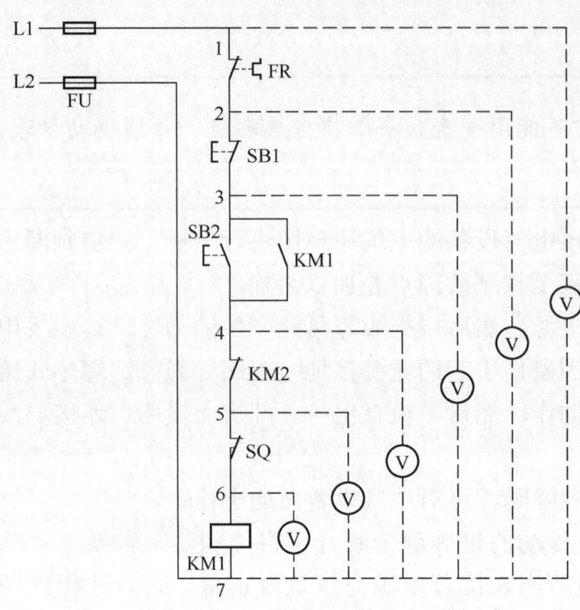

图 2-2　电压分阶测量法

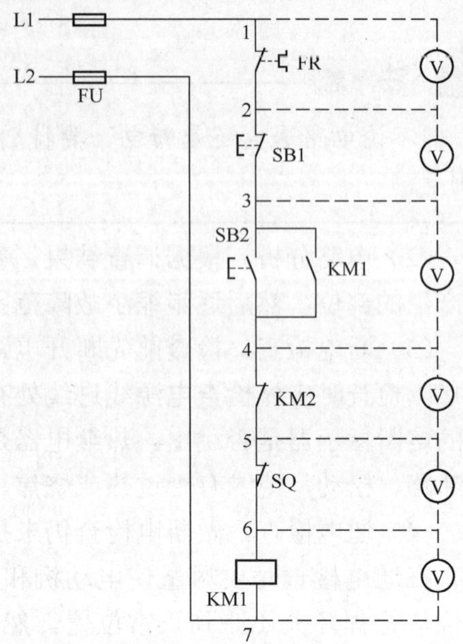

图 2-3　电压分段测量法

电阻测量法如图 2-4 所示，按下启动按钮 SB2，接触器 KM1 不吸合，该电气回路有断路故障。用万用表的电阻挡检测前应先断开电源，然后按下 SB2 不放，先测量 1—7 的电阻，如电阻值为无穷大，说明 1—7 的电路断路。然后分阶测量 1—2、1—3、1—4、1—5、1—6 电阻值。若电路正常，则该两点间的电阻值为“0”；当测量到某标号间的电阻值为无穷大时，说明表笔刚跨过的触点或连接导线断路。

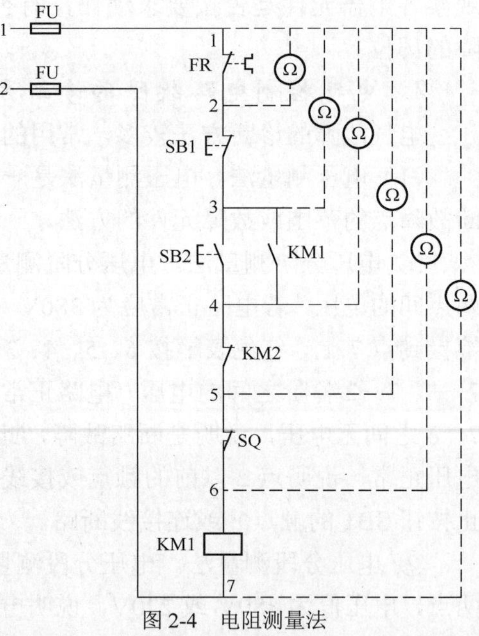

图 2-4　电阻测量法

电阻测量法应注意以下 3 点。

① 用电阻测量法检查故障时一定要断开电源。

② 如被测的电路与其他电路并联时，必须将该电路与其他电路断开，否则所测得的电阻值是不准确的。

③ 测量高电阻值的电器元件时，把万用表的选择开关旋转至适合的电阻挡。

任务实施

X62W 铣床电气控制原理图如图 2-5 所示。该电路可划分为主电路、控制电路和信号照明电路 3 部分。

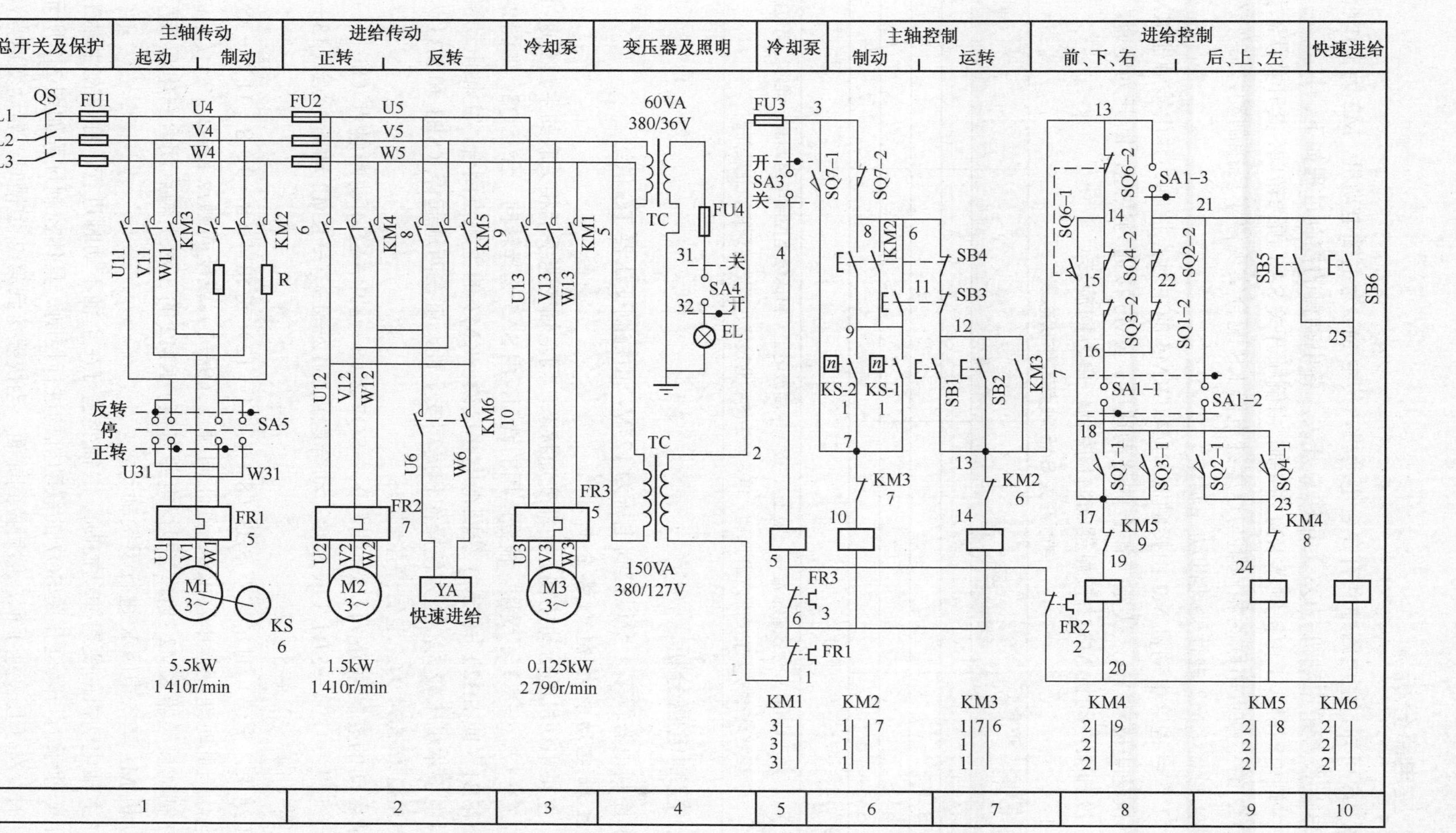

图 2-5 X62W 铣床电气控制原理图

一、主电路分析

由图 2-5 可知，主电路中共有 3 台电动机，其中 M1 为主轴电动机，M2 为工作台进给电动机，M3 为冷却泵电动机。QS 为电源总开关，各电动机的控制过程如下。

（1）主轴电动机 M1 由接触器 KM3 控制，由倒顺开关 SA5 预选转向，其开关状态如表 2-1 所示。KM2 的主触点串联两相电阻与速度继电器 KS 配合实现停车反接制动，另外还通过机械结构和接触器 KM2 进行变速冲动控制。

（2）工作台进给电动机 M2 由接触器 KM4、KM5 的主触点控制，并由接触器 KM6 的主触点控制快速电磁铁 YA，决定工作台的移动速度。KM6 接通为快速，断开为慢速。

（3）冷却泵电动机 M3 由接触器 KM1 控制，单方向旋转。

表 2-1　倒顺开关 SA5 触点工作状态表

位置 触点	反　转	停	正　转
SA5-1	+	−	−
SA5-2	−	−	+
SA5-3	−	−	+
SA5-4	+	−	−

注：“+”号为闭合，“−”号为断开。

学思融合　学习《国家职业技能标准——电工》，按照中高级电工“机床电路控制电路调试、维修”岗位技能标准要求分析铣床和钻床的工作原理，培养学生的职业技能、标准意识和职业素养。

二、控制电路分析

由于控制电器较多，所以控制电压为 127V，由控制变压器 TC 供给。

1．主轴电动机控制电路分析

（1）主轴电动机的启动控制。在非变速状态，同主轴变速手柄相关联的主轴变速冲动行程开关 SQ7（3—7、3—8）不受压。根据所用的铣刀，由 SA5 选择转向，合上 QS，如图 2-6 所示。

按下 SB1（或 SB2）→KM3 线圈得电并自锁→KM3 的主触点闭合，主轴电动机 M1 启动运行。由于本机床较大，为方便操作和提高安全性，可在两地起停（SB1 和 SB3 为甲地启停控制，SB2 和 SB4 为乙地启停控制）。

主轴启动的控制回路为：3（线号）→SQ7-2（3—8）→SB4 动断触点（8—11）→SB3 动断触点（11—12）→SB1（或 SB2）动合触点（12—13）→KM2 动断触点（13—14）→KM3 线圈（14—6）→6。

加工结束，需停止时，按下 SB3（8—9、11—12）或 SB4（8—9、8—11）→KM3 线圈随即断电，但此时速度继电器 KS-1 的正向触点（9—7）或反向触点 KS-2（9—7）总有一个闭合着→制动接触器 KM2 线圈立即得电并自锁→KM2 的 3 对主触点闭合→电源接反相序→主轴电动机 M1 串入电阻 R 进行反接制动。

（2）主轴电动机的变速冲动控制。主轴变速可在主轴不动时进行，亦可在主轴工作时进行，利用变速手柄与限位开关 SQ7 的联动机构进行控制。具体控制过程如图 2-7 所示。

变速时，先下压变速手柄，然后拉到前面，当快要落到第 2 道槽时，转动变速盘，选择需要的转速。此时凸轮压下弹簧杆，使冲动行程开关 SQ7 的动断触点先断开，切断 KM3 线圈的电路，主轴电动机 M1 断电；同时 SQ7 的动合触点闭合，KM2 线圈得电动作，M1 被反接制动。当手柄拉到第 2 道槽时，SQ7 不受凸轮控制而复位，M1 停转。接着，把手柄从第 2 道槽推回到原始位置，凸轮又瞬时压下行程开关 SQ7，使 M1 反向瞬时冲动一下，以利于变速后的齿轮啮合。

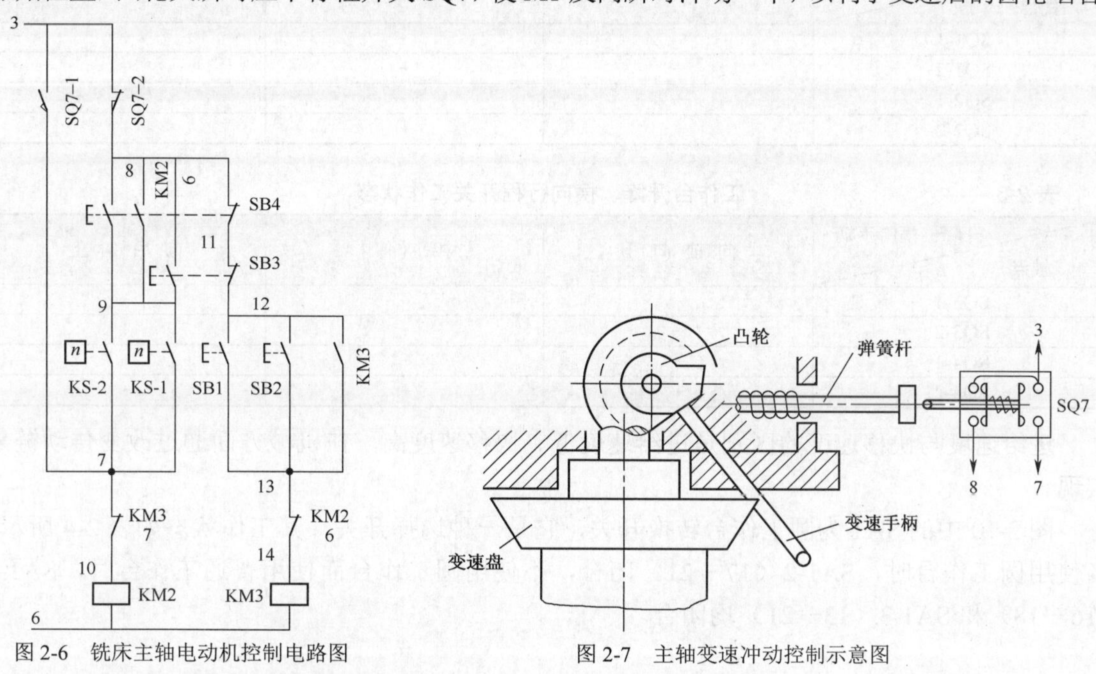

图 2-6 铣床主轴电动机控制电路图

图 2-7 主轴变速冲动控制示意图

2．进给电动机控制电路分析

从图 2-5 中可见，工作台移动控制电路电源的一端（线号 13）串入 KM3 的自锁触点（12～13），从而保证只有主轴旋转后工作台才能进给的联锁要求。

铣床实现 6 个方向垂直运动的方法是，通过操作选择运动方向的手柄与开关，配合电磁离合器的传动装置和进给电动机的正反转来实现进给运动。工作台的移动方向由各自的操作手柄来选择，有两个操作手柄，一个为纵向（左右）操作手柄，有左、中、右 3 个位置，如图 2-8 所示；另一个为横向（前后）和垂直（上下）十字操作手柄，有 5 个位置，即上、下、前、后、中间停位，如图 2-9 所示。当扳动操纵手柄时，通过联动机构，将控制运动方向的机械离合器合上，同时压下相应的行程开关。其各个位置与行程开关的对应工作状态，如表 2-2 和表 2-3 所示。其中，“+”表示开关闭合，“−”表示开关断开。

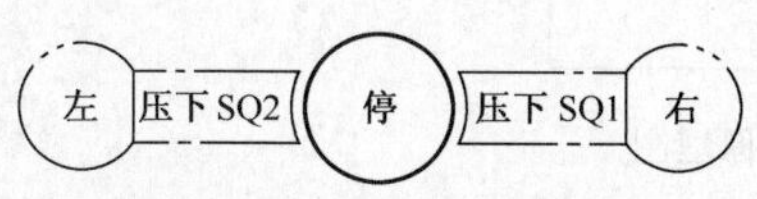

图 2-8 纵向手柄动作关系对照简图

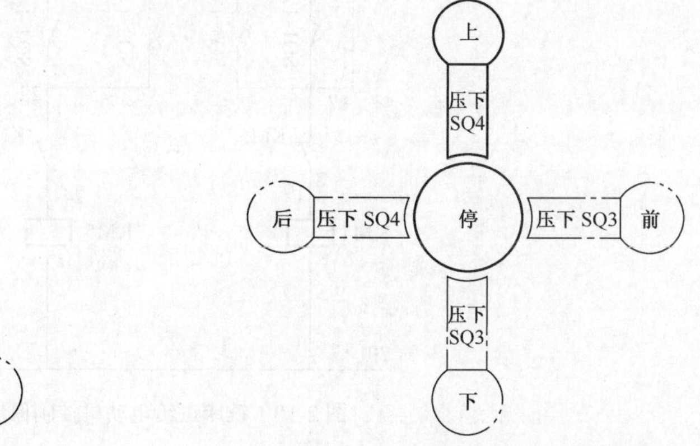

图 2-9 十字手柄动作关系对照简图

表 2-2　　工作台纵向行程开关工作状态

触点 \ 纵向手柄	向　左	中间（停）	向　右
SQ1-1	−	−	+
SQ1-2	+	+	−
SQ2-1	+	−	−
SQ2-2	−	+	+

表 2-3　　工作台升降、横向行程开关工作状态

触点 \ 升降、横向手柄	向前向下	中间（停）	向后向上
SQ3-1	+	−	−
SQ3-2	−	+	+
SQ4-1	−	−	+
SQ4-2	+	+	−

进给速度与快移速度的区别是进给速度低、快移速度高，在机械方面通过改变传动链来实现。

图 2-10 中的 SA1 为圆工作台转换开关，它是一种选择开关，其工作状态如表 2-4 所示。当使用圆工作台时，SA1-2（17—21）闭合，不使用圆工作台而使用普通工作台时，SA1-1（16—18）和 SA1-3（13—21）均闭合。

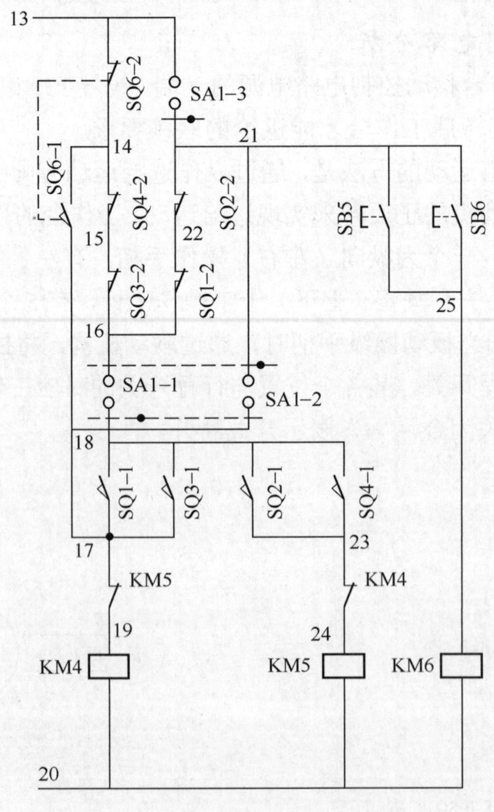

图 2-10　铣床进给电动机控制原理图

表 2-4 圆工作台选择开关 SA1 触点通断情况

位置 触点	接通圆工作台	断开圆工作台
SA1-1	−	+
SA1-2	+	−
SA1-3	−	+

（1）工作台纵向（左右）进给控制。此时 SA1 置于使用普通工作台位置，而十字手柄必须置于中间停位。若要工作台向右进给，则需将纵向操纵手柄扳向右。

将纵向手柄扳向右
- **→ 合上纵向进给机械离合器**
- **→ 压下 SQ1（SQ1-1+，SQ1-2−）→KM4 线圈得电→M2 正转→工作台右移**

KM4 的电流通路（图 2-10）如下。

13（线号）→SQ6-2（13—14）→SQ4-2（14—15）→SQ3-2（15—16）→SA1-1（16—18）→SQ1-1（18—17）→KM5 动断互锁触点（17—19）→KM4 线圈（19—20）→20（线号）。

当将纵向操作手柄扳回中间位置时，SQ1 不受压，工作台停止向右进给运动。在工作台的左右终端安装了撞块，当不慎向右进给至终端时，纵向操作手柄就被右端撞块撞到中间停车位置，用机械方法使 SQ1 复位，KM4 线圈断电，实现了限位保护。

从上述电流通路中不难看到，如果操作者同时将十字手柄扳向工作位置，则 SQ4-2 和 SQ3-2 中必有一个断开，KM4 线圈根本不能得电。这样，就通过电气方式实现了工作台左右移动同前后及上下移动之间的互锁。

工作台向左移动时电路的工作原理与向右移动时相似。

（2）工作台前后和上下进给控制。若要工作台向上进给，则应将十字手柄扳向上。

将十字手柄扳向上
- **→ 合上垂直进给机械离合器**
- **→ 压下 SQ4（SQ4-1+，SQ4-2−）→KM5 线圈得电→M2 反转→工作台向上运动**

KM5 通电的电流通路（图 2-10）如下。

13（线号）→SA1-3（13—21）→SQ2-2（21—22）→SQ1-2（22—16）→SA1-1（16—18）→SQ4-1（18—23）→KM4 动断互锁触点（23—24）→KM5 线圈（24—20）→20（线号）。

上述电流通路中的动断触点 SQ2-2 和 SQ1-2 用于工作台前后及上下移动同左右移动之间的互锁。

另外，也设置了实现上下限位保护的终端撞块。工作台向下移动时电路的工作原理与向上移动时相似。

若要工作台向前进给，则只需将十字手柄扳向前，使得 SQ3 受压，接触器 KM4 线圈得电，从而使 M2 正转实现工作台向前进给。工作台向后进给，可通过将十字手柄向后扳动实现。

（3）工作台快速移动控制。

① 主轴工作时的快速移动控制。当主轴电动机和进给电动机都在工作时，需要工作台快速移动，需按下面的操作步骤进行。

按下 SB5（或 SB6）→KM6 线圈得电→KM6 的主触点闭合→电磁铁 YA 通电，接上快速离合器→工作台快速向操作手柄预选的方向移动。

② 主轴不工作时的快速移动控制。工作台也可在主轴不转时进行快速移动，这时可将主轴电动机 M1 的换向开关 SA5 扳到停止位置，然后扳动所选方向的进给手柄，按下主轴启动按钮和快速按钮，使接触器 KM4 或 KM5 及 KM6 线圈得电，工作台可沿选定方向快速移动。

（4）工作台各运动方向的联锁。在同一时间内，工作台只允许向一个方向移动，各运动方向之间的联锁是利用机械和电气两种方法来实现的。

工作台的向右、向左控制，是同一手柄操作的，手柄本身带动行程开关 SQ1 和 SQ2 起到左右移动的联锁作用，如表 2-2 中 SQ1 和 SQ2 的工作状态。同理，工作台的前后和上下 4 个方向的联锁，是通过十字手柄本身来实现的，如表 2-3 中行程开关 SQ3 和 SQ4 的工作状态。

工作台的纵向移动同横向及垂直移动之间的联锁是利用电气方法来实现的。由纵向操作手柄控制的 SQ1-2 和 SQ2-2 及由横向、垂直进给操作手柄控制的 SQ3-2 和 SQ4-2 两个并联支路控制接触器 KM4 和 KM5 的线圈，若两个手柄都被扳动，则把这两个支路都断开了，使 KM4 或 KM5 都不能工作，达到联锁的目的，防止两个手柄同时操作而损坏机床。

（5）工作台进给变速冲动控制。与主轴变速冲动类似，为了使工作台变速时齿轮易于啮合，控制电路中也设置了工作台瞬时冲动控制环节。在进给变速冲动时要求工作台停止移动，所有手柄置于中间位置。进给变速的操作过程如下。

进给变速手柄外拉→对准需要的速度，将手柄拉出到极限→压动限位开关 SQ6→KM4 线圈得电→进给电动机 M2 正转，便于齿轮啮合。

KM4 通电的电流通路（图 2-10）如下。

13（线号）→SA1-3（13—21）→SQ2-2（21—22）→SQ1-2（22—16）→SQ3-2（16—15）→SQ4-2（15—14）→SQ6-1（14—17）→KM5 动断互锁触点（17—19）→KM4 线圈（19—20）→20（线号）。

将进给变速手柄推回原位，进给变速完成。

可见，只要左右操作手柄和十字操作手柄中有一个不在中间停止位置，此电流通路便被切断。但是，在这种工作台朝某一方向运动的情况下进行变速操作，由于没有使进给电动机 M2 停转的电气措施，因而在转动手轮改变齿轮传动比时可能会损坏齿轮，故这种误操作必须严格禁止。

（6）圆工作台进给控制。在使用圆工作台时，工作台纵向及十字操作手柄都应置于中间停止位置，且应将圆工作台转换开关 SA1 置于圆工作台“接通”位置。

按下 SB1（或 SB2）→KM3 线圈得电 →┬→ 主轴电动机 M1 转动
　　　　　　　　　　　　　　　　　　 └→ KM4 线圈得电→进给电动机 M2 正转→圆工作台回转

这时，KM4 的电流通路（图 2-10）如下。

13（线号）→SQ6-2（13—14）→SQ4-2（14—15）→SQ3-2（15—16）→SQ1-2（16—22）→SQ2-2（22—21）→SA1-2（21—17）→KM5 动断互锁触点（17—19）→KM4 线圈（19—20）→20（线号）。

可见，此时进给电动机 M2 正转并带动圆工作台单向旋转。由于圆工作台的控制电路中串联了 SQ1～SQ4 的动断触点，所以扳动工作台任一方向的进给手柄，都将使圆工作台停止转动，这样就实现了圆工作台转动与普通工作台 3 个方向移动的联锁保护。

3．冷却泵电动机的控制

由转换开关 SA3 控制接触器 KM1 来控制冷却泵电动机 M3 的启动和停止。

4．辅助电路及保护环节

机床的局部照明由变压器 TC 供给 36V 安全电压，转换开关 SA4（31—32）控制照明灯 EL。

M1、M2 和 M3 为连续工作制，由 FR1、FR2 和 FR3 实现过载保护。当主轴电动机 M1 过载时，FR1 动作，其动断触点 FR1（1—6）断开，切断整个控制电路的电源。当冷却泵电动机 M3 过载时，FR3 动作，其动断触点 FR3（5—6）断开，切断 M2、M3 的控制电源。当进给电动机 M2 过载时，FR2 动作，其动断触点 FR2（5—20）切断自身的控制电源。

由 FU1、FU2 实现主电路的短路保护，FU3 实现控制电路的短路保护，FU4 实现照明电路的短路保护。另外，还有工作台终端极限保护和各种运动的联锁保护，前面已详细叙述了。

知识拓展——X62W 万能铣床常见故障分析

1．主轴电动机 M1 不能启动

（1）如果接触器 KM3 吸合但电动机不转，则故障原因在主电路中，如图 2-5 所示。

① 主电路电源缺相。

② 主电路中 FU1、KM3 主触点、SA5 触点、FR1 热元件中任意一个接触不良或回路断路。

排除方法：参照本模块图 2-2 和图 2-3 所讲的电压测量法，用万用表依次测量主电路故障点电压。

（2）如果接触器 KM3 不吸合，则故障原因在控制电路中，如图 2-5 所示。

① 控制电路电源没电、电压不够或 FU3 熔断。

② SQ7-2、SB1、SB2、SB3、SB4、KM2 动断触点中任意一个接触不良或者回路断路。

③ 热继电器 FR1 动作后没有复位，导致其动断触点不能导通。

④ 接触器 KM3 线圈断路。

排除方法：参照本模块图 2-4 所讲的电阻测量法，用万用表测量控制电路，找出故障点。

2．工作台各个方向都不能进给

（1）进给电动机控制的公共电路上有断路，如 13 号线或者 20 号线上有断路。

（2）接触器 KM3 的辅助动合触点 KM3（12—13）接触不良。

（3）热继电器 FR2 动作后没有复位。

3．工作台能够左、右和前、下运动而不能后、上运动

由于工作台能左右运动，所以 SQ1、SQ2 没有故障；由于工作台能够向前、向下运动，所以 SQ3 没有故障。因此，故障的可能原因是 SQ4 行程开关的动合触点 SQ4-1 接触不良。

4．圆工作台不动作，其他进给都正常

其他进给都正常，则说明 SQ6-2、SQ4-2、SQ3-2、SQ1-2、SQ2-2 触点及连线正常，KM4 线圈线路正常，综合分析故障现象，故障范围在 SA1-2 触点及连线上。

5．工作台不能快速移动

如果工作台能够正常进给，那么故障可能的原因是 SB5 或 SB6、KM6 主触点接触不良或线路上有断路，或者是 YA 线圈损坏。

思考与练习

1．简答题

阅读如图 2-5 所示的 X62W 铣床电路图，思考并回答下列问题。

（1）接触器 KM1 主触点熔焊后，会产生什么后果？

（2）FR1 动断触点断开与 FR3 动断触点断开后果一样吗？

（3）SA1 的作用是什么？SA1-1、SA1-2、SA1-3 接触不良，结果一样吗？

（4）X62W 万能铣床电气控制电路主要采取了哪些连锁？它们如何实现的？

（5）L3 相中的 FU1 熔断器熔断，对电路会产生什么影响？

（6）主轴未转动，工作台可以进给吗？

（7）电路中采取变速冲动（或瞬时点动）有什么好处？

（8）控制主轴电动机的接触器 KM3 的通电路径是什么？

2．分析题

（1）写出主轴电动机冲动控制通电路径。

（2）写出向左进给的通电路径。

任务二　Z3040 摇臂钻床控制电路分析与故障排除

任务导入

Z3040 摇臂钻床如图 2-11 所示。

（1）摇臂钻床由 4 台电动机进行拖动。主轴电动机带动主轴旋转；摇臂升降电动机带动摇臂进行升降；液压泵电动机拖动液压泵供出压力油，使液压系统的夹紧机构实现夹紧与放松；冷却泵电动机驱动冷却泵供给机床冷却液。

图 2-11　Z3040 摇臂钻床

（2）主轴的旋转运动和纵向进给运动及其变速机构均在主轴箱内，由一台主轴电动机拖动。主轴在进行螺纹加工时，要求主轴电动机能正反向旋转，通过改变摩擦离合器的手柄位置来实现正反转控制。

（3）内外立柱、主轴箱与摇臂的夹紧和放松是由一台电动机通过正、反转拖动液压泵来实现的，因此要求液压泵电动机能正、反向旋转，采用点动控制。

（4）摇臂的升降由一台交流异步电动机拖动，装于主轴顶部，通过正、反转来实现摇臂的上升和下降。摇臂的移动严格按照摇臂松开→移动→夹紧的程序进行。因此，摇臂的夹紧、放松与摇臂的升降按自动控制进行。

钻床的上述控制要求是如何实现的呢？这需要对 Z3040 摇臂钻床的电气控制原理进行详细分析。

相关知识

一、钻床的主要结构

20. 钻床的结构与运动形式

Z3040 摇臂钻床主要由底座、内立柱、外立柱、摇臂、主轴箱、工作台等部分组成，如图 2-12 所示。内立柱固定在底座的一端，外面套有外立柱，外立柱可绕内立柱旋转 360°。摇臂的一端为套筒，它套装在外立柱上并借助丝杠的正、反转可沿外立柱上下移动。主轴箱安装在摇臂上，通过手轮操作可使其在水平导轨上移动。当进行加工时，可利用特殊的夹紧机构将外立柱紧固在内立柱上，摇臂紧固在外立柱上，主轴箱紧固在摇臂导轨上，然后进行钻削加工。

二、钻床的运动形式

（1）主运动。主运动为主轴带着钻头的旋转运动。

（2）进给运动。进给运动为主轴带着钻头的纵向运动。

（3）辅助运动。辅助运动是摇臂连同外立柱围绕着内立柱的回转运动、摇臂在外立柱上的上升下降运动、主轴箱在摇臂上的左右运动等。摇臂的回转和主轴箱的左右移动采用手动，立柱的夹紧放松由一台电动机拖动一台齿轮泵来实现，同时通过电气联锁来实现主轴箱的夹紧与放松。

摇臂钻床的主轴旋转和摇臂升降不允许同时进行，以保证安全生产。

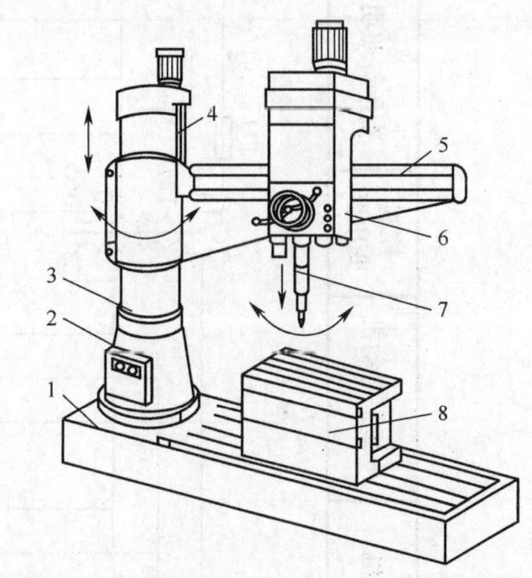

图 2-12　摇臂钻床结构及运行情况示意图
1—底座；2—内立柱；3—外立柱；4—摇臂升降丝杠；5—摇臂；6—主轴箱；7—主轴；8—工作台

任务实施

一、主电路分析

Z3040 摇臂钻床的电气控制原理图如图 2-13 所示。

21. 钻床的主电路分析

（1）主电路电源电压为交流 380V，自动空气开关 QF 作为电源引入开关。

（2）M1 是主轴电动机，由接触器 KM1 控制，只要求单方向旋转，如果加工螺纹，主轴要求有正、反转，主轴的正、反转一般采用机械的方法实现。热继电器 FR1 是过载保护元件，短路保护电器是总电源开关中的电磁脱扣装置。

（3）M2 是摇臂升降电动机，用接触器 KM2 和 KM3 控制正、反转。因为该电动机属于短时工作制，故不设过载保护电器。

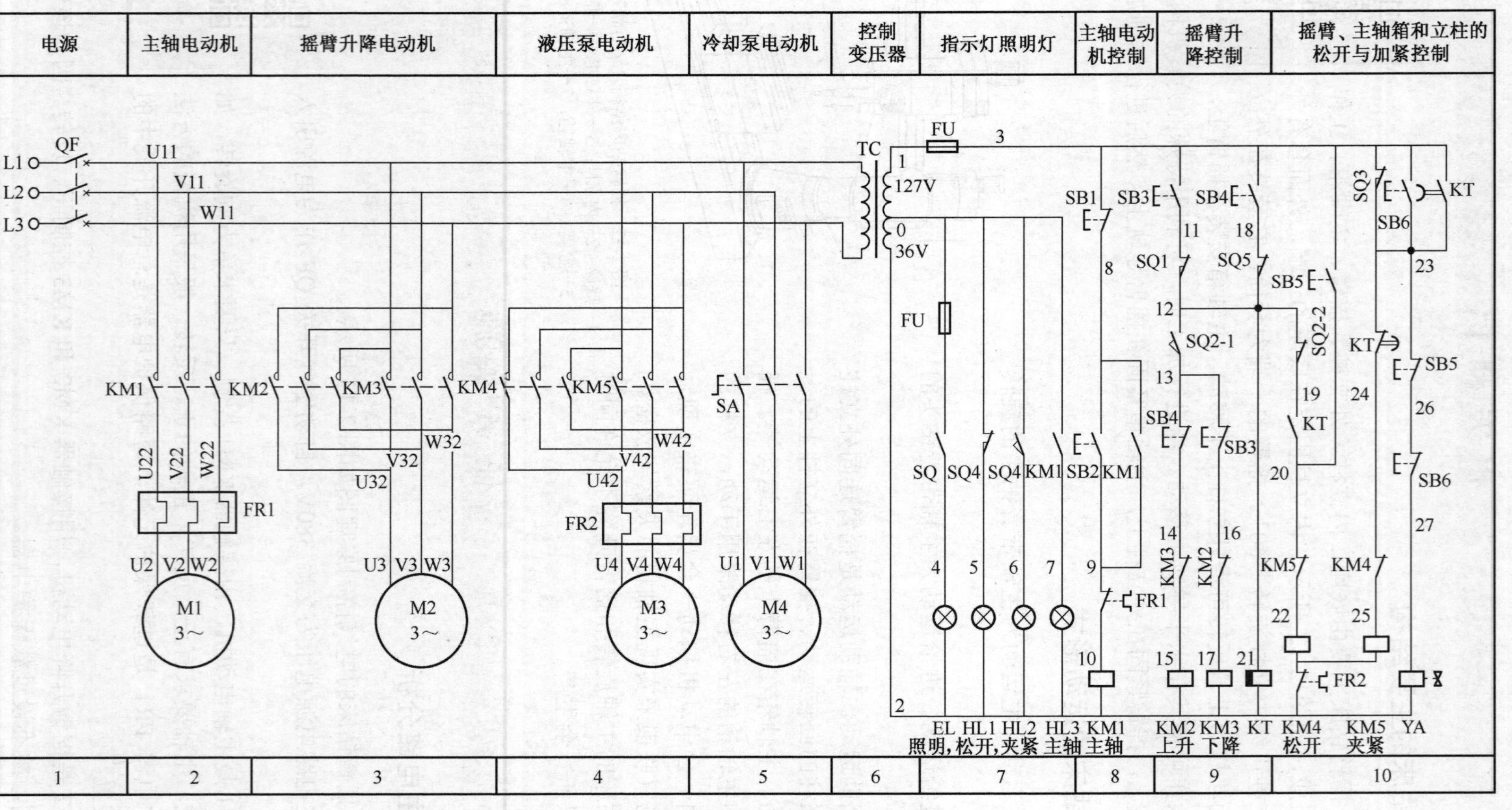

图 2-13　Z3040 摇臂钻床的电气控制原理图

（4）M3 是液压泵电动机，可以做正、反转运行。其运转和停止由接触器 KM4 和 KM5 控制。热继电器 FR2 是液压泵电动机的过载保护电器。该电动机的主要作用是供给夹紧装置压力油，实现摇臂和立柱的夹紧和松开。

（5）M4 是冷却泵电动机，功率很小，由开关 SA 控制。

二、控制电路分析

22. 钻床主轴电动机的控制

1．主轴电动机 M1 的控制

合上电源开关 QF，按下启动按钮 SB2，接触器 KM1 线圈得电并自锁，主轴电动机 M1 启动，同时支路中的主轴电动机运转指示灯 HL3 亮，表示主轴电动机正常运行。按下停止按钮 SBl，KM1 线圈失电，其触点断开，M1 停转，同时指示灯 HL3 熄灭。

2．摇臂的升降控制

23. 摇臂的升降控制

由摇臂上升按钮 SB3、下降按钮 SB4 及正反转接触器 KM2、KM3 组成具有双重互锁的电动机正反转点动控制电路。摇臂的移动必须先将摇臂松开，再移动，移动到位后摇臂自动夹紧。因此，摇臂的移动过程是对液压泵电动机 M3 和摇臂升降电动机 M2 按一定程序进行自动控制的过程，其上升工作流程如图 2-14 所示。

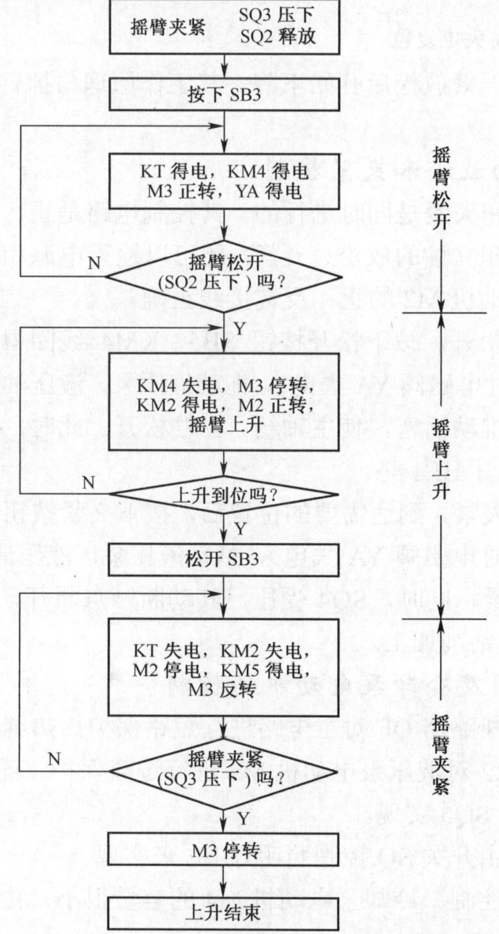

图 2-14　Z3040 摇臂钻床摇臂上升工作流程图

摇臂上升的电流通路如下。

按住摇臂上升按钮 SB3→KT 线圈得电→
- KT 的瞬动触点（19—20）闭合→KM4 线圈得电→①
- KT 的延时断开的动合触点（3—23）闭合→②

① KM4 主触点闭合→液压泵电动机 M3 正转
② YA 得电→接通摇臂放松油路
→摇臂开始松开

摇臂完全松开后，SQ2 压下
- SQ2-2（12—19）断开→KM4 线圈失电→③
- SQ2-1（12—13）闭合→KM2 线圈得电→④

③ 液压泵电动机 M3 停转，液压泵停止供油
④ 摇臂升降电动机 M2 正转→摇臂上升

当摇臂上升到所需位置时，松开 SB3→KM2 和 KT 线圈失电，其主触点和动合触点断开→摇臂升降电动机 M2 停止旋转→摇臂停止上升

KT 线圈失电后
- KT 延时闭合触点（23—24）延时 1～3s 后闭合→KM5 线圈得电→液压泵电动机 M3 反转
- KT 延时断开触点（3—23）延时 1—3s 后断开；SQ3（3—23）闭合→YA 仍得电

→摇臂开始夹紧→完全夹紧后，SQ2 释放，SQ3 动作→SQ3（3—23）触点断开→

KM5 线圈失电
- 液压泵电动机 M3 停转
- YA 失电复位

按下下降按钮 SB4，摇臂放松后开始下降，其工作原理与摇臂上升过程类似，读者可自行分析。

3．主轴箱和立柱的放松和夹紧控制

主轴箱与立柱的放松和夹紧是同时进行的，其控制电路是正、反转点动控制电路。利用主轴箱和立柱的放松、夹紧，还可以检查电源相序正确与否，以确保摇臂升降电动机 M2 的正、反转接线正确。

24. 主轴箱和立柱的放松和夹紧控制

（1）主轴箱、立柱的松开。按下松开按钮 SB5，KM4 线圈得电，液压泵电动机 M3 正转（此时电磁阀 YA 失电），拖动液压泵，液压油进入主轴箱、立柱的松开油腔，推动活塞，使主轴箱、立柱松开。此时，动断触点 SQ4 不受压，松开指示灯 HL1 亮。

（2）主轴箱、立柱的夹紧。到达需要的位置后，按下夹紧按钮 SB6，KM5 线圈得电，液压泵电动机 M3 反转（此时电磁阀 YA 失电），拖动液压泵，液压油进入主轴箱、立柱的夹紧油腔，使主轴箱、立柱夹紧。同时，SQ4 受压，其动断触点断开，动合触点闭合，夹紧指示灯 HL2 亮，表示可以进行钻削加工。

4．保护环节、照明及冷却泵电动机的控制

（1）保护环节。低压断路器 QF 对主电路进行短路保护；热继电器 FR1 对主轴电动机进行过载保护；热继电器 FR2 对液压泵电动机 M3 进行过载保护。摇臂的上升限位和下降限位分别通过行程开关 SQ1 和 SQ5 实现。

（2）照明电路。照明由开关 SQ 控制照明灯 EL 来实现。

（3）冷却泵电动机的控制。冷却泵电动机 M4 的容量很小，由开关 SA 控制。

知识拓展——Z3040 摇臂钻床常见故障分析

摇臂钻床电气控制的特殊环节是摇臂升降。Z3040 摇臂钻床的工作过程是由电气与机械、液压系统紧密配合来实现的。因此，在维修中不仅要注意电气部分能否正常工作，也要注意它与机械和液压部分的协调关系。

1. 主轴电动机无法启动

（1）电源总开关 QF 接触不良，需调整或更换。

（2）控制按钮 SB1 或 SB2 接触不良，需调整或更换。

（3）接触器 KM1 线圈断线或触点接触不良，需重接或更换。

2. 摇臂不能升降

（1）行程开关 SQ2 的位置移动，使摇臂松开后没有压下 SQ2。由摇臂升降过程可知，摇臂升降电动机 M2 旋转，带动摇臂升降，其前提是摇臂完全松开，活塞杆压行程开关 SQ2。如果 SQ2 不动作，常见故障是 SQ2 安装位置移动。这样，摇臂虽已放松，但活塞杆压不上 SQ2，摇臂就不能升降；有时，液压系统发生故障，使摇臂放松不够，也会压不上 SQ2，使摇臂不能移动。由此可见，SQ2 的位置非常重要，应配合机械、液压调整好后紧固。

（2）液压泵电动机 M3 的电源相序接反，导致行程开关 SQ2 无法压下。液压泵电动机 M3 电源相序接反时，按上升按钮 SB3（或下降按钮 SB4），液压泵电动机 M3 反转，使摇臂夹紧，SQ2 应不动作，摇臂也就不能升降。因此，在机床大修或重新安装后，要检查电源相序。

（3）控制按钮 SB3 或 SB4 接触不良，需调整或更换。

（4）接触器 KM2、KM3 线圈断线或触点接触不良，需重接或更换。

3. 摇臂升降后不能夹紧

（1）行程开关 SQ3 的安装位置不当，需进行调整。

（2）行程开关 SQ3 发生松动而过早动作，液压泵电动机 M3 在摇臂还未充分夹紧时就停止了旋转。

由摇臂夹紧的动作过程可知，夹紧动作的结束是由行程开关 SQ3 来完成的，如果 SQ3 动作过早，将导致液压泵电动机 M3 尚未充分夹紧就停转。常见的故障原因是 SQ3 安装位置不合适、固定螺丝松动造成 SQ3 移位，使 SQ3 在摇臂夹紧动作未完成时就被压上，切断了 KM5 的回路，使 M3 停转。

排除故障时，首先判断是液压系统的故障（如活塞杆阀芯卡死或油路堵塞造成的夹紧力不够），还是电气系统的故障。对电气方面的故障，重新调整 SQ3 的动作距离，固定好螺钉即可。

4. 立柱、主轴箱不能夹紧或松开

立柱、主轴箱不能夹紧或松开的可能原因是油路堵塞、接触器 KM4 或 KM5 不能吸合。出现故障时，应检查按钮 SB5、SB6 接线情况是否良好，若接触器 KM4 或 KM5 能吸合，M3 能运转，可排除电气方面的故障，则应请液压、机械修理人员检修油路，以确定是否是油路故障。

5．摇臂上升或下降限位保护开关失灵

限位开关 SQ1 或 SQ5 的失灵分两种情况：一是限位开关 SQ1 或 SQ5 损坏，SQ1 或 SQ5 触点不能因开关动作而闭合或接触不良使线路断开，由此使摇臂不能上升或下降；二是限位开关 SQ1 不能动作，触头熔焊，使线路始终处于接通状态，当摇臂上升或下降到极限位置后，摇臂升降电动机 M2 发生堵转，这时应立即松开 SB3 或 SB4。根据上述情况进行分析，找出故障原因，修理或更换失灵的限位开关 SQ1 或 SQ5 即可。

思考与练习

分析题

根据如图 2-13 所示的 Z3040 摇臂钻床的电气控制原理图，分析下列故障现象的原因并在电气原理图中用虚线标出最小故障范围。

（1）M1、M2、M3、M4 各电动机启动后均缺一相。

（2）除冷却泵电动机可正常运转外，控制回路均失效。

（3）主轴电动机启动，按 SB1 不能停止。

（4）主轴电动机不能启动。

（5）摇臂不能升降，且 KT 线圈不得电。

（6）摇臂升降时，液压松开、夹紧正常，但摇臂上升失效，摇臂下降正常。

模块三 PLC基本指令的应用

能力目标

1. 能熟练运用PLC的基本逻辑指令编写简单的PLC程序。

2. 能根据控制系统输入信号和输出信号的要求，设计出PLC的硬件接线图，熟练完成PLC的外部接线操作。

3. 熟练操作GX Developer编程软件，完成程序的编写、下载、监测等操作，并对PLC程序进行调试、运行。

知识目标

1. 掌握PLC的基本结构和工作原理。
2. 熟悉FX系列PLC的编程元件，掌握主要编程元件的功能和应用注意事项。
3. 初步掌握GX Developer编程软件的基本操作，熟悉软件的主要功能。
4. 掌握FX2N系列PLC的基本逻辑指令系统。
5. 掌握梯形图和指令表程序设计的基本方法。
6. 掌握梯形图的编程规则和编程技巧。

|任务一　认识PLC|

任 务 导 入

在模块一中，利用接触器可以实现三相异步电动机的起停控制，如图3-1所示，按下启动按钮SB2，三相电动机启动；按下停止按钮SB1，三相电动机停止。若改变电动机的控制要求，如按下启动按钮5s后，再让电动机启动，这时就需要增加一个通电延时时间继电器，并且需要改变图3-1所示的控制电路的接线方式才可以实现。

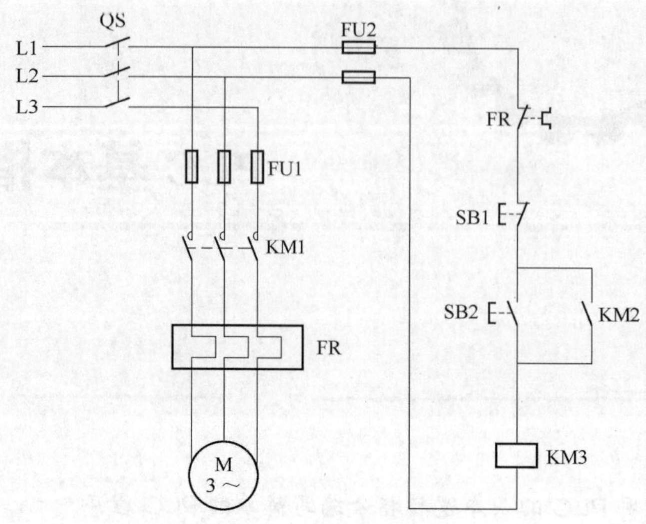

图 3-1　用接触器实现电动机的启停控制电路

从上面的例子可以看出，继电接触控制系统采用硬件接线安装而成。一旦控制要求改变，控制系统就必须重新配线安装，通用性和灵活性较差。若采用 PLC 对电动机进行直接启动控制或延时启动控制，工作将变得简单、可靠。采用 PLC 控制，主电路仍然不变，如图 3-2（a）所示，用户只需将输入设备（如启动按钮 SB2、停止按钮 SB1、热继电器触点 FR）接到 PLC 的输入端口，输出设备（如接触器线圈 KM）接到 PLC 的输出端口，再接上电源、输入程序就可以了。图 3-2 所示为用 PLC 控制电动机启停的硬件接线图和软件程序。

在图 3-2（b）、（c）中，若需要改变控制要求，PLC 的输入/输出接线并不需要改变，只需要改变程序就可以实现了。

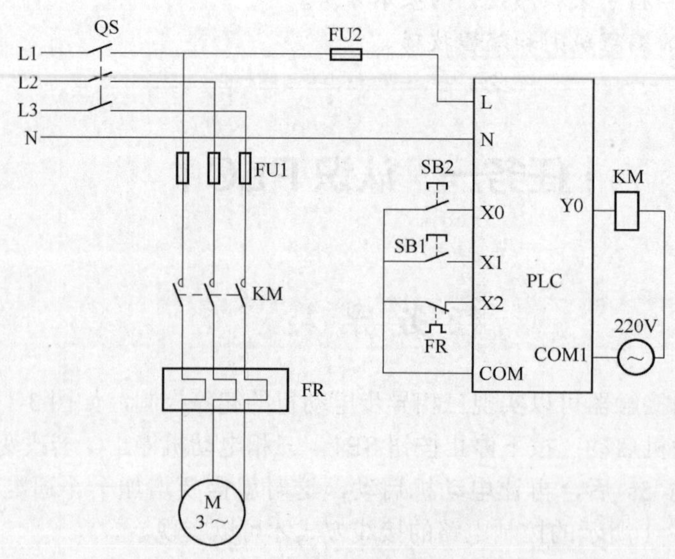

（a）电动机的 PLC 控制硬件接线图

图 3-2　用 PLC 实现电动机的起停控制电路

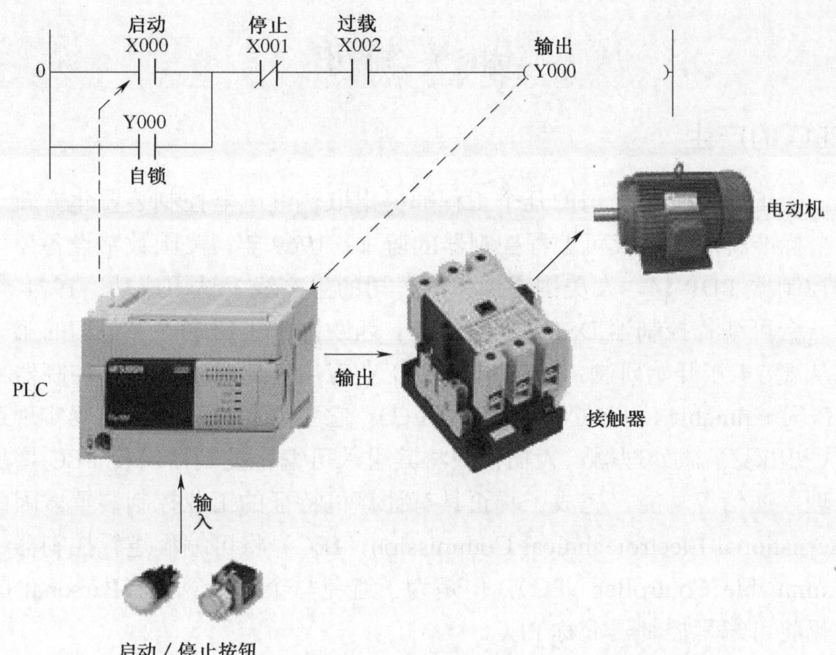

（b）电动机直接启动的 PLC 程序

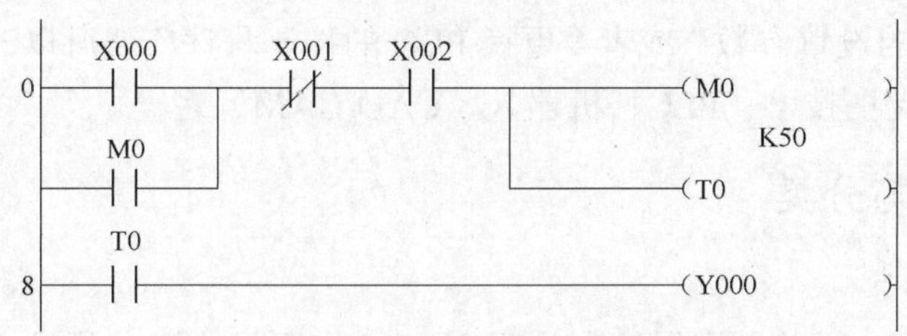

（c）电动机延时启动的 PLC 程序

图 3-2　用 PLC 实现电动机的起停控制电路（续）

比较图 3-1 和图 3-2 可以看出，它们的控制方式不同。继电接触控制系统属于硬件连线控制方式，如图 3-3（a）所示，按钮下达指令后，通过继电器连线控制逻辑决定接触器线圈是否得电，从而控制电动机的工作状态。PLC 控制属于存储程序控制方式，如图 3-3（b）所示，按钮下达指令后，通过 PLC 程序控制逻辑决定接触器线圈是否得电，从而控制电动机的工作状态。PLC 利用程序中的“软继电器”取代传统的物理继电器，使控制系统的硬件结构大大简化，具有体积小、价格便宜、维护方便、编程简单、控制功能强、可靠性高、控制灵活等一系列优点。因此，目前 PLC 控制系统在各个行业机械设备的电气控制中得到了非常广泛的应用。那么，PLC 是一个什么样的控制装置，它又是如何实现对机械设备控制的呢？

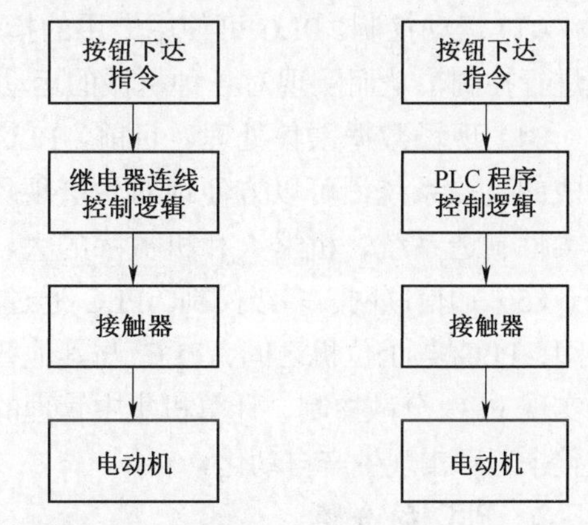

（a）继电接触电气控制系统　　（b）PLC 电气控制系统

图 3-3　两种电气控制系统框图

相关知识

一、PLC 的产生

1968 年，美国通用汽车公司的几个工程师提出取代继电器控制装置建立新一代控制设备的标准，这个标准就成为现代可编程控制器的蓝本；1969 年，美国数字设备公司研制出了第一台可编程控制器 PDP-14，在美国通用汽车公司的生产线上试用成功；1971 年，日本研制出了日本第一台可编程控制器 DSC-8；1973 年，西欧国家也研制出了他们的第一台可编程控制器；我国从 1974 年开始研制，1977 年开始工业应用。此时的可编程控制器称为可编程逻辑控制器（Programmable Logic Controller，PLC），它主要用来取代继电器实现逻辑控制。20 世纪 70 年代初出现了微处理器，人们很快将其引入可编程控制器，使 PLC 增加了运算、数据传送及处理、通信等功能，完成了真正具有计算机特征的工业控制装置。因此，国际电工委员会（International Electrotechnical Commission，IEC）将可编程逻辑控制器称为可编程控制器（Programmable Controller，PC），但是为了避免与个人计算机（Personal Computer）的简称混淆，仍将可编程控制器简称 PLC。

PLC 是计算机（Computer）技术、控制（Control）技术、通信（Communication）技术（简称 3C 技术）的综合体。它能适应工厂环境的要求，工作可靠、体积小、功能强，而且用户通常只要“修改 PLC 的设置参数”或者“更换 PLC 的控制程序”就可以改变 PLC 的用途，是当前自动化领域 3 大支柱技术（PLC、机器人、CAD/CAM）之一。

二、PLC 的应用与分类

1．PLC 的应用

（1）开关量逻辑控制。开关量逻辑控制是现今 PLC 应用最广泛的领域，可以取代传统的继电接触控制系统，实现逻辑控制和顺序控制。

（2）模拟量过程控制。PLC 配上特殊模块后，可对温度、压力、流量、液面高度等连续变化的模拟量进行闭环过程控制。

（3）运动控制。PLC 可使用专用的指令或运动控制模块对伺服电机和步进电机的速度与位置进行控制，从而实现对各种机械的运动控制，如金属切削机床、数控机床、工业机器人等。

（4）现场数据采集处理。目前，PLC 都具有数据处理指令和数据运算指令，所以由 PLC 构成的监控系统，可以方便地对生产现场的数据进行采集、分析和加工处理。数据处理常用于柔性制造系统、机器人和机械手的大、中型控制系统中。

（5）通信联网、多级控制。PLC 通过网络通信模块及远程 I/O 控制模块，实现 PLC 与 PLC 之间、PLC 与上位机之间、PLC 与其他智能设备（如触摸屏、变频器等）之间的通信功能，还能实现 PLC 分散控制、计算机集中管理的集散控制，这样可以增加系统的控制规模，甚至可以使整个工厂实现生产自动化。

2．PLC 的分类

（1）按结构形式分类。PLC 按结构形式可分为整体式和模块式两类。

将电源、CPU、存储器及 I/O 等各个功能集成在一个机壳内的 PLC 是整体式 PLC，其特点是结构紧凑、体积小、价格低，小型 PLC 多采用这种结构，如三菱 FX 系列的 PLC。整体式 PLC 一般配有许多专用的特殊功能模块，如模拟量 I/O 模块、通信模块等。

将电源模块、CPU 模块、I/O 模块作为单独的模块安装在同一底板或框架上的 PLC 是模块式 PLC。其特点是配置灵活、装配维护方便，大、中型 PLC 多采用这种结构，如西门子 S7-300 系列的 PLC。

（2）按 I/O 点数和存储容量分类。

小型 PLC：I/O 点数在 256 点以下，存储器容量为 2K 步。

中型 PLC：I/O 点数在 256～2 048 点，存储器容量为 2～8K 步。

大型 PLC：I/O 点数在 2 048 点以上，存储器容量为 8K 步以上。

三、PLC 的组成

PLC 主要由 CPU（中央处理器）、存储器、输入/输出（I/O）接口电路、电源、外设接口、I/O（输入/输出）扩展接口组成，如图 3-4 所示。

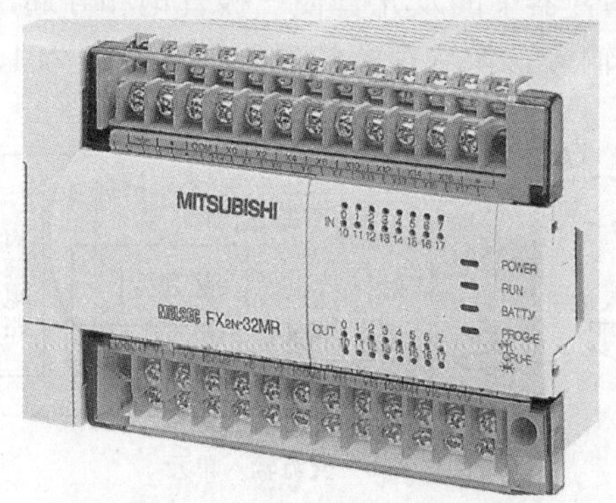

（a）三菱 FX_{2N} 系列 PLC 的外形及内部结构

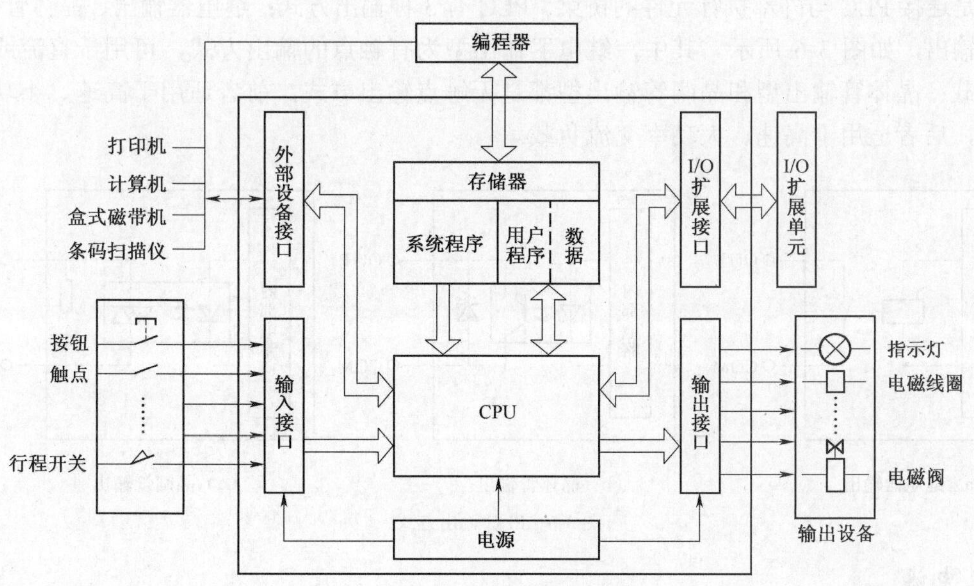

（b）PLC 硬件结构示意图

图 3-4　PLC 的硬件结构

1．CPU

CPU 是 PLC 的逻辑运算和控制指挥中心，协调工作。

2．存储器

PLC 的存储器 ROM 中固化着系统程序，用户不能直接存取、修改。存储器 RAM 中存放用户程序和工作数据，使用者可对用户程序进行修改。为保证掉电时不会丢失 RAM 存储信息，一般用锂电池作为备用电源供电。

3．输入/输出接口电路

（1）输入接口电路。输入接口是连接 PLC 与其他外设之间的桥梁。生产设备的控制信号通过输入接口传送给 CPU。

开关量输入接口用于连接按钮、选择开关、行程开关、接近开关和各类传感器传来的信号。通常，PLC 输入接口有直流和交流两种类型，输入电路包括光电耦合和 RC 滤波器，用于消除输入触点抖动和外部噪声干扰，如图 3-5 所示。图 3-5（a）中，当输入按钮闭合时，一次电路中流过电流，输入指示灯 LED 点亮，同时光电耦合器中的发光管使三极管饱和导通，信号进入内部电路，此输入点对应的位由 0 变为 1，即输入影像寄存器的对应位由 0 变为 1。

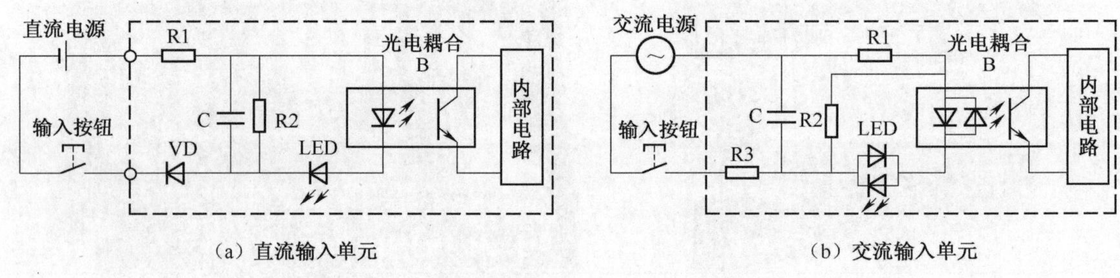

（a）直流输入单元　　（b）交流输入单元

图 3-5　输入接口电路

（2）输出接口电路。输出接口用于连接继电器、接触器、电磁阀线圈，是 PLC 的主要输出口，是连接 PLC 与外部执行元件的桥梁。PLC 有 3 种输出方式：继电器输出、晶体管输出、晶闸管输出，如图 3-6 所示。其中，继电器输出型为有触点的输出方式，可用于直流或低频交流负载；晶体管输出型和晶闸管输出型都是无触点输出方式，前者适用于高速、小功率直流负载，后者适用于高速、大功率交流负载。

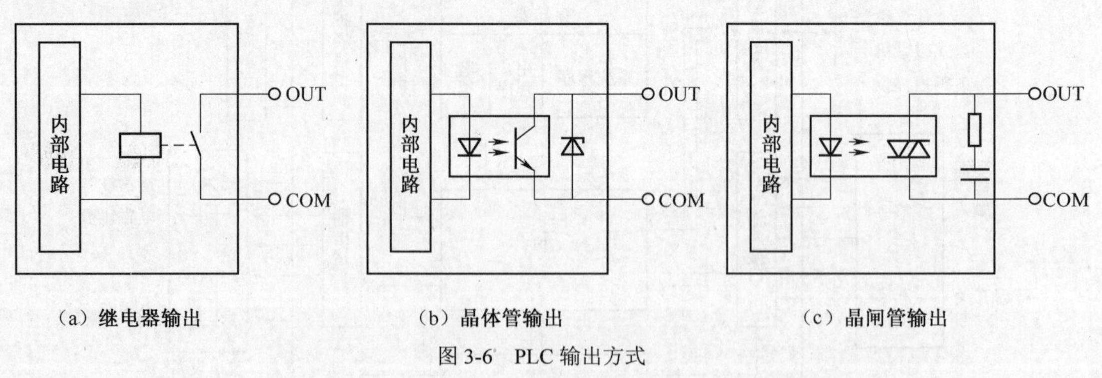

（a）继电器输出　　（b）晶体管输出　　（c）晶闸管输出

图 3-6　PLC 输出方式

4．电源

PLC 一般采用 AC220V 电源，经整流、滤波、稳压后可变换成供 PLC 的 CPU、存储器等电路工作所需的直流电压，有的 PLC 也采用 DC24V 电源供电。为保证 PLC 工作可靠，大都采用开关型稳压电源。有的 PLC 还向外部提供 24V 直流电源。

5. 外设接口

外设接口是在主机外壳上与外部设备配接的插座，通过电缆线可配接编程器、计算机、打印机、EPROM 写入器、触摸屏等。

6. I/O 扩展接口

I/O 扩展接口是用来扩展输入、输出点数的。当用户输入、输出点数超过主机的范围时，可通过 I/O 扩展接口与 I/O 扩展单元相接，以扩充 I/O 点数。A/D 和 D/A 单元以及链接单元一般也通过该接口与主机连接。

四、PLC 的工作原理

PLC 在确定工作任务，装入专用程序后成为一种专用机，它采用循环扫描的工作方式。其工作过程大致分为 3 个阶段：输入采样、程序执行和输出刷新，如图 3-7 所示。每个扫描周期大概需要 1～100ms。

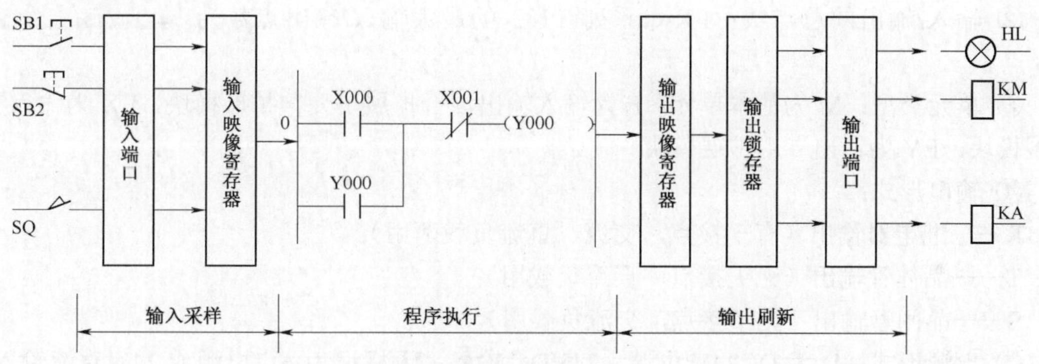

图 3-7 可编程控制器的工作过程

1. 输入采样

在输入采样阶段，PLC 的 CPU 读取每个输入端口的状态，采样结束后，存入输入映像寄存器中作为程序执行的条件。在程序执行阶段和输出刷新阶段，输入映像寄存器与外界隔离，无论输入信号如何变化其内容保持不变，直到下一个扫描周期的输入采样阶段才重新写入输入端的新内容。这种输入工作方式称为集中输入方式。

2. 程序执行

根据 PLC 梯形图程序扫描原则，PLC 按先左后右、先上后下的步序逐句扫描程序。当指令中涉及输入、输出状态时，PLC 就从输入映像寄存器“读入”上一阶段采入的对应输入端子状态，从元件映像寄存器“读入”对应元件（“软继电器”）的当前状态，然后进行相应的运算，并将运算结果存入输出映像寄存器中。

3. 输出刷新

在所有指令执行完毕且已进入输出刷新阶段时，PLC 才将输出映像寄存器中所有输出继电器的状态（接通/断开）转存到输出锁存器中，然后通过一定的方式输出以驱动外部负载。这种输出工作方式称为集中输出方式。

任务实施

三菱公司于 20 世纪 80 年代推出了 F 系列小型 PLC，1990～2000 年代推出 FX_{1S}、FX_{1N} 和 FX_{2N} 系列 PLC，2005 年推出最新第 3 代小型 PLC 系列产品 FX_{3U}，2008 年三菱电机又在中国正式推出第 3 代小型 PLC 成员——FX3G 系列，完善了 FX 系列 PLC 产品线。

FX_{2N} 系列和 FX_{3U} 系列 PLC 是三菱电机小型 PLC 的代表产品，采用基本单元加扩展的整体式结构，FX_{2N} 最大的 I/O 点数可扩展到 256 点，FX_{3U} 最大的 I/O 点数是 384 点。

一、FX 系列 PLC 的型号

FX 系列 PLC 型号名称的含义如下。

25. FX 系列 PLC 介绍

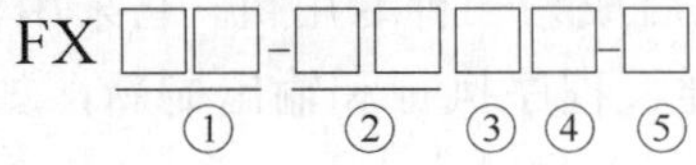

① 子系列序号：如 1N、2N、2NC、3U、3G。

② 输入/输出的总点数：FX_{2N} 系列 PLC 的最大输入/输出点数为 256 点。

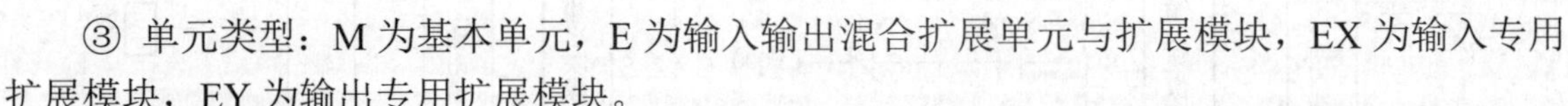

③ 单元类型：M 为基本单元，E 为输入输出混合扩展单元与扩展模块，EX 为输入专用扩展模块，EY 为输出专用扩展模块。

④ 输出形式：

R——继电器输出（有干接点，交流、直流负载两用）；

T——晶体管输出（无干接点，直流负载用）；

S——晶闸管输出（无干接点，交流负载用）。

⑤ 电源形式：D 为 DC24V 电源，24VDC 输入；无标记为 AC 电源或 24V 直流输入。

例如，型号为 FX_{2N}-48MR-D 的 PLC，属于 FX_{2N} 系列，是有 48 个 I/O 点的基本单元，继电器输出型，使用 DC24V 电源。

二、FX 系列 PLC 的基本构成

FX_{2N} 和 FX_{3U} 系列 PLC 是 FX 家族中最常用的 PLC 系列，由基本单元、扩展单元、扩展模块及特殊功能单元构成。基本单元的结构如图 3-4 所示。扩展单元的位置也可以是扩展模块，它们用于增加 PLC 的 I/O 点数。扩展单元内部设有电源；扩展模块内部无电源，所用电源由基本单元或扩展单元供给。因扩展单元及扩展模块无 CPU，必须与基本单元一起使用。特殊功能单元是一些专门用途的装置，如模拟量 I/O 单元、高速计数单元、位置控制单元、通信单元等。

FX_{2N} 和 FX_{3U} 基本单元有 16/32/48/64/80/128 点，6 个基本单元中的每个单元都可以通过 I/O 扩展单元扩充为 256 个或 384 个 I/O 点，其基本单元如表 3-1 所示。

表 3-1　FX_{2N} 和 FX_{3U} 系列的基本单元

AC 电源，DC24V 输入			AC 电源，DC24V 输入		
继电器输出	晶闸管输出	晶体管输出	继电器输出	晶体管输出（漏型）	晶体管输出（源型）
FX_{2N}-16MR		FX_{2N}-16MT	FX_{3U}-16MR-ES	FX_{3U}-16MT-ES	FX_{3U}-16MT-ESS
FX_{2N}-32MR	FX_{2N}-32MS	FX_{2N}-32MT	FX_{3U}-32MR-ES	FX_{3U}-32MT-ES	FX_{3U}-32MT-ESS

续表

AC 电源，DC24V 输入			AC 电源，DC24V 输入		
继电器输出	晶闸管输出	晶体管输出	继电器输出	晶体管输出（漏型）	晶体管输出（源型）
FX_{2N}-48MR	FX_{2N}-48MS	FX_{2N}-48MT	FX_{3U}-48MR-ES	FX_{3U}-48MT-ES	FX_{3U}-48MT-ESS
FX_{2N}-64MR	FX_{2N}-64MS	FX_{2N}-64MT	FX_{3U}-64MR-ES	FX_{3U}-64MT-ES	FX_{3U}-64MT-ESS
FX_{2N}-80MR	FX_{2N}-80MS	FX_{2N}-80MT	FX_{3U}-80MR-ES	FX_{3U}-80MT-ES	FX_{3U}-80MT-ESS
FX_{2N}-128MR		FX_{2N}-128MT	FX_{3U}-128MR-ES	FX_{3U}-128MT-ES	FX_{3U}-128MT-ESS

三、FX_{2N} 系列 PLC 的外部结构及其接线

26. FX_{2N} 系列 PLC 的外部结构

FX_{2N} 系列 PLC 是三菱第二代 PLC 中的高性能标准型规格机型，其市场占有率相当高，适应于绝大多数单机控制、生产线控制和简单网络控制的场所。FX_{2N} 基本单元有 16/32/48/64/80/128 共 6 种规格，每个规格中又有 AC100/200V 和 DC24V 两种输入方式，有继电器、晶体管和双向晶闸管 3 种输出形式。FX_{2N}-32MR 的外部结构如图 3-8 所示。

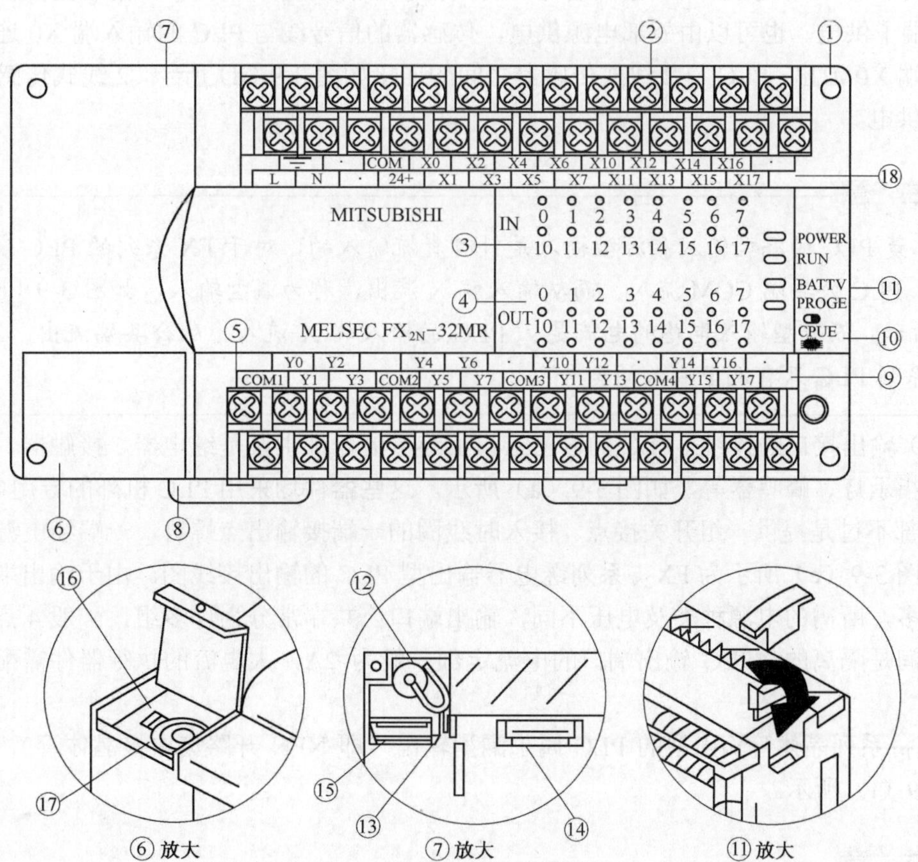

图 3-8　FX_{2N} 系列 PLC 外形图

①—安装孔 4 个；②—电源、辅助电源、输入信号用的可装卸式端子；③—输入指示灯；④—输出动作指示灯；⑤—输出用的可装卸式端子；⑥—外围设备接线插座、盖板；⑦—面板盖；⑧—DIN 导轨装卸用卡子；⑨—I/O 端子标记；⑩—动作指示灯，POWER（电源指示灯），RUN（运行指示灯），BATT.V（电池电压下降指示灯），PROG-E（指示灯闪烁时表示程序出错），CPU-E（指示灯亮时表示 CPU 出错）；⑪—扩展单元、扩展模块、特殊单元、特殊模块的接线插座盖板；⑫—锂电池；⑬—锂电池连接插座；⑭—另选存储器滤波器安装插座；⑮—功能扩展板安装插座；⑯—内置 RUN/STOP 开关；⑰—编程设备、数据存储单元接线插座；⑱—I/O 端子标记

1. 外部端子及其接线

外部端子包括 PLC 电源端子、供外部传感器用的 DC24V 电源端子（24+、COM）、输入端子（X）和输出端子（Y）等。其主要完成电源、输入信号和输出信号的连接。

（1）电源的接线。PLC 基本单元的供电通常有两种情况：一是直接使用工频交流电，通过交流输入端子连接，对电压的要求比较宽松，100～250V 均可使用；二是采用外部直流开关电源供电，一般配有直流 24V 输入端子。采用交流供电的 PLC，机内自带直流 24V 内部电源，为输入器件及扩展单元供电。FX 系列 PLC 大多为 AC 电源、DC 输入形式。

（2）输入接口的接线。PLC 输入接口的端子与开关、按钮及各种传感器连接，如图 3-9（a）所示。图 3-9（a）上部为输入端子，输入公共端在某些 PLC 中是分组隔离的，在 FX_{2N} 机型中是连通的，FX_{2N} 系列 PLC 输入信号可以是干接点输入或漏型输入（即 NPN 开路集电极晶体管输入），因此 FX_{2N} 系列 PLC 的输入端只能接 NPN 输出型的传感器。如图 3-9（b）所示中开关、按钮等器件都是无源干接点器件，当 PLC 输入端 X0 所接的开关或按钮闭合时，电流从输入端 X0 流出，相应的输入指示灯点亮，PLC 内部电源能为每个输入点提供大约 7mA 电流。图 3-9（c）所示为 PLC 输入端与 3 线式传感器的接线，3 线 NPN 输出型传感器由 PLC 的 24+端子供电，也可以由外部电源供电，传感器的信号线与 PLC 的输入端 X0 连接，电流从输入端 X0 流出；PLC 与 2 线式传感器之间的连接如图 3-9（d）所示，2 线式传感器由 PLC 的内部供电。

注 意

三菱 PLC 的漏型输入和源型输入是针对直流输入的，对于 FX 系列的 PLC 来说，DC 电流从 PLC 公共端 COM 流入，而从输入端 X 流出，称为漏型输入，如图 3-9（b）、（c）、（d）所示；而源型输入电路的电流是从 PLC 的输入端 X 流入，从公共端流出。三菱公司 FX_{2N} 系列 PLC 只有漏型输入的型号。

（3）输出接口的接线。PLC 的输出接口上连接的器件主要是继电器、接触器、电磁阀的线圈、指示灯、蜂鸣器等，如图 3-9（a）所示。这些器件均采用 PLC 机外的专用电源供电，PLC 内部不过是提供一组开关接点。接入时线圈的一端接输出点螺钉，一端经电源接输出公共端。图 3-9（e）所示为 FX_{2N} 系列继电器输出型 PLC 的输出接线图。由于输出端口连接线圈种类多，所需的电源种类及电压不同，输出端口公共端常分为许多组，一般 4 点为一组，而且组间是隔离的。PLC 输出端口的电流定额一般为 2A，大电流的执行器件需配装中间继电器。

FX_{2N} 系列晶体管输出型的 PLC 属于漏型输出（即 NPN 开路集电极晶体管），其接线图如图 3-9（f）所示。

注 意

三菱 FX 系列晶体管输出型 PLC 的输出有漏型输出和源型输出两种类型。漏型输出是指负载电流流入输出端子，而从公共端子流出，如图 3-9（f）所示；源型输出是指负载电流从输出端子中流出，而从公共端子流入。三菱公司 FX_{2N} 系列 PLC 只有漏型输出的型号。

（4）通信线的连接。PLC 一般设有专用的通信口，通常为 RS485 口或 RS422 口，FX_{2N} 型 PLC 为 RS422 口。与通信口的接线常采用专用的接插件连接。

2. 指示部分

指示部分包括各 I/O 点的状态指示、PLC 电源（POWER）指示、PLC 运行（RUN）指示、用户程序存储器后备电池（BATT.V）状态指示及程序出错（PROG-E）、CPU 出错（CPU-E）指示等，用于反映 I/O 点及 PLC 机器的状态。

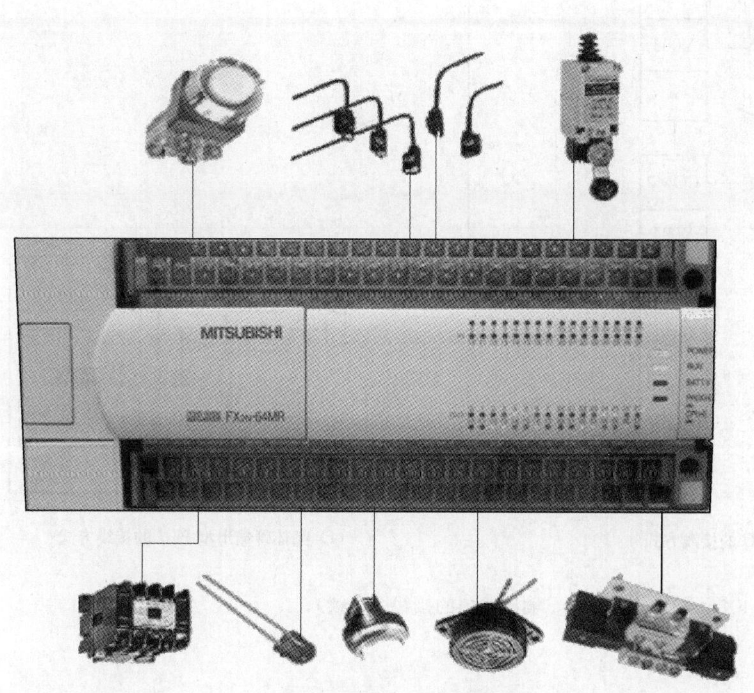

（a）PLC 的输入/输出元器件

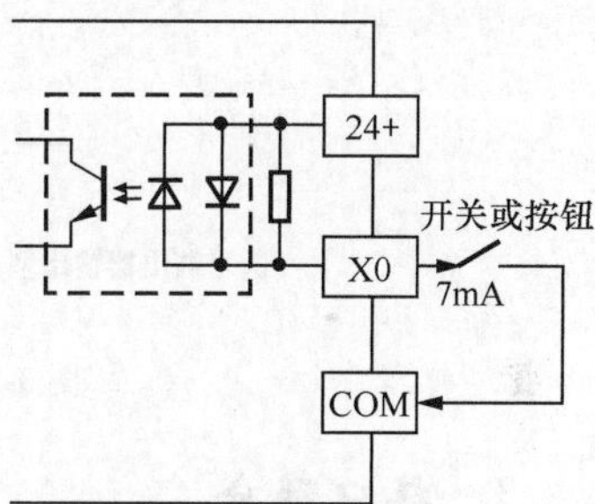

（b）干接点输入接线方式

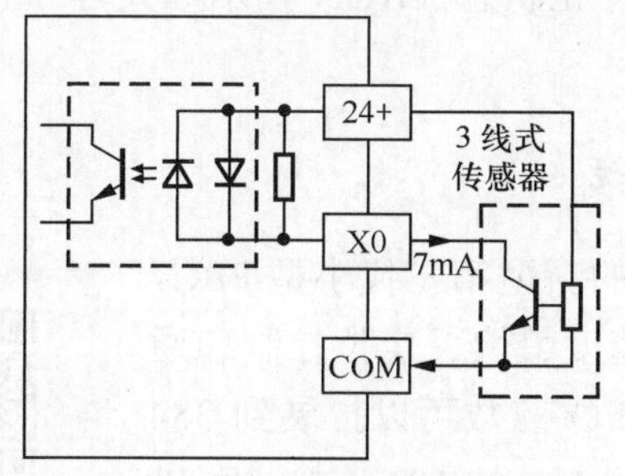

（c）三线式传感器的接线方式

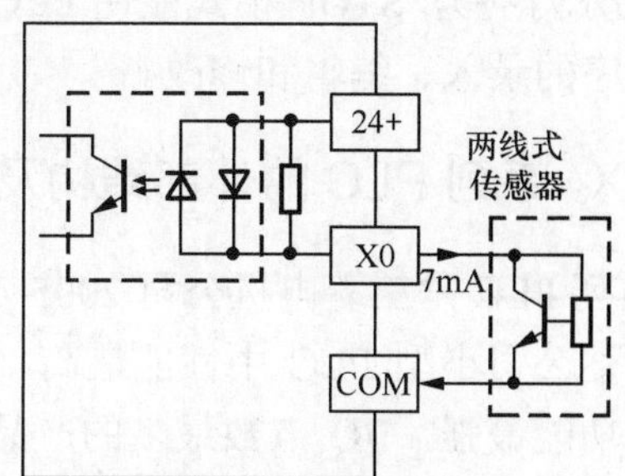

（d）两线式传感器的接线方式

图 3-9 FX_{2N} 系列 PLC 输入、输出接口的接线图

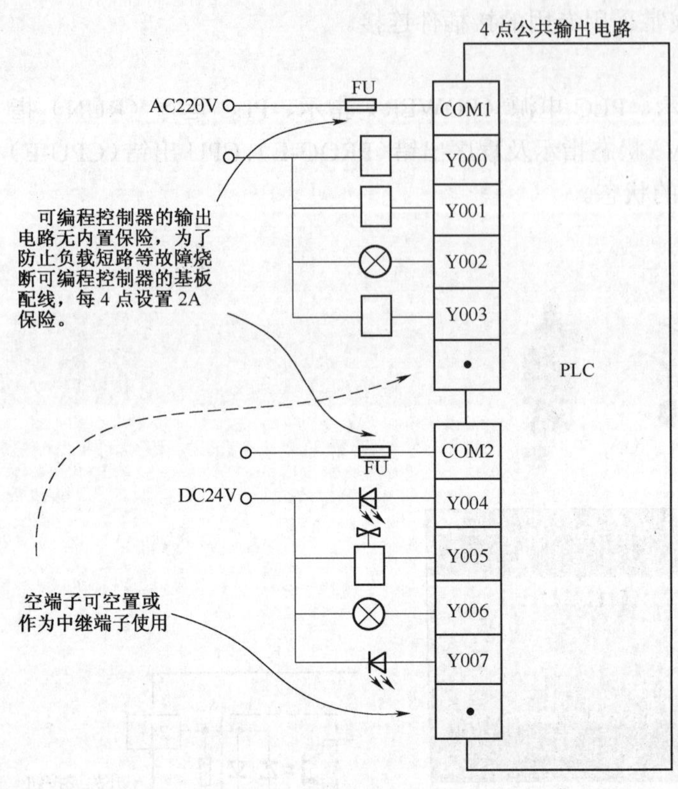

（e）继电器输出型 PLC 的接线方式

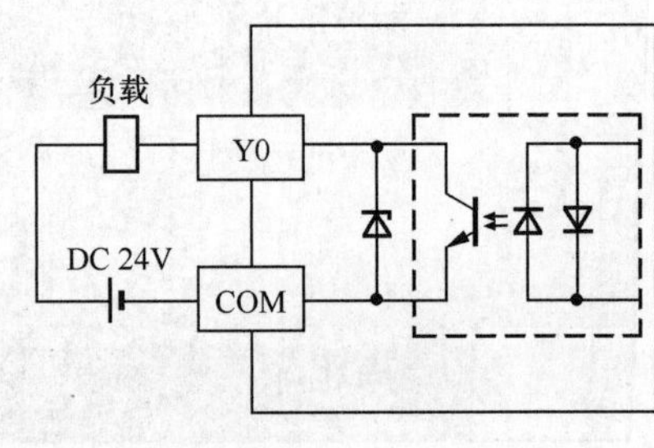

（f）晶体管输出型 PLC 的接线方式

图 3-9　FX_{2N} 系列 PLC 输入、输出接口的接线图（续）

3. 接口部分

接口部分主要包括编程器、扩展单元、扩展模块、特殊模块及存储卡盒等外部设备的接口，其作用是完成基本单元同上述外部设备的连接。在编程器接口旁边，还设置了一个 PLC 运行模式转换开关 SW1，它有 RUN 和 STOP 两个运行模式，RUN 模式能使 PLC 处于运行状态（RUN 指示灯亮），STOP 模式能使 PLC 处于停止状态（RUN 指示灯灭），此时，PLC 可进行用户程序的录入、编辑和修改。

四、FX_{3U} 系列 PLC 的外部结构及其接线

FX_{3U} 系列 PLC 是三菱电机公司 2005 年推出的新型第三代小型 PLC，也是目前三菱公司小型 PLC 中性能最高、运算速度最快、定位控制和通信网络控制功能最强，I/O 点数最多的产品，其 I/O 点数可以扩展到 384 点，完全兼容 FX_{1N}/FX_{2N} 系列 PLC 的全部功能。FX_{3U} 的 I/O 连接也可以采用漏型和源型两种方式（FX_{2N} 系列的输入和输出都只有漏型连接方式），使外电路设计和外接有源传感器的类型（PNP、NPN）更为灵活方便。FX_{3U} 系列产品为 FX_{2N} 替代产品，其外部结构如图 3-10（a）所示，端子接线图如图 3-10（b）所示。

27. FX_{3U} 系列 PLC 的外部结构

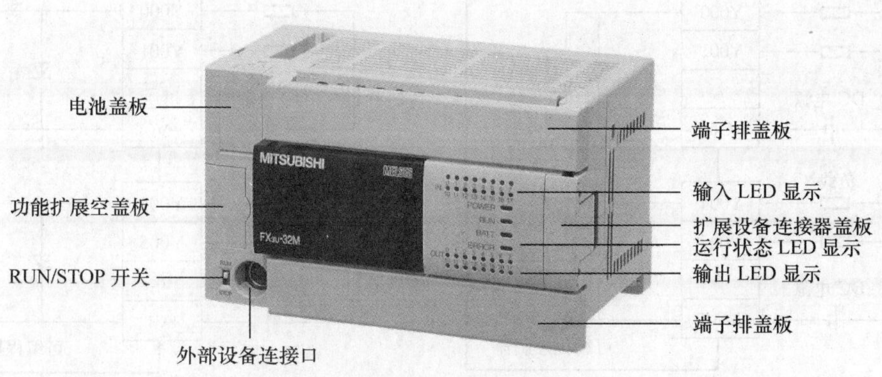

（a）FX_{3U} 系列 PLC 的外部结构

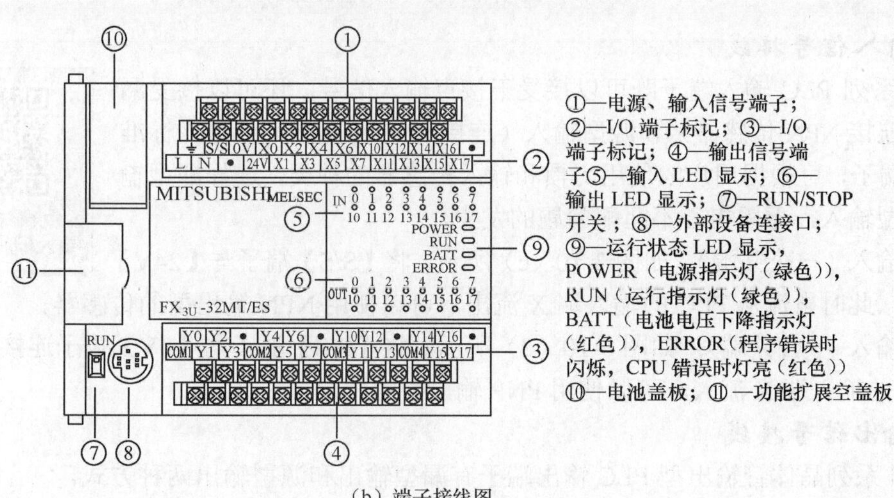

（b）端子接线图

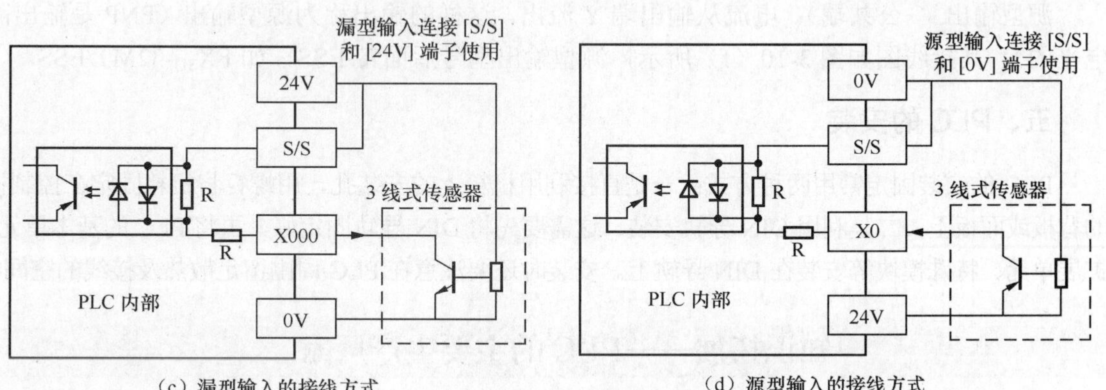

（c）漏型输入的接线方式　　（d）源型输入的接线方式

图 3-10　FX_{3U} 系列 PLC 外部结构及输入输出接线方式

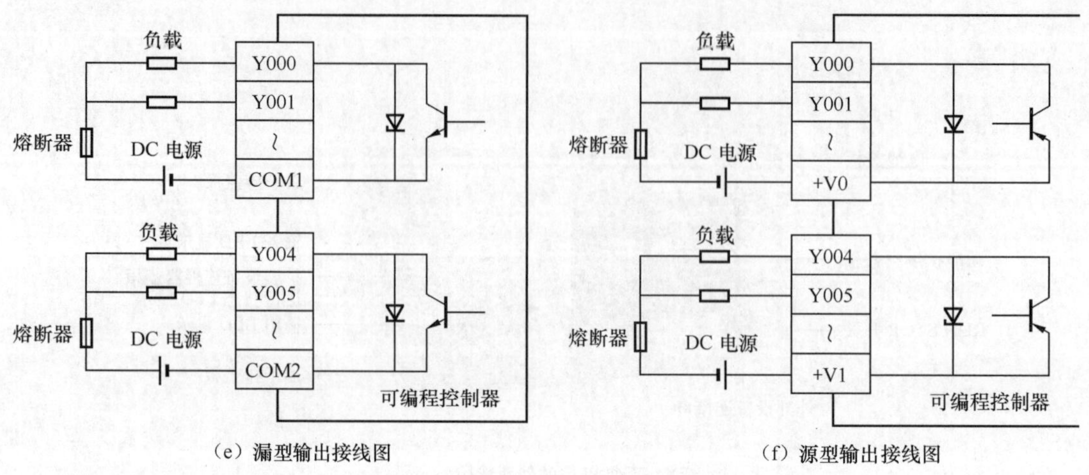

（e）漏型输出接线图　　（f）源型输出接线图

图 3-10　FX_{3U} 系列 PLC 外部结构及输入输出接线方式（续）

1．输入信号接线

FX_{3U} 系列 PLC 输入端子既可以接受干接点输入信号，还可以接受漏型输入（连接 NPN 传感器）和源型输入（连接 PNP 传感器）信号。标准配置 S/S 端子，可根据用户的使用习惯和输入传感器的种类，选择漏型输入还是源型输入，无需担心不匹配问题的发生。

漏型输入（－公共端）：如图 3-10（c）所示，将【S/S】端子与【24V】端子连接，此时电流从 PLC 的输入端 X 流出，可以使用 NPN 输出型的传感器。

源型输入（+公共端）：如图 3-10（d）所示，将【S/S】端子与【0V】端子连接，此时电流从 PLC 的输入端 X 流入，可以使用 PNP 输出型的传感器。

2．输出信号接线

FX3U 系列晶体管输出型 PLC 输出端子有漏型输出和源型输出两种方式。

漏型输出（−公共端）：电流从输出端 Y 流入，这样的输出称为漏型输出（NPN 是输出低电平的），其接线如图 3-10（e）所示，漏型输出型号后面带 ES，如 FX_{3U}-32MT/ES。

源型输出（+公共端）：电流从输出端 Y 流出，这样的输出称为源型输出（PNP 是输出高电平的），其接线图如图 3-10（f）所示，源型输出型号后面带 ESS，如 FX_{3U}-32MT/ESS。

五、PLC 的安装

PLC 的安装固定常用两种方式：一是直接利用机箱上的安装孔，用螺钉将机箱固定在控制柜的背板或面板上；二是利用 DIN 导轨安装，这需要先将 DIN 导轨固定好，再将 PLC 的基本单元、扩展单元、特殊模块等安装在 DIN 导轨上。安装时还要注意在 PLC 周围留足散热及接线的空间。

知识拓展——PLC 的主要生产厂家

随着 PLC 市场的不断扩大，PLC 的生产已经发展成为一个庞大的产业，主要厂商集中在一些欧美国家及日本。美国与欧洲一些国家的 PLC 是在相互隔离的情况下独立研究开发的，产品有比较大的差异；日本则是从美国引进的，对美国的 PLC 产品有一定的继承性。另外，日本的主推产品定位在小型 PLC 上，而欧美则以大、中型 PLC 为主。

世界 PLC 生产制造行业发展到今天，已经是相当成熟和出色了。其中，美国的 A-B 公司、罗克韦尔（Rockwell）公司，德国的西门子（Siemens）公司，法国的施耐德（Schneider）公司以及日本的三菱（Mitsubishi）公司和欧姆龙（Omron）公司更是整个行业中的佼佼者。

国内 PLC 应用市场仍然以国外产品为主，如西门子的 S7-200 系列（小型）、S7-300 系列（中型）及 S7-400（大型）系列；三菱的 FX 系列（小型）、Q 系列（中大型）；欧姆龙的 CPM 系列（小型）、C200H 系列（中大型）等。

随着 PLC 技术的发展，我国也有不少 PLC 厂家的产品在国内市场上享有一定的声誉，如台湾的台达、永宏、丰炜，北京的和利时，洛阳的易达，无锡的信捷，厦门的海为，深圳的德维森和艾默生等。

学思融合 通过国产 PLC 与外资品牌 PLC 的市场格局分析，说明核心技术必须掌握在自己手里，激发学生民族自强的家国情怀，增强学生的使命感和担当精神。

思考与练习

简答题

（1）PLC 主要应用在哪些场合？

（2）PLC 的基本结构如何？试阐述其基本工作原理。

（3）PLC 硬件由哪几部分组成，各有什么作用？

（4）PLC 输出接口按输出开关器件的种类不同分为哪几种形式，分别可以驱动什么样的负载？

（5）PLC 控制系统与传统的继电接触控制系统有何区别？

（6）请说出 FX_{2N}-128MR 的型号含义。

任务二 电动机自锁控制程序设计

任务导入

三相异步电动机直接启动的继电接触控制系统如图 3-1 所示，现要改用 PLC 来控制电动机的启停。具体控制要求：当按下启动按钮 SB2 时，电动机启动并连续运行；当按下停止按钮 SB1 或热继电器 FR 动作时，电动机停止。

当采用 PLC 控制电动机起停时，必须将按钮的控制指令送到 PLC 的输入端，经过程序运算，再将 PLC 的输出驱动接触器 KM 线圈得电，电动机才能运行。那么，如何将输入、输出器件与 PLC 连接，PLC 又是如何编写控制程序的呢？这需要用到 PLC 内部的编程元件输入继电器 X 和输出继电器 Y。

相关知识

一、输入继电器 X 和输出继电器 Y

PLC 内部有许多具有不同功能的编程元件，如输入继电器、输出继电器、定时器、计数器等，它们不是物理意义上的实物继电器，而是由电子电路和存储器组成的虚拟器件，又称为“软继电器”。“软继电器”实际上是PLC内部存储器某一位的状态，该位状态为“1”，相当于继电器得电；该位状态为“0”，相当于继电器失电。在PLC程序中出现的线圈与触点均属于“软继电器”，“软继电器”与真实继电器最大的区别在于“软继电器”的触点可以无限次地使用。不同厂家、不同型号的PLC，编程元件的数量和种类有所不同。三菱FX系列PLC的“软继电器”的线圈和触点的符号如图3-11所示，其中手写时常用“圆圈”表示线圈，而在用编程软件表示时常用“括号”表示线圈。

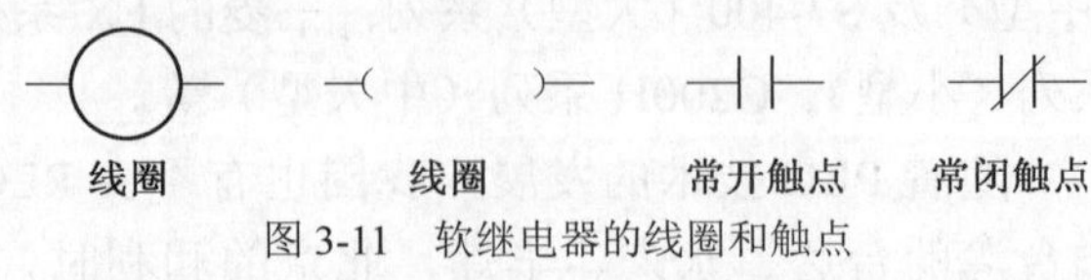

图3-11　软继电器的线圈和触点

1．输入继电器X

PLC输入端子上连接的输入继电器X为光耦隔离的电子式继电器，它是专门用来接受PLC外部开关信号的元件。PLC通过输入端子将外部输入信号状态（接通时为“1”，断开时为“0”）读入并存储在输入映像寄存器中，假如此时读入的输入信号状态为“1”，则与输入端子连接的输入继电器线圈得电，其常开触点闭合，常闭触点断开。

输入继电器必须由外部信号驱动，不能用程序驱动，所以在程序中不可能出现其线圈。由于输入继电器反映输入映像寄存器中的状态，所以其触点的使用次数不限。

FX系列PLC的输入继电器采用X和八进制数共同组成编号，地址范围是X000～X007，X010～X017，X020～X027……最多128点。

注　意

基本单元输入继电器的编号是固定的，扩展单元和扩展模块是按与基本单元最靠近开始，顺序进行编号。例如，基本单元FX_{2N}-64MR的输入继电器编号为X000～X037（32点），如果接有扩展单元或扩展模块，则扩展的输入继电器从X040开始编号。

2．输出继电器Y

输出继电器Y是用来将PLC内部信号输出传送给外部负载（用户输出设备）的元件。输出继电器线圈是由PLC内部程序的指令驱动，其线圈状态传送给输出单元，再由输出单元对应的硬触点来驱动外部负载。

每个输出继电器在输出单元中都对应有唯一一个常开硬触点，但在程序中供编程的输出继电器，不管是常开还是常闭触点，都是软触点，所以可以使用无数次。

FX系列PLC的输出继电器采用Y和八进制数共同组成编号，地址范围是Y000～Y007，Y010～Y017，Y020～Y027……最多128点。与输入继电器一样，基本单元的输出继电器编号是固定的，扩展单元和扩展模块的编号也是按与基本单元最靠近开始，顺序进行编号。

在实际使用中，输入、输出继电器的数量，要视具体系统的配置情况而定。

二、PLC的编程语言

1994年5月，国际电工委员会公布了PLC常用的5种编程语言：顺序功能图、梯形图、指令表、功能块图及高级语言。其中，用得最多的是顺序功能图、梯形图和指令表3种编程语言。

1．顺序功能图

顺序功能图是一种位于其他编程语言之上的图形语言，它主要用来编制顺序控制程序，主要由步、有向连线、转换条件和动作组成。

2．梯形图

梯形图基本上沿用电气控制图的形式，采用的符号也大致相同。如图 3-12 所示，梯形图两侧的平行竖线为母线，其间由许多触点和编程线圈组成的逻辑行。应用梯形图进行编程时，只要按梯形图逻辑行的顺序输入到计算机中去，计算机就可自动将梯形图转换成 PLC 能接受的机器语言，存入并执行。

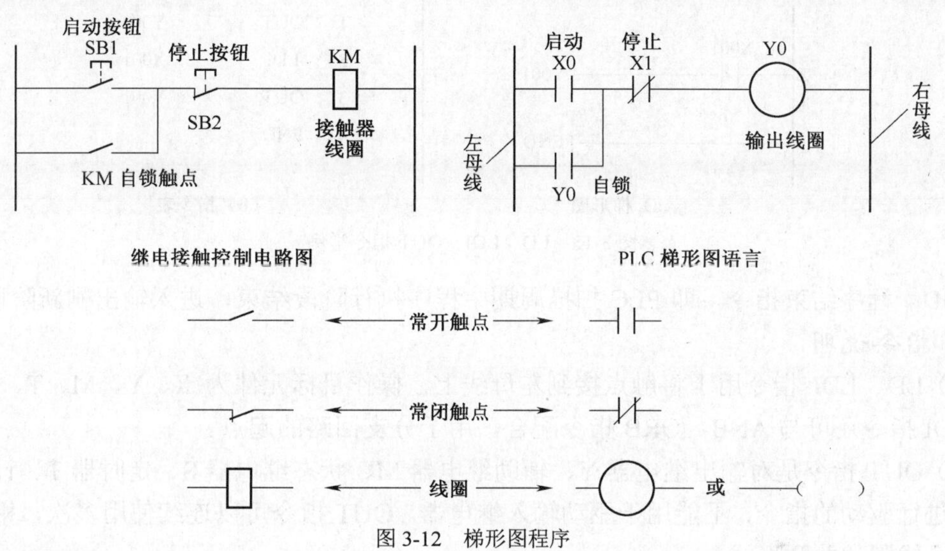

图 3-12 梯形图程序

注 意

（1）梯形图每一个梯级中并没有真正的电流流过。

（2）PLC 在执行程序时，是自上而下一个梯级一个梯级扫描执行，位于梯形图上一级的线圈要比下一级的线圈先通电，执行完一个扫描周期后再重新从第一个梯级开始执行，即 PLC 是串行周期扫描工作方式。而继电接触控制电路中，只要满足逻辑关系，可以同时执行满足条件的分支电路，即继电接触控制电路是并行工作方式。

3．指令表

PLC 的指令是一种与微机汇编语言中的指令极其相似的助记符表达式，由指令组成的程序叫做指令表（Instruction List，IL）程序。不同厂家 PLC 指令的助记符有所不同，但基本的逻辑与运算的指令功能可以相通。在 GX 编程软件中，梯形图和指令表可以自动转换。

三、LD、LDI、OUT、END 指令

基本逻辑指令是 PLC 中最基础的编程语言，掌握了基本逻辑指令也就初步掌握了 PLC 的编程语言。FX_{2N} 系列 PLC 的基本逻辑指令有 27 条，FX_{3U} 系列 PLC 比 FX_{2N} 系列 PLC 多 2 条基本指令，一共有 29 条。

1．程序举例

在图 3-13 中，当 X0 按下时，输入继电器 X0 的线圈通电，其常开触点闭合，输出继电

器 Y0 通电，Y0 对应的指示灯点亮；当 X1 按下时，输入继电器 X1 的线圈通电，其常闭触点断开，输出继电器 Y1 失电，Y1 对应的指示灯熄灭。

2．指令用法

LD：取指令，用于常开触点与左母线连接。

LDI：取反指令，用于常闭触点与左母线连接。

OUT：线圈驱动指令，用于将逻辑运算的结果驱动一个指定线圈。

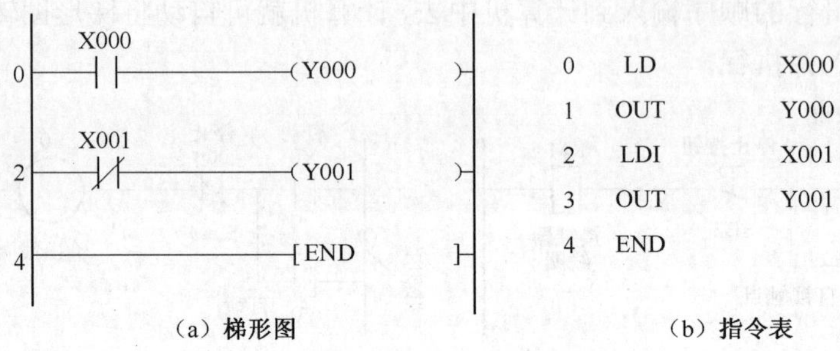

（a）梯形图　　（b）指令表

图 3-13　LD、LDI、OUT 指令举例

END：程序结束指令，即 PLC 扫描周期中程序执行阶段结束，进入输出刷新阶段。

3．指令说明

（1）LD、LDI 指令用于将触点接到左母线上，操作目标元件为 X、Y、M、T、C、S。LD、LDI 指令还可与 ANB、ORB 指令配合，用于分支回路的起点。

（2）OUT 指令是对输出继电器 Y、辅助继电器 M、状态继电器 S、定时器 T、计数器 C 的线圈进行驱动的指令，不能用于驱动输入继电器。OUT 指令可以连续使用多次，相当于电路中多个线圈的并联形式。

四、AND、ANI、OR、ORI 指令

1．AND、ANI 指令

（1）程序举例。从图 3-14 中可得以下 3 点。

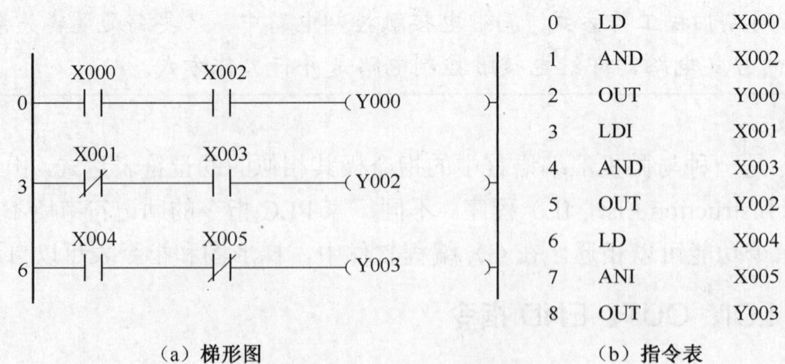

（a）梯形图　　（b）指令表

图 3-14　AND、ANI 指令举例

① 当 X0 按下，同时 X2 也按下时，Y0 通电。

② 不按 X1，按下 X3 时，Y2 通电。

③ 按下 X4，不按 X5 时，Y3 通电。

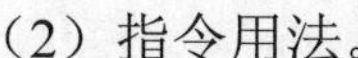

（2）指令用法。

AND：与指令，用于单个常开触点的串联，完成逻辑“与”运算。

ANI：与反指令，用于单个常闭触点的串联，完成逻辑“与非”运算。

（3）指令说明。

① AND、ANI 指令均用于单个触点的串联，串联触点数目没有限制。这两个指令可以重复多次使用。指令的目标元件为 X、Y、M、T、C、S。

② OUT 指令后，通过触点对其他线圈使用 OUT 指令称为纵接输出。这种纵接输出如果顺序不错，可多次重复使用 OUT 指令，如图 3-15 所示。如果 Y0 与 Y1 所在分支的顺序颠倒，就必须要用后面提到的 MPS/MRD/MPP 指令。

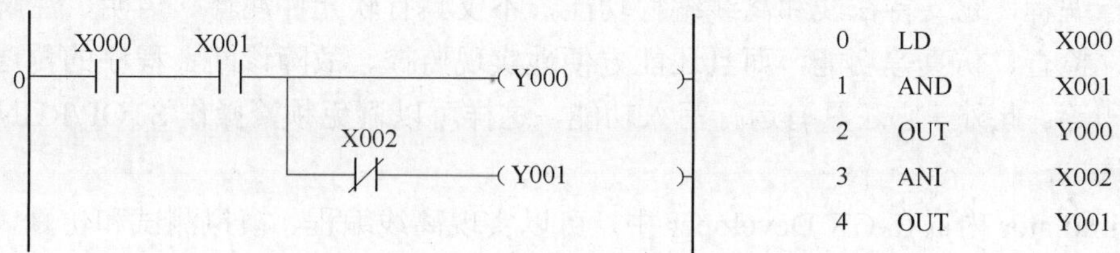

0	LD	X000
1	AND	X001
2	OUT	Y000
3	ANI	X002
4	OUT	Y001

图 3-15　连续使用 OUT 指令

③ 串联指令是用来描述单个触点与其他触点或触点组成的电路连接关系的。

2．OR、ORI 指令

（1）程序举例。从图 3-16 中可得以下两点。

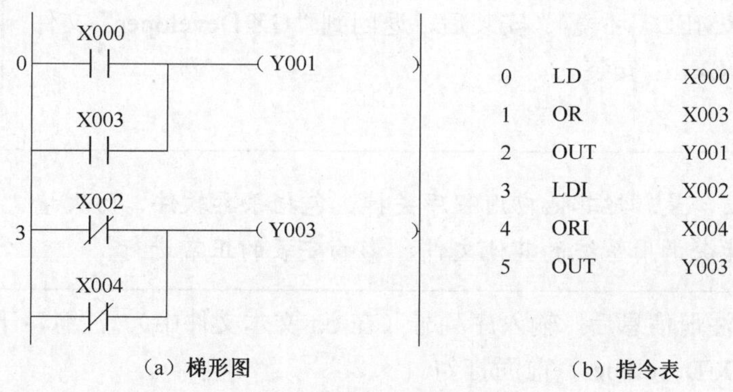

0	LD	X000
1	OR	X003
2	OUT	Y001
3	LDI	X002
4	ORI	X004
5	OUT	Y003

（a）梯形图　　（b）指令表

图 3-16　OR、ORI 指令举例

① 当 X0 或 X3 按下时，Y1 通电。

② 当 X2 或 X4 都不被按下时，Y3 通电；一旦两者中有一个被按下，Y3 仍通电；两者都按下，Y3 失电。

（2）指令用法。

OR：或指令，用于单个常开触点的并联。

ORI：或非指令，用于单个常闭触点的并联。

（3）指令说明。

① OR、ORI 指令用于一个触点的并联连接指令。它们可以对 X、Y、M、S、T、C 进行操作。若将两个以上的触点串联连接的电路块并联连接，要用后面提到的 ORB 指令。

② OR、ORI 指令可以连续使用，并且不受使用次数的限制。

五、三菱编程和仿真软件

三菱编程和仿真软件主要有 GX Developer 和 GX Work2（或 GX Work3）两种软件，其中 GX Developer 编程软件适合于 FX、Q 和 A 系列 PLC 使用，GX Work2（或 GX Work3）编程软件适合于 FX、Q 和 L 系列 PLC 使用。这两款编程软件和使用手册都可以到三菱自动化官网 http://cn.mitsubishielectric.com/fa/zh/下载。本教材主要介绍 GX Developer 编程软件的使用方法。

GX Developer 是三菱公司 PLC 的编程软件，其界面和编程文件均已汉化，可在 Windows 操作系统中运行。

GX-Developer 编程软件允许以梯形图、列表、SFC（顺序功能图）和 ST（结构化文本）等语言进行编程，它支持在线和离线编程功能，不仅具有软元件注释、声明、注解及程序监视、测试、检查、仿真等功能，而且还能方便地实现监控、故障诊断、程序的传送及复制、删除和打印等。此外，它还具有运行写入功能，这样可以避免频繁操作 STOP/RUN 开关，方便程序的调试。

GX Simulator 内嵌在 GX Developer 中，可以实现离线编程、模拟测试和仿真，仿真的整个过程与 PLC 的在线连接完全一致，通过强制 ON/OFF 位软元件或给字软元件赋值来实现真实动作情况。

1．软件安装

（1）先安装通用环境，进入文件夹“EnvMEL”，单击“SETUP.EXE”安装。三菱大部分软件都要先安装“环境”，当然，有的环境是通用的。

（2）完成“EnvMEL（环境）”安装后，返回到“GX Developer”文件夹，单击“SETUP.EXE”安装。

29. GX 编程软件的安装

注 意

在安装的时候，最好把其他应用程序关掉，包括杀毒软件、防火墙、IE、办公软件。因为这些软件可能会调用系统的其他文件，影响安装的正常进行。

（3）输入各种注册信息后，输入序列号（在 txt 文本文件中）。注意，千万不能在图 3-17 中的“监视专用 GX Developer”前面打勾。

（4）完成后单击“完成”按钮。

（5）GX Simulator 是三菱 PLC 的仿真软件，在安装有 GX Developer 的计算机内追加安装 GX Simulator 软件就能实现离线时的程序调试。通过把 GX Developer 软件编写的程序写入 GX Simulator 内，能够实现通过 GX Simulator 软件调试程序。该软件必须在事先安装好的 GX Developer 软件上才能使用，其安装方法与 GX Developer 相同。

2．GX Developer 软件的基本界面

启动 GX Developer 以后，出现该软件的窗口界面。执行“工程”菜单中的“创建新工程”命令，弹出如图 3-18 所示的“创建新工程”对话框。

在图 3-18 中，选择用户使用的 PLC 所属系列和类型，即选中两个下拉菜单中的“FXCPU”和“FX_{2N}（C）”。此外，还需要设置程序的类型，即梯形图或 SFC（顺序功能图），设置文件的保存路径和工程名称等。注意，PLC 系列和类型是必须设置的，并且与所连接的 PLC 要一致，

否则程序无法写入 PLC 中。工程名可以暂不设置。设置好上述各项后出现如图 3-19 所示的窗口，即可进行程序的编写。

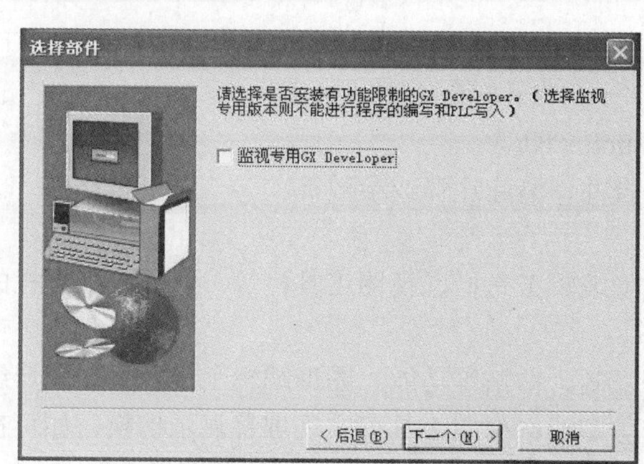

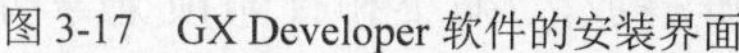
图 3-17 GX Developer 软件的安装界面

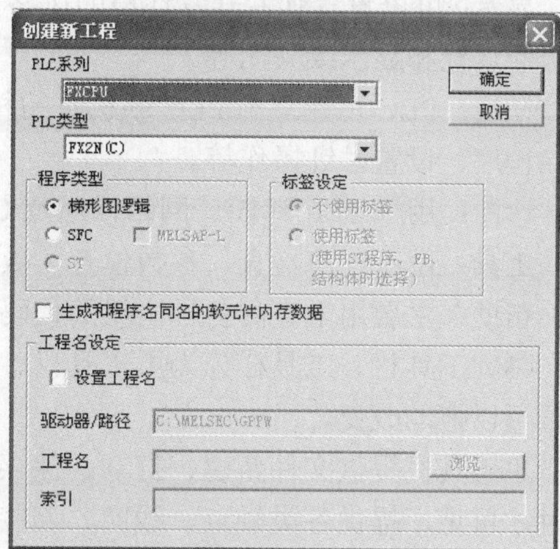

图 3-18 "创建新工程"窗口

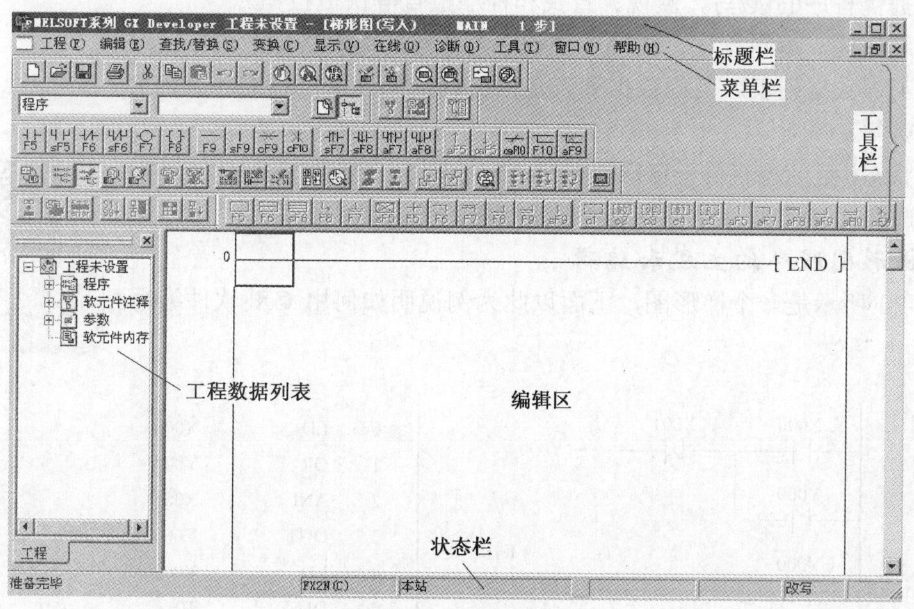

图 3-19 GX Developer 主窗口

（1）标题栏。标题栏显示打开的编程软件的名称和其他信息。

（2）菜单栏。菜单栏是将 GX Developer 的全部功能，按各种不同的用途组合起来，并以菜单的形式显示。通过主菜单各选项及下拉子菜单中的命令，可执行相应的操作。它有 10 个主菜单项，各主菜单的功能如下。

工程：工程操作，如创建新工程、打开工程、关闭工程、保存工程、改变 PLC 的类型、读取其他格式的文件以及文件的打印操作等。

编辑：程序编辑的工具，如复制、粘贴、插入行（列）、删除行（列）、画连线、删除连线等功能，并能给程序命名元件名和元件注释。

查找/替换：快速查找/替换设备、指令等。

变换：只在梯形图编程方式中可见，程序编好后只有经过变换的梯形图才能够被保存、传送等。

显示：可以设置软件开发环境的风格，如决定工具条和状态条窗口的打开与关闭，注释、声明的设置和显示或关闭等。

在线：PLC 可建立与 PLC 联机时的相关操作，如用户程序上传和下载、监视程序运行、清除程序、设置时钟操作等。

诊断：用于 PLC 诊断、网络诊断及 CC-link 诊断。

工具：用于程序检查、参数检查、数据合并、清除注释或参数等。

帮助：主要用于查阅各种出错的代码等。

（3）工具栏。工具栏分为主工具栏、图形编辑工具栏、视图工具栏等，它们在工具栏的位置可以拖动改变。

主工具栏提供文件新建、打开、保存、复制、粘贴等功能。图形编辑工具栏只在图形编程时才可见，提供各类触点、线圈、连接线等图形；视图工具可实现屏幕显示切换，如可在主程序、注释、参数等内容之间实现切换，也可实现屏幕放大/缩小和打印预览等功能。此外，工具栏还提供程序的读/写、监视、查找和程序检查等快捷按钮。

（4）编辑区。编辑程序、注释、注解、参数等的编辑区域。

（5）工程数据列表。工程数据列表是以树状结构显示工程的各项内容，如程序、软元件注释、参数等。

（6）状态栏。状态栏位于窗口的底部，该窗口用来显示程序编译的结果信息、所选 PLC 的类型、程序步数和编辑状态。

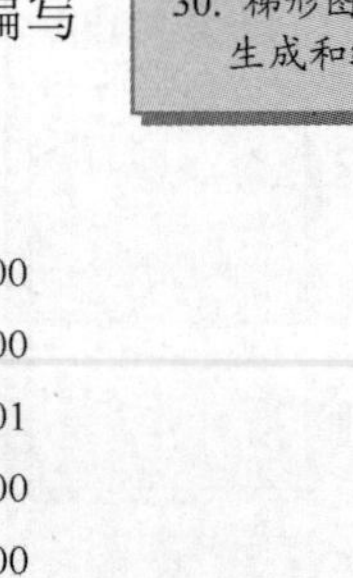

30. 梯形图程序的生成和编辑

3．梯形图程序的生成和编辑

图 3-20 所示是一个梯形图，下面以此为例说明如何用 GX 软件编写程序。

步	指令	操作数	
0	LD	X000	
1	OR	Y000	
2	ANI	X001	
3	OUT	Y000	
4	LD	Y000	
5	OUT	T0	K10
8	LD	T0	
9	OUT	Y001	
10	END		

图 3-20 梯形图

（1）单击图 3-21 所示程序编辑窗口中①位置的按钮，使其为写模式（查看状态栏的显示）。

（2）单击如图 3-21 所示程序编辑窗口中②位置的按钮，选择梯形图显示，即程序在编辑区中以梯形图的形式显示。

（3）在当前编辑区的蓝色方框③中绘制梯形图。

（4）梯形图的绘制有以下两种方法。

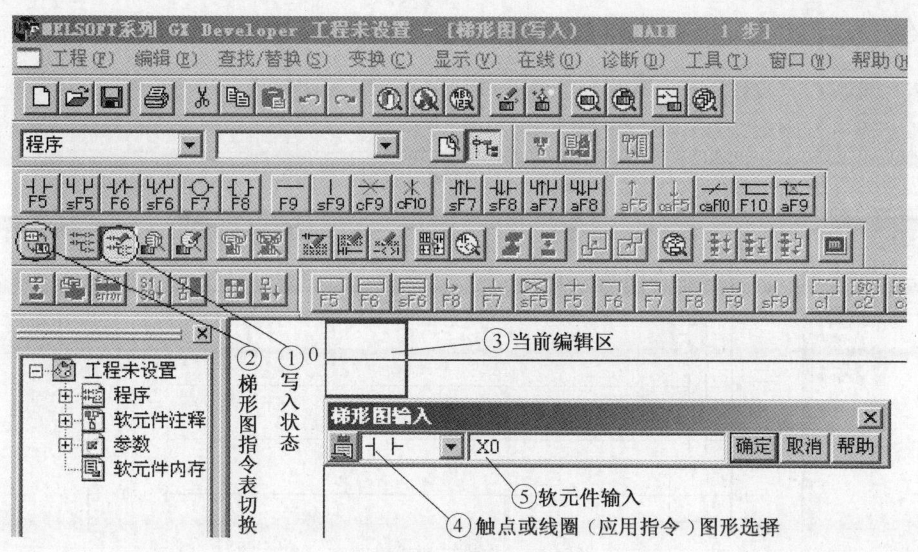

图 3-21　梯形图编辑窗口

一种方法是用鼠标和键盘操作，用鼠标选择工具栏中的图形符号或按“F5”键，打开图 3-21 所示的梯形图输入窗口，再在④和⑤的位置输入其软元件和软元件编号，输入完毕后单击“确定”按钮或按“Enter”键即可。

另一种方法是用键盘操作，即通过键盘输入完整的指令，在图 3-21 所示的当前编辑区的位置直接从键盘输入 L→D→空格→X→0→按“Enter”键，则 X0 的常开触点就在编辑区显示出来，然后再输入 ANI→空格→X1、OUT→空格→Y0、OR→空格→Y0，即绘制出图 3-22 所示的图形。

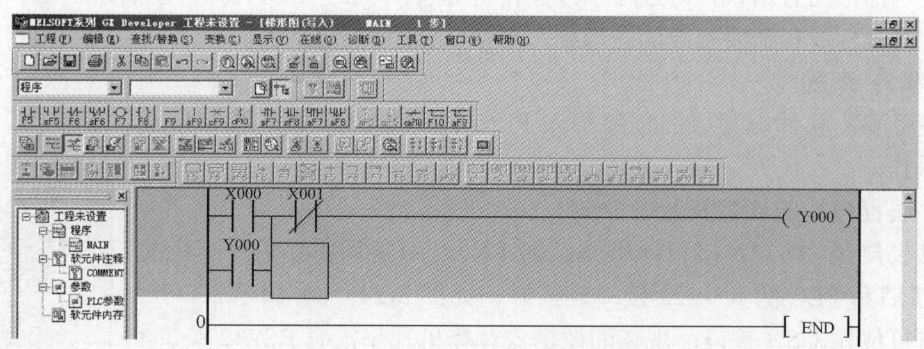

图 3-22　变换前的梯形图

梯形图编辑完后，在写入 PLC 之前，必须进行变换，单击图 3-22 中的“”图标或在“变换”菜单下执行“变换”命令，此时编辑区不再是灰色状态，如图 3-23 所示，此时可以存盘或传送。

注意，在图 3-23 中有定时器线圈（对于其他梯形图也可能有计数器线圈和应用指令），如用键盘操作，则输入 OUT→空格→T0→空格→K10→按“Enter”键。

4．程序的插入和删除

梯形图编程时，经常用到插入和删除一行、一列、一逻辑行等命令。

（1）插入。将光标定位在要插入的位置，然后选择“编辑”菜单，执行此菜单中的“行插入”命令，就可以输入编程元件，从而实现逻辑行的插入。

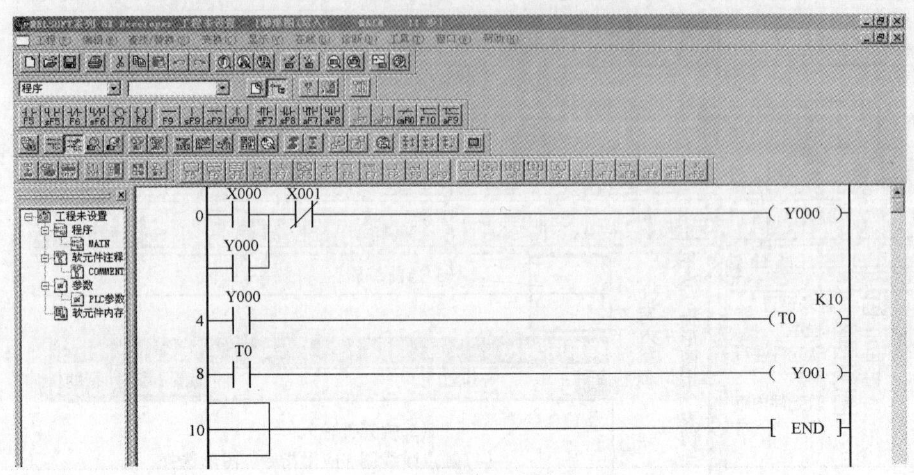

图 3-23　变换后的梯形图

（2）删除。首先通过鼠标选择要删除的逻辑行，然后利用“编辑”菜单中的“行删除”命令就可以实现逻辑行的删除。

元件的剪切、复制和粘贴等命令的操作方法与 Word 应用软件的使用相同，这里不再赘述。

5．绘制、删除连线

需在梯形图中放置横线时，单击图 3-22 中的“F9”图标；需在梯形图中放置垂直线时，单击图 3-22 中的“sF9”图标；删除横线或垂直线时单击图 3-22 中的“cF9”或“cF10”图标。

6．修改

若发现梯形图有错误，可进行修改操作，如将图 3-23 中的 X0 改为常闭触点。首先在写状态下，将光标放在需要修改的图形处，直接从键盘输入指令即可。

7．程序传送

要将用 GX 软件编写好的程序写入 PLC 中或将 PLC 中的程序读到计算机中，需要进行以下操作。

31. 编程电缆的连接及驱动安装

（1）编程电缆的连接及驱动安装。

计算机侧是 RS232 接口：用 SC-09-FX 专用编程电缆将计算机的 RS-232 接口和 PLC 的 RS-422 接口连接好，如图 3-24（a）所示。

计算机侧是 USB 接口：现在的便携式计算机几乎没有 RS232 接口，带 RS232 接口的台式计算机也越来越少，如果计算机侧是 USB 接口，就用 USB-SC09-FX 或 FX-USB-AW 专用编程电缆将计算机的 USB 接口和 PLC 的 RS-422 接口连接好，如图 3-24（b）所示。转换盒上的发光二极管用来指示数据的接收和发送状态。

如果采用图 3-24（b）所示的编程电缆，先将编程电缆按图 3-24（b）接好，接着安装 USB 驱动（驱动程序在随货配的光盘里）后才能使用，驱动安装后在计算机的设备管理器里会出现一个相对应的 COM 口（此处为 COM6，也有可能是 COM3、COM4、COM5 等），如图 3-24（c）所示。

（2）单击“在线”→“传输设置”菜单，在弹出的画面中双击“串行 USB”图标，弹出串口详细设置对话框，如图 3-24（d）所示，选择计算机串口 COM6（注意保持与设备管理器里 COM6 口一致）及通信速率 9.6kbit/s，其他项保持默认。单击“通信测试”，会弹出“与 FX2N（C）CPU 连接成功”的小窗口，单击“确定”按钮，完成通信设置。

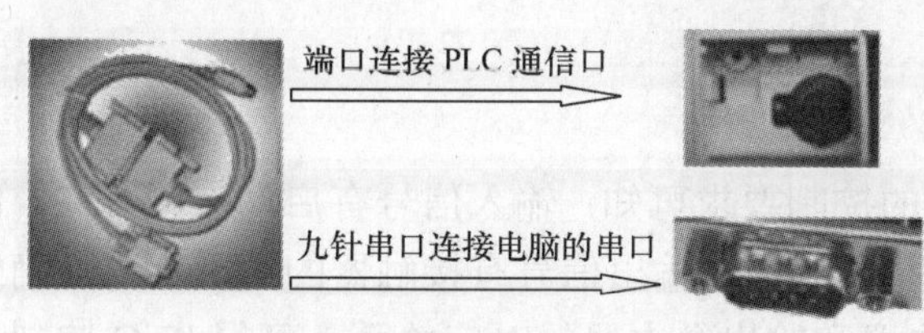

（a）计算机侧为 RS232 口的连接方式

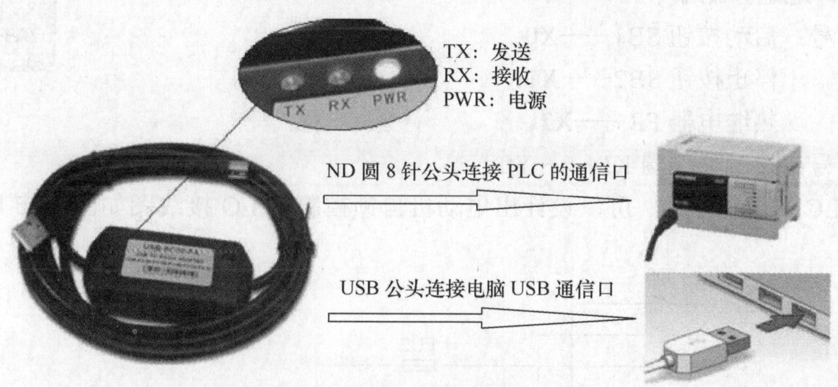

（b）计算机侧为 USB 口的连接方式

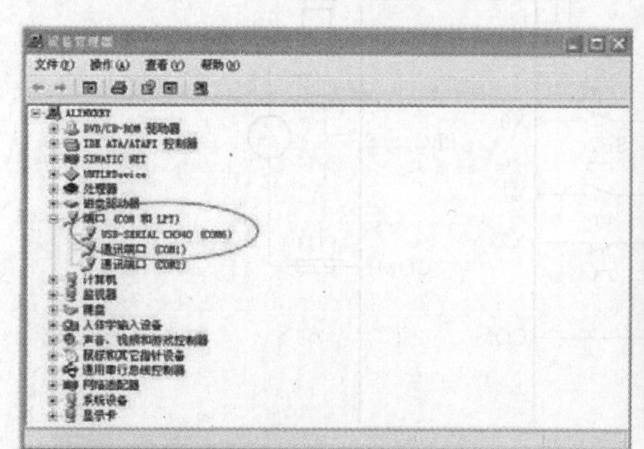

（c）设备管理器窗口

（d）传输设置窗口

图 3-24　通信连接、设置画面

（3）程序传送。执行“在线”→“PLC 读取”命令，可将 PLC 中的程序传送到计算机中。注意，PLC 的实际型号应与编程软件中设置的型号一致。

执行“在线”→“PLC 写入”命令，可将计算机中的程序下载到 PLC 中。

8．保存、打开工程

当程序编制完后，必须先进行变换，然后单击“保存”按钮，此时系统会提示（如果新建工程时未设置）保存的路径和工程的名称，设置好路径和输入工程名称后单击“保存”按钮即可。

32. 程序的上传和下载

当需要打开保存在计算机中的程序时，单击“打开”按钮，在打开的窗口中选择保存的驱动器和工程的名称，再单击“打开”按钮即可。

任务实施

一、分配 I/O 地址

根据电动机直接启动的控制要求可知：输入信号有启动按钮 SB2、停止按钮 SB1 和热继电器的触点 FR；输出信号有接触器的线圈 KM。确定它们与 PLC 中的输入继电器和输出继电器的对应关系，可得 PLC 控制系统的 I/O 端口地址分配如下。

输入信号：启动按钮 SB1——X0；

停止按钮 SB2——X1；

热继电器 FR——X2。

输出信号：接触器线圈 KM——Y0。

根据 PLC 的 I/O 分配，可以设计出电动机自锁控制的 I/O 接线图如图 3-25 所示。

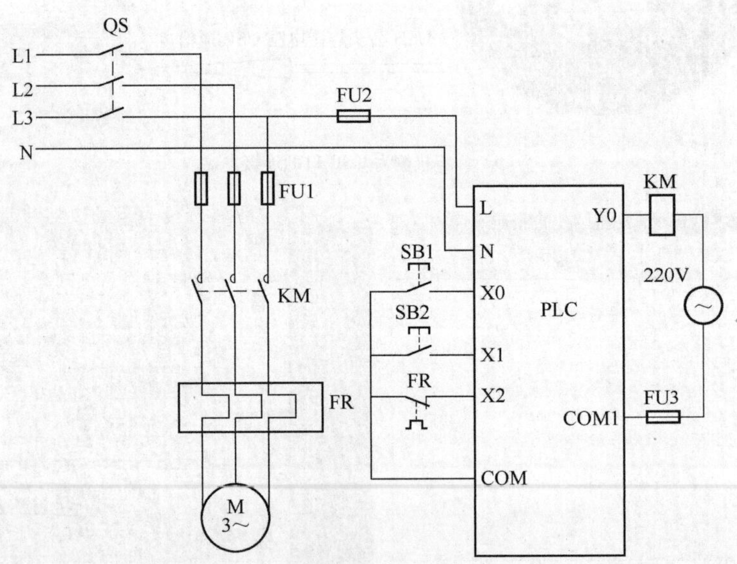

图 3-25　电动机自锁控制电路的 I/O 接线图

二、程序设计

在编制 PLC 控制的梯形图时，要特别注意输入常闭触点的处理问题。有一些输入设备只能接常闭触点（如热继电器触点），在梯形图中应该怎样处理这些触点呢？下面就以电动机的启停控制电路来分析。

图 3-26 所示为停止按钮分别接常开触点和常闭触点时，PLC 的 I/O 接线图和梯形图。图 3-26（a）中，PLC 输入端的停止按钮 X1 接常开触点，输入继电器 X1 的线圈不“通电”，其在梯形图中 X1 采用常闭触点，其状态为 ON；热继电器的常闭触点接 X2，这时 X2 的输入继电器线圈“通电”，其在梯形图中的常开触点为 ON。此时按下启动按钮 X0，则 X0 的常开触点闭合，Y0“通电”，电动机旋转，这和继电接触控制原理图是相同的。图 3-26（b）中，PLC 输入端的停止按钮 X1 接常闭触点，输入继电器 X1 得电，其在梯形图中的 X1 采用常开触点，

其状态为 ON，这与原理图是相反的，此时按下启动按钮 X0，Y0 通电，电动机旋转。由此可见，用 PLC 取代继电接触控制时，其常闭触点应该按以下原则处理。

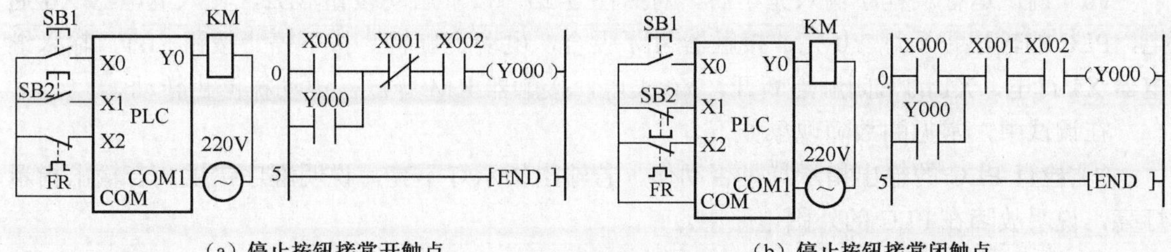

图 3-26 电动机自锁控制电路的接线图和程序

（1）PLC 外部的输入触点既可以接常开触点，也可以接常闭触点。若输入为常闭触点，则梯形图中触点的状态与继电接触原理图采用的触点相反。若输入为常开触点，则梯形图中触点的状态与继电接触原理图中采用的触点相同。

（2）教学中 PLC 的输入触点经常使用常开触点，便于进行原理分析。但在实际控制中，停止按钮、限位开关及热继电器等要使用常闭触点，以提高安全保障。

（3）为了节省成本，应尽量少占用 PLC 的 I/O 点数，因此有时也将热继电器的常闭触点 FR 串接在其他常闭输入或负载输出回路中，如可以将 FR 的常闭触点与图 3-26（b）中的停止按钮 SB1 串联在一起，再接到 PLC 的输入端子 X1 上。

三、接线时的注意事项

（1）要认真核对 PLC 的电源规格。三菱 PLC 的工作电源是 AC100～AC240V。交流电源要接于专用端子上，否则会烧坏 PLC。

（2）PLC 的直流电源输出端 24+，为外部传感器供电，该端不能接外部直流电源。

（3）PLC 的空端子“•”上不能接线，以防损坏 PLC。

（4）PLC 不要与电动机公共接地。

（5）三菱 PLC 输入端子与 COM 端子之间使用无源触点输入，如图 3-25 所示，输入端子不用外接电源。

（6）输出端子接线时需注意对于继电器输出型 PLC，既可以接交流负载，也可以接直流负载。在此例中，PLC 只有一个输出连接到接触器的线圈 KM 上，如图 3-25 所示，所以采用 AC220V 电源，并在输出回路中串联熔断器。

四、操作步骤

（1）按照图 3-25 所示将主电路和 PLC 的 I/O 接线图连接起来。

（2）用专用编程电缆将装有 GX 编程软件的上位机的 RS-232 口（或 USB 口）与 PLC 的 RS-422 口连接起来。

（3）接通电源，PLC 电源指示灯（POWER）亮，说明 PLC 已通电。将 PLC 的工作方式开关扳到 STOP 位置，使 PLC 处于编程状态。

（4）用编程软件将图 3-26（a）中的程序下载到 PLC 中。

（5）PLC 上热继电器触点接入的输入指示灯 X2 应点亮，表示输入继电器 X2 被热继电器 FR 的常闭触点接通。若指示灯 X2 不亮，说明热继电器 FR 的常闭触点断开，热继电器已过载保护。

（6）调试运行。程序输入完毕后，对照图 3-25，按下启动按钮 SB2，输入继电器 X0 通电，PLC 的输出指示灯 Y0 亮，接触器 KM 吸合，电动机旋转。按下停止按钮 SB1，输入继电器 X1 得电，X1 的常闭触点断开，Y0 失电，接触器 KM 释放，电动机停止转动。

在调试中，常见的故障现象如下。

① 检查 PLC 的输出指示灯是否动作，若输出指示灯不亮，说明程序错误；若输出指示灯亮，说明故障在 PLC 的外围电路中。

② 检查 PLC 的输出回路，先确认输出回路有无电压，若有电压，查看熔断器是否熔断；若没有熔断，查看接触器的线圈是否断线。

③ 若接触器吸合而电动机不转，查看主电路中熔断器是否熔断；若没有熔断，查看三相电压是否正常；若电压正常，查看热继电器动作后是否复位，3 个热元件是否断路；若热继电器完好，查看电动机是否断路。

（7）监控运行。在 GX 软件中单击下拉菜单“在线”→“监视”→“监视开始”就可以监控 PLC 的程序运行过程，如图 3-27 所示。其中，“蓝色”表明该触点闭合或该线圈通电；没有“蓝色”表明该触点断开或线圈失电。

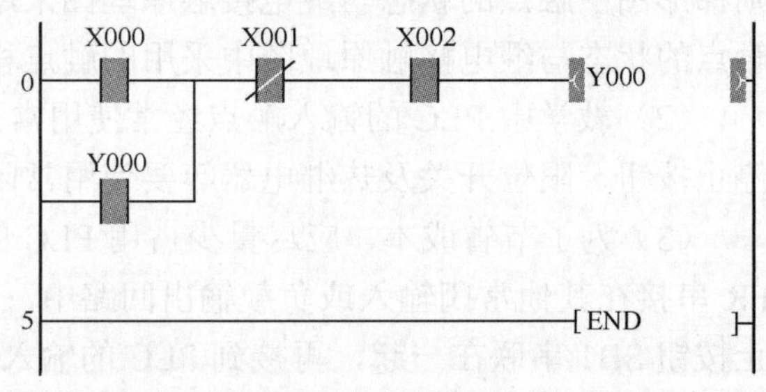

图 3-27 电动机自锁控制程序的监控运行画面

知识拓展

一、SET、RST 指令

1．程序举例

在图 3-28（a）中，当 X0 按下时，Y0 得电并自保持；只有当 X1 按下时，Y0 才清除保持。其指令表和时序图如图 3-28（b）和图 3-28（c）所示。

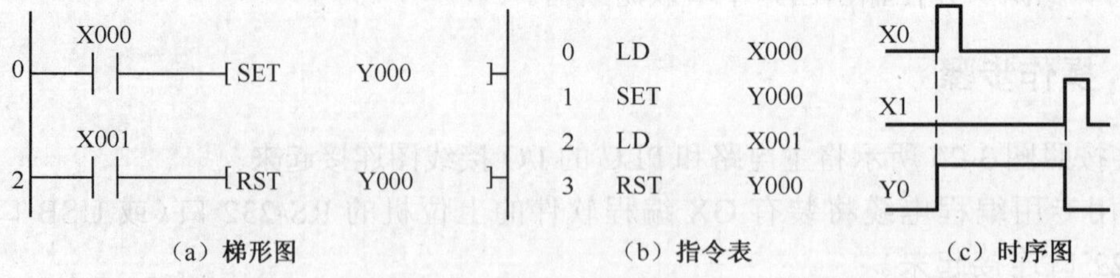

（a）梯形图 （b）指令表 （c）时序图

图 3-28 SET、RST 指令举例

2．指令用法

SET：置位指令，用于对辅助继电器 M、输出继电器 Y、状态器 S 的置位，也就是使操作对象置“1”，并维持接通状态。

RST：复位指令，用于对辅助继电器 M、输出继电器 Y、状态器 S 的复位，也就是操作对象置“0”，并维持复位状态，也可对数据寄存器 D 和变址寄存器 V、Z 清零；还用于对积算定时器 T 和计数器 C 逻辑线圈的复位，使它们的当前计时值和计数值清零。

3．指令说明

（1）用 SET 指令使软元件得电后，必须要用 RST 指令才能使其失电。

（2）在图 3-28 中，若同时按下 X0 和 X1，则 RST 指令优先。

（3）SET 和 RST 指令的使用没有顺序限制，SET 和 RST 之间可以插入别的程序。

二、利用 SET 和 RST 指令实现电动机的自锁控制

利用 SET 和 RST 指令的特点也可以实现电动机的自锁控制，启动按钮 X0 和停止按钮 X1 都接常开触点的梯形图如图 3-29 所示。

三、PLC 控制系统与继电接触控制系统的区别

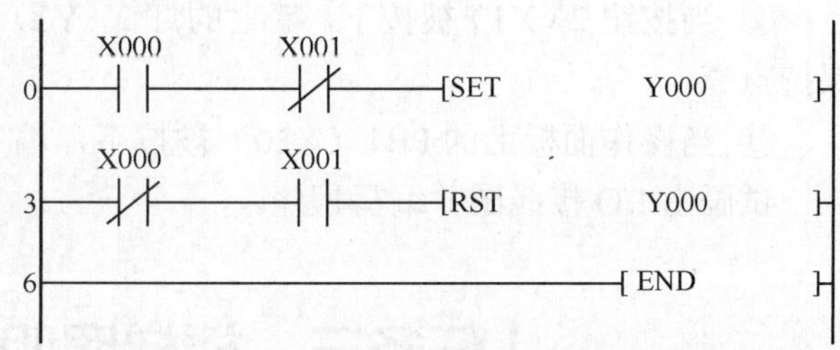

图 3-29　用 SET/RST 指令实现电动机的自锁控制

（1）组成的器件不同。继电接触控制系统是由许多硬件继电器、接触器组成的，而 PLC 则由许多“软继电器”组成。传统的继电接触控制系统本来有很强的抗干扰能力，但其用了大量的机械触点，因物理性能疲劳、尘埃的隔离性及电弧的影响，系统可靠性大大降低。PLC 采用无机械触点的逻辑运算微电子技术，复杂的控制由 PLC 内部运算器完成，故寿命长、可靠性高。

（2）触点的数量不同。继电器、接触器的触点数较少，一般只有 4～8 对，而“软继电器”可供编程的触点数有无限对。

（3）控制方法不同。继电接触控制系统是通过元件之间的硬接线来实现的，控制功能就固定在线路中。PLC 控制功能是通过软件编程来实现的，只要改变程序，功能即可改变，控制灵活。

（4）工作方式不同。在继电接触控制线路中，当电源接通时，线路中各继电器都处于受制约状态。在 PLC 中，各“软继电器”都处于周期性循环扫描接通中，每个“软继电器”受制约接通的时间是短暂的。

思考与练习

1．填空题

（1）PLC 的输入/输出继电器采用________进制进行编号。

（2）外部的输入电路接通时，对应的输入映像寄存器为________状态，梯形图中对应的输入继电器的常开触点________，常闭触点________。

（3）若梯形图中输出继电器的线圈“通电”，对应的输出映像寄存器为________状态，在输出处理阶段后，继电器型输出模块中对应的硬件继电器的线圈________，其常开触点________，外部负载________。

（4）OUT 指令不能用于________继电器。

（5）将编程器内编写好的程序写入 PLC 时，PLC 必须处在________模式。

2．分析题

（1）将图 3-29 所示的梯形图转换成指令表。

（2）在 PLC 控制电路中，停止按钮和热继电器在外部使用常闭触点或使用常开触点时，PLC 程序相同吗？实际使用时采用哪一种，为什么？

（3）在 PLC 控制电路中，为了节约 PLC 的 I/O 点数，常将热继电器的常闭触点接在接触器的线圈电路中，试画出该电路。

（4）设计电动机的两地控制程序并调试。要求：按下 A 地或 B 地的启动按钮，电动机均可启动，按下 A 地或 B 地的停止按钮，电动机均可停止。

（5）某一点餐系统的控制要求如下。

① 当按下桌上的按钮 1（X0）后墙上指示灯 1（Y0）点亮。如果按钮（X0）被松开，灯 1（Y0）还是点亮。

② 当按钮 2（X1）被按下，墙上的灯 2（Y1）点亮。如果按钮 2（X1）被按下，灯 2（Y1）保持点亮。

③ 当操作面板上的 PB1（X20）被按下，墙上的灯 1（Y0）和灯 2（Y1）熄灭。

试画出 I/O 接线图并编写程序。

任务三　楼梯照明控制程序设计

任 务 导 入

图 3-30（a）所示为一个楼梯照明结构示意图，楼上和楼下分别有两个开关 LS1 和 LS2，它们共同控制灯 LP1 和 LP2 的点亮和熄灭。在楼下，按 LS2 开关，可以把灯点亮，当上到楼上时，按 LS1 开关可以将灯熄灭，反之亦然。通常可以采用图 3-30（b）所示的双控开关进行控制。

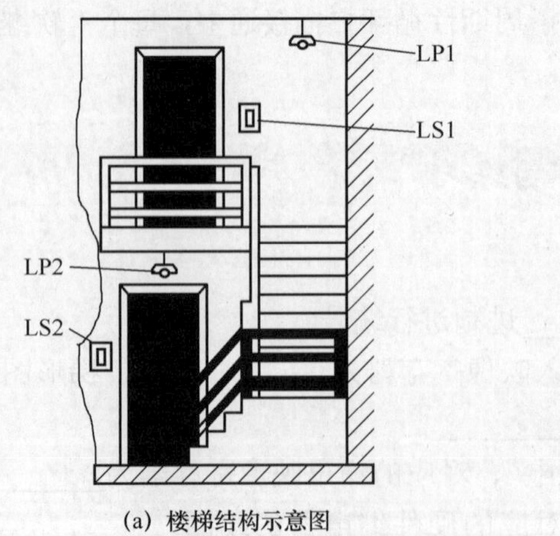

（a）楼梯结构示意图

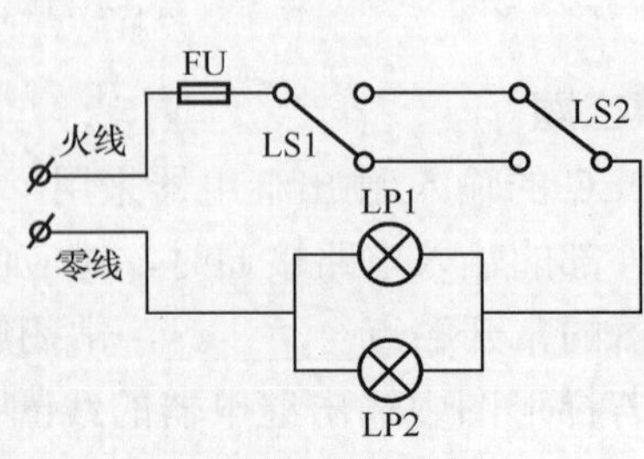

（b）双控开关示意图

图 3-30　双控开关控制楼梯灯示意图

相关知识

一、ORB 指令

1．程序举例

在图 3-31 中，X0 与 X1、X2 与 X3 两条分支电路中任一电路块接通，Y1 都通电。

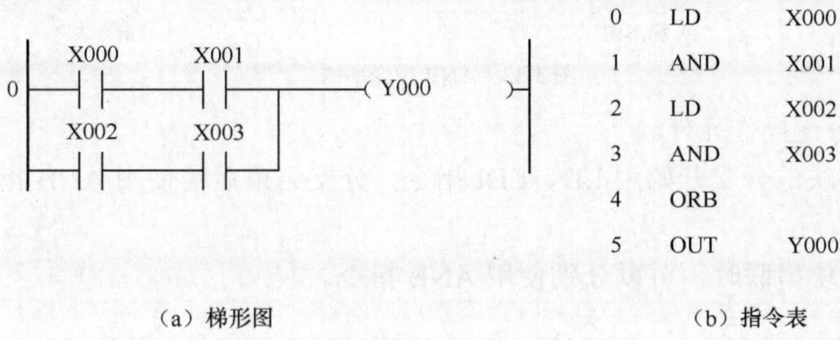

步	指令	元件
0	LD	X000
1	AND	X001
2	LD	X002
3	AND	X003
4	ORB	
5	OUT	Y000

（a）梯形图　　（b）指令表

图 3-31　ORB 指令举例

2．指令说明

（1）两个或两个以上接点串联连接的电路称为串联电路块。当串联电路块与前面的电路并联连接时，使用 ORB 指令。

（2）ORB 指令无操作元件。

（3）串联电路块的分支开始用 LD、LDI 指令，分支结束用 ORB 指令，以表示与前面电路的并联。

（4）多个电路块并联时，可以分别使用 ORB 指令，如图 3-32 所示。

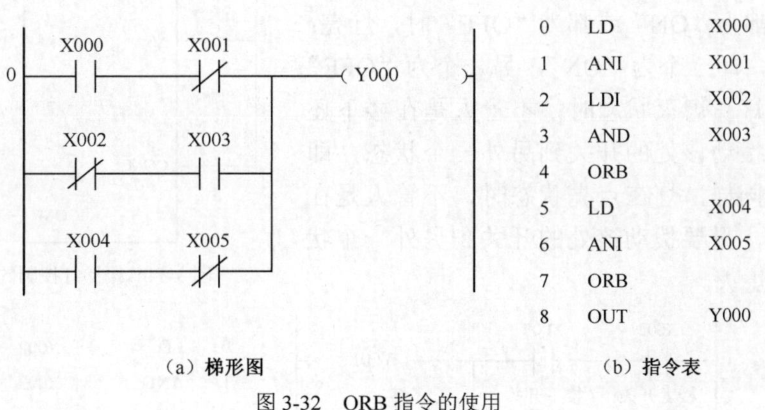

步	指令	元件
0	LD	X000
1	ANI	X001
2	LDI	X002
3	AND	X003
4	ORB	
5	LD	X004
6	ANI	X005
7	ORB	
8	OUT	Y000

（a）梯形图　　（b）指令表

图 3-32　ORB 指令的使用

二、ANB 指令

1．程序举例

在图 3-33 中，X0 或 X1 接通，X2 与 X3 或 X4 接通，Y0 都可以通电。

2．指令说明

（1）两个或两个以上接点并联连接的电路称为并联电路块。当并联电路块与前面的电路串联连接时，使用 ANB 指令。

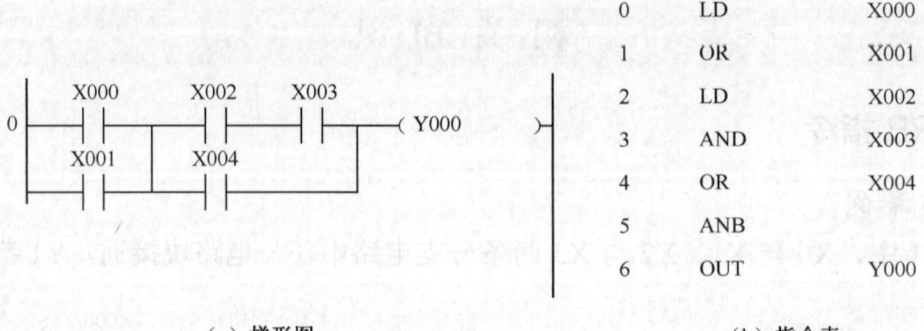

（a）梯形图　　（b）指令表

图 3-33　ANB 指令举例

（2）ANB 指令无操作元件。

（3）并联电路块的分支开始用 LD、LDI 指令，分支结束后需使用 ANB 指令，以表示与前面电路的串联。

（4）多个电路块串联时，可以分别使用 ANB 指令。

任 务 实 施

一、分配 I/O 地址

图 3-30 中各种器件和 PLC 输入输出的对应关系如图 3-34 所示，两盏灯由同一输出 Y1 驱动。

35. 楼梯照明控制程序设计

二、程序设计

程序如图 3-35 所示，楼上和楼下的两个开关状态一致时，即都为“ON”或都为“OFF”时，灯亮；状态不一致时，即一个为“ON”，另一个为“OFF”时，灯不亮。灯在熄灭状态时，不管人是在楼下还是楼上，只要拨动该处的开关到另外一个状态，即可将灯点亮。同样，灯在点亮状态时，不管人是在楼下还是楼上，只要拨动该处的开关到另外一个状态，都可将灯熄灭。

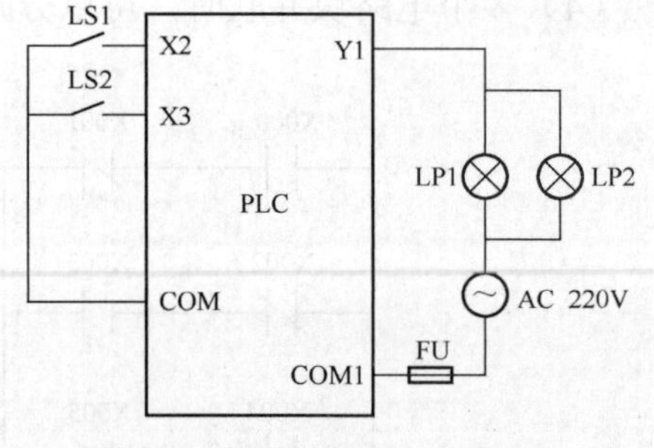

图 3-34　楼梯灯控制的 I/O 接线图

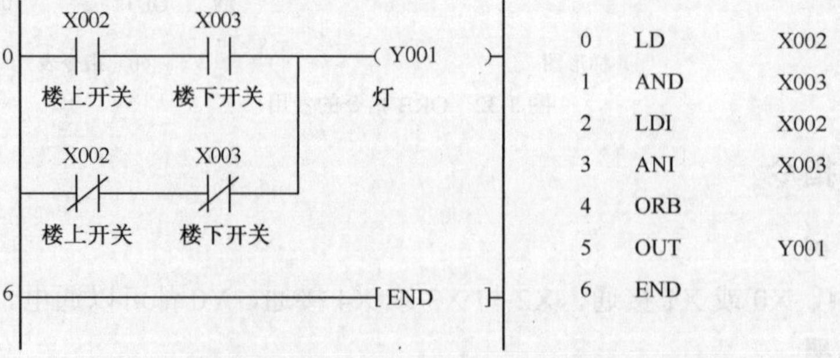

（a）梯形图　　（b）指令表

图 3-35　楼梯灯控制程序

三、调试运行

（1）按照图 3-34 所示将 PLC 的 I/O 接线图连接起来。注意两盏灯是并联关系。

（2）将图 3-35 中的程序输入到 PLC 中。

（3）按下开关 X3（准备上楼），观察灯是否点亮，若点亮，按下开关 X2（人已经在楼上），观察灯是否熄灭，若熄灭，说明可以达到上楼的控制要求；接着再按下开关 X2（准备下楼），观察灯是否点亮，若点亮，按下开关 X3（人已经在楼下），观察灯是否熄灭，若熄灭，说明满足下楼的控制要求。

知 识 拓 展

一、梯形图的特点

（1）梯形图按自上而下、从左到右的顺序排列。程序按从上到下、从左到右的顺序执行。每个继电器线圈为一个逻辑行，即一层阶梯。每一逻辑行开始于左母线，然后是触点的连接，最后终止于继电器线圈。

（2）梯形图中，每个继电器均为存储器中的一位，称为“软继电器”。当存储器状态为“1”时，表示该继电器线圈得电，其常开触点闭合或常闭触点断开。

（3）梯形图两端的母线并非实际电源的两端，而是“概念”电流。“概念”电流只能从左到右流动。

（4）在梯形图中，同一编号继电器线圈只能出现一次（除跳转指令和步进指令的程序段外），而继电器触点可无限次引用。如果同一继电器的线圈使用两次，PLC 将其视为语法错误，绝对不允许。

（5）梯形图中，前面所有继电器线圈为一个逻辑执行结果，被后面逻辑操作利用。

（6）梯形图中，除了输入继电器没有线圈、只有触点外，其他继电器既有线圈，又有触点。

二、梯形图的编程规则

（1）触点不能接在线圈的右边；线圈也不能直接与左母线相连，必须要通过触点连接。

（2）梯形图中触点可以任意地串联或并联，而输出继电器线圈可以并联但不可以串联。

（3）触点应画在水平线上，不能画在垂直分支线上，如图 3-36 所示。触点垂直跨接在分支路上的梯形图称为桥式电路，如图 3-36（a）所示，PLC 对此无法进行编程。遇到不可编程的梯形图时，可根据信号单向自左至右、自上而下流动的原则对原梯形图重新编排，以便于正确应用 PLC 基本指令来编程，如图 3-36（b）所示。

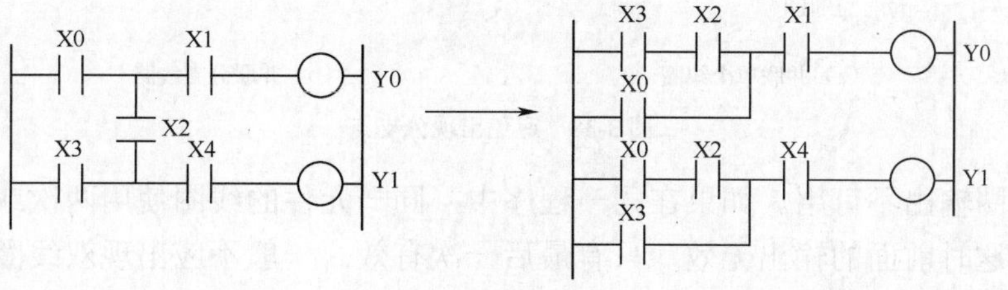

X0 X1 Y0 X2 X3 X4 Y1

（a）不正确

X3 X2 X1 Y0 X0 X0 X2 X4 Y1 X3

（b）正确

图 3-36　桥式电路的转换

（4）梯形图应体现“左重右轻”“上重下轻”的原则。几个串联支路相并联，应将触点较多的支路放在梯形图的上方；几个并联支路相串联，应将并联较多的支路放在梯形图的左边。按这样的规则编制的梯形图可减少用户程序步数，缩短程序扫描时间，如图 3-37（b）就比图 3-37（a）所用的步数少。

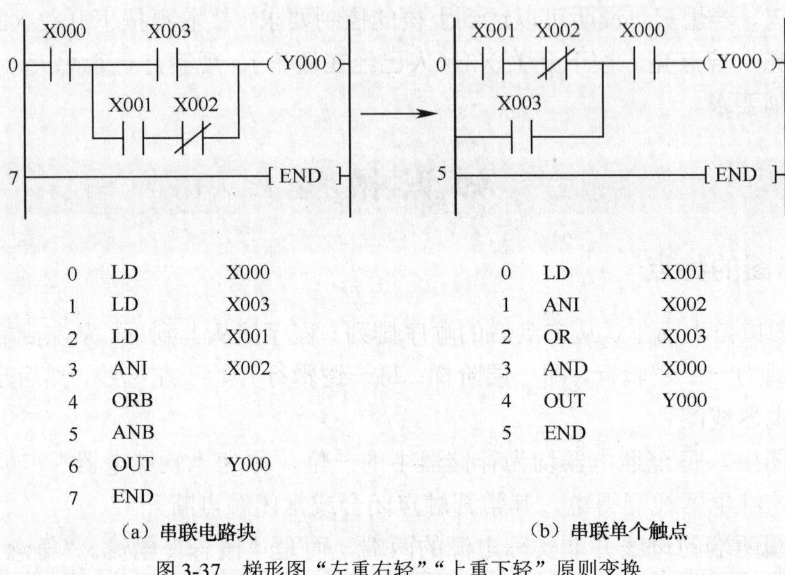

（a）串联电路块　（b）串联单个触点

图 3-37　梯形图“左重右轻”“上重下轻”原则变换

（5）尽量避免出现分支点梯形图，如图 3-38 所示，将两个输出继电器并联时的上下位置互换，可减少指令条数。

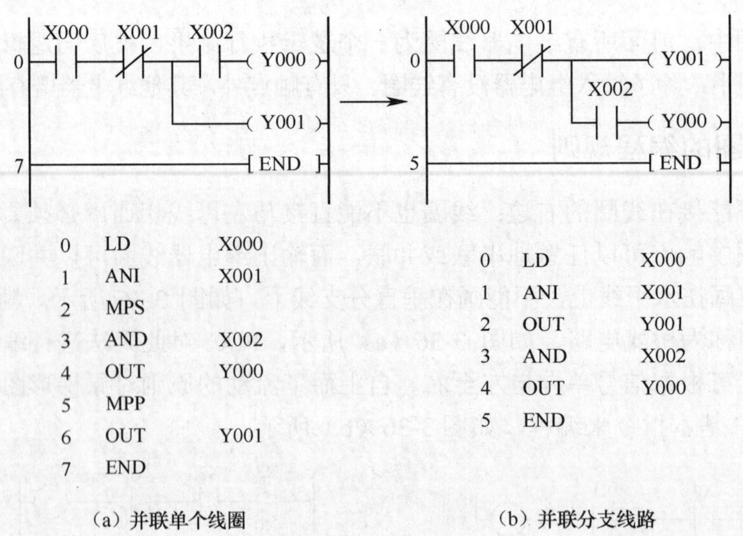

（a）并联单个线圈　（b）并联分支线路

图 3-38　避免出现分支点

（6）双线圈输出不可用。如果在同一程序中，同一元件的线圈使用两次或多次，则称为双线圈输出。这时前面的输出无效，只有最后一次有效。一般不应出现双线圈输出。

（7）程序结束后应有结束符。

思考与练习

1．简答题

说明下列指令的意义。

LD________________　OUT________________

ANI________________　OR________________

ANB________________　SET________________

2．分析题

（1）请将图 3-39 所示的梯形图转换成指令表。

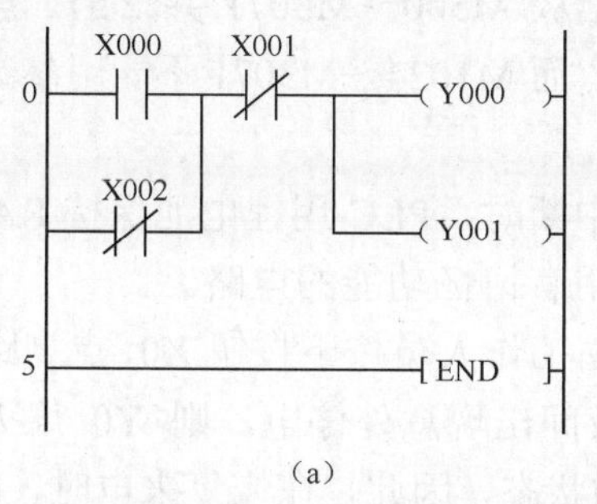

（a）

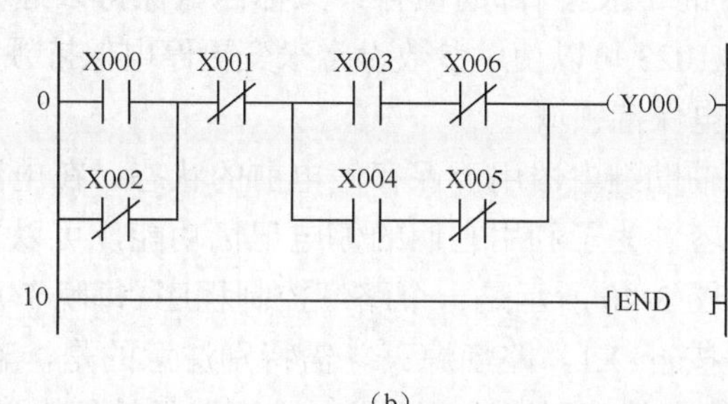

（b）

图 3-39　梯形图

（2）试编写电动机正反转控制的程序，并画出 PLC 的 I/O 接线图。

（3）将 3 个指示灯接在输出端上，要求 SB0、SB1、SB2 这 3 个按钮中的任意一个按下时，灯 HL0 亮；任意两个按下时，灯 HL1 亮；3 个同时按下时，灯 HL2 亮；没有按钮按下时，所有灯不亮。试用 PLC 来实现上述控制要求。

任务四　3 台电动机顺序启动控制程序设计

任务导入

某设备有 3 台电动机，控制要求：按下启动按钮，第一台电动机 M1 启动，运行 5s 后，第二台电动机 M2 启动，M2 运行 10s 后，第三台电动机 M3 启动；按下停止按钮，3 台电动机全部停止。

这是一个典型的时间控制程序，必须用 PLC 内部的定时器才能完成定时任务。

相关知识

一、辅助继电器 M

36. 辅助继电器 M

PLC 内部有很多辅助继电器，其作用相当于继电接触控制系统中的中间继电器，它没有向外的任何联系，且其常开/常闭触点使用次数不受限制。辅助继电器不能直接驱动外部负载，只供内部编程使用，外部负载的驱动必须通过输出继电器来实现。辅助继电器采用 M 和十进制共同组成编号。在 FX2N 系列 PLC 中，除了输入继电器 X 和输出继电器 Y 采用八进制外，其他编程元件均采用十进制。辅助继电器主要包含以下 3 类。

1．通用辅助继电器

通用辅助继电器的线圈由用户程序驱动，若 PLC 在运行过程中突然断电，通用辅助继电器将全部变为 OFF。若电源再次接通，除了因外部输入信号而变为 ON 的以外，其余的仍将保持为 OFF。

FX_{2N} 的 PLC 内部共有通用辅助继电器 500 点，从 M0～M499。

2．锁存辅助继电器

FX_{2N} 的 PLC 内部的锁存（又称停电保持）继电器从 M500～M3071 共 2 572 点。其中 M500～M1023 可以使用参数设定来变更停电保持领域；而 M1024～M3071 不能用参数设定来改变其停电保持领域。

锁存辅助继电器用于保存停电前的状态，在电源中断时，PLC 用锂电池保持 RAM 中寄存器的内容。为了利用它们的停电记忆功能，可以采用有记忆功能的电路。

设如图 3-40 所示是一个路灯控制程序。每晚 7 点由工作人员按下按钮 X0，点亮路灯 Y0，次日凌晨按下 X1，路灯熄灭。需特别注意的是，若夜间出现意外停电，则 Y0 熄灭。由于 M600 是停电保持型辅助继电器，它可以保持停电前的状态，因此，在恢复来电时，M600 将保持 ON 状态，从而使 Y0 继续为 ON，灯继续点亮。

3．特殊辅助继电器

辅助继电器中 M8000～M8255 共 256 点为特殊辅助继电器，它们用来表示 PLC 的某些状态，提供时钟脉冲和标志（如进位、借位标志）、设定 PLC 的运行方式，或用于步进顺控、禁止中断、设定计数器是加计数器或是减计数器等。特殊辅助继电器可分为以下两类。

（1）触点利用型。由 PLC 的系统程序来驱动特殊辅助继电器的线圈，在用户程序中直接使用其触点，但是不能出现它们的线圈。

M8000（运行监视）：当 PLC 执行用户程序时 M8000 为 ON，停止执行时 M8000 为 OFF，如图 3-41 所示。

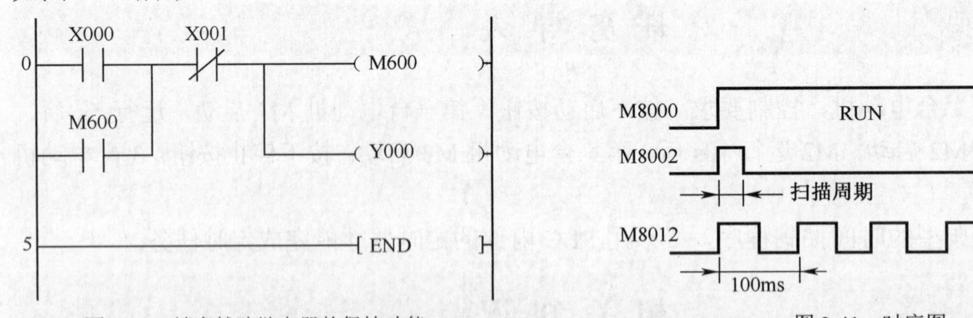

图 3-40　锁存辅助继电器的保持功能

图 3-41　时序图

M8002（初始化脉冲）：M8002 仅在 M8000 由 OFF 变为 ON 状态时的一个扫描周期内为 ON，如图 3-41 所示，可以用 M8002 的常开触点来使有停电保护功能的元件复位或给它们置初始值。

M8011～M8014 分别是 10ms、100ms、1s 和 1min 时钟脉冲，如图 3-41 所示。

M8005（锂电池电压降低时用）：电池电压下降至规定值时变为 ON，可以用它的触点驱动输出继电器和外部指示灯，从而提醒工作人员更换锂电池。

（2）线圈驱动型。由用户程序驱动特殊辅助继电器的线圈，从而使 PLC 执行特定的操作，因此用户并不使用它们的触点，举例如下。

M8030 的线圈“通电”后，“电池电压降低”发光二极管熄灭。

M8033 的线圈“通电”后，PLC 进入 STOP 状态后，所有输出继电器的状态保持不变。

M8034 的线圈“通电”后，禁止所有的输出。

二、定时器 T

PLC 中的定时器 T 是以控制的延迟为目的，当线圈通电之后经过”一段时间”使触点动作（OFF→ON）的软元件。线圈断电时，此前的计测时间（称为当前值）被清除归“0”。定时器采用 T 与十进制数共同组成编号，如 T0、T98、T199 等。

FX_{2N} 系列 PLC 中定时器可分为通用定时器和积算定时器两种。它们是通过对一定周期的时钟脉冲计数实现定时的，时钟脉冲的周期有 1ms、10ms、100ms 3 种。

FX_{2N} 系列 PLC 内部可提供 256 个定时器，其编号为 T000～T255。其中通用定时器 246 个，积算（又叫累计）定时器 10 个。

学思融合　学习中国古代计时器，弘扬中国文化，增强学生的文化自信。

1．定时器的元件号及其设定值

（1）100ms 定时器 T0～T199，共 200 点，计时范围：0.1～3 276.7s。

（2）10ms 定时器 T200～T245，共 46 点，计时范围：0.01～327.67s。

（3）1ms 积算定时器 T246～T249，共 4 点，计时范围：0.001～32.767s。

（4）100ms 积算定时器 T250～T255，共 6 点，计时范围：0.1～3 276.7s。

2．定时器的使用说明

（1）PLC 内的定时器是根据时钟脉冲的累积形式，将 PLC 内的 1ms、10ms、100ms 等时钟脉冲进行加法计数，当所计时间达到规定的设定值时，其常开触点闭合，常闭触点断开。

（2）每个定时器只有一个输入，通用定时器线圈通电时，开始计时，断电时，自动复位，不保存中间数值。定时器有两个数据寄存器，一个为设定值寄存器（字元件），另一个是当前值寄存器（字元件），一个线圈以及无数个常开/常闭触点（位元件），这 3 个量使用同一地址编号。这些寄存器都是 16 位，定时器的定时值＝设定值×时钟。定时器的设定值既可以用十进制常数 K 直接设定，也可以用以后讲到的数据寄存器 D 间接设定。定时器的指令形式和时序图如图 3-42 所示。

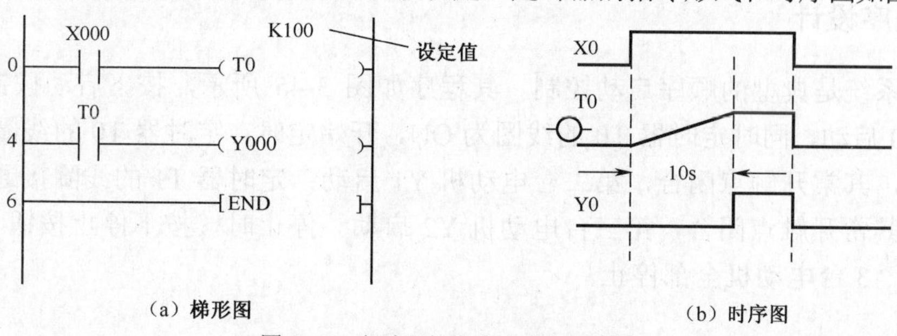

图 3-42　定时器的指令形式和时序图

在图 3-42 中，当定时器线圈 T0 的驱动输入 X0 接通时，T0 开始计时，10s 后，定时器 T0 的常开触点闭合，Y0 就有输出。当驱动输入 X0 断开或发生停电时，定时器就复位，输出触点也复位。

（3）积算定时器一共有 10 点，从 T246～T249 是 1ms 积算定时器；从 T250～T255 是 100ms 积算定时器。

积算定时器的指令形式和时序图如图 3-43 所示。该图中，定时器线圈 T250 的驱动输入 X0 接通时，T250 开始对 100ms 的时钟脉冲进行累积计数，当当前值与设定值 K100 相等时，定时器的输出触点动作。在计时过程中，即使输入 X0 断开或 PLC 停电，它也会把当前值[图 3-43（b）中的 6s]保持下来，当 X0 接通或 PLC 重新通电时，再继续累积 4s，当累积时间为 10s（100×100ms=10s）时触点动作，Y0 得电。因为积算定时器的线圈停电时不会复位，所以需要用复位指令 RST 使其强制复位。

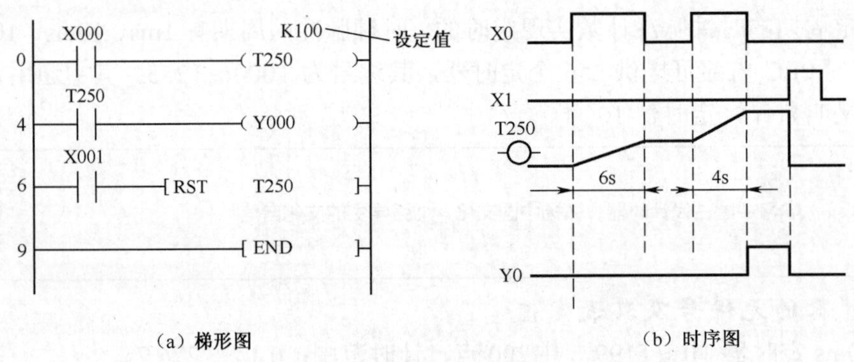

（a）梯形图　　（b）时序图

图 3-43　积算定时器的指令形式和时序图

任务实施

一、分配 I/O 地址

通过分析控制要求知，该控制系统有 3 个输入：启动按钮 SB1——X0、停止按钮 SB2——X1，过载保护 FR1、FR2、FR3——X2。为了节约 PLC 的输入点数，将第一台电动机的过载保护 FR1、第二台电动机的过载保护 FR2、第三台电动机的过载保护 FR3 串联在一起，如图 3-44 所示，然后接到 PLC 的输入端子 X2 上；输出有 3 个：第一台电动机 KM1——Y0、第二台电动机 KM2——Y1、第三台电动机 KM3——Y2。

二、程序设计

该控制系统是典型的顺序启动控制。其程序如图 3-45 所示，按下启动按钮 X0，第一台电动机 Y0 启动，同时定时器 T0 的线圈为 ON，开始定时。定时器 T0 的线圈接通 5s 后，延时时间到，其常开触点闭合，第二台电动机 Y1 启动；定时器 T1 的线圈接通 10s 后，延时时间到，其常开触点闭合，第三台电动机 Y2 启动。停止时，按下停止按钮 X1，所有的线圈都失电，3 台电动机全部停止。

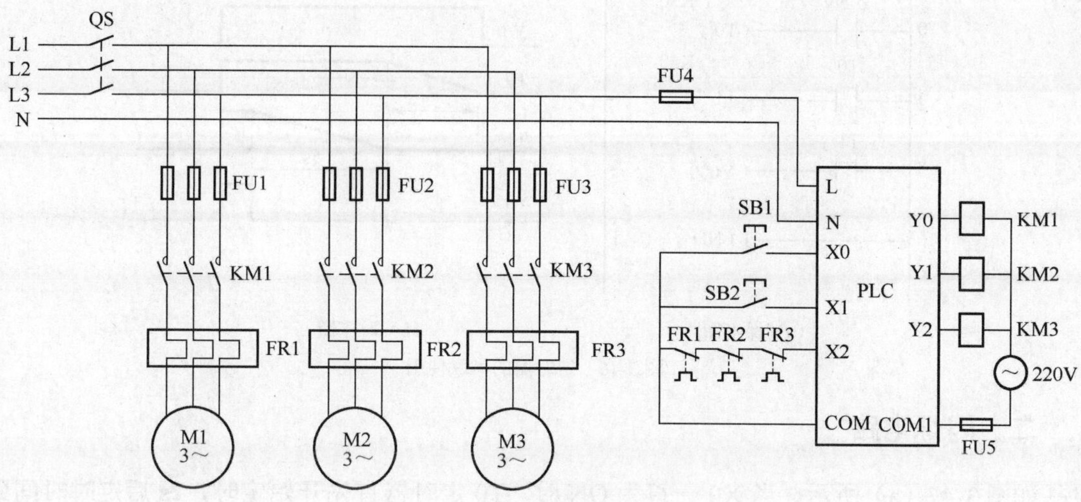

图 3-44 电动机顺序控制接线图

三、调试运行

（1）按照图 3-44 所示将电路正确连接，连接时注意 3 个热继电器的常闭触点要串联在一起，然后接入 PLC 的输入端子 X2 上。

（2）将图 3-45 所示的程序用 GX 软件编程并下载到 PLC 中。

（3）根据图 3-44，按下启动按钮 X0，首先看到第一台电动机启动，接着第二台电动机启动，再接着第三台电动机启动，按下停止按钮，3 台电动机停止。

启动 GX 软件的监视功能，注意观察两个定时器当前值的变化和电动机线圈的通电情况，对照控制要求，验证该程序能否达到控制要求。

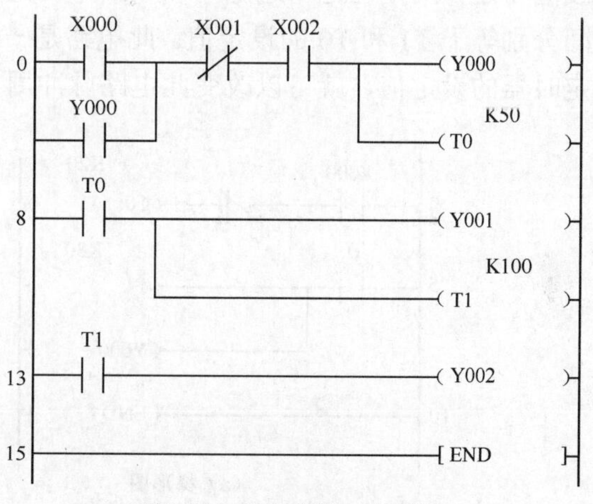

图 3-45 电动机顺序启动程序

知识拓展

一、定时器接力电路

定时器接力程序如图 3-46 所示。

如图 3-46（a）所示，使用了两个定时器，并利用 T0 的常开触点控制 T1 定时器的启动，输出线圈 Y0 的启动时间由两个定时器的设定值决定，从而实现长延时，即开关 X0 闭合后，延时（3+5）s= 8s，输出线圈 Y0 才得电，其时序波形图如图 3-46（b）所示。

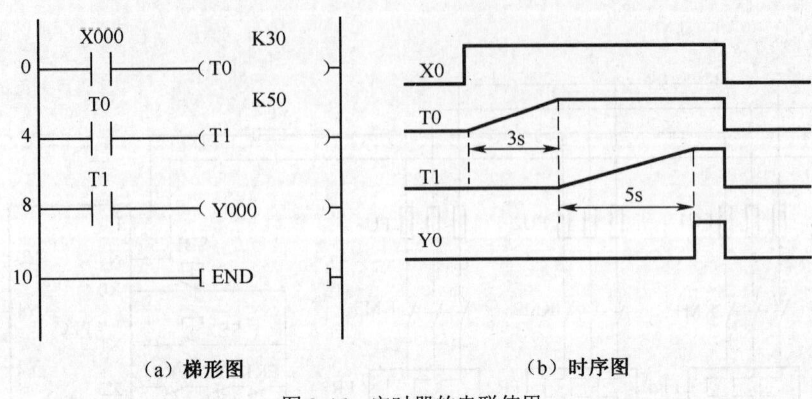

（a）梯形图　　（b）时序图

图 3-46　定时器的串联使用

二、闪烁电路

如图 3-47（a）所示，当 X0 一直为 ON 时，T0 定时器首先开始定时，2s 后定时时间到，T0 的常开触点闭合，T1 开始定时，同时 Y0 为 ON。3s 后 T1 的定时时间到，T1 的常闭触点断开，T0、T1 复位，同时 Y0 为 OFF。由于 X0 一直为 ON，此时 T0 又开始定时，此后 Y0 线圈将这样周期性地“通电”和“断电”，直到 X0 变为 OFF。Y0“通电”和“断电”的时间分别等于 T1 和 T0 的设定值。此电路是一个具有一定周期的时钟脉冲电路，只要改变两个定时器的设定值，就可以改变此电路脉冲周期的占空比，如图 3-47（b）所示。

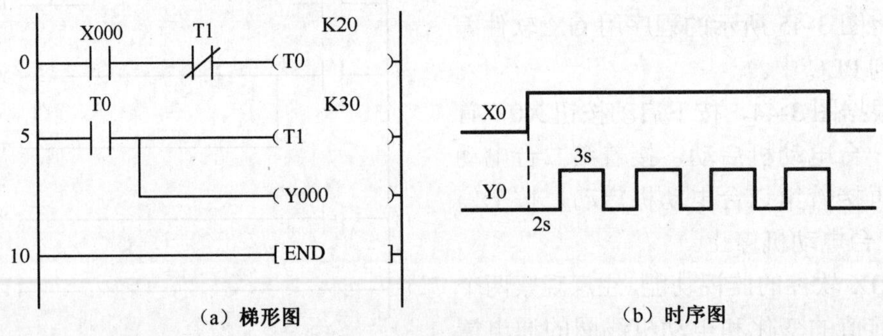

（a）梯形图　　（b）时序图

图 3-47　闪烁电路

时钟脉冲信号除了可以由如图 3-47 所示的程序产生外，还可以由 PLC 内部特殊辅助继电器产生，如 M8011、M8012、M8013 和 M8014 分别是 10ms、100ms、1s 和 1min 时钟脉冲，用户只能使用它们的触点。

三、延时接通/断开电路

图 3-48（a）所示电路用 X0 控制 Y0，要求 X0 变为 ON，再过 5s 后 Y0 才变为 ON，X0 变为 OFF，再过 7s 后 Y0 才变为 OFF，且 Y0 用自锁电路来控制。

X0 的常开触点接通后，T0 开始定时，5s 后 T0 的常开触点接通，使 Y0 变为 ON。X0 为 ON 时其常闭触点断开，使 T1 复位，X0 变为 OFF 后 T1 开始定时，7s 后 T1 的常闭触点断开，使 Y0 变为 OFF，同时 T1 也被复位，其时序波形图如图 3-48（b）所示。

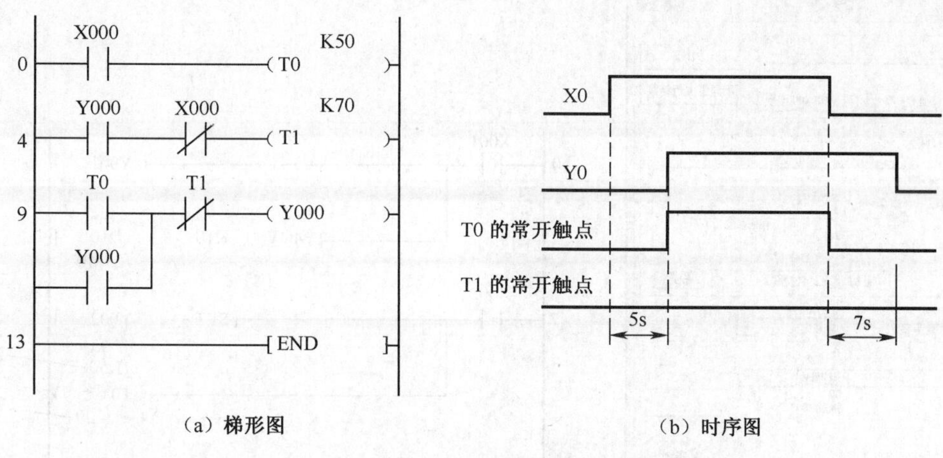

（a）梯形图　　（b）时序图

图 3-48　延时接通/断开电路

四、调试仿真

若没有 PLC，可以利用 GX 软件的仿真功能对所编程序进行离线调试。

38. 调试仿真操作

在安装有仿真软件 GX Simulator 的 GX 编程软件上单击“工具”→“梯形图逻辑测试启动”命令或单击工具栏上的“▣”按钮，弹出如图 3-49 所示的启动测试画面，此画面说明正在将梯形图程序装入仿真软件中，启动完毕后，运行指示灯变成黄色。此时单击鼠标右键，弹出一个下拉菜单，在菜单中选中“软元件测试”，弹出如图 3-50 所示的“软元件测试”对话框，在该对话框中设定 X1 为 ON，梯形图中 X1 处变为蓝色（该软件中的触点只要闭合或线圈得电就变蓝），说明该触点闭合。

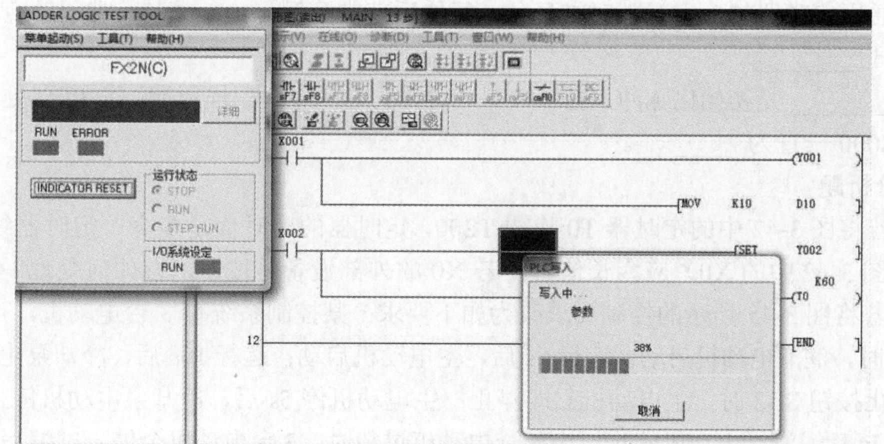

图 3-49　梯形图逻辑测试操作画面

如图 3-51 所示是一个梯形图的仿真画面，凡是变蓝的触点都说明该触点已经闭合，变蓝的线圈说明该线圈得电或正在定时，在 T0 线圈上面黑色的数字是定时器的设定值，T0 下面蓝色的数字是定时器的当前值，这个值是动态变化的，该画面表明 T0 定时器的当前值才达到 29，还没有达到设定值。还可以通过在图 3-50 中的软元件右边的空白处输入 D10，然后在设定值下面的空白处输入 80，接着单击“设置”按钮，可以将 D10 中的值改为 80。

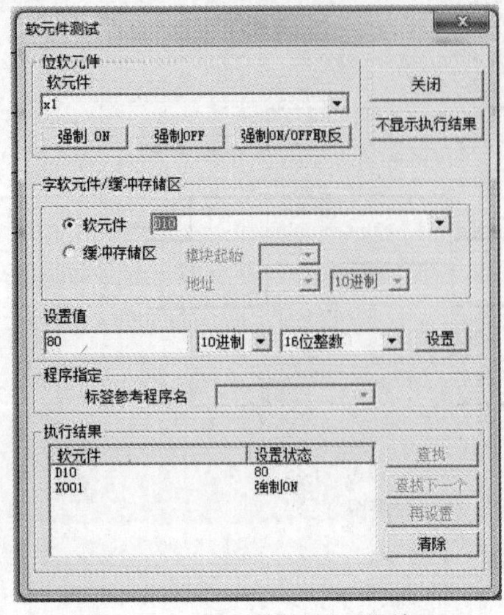

图 3-50 “软元件测试”对话框

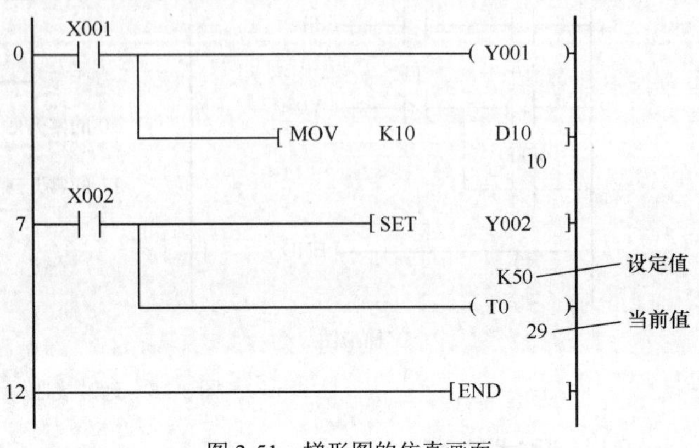

图 3-51 梯形图的仿真画面

思考与练习

1．简答题

（1）FX 系列 PLC 共有几种类型的辅助继电器，各有何特点？

（2）FX 系列 PLC 共有几种类型的定时器，各有何特点？

2．填空题

（1）定时器的线圈________时开始定时，定时时间到时，其常开触点________，常闭触点________。

（2）通用定时器的________时被复位，复位后其常开触点________，常闭触点________，当前值等于________。

（3）________是初始化脉冲，当________时，它 ON 一个扫描周期。当 PLC 处于 RUN 状态时，M8000 一直为________。

3．分析题

（1）若将图 3-42 中的定时器 T0 换成 T200，定时器的定时值是多少？定时器线圈的驱动信号（如图 3-42 中的 X0）应为长信号，若 X0 的外部设备是按钮，该如何处理？

（2）若将图 3-45 所示的控制要求改为如下要求：某控制系统有 3 台电动机，当按下启动按钮 SB1 时，润滑电动机启动；运行 5s 后，主电动机启动；运行 10s 后，冷却泵电动机启动。当按下停止按钮 SB2 时，主电动机立即停止；主电动机停 5s 后，冷却泵电动机停止；冷却泵电动机停 5s 后，润滑电动机停止。当任一电动机过载时，3 台电动机全停。试编写控制程序。

（3）某控制系统有一盏红灯，当合上开关 K1 后，红灯亮 1s 灭 1s，累计点亮 0.5h 后自行关闭。试编写控制程序。

（4）有一交通灯控制系统，其控制要求如下。

① 当按下操作面板上的 PB1（X20）时，交通灯开始工作。

② 首先，红信号灯 Y0 点亮 10s。

③ 红信号灯 10s 后熄灭。黄信号灯 Y1 点亮 5s。

④ 黄信号灯 5s 后熄灭。绿信号灯 Y2 点亮 10s。

⑤ 绿信号灯 Y2 在点亮 10s 后熄灭。

⑥ 重复以上从（2）起的动作。

试确定系统的输入和输出，并编写程序。

任务五　产品出入库数量监控程序设计

任务导入

有一个小型仓库，需要每天对存放进来的产品数量进行统计。仓库结构示意图如图 3-52 所示，在仓库的入、出口处均设置有检测产品的光电传感器。当有产品入库时，即 X0 闭合，仓库内的产品数量就加“1”，当产品出库时，即 X1 闭合，仓库货物总数就减“1”，当仓库内的产品数量达到 40 000 个时，开始报警。

该控制任务是对进库物品进行统计计数，这需要用到 PLC 的另一个编程元件——计数器。

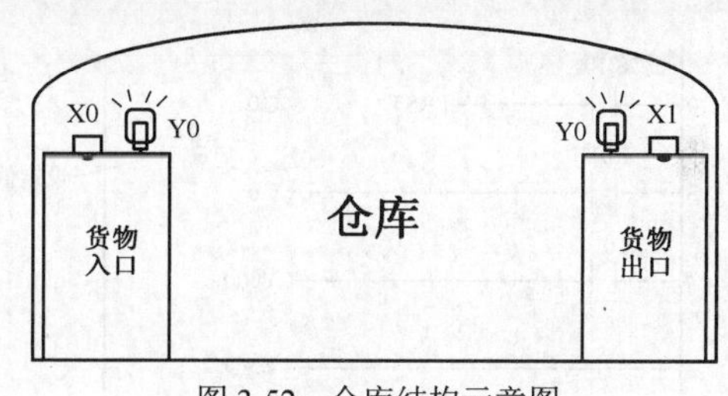

图 3-52　仓库结构示意图

相关知识

一、计数器的分类

FX_{2N} 系列 PLC 有 256 个计数器，其编号为 C000～C255，编号采用十进制。计数器可按其计数方式、计数范围、计数开关量的频率、计数器的元件号及设定值等分为如下 5 类。

（1）16 位通用加计数器 C0～C99，共 100 点，设定值：1～32 767。16 位是指其设定值寄存器为 16 位。

（2）16 位锁存加计数器 C100～C199，共 100 点，设定值：1～32 767。

（3）32 位通用加/减双向计数器 C200～C219，共 20 点，设定值：−2 147 483 648～+2 147 483 647。32 位是指其设定值寄存器为 32 位。

（4）32 位锁存加/减双向计数器 C220～C234，共 15 点，设定值：−2 147 483 648～+2 147 483 647。

（5）32 位加/减双向高速计数器 C235～C255，共 21 点，设定值：−2 147 483 648～+2 147 483 647。

39. 计数器 C

二、计数器的使用说明

（1）计数器对内部元件 X、Y、M、S、T、C 的触点通断次数进行计数。当达到设定值时，计数器的常开触点闭合，常闭触点断开。

（2）计数器同定时器一样，也有 1 个设定值寄存器（字）、1 个当前值寄存器（字）、1

个线圈以及无数个常开/常闭触点（位）。设定值可以用常数 K 直接设定，也可以用数据寄存器 D 间接设定。

（3）普通计数器在计数过程中发生断电，则前面所计的数值全部被清除，再次通电后从 0 开始计数；锁存计数器在计数过程中发生断电，则前面所计数值保存，再次通电后从原来的数值基础上继续累计计数。

如图 3-53（a）所示，X11 和 X10 分别是通用计数器 C0 的计数端和复位端，每当 X11 接通一次，C0 的当前值就加 1，当 C0 的当前值与设定值 K5 相等时，计数器的常开触点 C0 闭合，Y0 通电，如图 3-53（b）所示。当当前值达到设定值后，即使再有计数信号输入，计数器的当前值也不会变化，触点 C0 仍保持接通状态。当输入复位 X10 为 ON 时，在执行 RST 指令的时候，计数器的当前值变为“0”，C0 复位，C0 的常开触点断开，Y0 断电。当复位指令接通，任何计数信号输入无效。

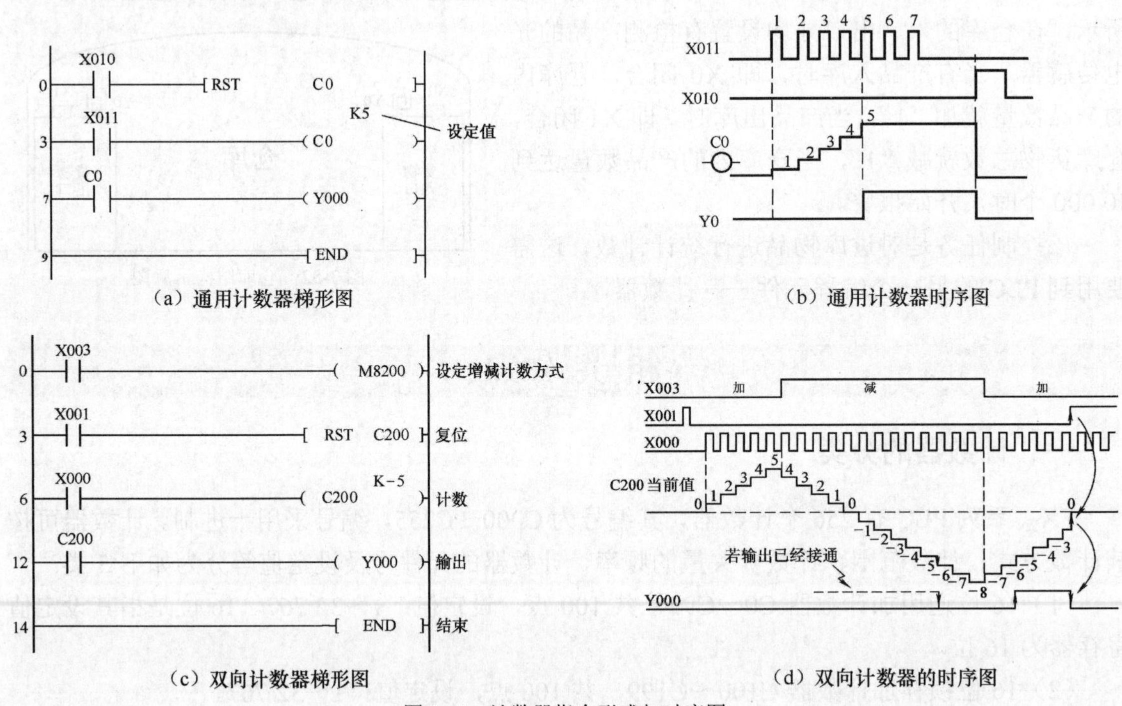

图 3-53 计数器指令形式与时序图

（4）C200～C255 加/减双向计数器的计数方向由特殊辅助继电器 M8200～M8255 设定，对应的特殊辅助继电器为 ON 时，为减计数器（每计一个数，计数器的当前值就从设定值开始逐步减 1），反之为加计数器（每计一个数，计数器的当前值就从 0 开始逐步加 1）。

如图 3-53（c）所示。

- X3 为计数方向控制端。当 X3 为 OFF 时，M8200 为 OFF，此时由 M8200 将计数器 C200 设定为加计数器；当 X3 为 ON 时，M8200 为 ON，此时由 M8200 将计数器 C200 设定为减计数器。
- X0 为计数端。X0 每闭合一次，驱动计数器 C200 线圈进行加计数或减计数，其当前值就会加 1 或减 1。当计数器的当前值由−6→−5 增加时，常开触点 C200 置位闭合，Y0 为 ON，当计数器的当前值由−5→−6 减小时，常开触点 C200 复位断开，Y0 为 OFF，如图 3-53（d）所示。
- X1 为复位端。当复位输入 X1 接通（ON）时，执行 RST 指令，计数器的当前值为 0，

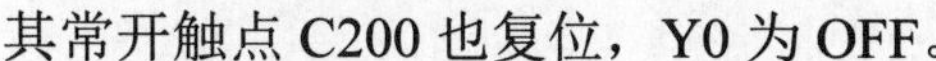

其常开触点 C200 也复位，Y0 为 OFF。

应注意的是，对于锁存计数器 C100～C199，即使 PLC 断电，当前值与触点的动作状态或复位状态也能保持。

（5）计数器必须用 RST 指令强制复位。

（6）32 位加/减计数器是循环计数方式。在计数过程中当前值可加可减。无论是加计数状态还是减计数状态，当前值大于等于设定值时，计数器输出触点动作，即常开触点闭合，常闭触点断开；当前值小于设定值时，计数器输出触点复位。

任务实施

一、分配 I/O 地址

根据控制要求，输入/输出分配如下。

入库检测光电传感器——X0；

出库检测光电传感器——X1；

复位按钮——X2；

报警灯——Y0。

图 3-54 所示是仓库监控系统的 I/O 接线图。

二、程序设计

图 3-55 所示为仓库监控系统的程序。本例的关键是利用特殊辅助继电器 M8220 来控制 32 位的锁存加/减计数器 C220 进行加减计数。当有产品入库时，X0 由 OFF→ON 变化一次，M8220=OFF，C220 为加计数，其当前值加 1；当有产品出库时，X1 由 OFF→ON 变化一次，M8220=ON，C220 为减计数，其当前值减 1。无论处于何种方式，计数器的当前值始终随计数信号的变化而变化，准确反映了库存产品的数量。当 C220 的计数值到达 40 000 时，C220=ON，其常开触点闭合，Y0 变为 ON，报警灯亮。

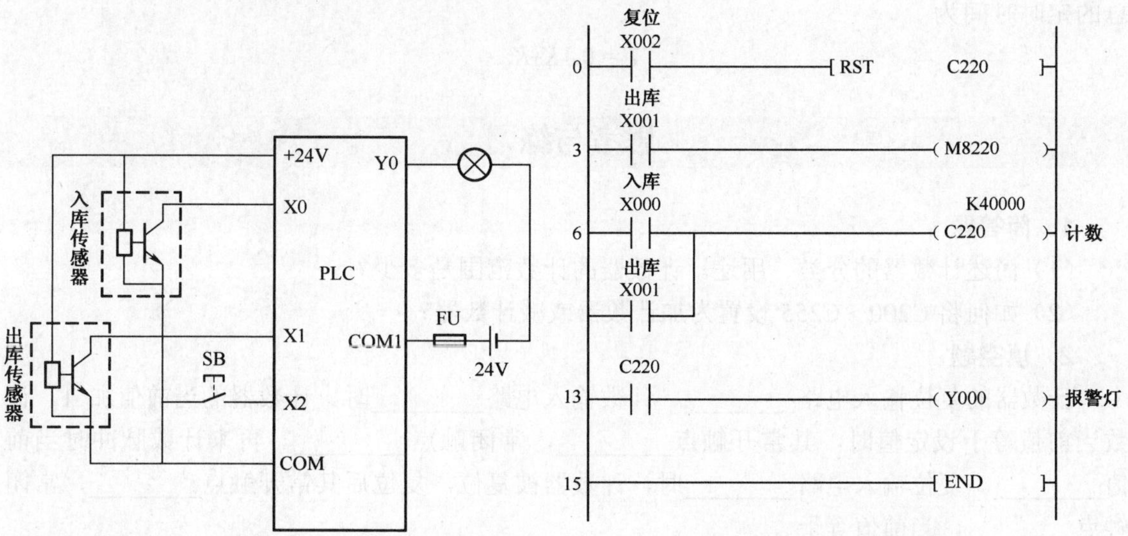

图 3-54　仓库监控系统的 I/O 接线图

图 3-55　仓库监控系统的程序

三、调试运行

按照图 3-54 所示接线，输入程序并进行调试，直至满足控制要求。

知识拓展——定时器与计数器构成长延时电路

FX 系列定时器的最长定时时间为 3 276.7s，若需要更长的定时时间，如定时 24h，可使用如图 3-56（a）所示的电路。

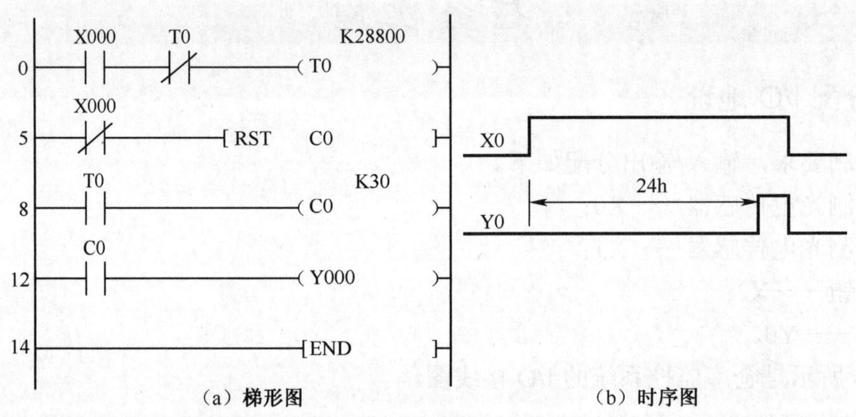

（a）梯形图　　（b）时序图

图 3-56　定时器范围扩展

当 X0 为 OFF 时，C0 和 T0 处于复位状态。当 X0 为 ON 时，其常开触点闭合，T0 开始定时，2 880s 后定时器 T0 的定时时间到，其当前值等于设定值，则 T0 常开触点闭合，计数器当前值加 1；T0 常闭触点断开，使自己复位，复位后 T0 的当前值变为 0，同时其常闭触点闭合，使自己的线圈重新得电，又开始定时。T0 将这样周而复始地工作，直到 X0 变为 OFF。

T0 产生的脉冲序列送给 C0 计数，计满 30 个数（即 24h）后，C0 的当前值等于设定值，其常开触点闭合，Y0 通电。设 T0 和 C0 的设定值分别为 K_T 和 K_C，对于 100ms 定时器，总的定时时间为

$$T = 0.1K_TK_C$$

思考与练习

1．简答题

（1）简述计数器的分类、用途。计数器的计数范围是多少？

（2）如何将 C200～C255 设置为加计数器或减计数器？

2．填空题

计数器的复位输入电路________、计数输入电路________时，计数器的当前值加 1。计数当前值等于设定值时，其常开触点________，常闭触点________。再来计数脉冲时当前值________。复位输入电路________时，计数器被复位，复位后其常开触点________，常闭触点________，当前值等于________。

3．分析题

（1）试设计一个控制电路，该电路中有 3 台电动机，并且它们用一个按钮控制。第 1 次按下按钮时，M1 启动；第 2 次按下按钮时，M2 启动；第 3 次按下按钮时，M3 启动；再按 1 次按钮，3 台电动机都停止。

（2）按下按钮 X0 后 Y0 变为 ON 并自锁，T0 计时 7s 后，用 C0 对 X1 输入的脉冲计数，计满 4 个脉冲后 Y0 变为 OFF，同时 C0 和 T0 被复位，在 PLC 刚开始执行用户程序时，C0 也被复位，设计出梯形图。

任务六　电动机单按钮启停控制程序设计

任 务 导 入

在任务二中，采用两个按钮控制电动机启动和停止，现在要求设计一个只用一个按钮控制电动机启停的电路，即第一次按下该按钮，电动机启动，第二次按下该按钮，电动机停止，其外围电路如图 3-57 所示，为了节约 PLC 的 I/O 点数，将电动机的过载保护接在 PLC 输出电路中。

通过分析控制要求可知，要完成这个控制要求，必须使用 PLC 的上升沿微分指令，即 PLS 指令。

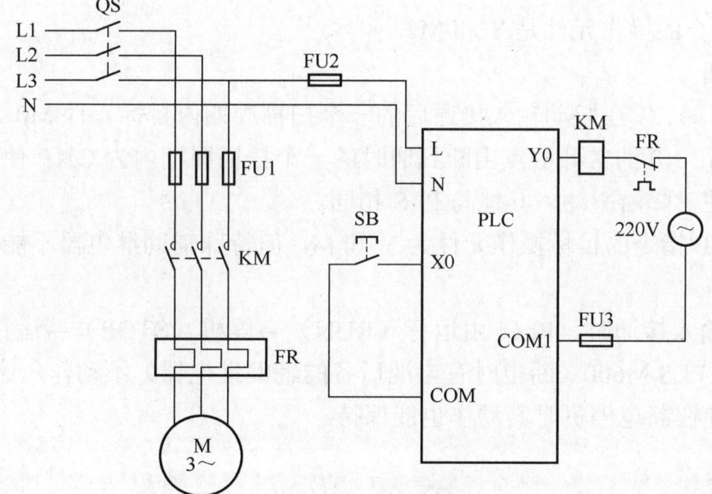

图 3-57　单按钮起停电路接线图

相关知识——PLS、PLF 指令

1．程序举例

如图 3-58（a）所示，按下按钮 X0，灯 Y0 点亮；当按下按钮 X1 时，灯 Y0 仍点亮，只有当松开按钮 X1 时，灯 Y0 才会熄灭。图 3-58（a）对应的指令表如图 3-58（b）所示。

在图 3-58（c）中，PLS（上升沿微分指令）在输入信号 X0 的上升沿产生一个扫描周期的脉冲输出；PLF（下降沿微分指令）在输入信号 X1 的下降沿产生一个扫描周期的脉冲输出。当按下按钮 X0 时，M0 闭合一个扫描周期，通过 SET 指令让 Y0 通电，Y0 灯亮，即使手松开 X0，由于 SET 的置位作用，Y0 仍然亮；当按下按钮 X1 时，辅助继电器 M1 并不通电，只有松开按钮 X1，此时 PLF 指令使 M1 闭合一个扫描周期，M1 的常开触点闭合，通过 RST 指令对 Y0 复位，Y0 灯熄灭。

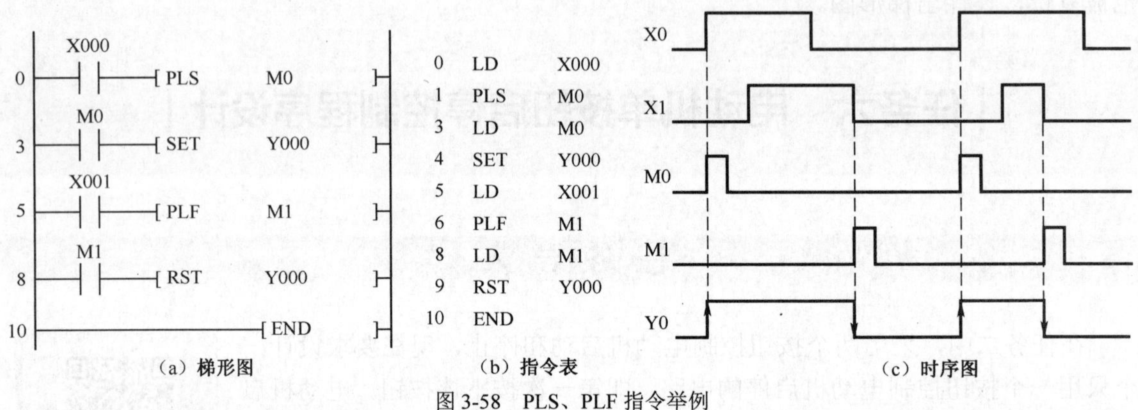

图 3-58 PLS、PLF 指令举例

2．指令用法

PLS：上升沿微分指令，在输入信号上升沿产生一个扫描周期的脉冲输出，专用于操作元件的短时间脉冲输出。

PLF：下降沿微分指令，在输入信号下降沿产生一个扫描周期的脉冲输出。

PLS、PLF 指令的操作元件是 Y 和 M。

3．指令说明

（1）使用 PLS 时，仅在驱动输入接通后的一个扫描周期内目标元件 M0 为 ON，如图 3-58（c）所示，M0 仅在 X0 的常开触点由断到通时的一个扫描周期内为 ON；使用 PLF 指令时只是利用输入信号的下降沿驱动，其他与 PLS 相同。

（2）PLS、PLF 指令的目标操作元件为 Y 和 M。但特殊辅助继电器不能用来作为 PLS 或 PLF 的操作元件。

（3）在驱动输入接通时，PLC 由运行（RUN）→停机（STOP）→运行（RUN），此时 PLS M0 动作，但 PLS M600（断电时有电池后备的辅助继电器）不动作，这是因为 M600 是保持继电器，即使在断电停机时其动作也能保持。

任务实施

采用 PLS 指令可以实现单按钮起停控制，如图 3-59（a）所示。第一次按下按钮 X0，M0 闭合一个扫描周期，Y0 通电并自锁，电动机启动；第二次按下按钮 X0，M0 再闭合一个扫描周期，此时 M1 线圈通电，M1 的常闭触点断开，Y0 失电，电动机停止。从如图 3-59（b）所示的时序图可知，对于外部输入信号 X0 来说，Y0 的输出脉冲信号是其二分频，所以又将这样的电路称为二分频电路。

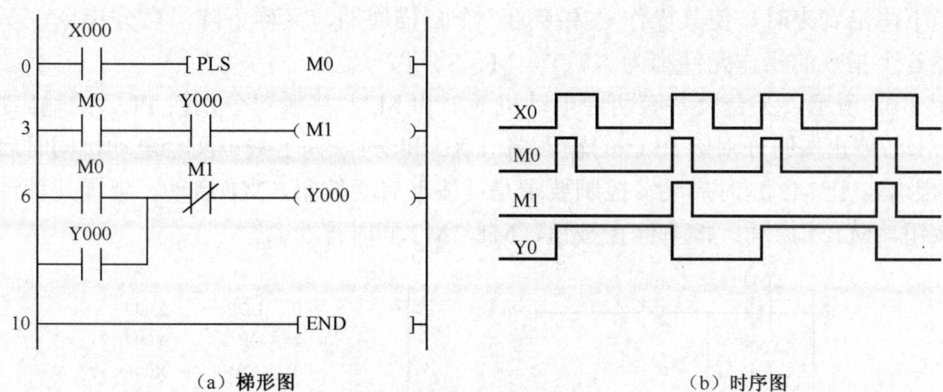

（a）梯形图　　　　（b）时序图

图 3-59　单按钮启停程序

将如图 3-59 所示的程序用 GX 软件下载到 PLC 中，并按照图 3-57 所示将外围电路连接起来，合上开关 QS，第一次按下按钮 SB，电动机启动，第二次按下按钮 SB，电动机停止。

知识拓展

一、ALT 指令

如图 3-59 所示，实现单按钮起停的程序比较复杂，实际上在三菱 PLC 中有一个应用指令 ALT，它可以很方便地实现这个功能。交替输出指令 ALT 的应用如图 3-60 所示。

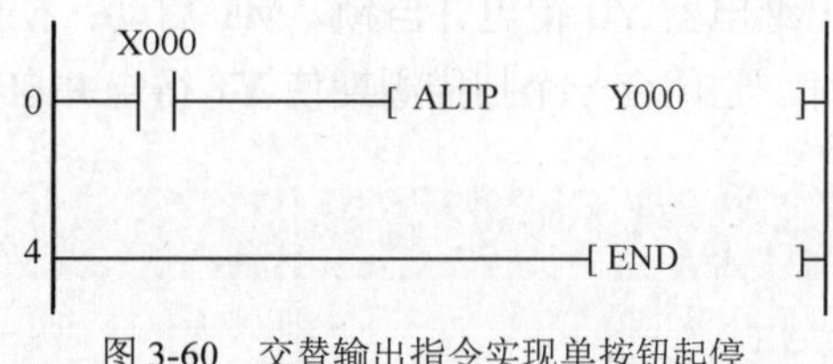

图 3-60　交替输出指令实现单按钮起停

第一次按下 X0，Y0 得电，第二次按下 X0，Y0 失电。由于交替输出指令在执行中每个扫描周期其输出状态都要翻转一次，因此，采用脉冲执行方式，即加上指令后缀 P。这样，只在指令执行条件满足后的第一个扫描周期执行一次指令。

二、LDP、LDF、ANDP、ANDF、ORP、ORF 指令

1．指令用法

LDP：从母线直接取用上升沿脉冲触点指令。

LDF：从母线直接取用下降沿脉冲触点指令。

ANDP：串联上升沿触点指令。

ANDF：串联下降沿触点指令。

ORP：并联上升沿触点指令。

ORF：并联下降沿触点指令。

2．指令说明

LDP、ANDP、ORP 指令：用来检测触点状态变化的上升沿（由 OFF→ON 变化时）的指令，当上升沿到来时，使其操作对象接通一个扫描周期，又称上升沿微分指令。

LDF、ANDF、ORF 指令：用来检测触点状态变化的下降沿（由 ON→OFF 变化时）的指令，当下降沿到来时，使其操作对象接通一个扫描周期，又称下降沿微分指令。

上述 6 个指令的操作元件都为 X、Y、M、S、T、C。

如图 3-61 所示，某台设备有两台电动机 M1 和 M2，接触器分别接 PLC 的输出端口 Y0 和 Y1，启动/停止按钮分别接 PLC 的输入端口 X0 和 X1。为了减小两台电动机同时启动对供电电路的影响，让 M2 延时启动。控制要求是：按下启动按钮，M1 启动，延缓几秒钟后，松开启动按钮，M2 才启动；按下停止按钮，M1、M2 同时停止。

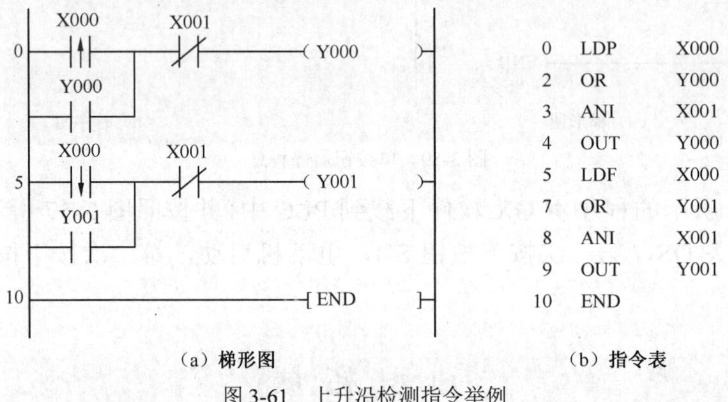

（a）梯形图　　（b）指令表

图 3-61　上升沿检测指令举例

根据控制要求，启动第一台电动机用 LDP 指令，启动第二台电动机用 LDF 指令，梯形图程序和指令表如图 3-61 所示。

程序工作原理：按下启动按钮 X0 时，输入继电器 X0 的常开触点闭合一个扫描周期，使输出继电器 Y0 得电并自锁，M1 启动；松开启动按钮 X0 的瞬间，输入继电器 X0 由 ON 变 OFF 时，它闭合一个扫描周期使 Y1 得电并自锁，M2 启动。按下停止按钮，两台电动机均停止。

思考与练习

分析题

（1）试用计数器实现单按钮启停控制程序。

（2）试用 LDP 或 LDF 指令编写任务五中的产品出入库数量监控程序。

（3）试用 PLS 指令及自锁电路来实现两台电动机顺序启动、同时停止的控制电路。上机编程并调试。

（4）自动冲水设备在有人使用时光电开关使 X0 为 ON，冲水控制系统在使用者使用 3s 后令冲水阀 Y0 为 ON 并冲水 2s，使用者离开后，冲水 5s 后停止。

任务七　电动机Y-△降压启动控制程序设计

任务导入

试设计一个 Y-△启动控制系统，当按下启动按钮 SB1 时，接触器 KM1 和 KM3 得电，电动机接成 Y 启动，6s 后 KM1 和 KM2 得电，电动机接成△运行。当按下停止按钮 SB2 时，电动机停止。

相关知识——MPS、MRD、MPP 指令

1．程序举例

在图 3-62 中，当公共按钮 X0 按下时，X1 按下则 Y0 通电；X2 不按下，则定时器 T0 开始定时，定时时间到，T0 的常开触点闭合，则 Y2 通电。

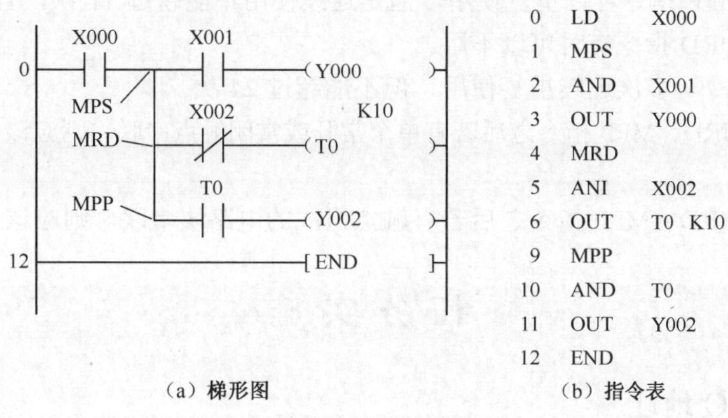

（a）梯形图　　（b）指令表

图 3-62　栈指令举例

2．指令用法

MPS、MRD、MPP 这组指令的功能是将连接点的结果存储起来，以方便连接点后面电路的编程。如图 3-63 所示，FX 系列的 PLC 中有 11 个存储运算中间结果的存储器，称为堆栈存储器。堆栈采用先进后出的数据存储方式。

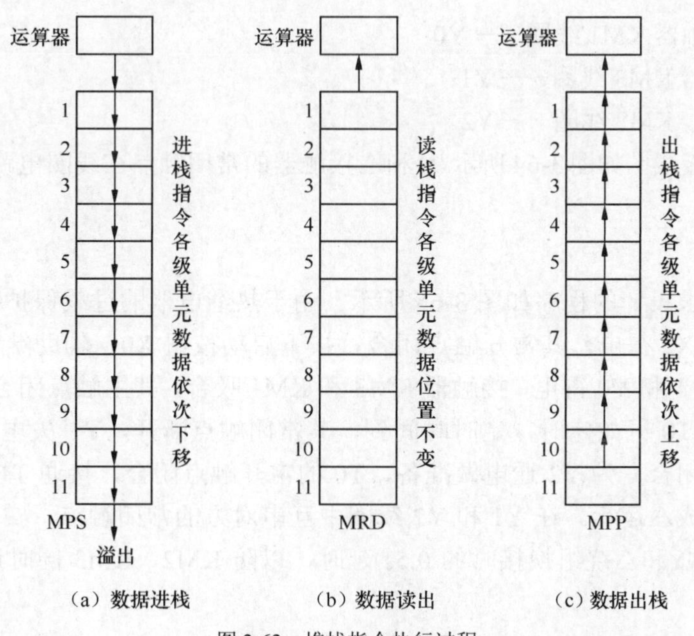

（a）数据进栈　　（b）数据读出　　（c）数据出栈

图 3-63　堆栈指令执行过程

MPS 指令：进栈指令，把中间运算结果送入堆栈的第一个堆栈单元（栈顶），同时让堆栈中原有的数据顺序下移一个堆栈单元。

MRD 指令：读栈指令，将堆栈存储器的第一层数据（最后进栈的数据）读出且该数据继续保存在堆栈存储器的第一层，栈内的数据维持原状。

MPP 指令：将堆栈存储器的第一层数据（最后进栈的数据）读出且该数据从栈中消失，同时将栈中其他数据依次上移。

3．指令说明

（1）MPS、MRD、MPP 指令无操作软元件。

（2）MPS、MPP 指令可以重复使用，但是连续使用不能超过 11 次，且两者必须成对使用，缺一不可，MRD 指令有时可以不用。

（3）MRD 指令可多次连续重复使用，但不能超过 24 次。

（4）MPS、MRD、MPP 指令之后若有单个常开或常闭触点串联，则应该使用 AND 或 ANI 指令。

（5）MPS、MRD、MPP 指令之后若有触点组成的电路块串联，则应该使用 ANB 指令。

任务实施

一、分配 I/O 地址

通过分析控制要求知，该控制系统有 3 个输入：

启动按钮 SB1——X0；
停止按钮 SB2——X1；
过载保护 FR——X2。

41. 电动机 Y-△降压启动控制程序设计

有 3 个输出：

电源接触器 KM1 线圈——Y0；
Y 接触器 KM3 线圈——Y1；
△接触器 KM2 线圈——Y2。

其控制电路接线图如图 3-64 所示，Y 和△接触器的常闭触点在线圈电路中进行机械互锁。

二、程序设计

根据控制要求设计的程序如图 3-65 所示。由于热继电器的过载保护接的是常闭触点，所以输入继电器 X2 得电，其常开触点闭合，按下启动按钮 X0，辅助继电器 M0 得电，其常开触点闭合，Y1 和 Y0 得电，接触器 KM3 和 KM1 吸合，其主触点闭合，电动机接成Y启动；同时定时器 T0 开始定时，定时时间到，其常闭触点断开，Y1 失电，解除Y连接，Y1 的常闭触点恢复闭合，为 Y2 通电做准备，T0 的常开触点闭合，接通 T1 延时 0.5s 后，Y2 得电，电动机接成△运行。在 Y1 和 Y2 线圈中互串对方的常闭触点，实现软件上的互锁。用 T1 定时器实现Y和△绕组换接时的 0.5s 延时，以防 KM2、KM3 同时通电，造成主电路短路。

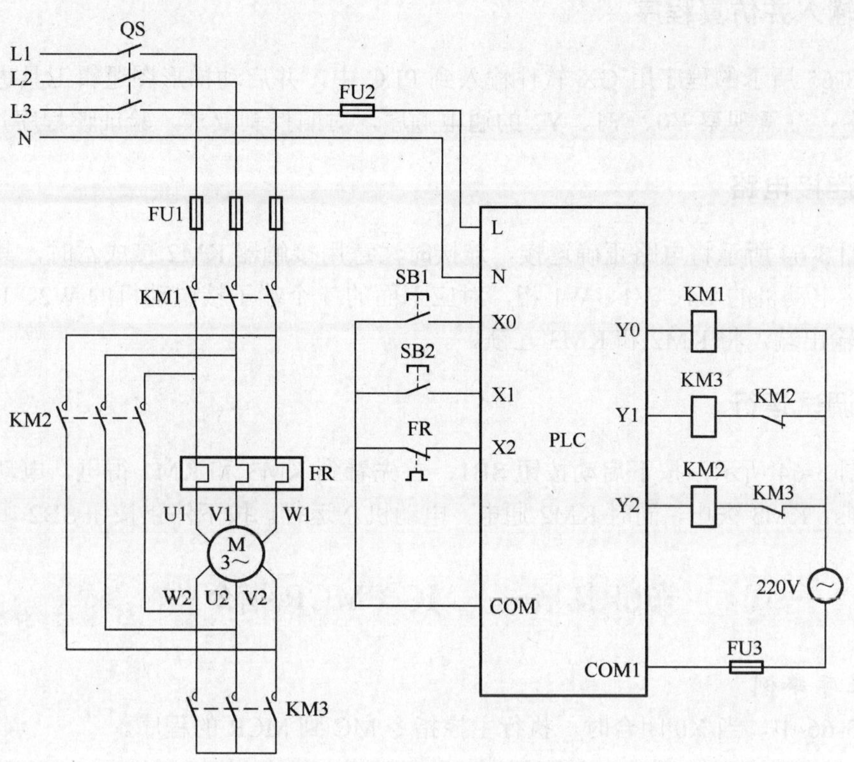

图 3-64　Y-△启动控制接线图

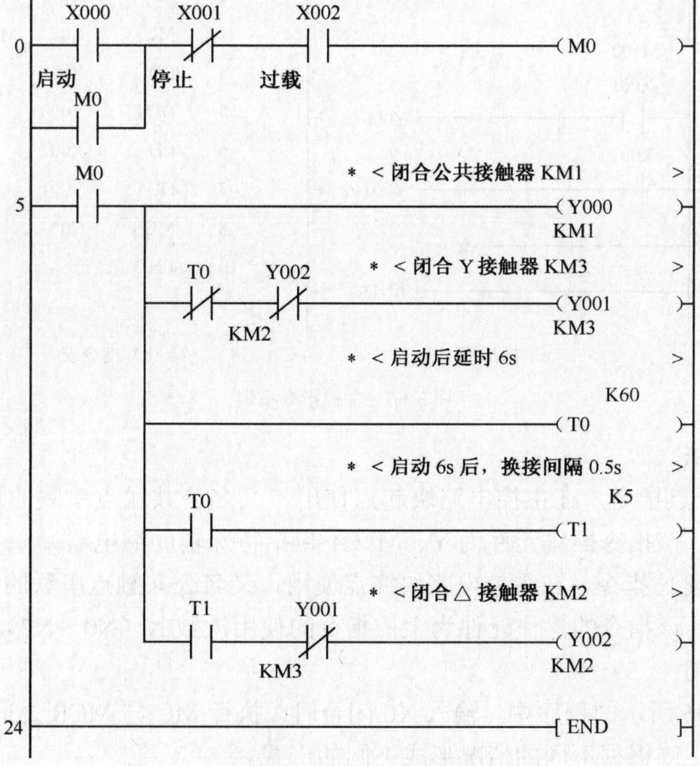

图 3-65　Y-△启动控制程序

三、输入并仿真程序

将图 3-65 所示的程序用 GX 软件输入到 PLC 中，并启动梯形图逻辑工具进行仿真，在仿真过程中，注意观察 Y0、Y1、Y2 的通电顺序，对照控制要求，验证该程序是否正确。

四、连接电路

按照图 3-64 所示将电路正确连接，连接时注意用接触器 KM2 接成△时，其上面的 3 个接线端子接电动机的 U1、V1、W1 相，对应下面的 3 个端子接电动机的 W2、U2、V2 相。在 PLC 的输出端，将 KM2 和 KM3 互锁。

五、调试运行

根据图 3-64 所示，按下启动按钮 SB1，首先看到 KM3 和 KM1 得电，电动机 Y 启动，经过大约 5s，KM3 失电，同时 KM2 通电，电动机△运行。按下停止按钮 SB2，电动机停止。

知识拓展——MC、MCR 指令

1．程序举例

在图 3-66 中，当 X0 闭合时，执行主控指令 MC 到 MCR 的程序。

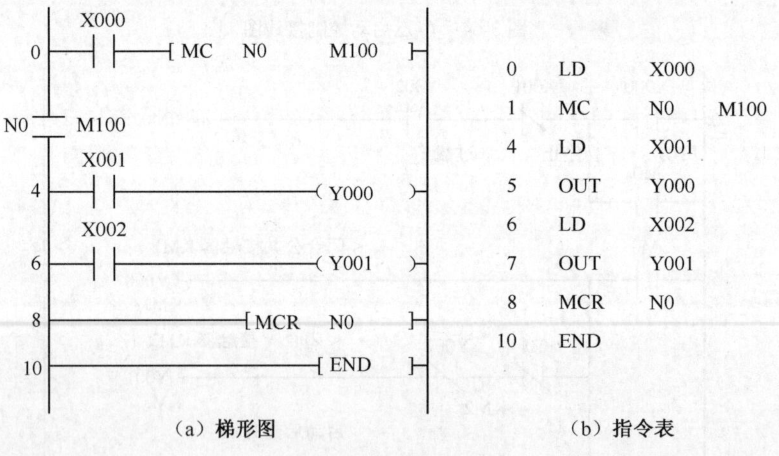

（a）梯形图　　（b）指令表

图 3-66　主控指令举例

2．指令用法

MC：主控触点指令，在主控电路块起点使用，又名公共触点串联的连接指令，用于表示主控区的开始，该指令操作元件为 Y、M（不包括特殊辅助继电器）。

MCR：主控复位指令，在主控电路块终点使用，又名公共触点串联的清除指令，用于表示主控区的结束，该指令的操作元件为主控指令的使用次数 N（N0～N7）。

3．指令说明

（1）在图 3-66 所示的程序中，输入 X0 闭合时，执行 MC 与 MCR 之间的指令。如果 X0 输入为断开状态，则根据不同的情况形成不同的形式。

保持当前状态：积算定时器、计数器、SET/RST 指令驱动的软元件。

断开状态：非积算定时器、用 OUT 指令驱动的软元件。

（2）与主控触点相连的触点必须用 LD 或 LDI 指令，MC、MCR 指令必须成对使用。

（3）使用不同的 Y、M 元件号，可多次使用 MC 指令。

（4）在 MC 指令内再使用 MC 指令时，嵌套级 N 的编号就顺次增大（按程序顺序由小到大），同时用 MCR 指令，从大的嵌套级开始解除（按程序顺序由大到小）。

思考与练习

1．填空题

与主控触点下端相连的常闭触点应使用________指令。

2．分析题

将图 3-67 所示的指令表转换成梯形图。

步	指令	元件
0	LD	X002
1	ANI	M2
2	LDP	X003
4	AND	M3
5	ORB	
6	ORI	X020
7	OUT	Y000
8	END	

（a）指令表

步	指令	元件	
0	LD	X002	
1	ORP	X003	
3	LDI	M2	
4	OR	M3	
5	ANB		
6	OUT	Y000	
7	MPS		
8	AND	X004	
9	OUT	C0	K5
12	MPP		
13	ANI	X006	
14	OUT	T0	K100
17	END		

（b）指令表

图 3-67 指令表

任务八 自动运料小车控制程序设计

任 务 导 入

送料小车开始时停在右侧限位开关 X1 处，如图 3-68 所示。按下启动按钮 X3，Y2 为 ON，打开料斗的闸门，开始装料，同时定时器 T0 定时，8s 后关闭料斗的闸门，Y2 变为 OFF，Y1 变为 ON，开始左行。碰到限位开关 X2 后停下来卸料，Y1 变为 OFF，Y3 变为 ON，同时定时器 T1 开始定时。10s 后 Y3 变为 OFF，Y0 变为 ON，开始右行，碰到限位开关 X1 后返回初始状态，此时 Y0 变为 OFF，小车停止运行。

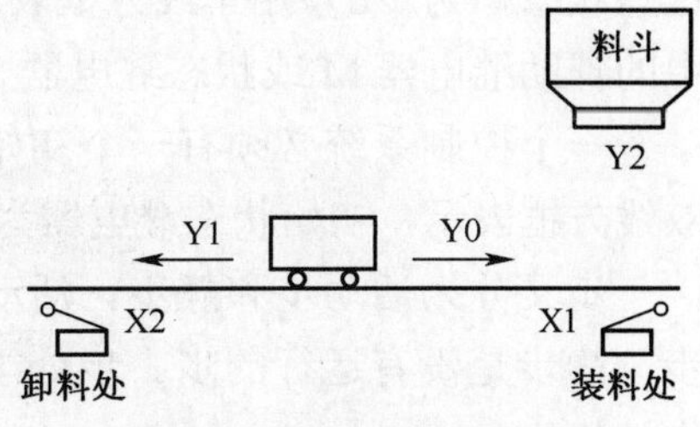

图 3-68 运料小车工作示意图

前面 7 个任务的程序设计方法一般称为经验设计法，使用经验设计法编制的程序存在以下一些问题。

（1）工艺动作表达繁琐。

（2）梯形图涉及的连锁关系较复杂，处理起来较麻烦。

（3）梯形图可读性差，很难从梯形图看出具体控制工艺过程。

所以，我们应寻求一种易于构思、易于理解的图形程序设计工具。它应既有流程图的直观，又有利于复杂控制逻辑关系的分解与综合，这种图就是顺序功能图。

步进顺控编程思想就是将一个复杂的控制过程分解为若干个工作步，弄清各个步的工作细节（步的功能、转移条件和转移方向），再依据总的控制顺序要求，将这些步联系起来，形成顺序功能图，进而编制梯形图程序。顺序功能图是步进顺控编程的重要工具。

通过运料小车的控制要求可知，该系统是按照时间的先后次序，遵循一定规律的典型顺序控制系统。小车的一个工作周期可以分为 4 个阶段，分别是装料、左行、卸料、右行回原位。这种类型的程序最适合用步进顺控的思想编程。

相 关 知 识

一、状态继电器 S

状态继电器是用于编制顺序控制程序的一种编程元件（状态标志），常与 STL 指令（步进梯形指令）配合使用，主要用于编程过程中顺控状态的描述和初始化。当不对状态继电器使用 STL 指令时，可以把它们当成普通辅助继电器 M 使用，其地址码按十进制编号。FX_{2N} 系列 PLC 的状态继电器共有 1 000 点，分为 5 类，状态继电器元件编号与功能如表 3-2 所示。

42. 顺序功能图（SFC）

表 3-2　　状态继电器 S 元件编号与功能表

初始状态器	返回原点状态器	通用状态器	保持状态器	报警状态器
S0～S9 共 10 点	S10～S19 共 10 点	S20～S499 共 480 点	S500～S899 共 400 点	S900～S999 共 100 点

二、顺序功能图

顺序功能图（SFC）是一种通用的 PLC 程序设计语言，它主要由步、动作、有向连线、转移条件组成，如图 3-69 所示。

1．顺序功能图的组成

（1）步。将一个复杂的顺控程序分解为若干个状态，这些状态称为步。步用单线方框表示，框中编号可以是 PLC 中的辅助继电器 M 或状态继电器 S 的编号。

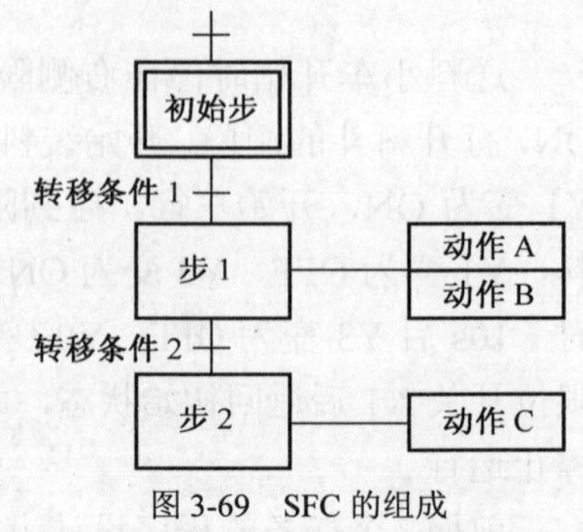

图 3-69　SFC 的组成

一个控制系统必须有一个初始状态，称为初始步，用双线方框表示，初始状态继电器为 S0～S9。

步又分为活动步和静步。活动步是指当前正在运行的步，静步是没有运行的步。步处于活动状态时，相应的动作被执行。

（2）动作。步方框右边用线条连接的符号为本步的工作对象，简称为动作。当状态继电器 S 或辅助继电器 M 接通时（ON），工作对象通电动作。

（3）有向连线。有向连线表示状态的转移方向。在画顺序功能图时，将代表各步的方框按先后顺序排列，并用有向连线将它们连接起来。表示从上到下或从左到右这两个方向的有向连线的箭头可以省略。

（4）转移条件。转移用与有向连线垂直的短划线来表示，将相邻两状态隔开。转移条件标注在转移短线的旁边。转移条件是与转移逻辑相关的触点，可以是动合触点、动断触点或它们的串并联组合。

2．顺序功能图的分类

根据生产工艺和系统复杂程度的不同，SFC 的基本结构可分为单分支、选择分支、并行分支、循环分支 4 种。

（1）单分支。单分支由一系列相继激活的步组成，每个步的后面仅有一个转移，每个转移后面只有一个步，如图 3-70（a）所示。

（2）选择分支。图 3-70（b）中共有两个分支，根据分支转移条件 d、e 来决定究竟选择哪一个分支。

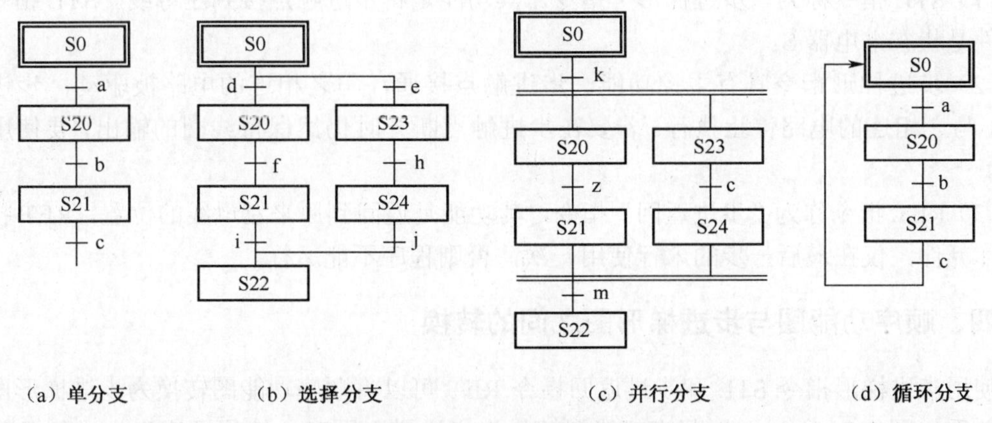

（a）单分支　（b）选择分支　（c）并行分支　（d）循环分支

图 3-70　SFC 的基本结构

（3）并行分支。若在某一步执行完后，需要同时启动若干条分支，那么这种结构称为并行分支，如图 3-70（c）所示。

分支开始时采用双水平线将各个分支相连，双水平线上方需要一个转移，转移对应的条件称为公共转移条件。若公共转移条件满足，则同时执行下列所有分支。水平线下方一般没有转移条件。

（4）循环分支。循环分支用于一个顺序过程的多次反复执行，如图 3-70（d）所示。当 S21 步为活动步，且满足转移条件 c 时，就回到 S0 步开始新一轮的循环。

3．绘制顺序功能图的规则

（1）步与步之间必须有转移隔开。

（2）转移和转移之间必须有步隔开。

（3）步和转移、转移和步之间用有向线段连接，正常顺序功能图的方向是从上到下或从左到右，按照正常顺序画图时，有向线段可以不加箭头，否则必须加箭头。

（4）对于初学者来说，一个顺序功能图中至少有一个初始步。

（5）自动控制系统应能多次重复执行同一工艺过程，因此在 SFC 中应由步和有向连线构成一闭环回路，以体现工作周期的完整性。即在完成一次工艺过程的全部操作后，应从最后一步返回到初始步，使系统停留在初始状态（单周期操作）；在连续循环工作方式下，将从最后一步返回到下一工作周期开始运行的第一步。

（6）仅当某步所有的前级步均为活动步且转移条件满足时，该步才有可能成为活动步。

三、步进梯形指令 STL、RET

FX 系列 PLC 的步进指令可以很方便地编制顺序控制梯形图程序。步进梯形指令 STL、RET 的助记符、逻辑功能等指令属性如表 3-3 所示。

表 3-3　STL、RET 指令

助 记 符	逻 辑 功 能	电 路 表 示	操 作 元 件	步　数
STL	步进开始	在左母线上连接 S 的常开触点	S	1
RET	步进结束	返回左母线		1

步进梯形指令的使用说明如下。

（1）STL 指令称为“步进梯形”指令。其功能是将步进触点接到左母线。STL 指令的操作元件是状态继电器 S。

（2）步进梯形指令具有主控功能。步进触点接通，与之相连的电路被驱动；步进触点断开，与之相连的电路停止执行。若要在步进触点断开时仍然保持线圈的输出，要使用 SET 指令。

（3）RET 指令称为“步进返回”指令，其功能是返回到原来左母线的位置。RET 指令没有操作元件，仅在最后一步的末行使用一次，否则程序不能运行。

四、顺序功能图与步进梯形图之间的转换

使用步进梯形指令 STL 和步进返回指令 RET 可以将顺序功能图转换为步进梯形图，其对应关系如图 3-71 所示。将顺序功能图转化为步进梯形图时，编程顺序为先进行负载的驱动处理，然后进行转移处理。当然，没有负载的状态不必进行负载驱动处理。对应于某步的状态继电器 S 在梯形图中用 STL 的触点表示，STL 指令为与主母线连接的常开触点指令，它在梯形图中占一行。接着就可以进行驱动处理，它可以直接驱动各种线圈（可以是 Y、M、S、T、C 的线圈）及应用指令或通过触点驱动线圈，若通过触点驱动线圈，开始的触点使用 LD、LDI 指令。通常用单独触点作为转移条件，但是在实际中，X、Y、M、S、T、C 等各种软元件触点的逻辑组合（复杂的串联、并联）也可用来作为转移条件；转移目标用 SET 或 OUT 指令实现。最后使用 RET 指令返回原来的主母线，如图 3-71（b）所示。

当某一步为活动步时，STL 触点闭合后，该步的负载线圈就被驱动，如图 3-71 所示，当 S20 为活动步时，Y10 为 ON。当该步后面的转移条件满足时，转移实现，即 X0 为 ON 时，动作状态就从 S20 转移到 S21，即后续步对应的状态器 S21 被 SET 或 OUT 指令置位，后续步变为活动步，同时与原活动步对应的状态继电器被系统程序自动复位，原活动步对应的 STL 触点断开，Y10 变为 OFF。

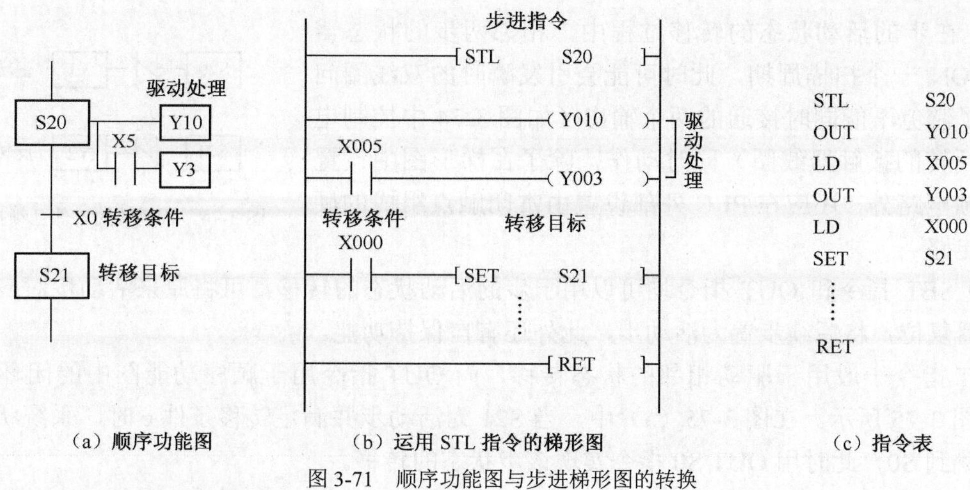

（a）顺序功能图　（b）运用 STL 指令的梯形图　（c）指令表

图 3-71　顺序功能图与步进梯形图的转换

五、步进梯形图编程规则

（1）初始步可由其他步驱动，但运行开始时必须用其他方法预先做好驱动，否则状态流程不可能向下进行。一般用系统的初始条件驱动，若无初始条件，可用 M8002 或 M8000（PLC 从 STOP→RUN 切换时的初始化脉冲）进行驱动。

（2）步进梯形图编程顺序：先进行驱动处理，后进行转移处理。二者不能颠倒。驱动处理就是该步的输出处理，转移处理就是根据转移方向和转移条件实现下一步的状态转移。

（3）编程时必须使用 STL 指令对应于顺序功能图上的每一步。

（4）各 STL 触点的驱动电路一般放在一起，最后一个 STL 电路结束时，一定要使用步进返回指令 RET 使其返回主母线。

（5）STL 触点可以直接驱动也可以通过别的触点驱动，如 Y、M、S、T、C 等元件的线圈和应用指令。与 STL 触点相连的触点应使用 LD 或 LDI 指令，STL 触点的右边不能使用 MPS 指令。在转移条件对应的电路中，不能使用 ANB、ORB、MPS、MRD、MPP 指令。

（6）驱动负载使用 OUT 指令。当同一负载需要连续多步驱动时可使用多重输出，也可使用 SET 指令将负载置位，等到负载不需要驱动时再用 RST 指令将其复位。

（7）由于 CPU 只执行活动步对应的电路块，因此使用 STL 指令时允许“双线圈”输出，即不同的 STL 触点可以分别驱动同一编程元件的一个线圈，如图 3-72 所示，S20 和 S22 驱动的是同一线圈 Y0。但是，同一元件的线圈不能在可能同时为活动步的 STL 内出现，在有并行序列的 SFC 中，应特别注意这一问题。另外，相邻步不能重复使用同一个定时器 T 或计数器 C，因为指令会互相影响，使定时器或计数器无法复位。对于分隔的两个状态，如图 3-73 中的 S20 和 S22，可以使用同一个定时器 T1。

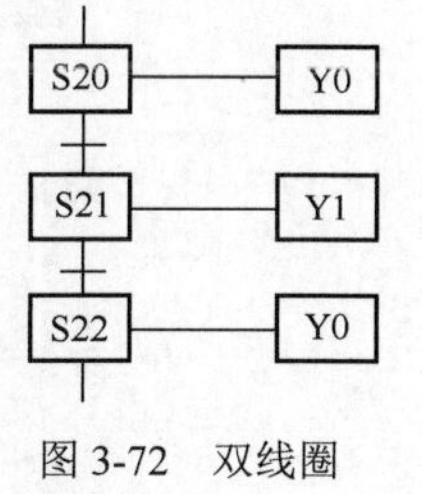

图 3-72　双线圈

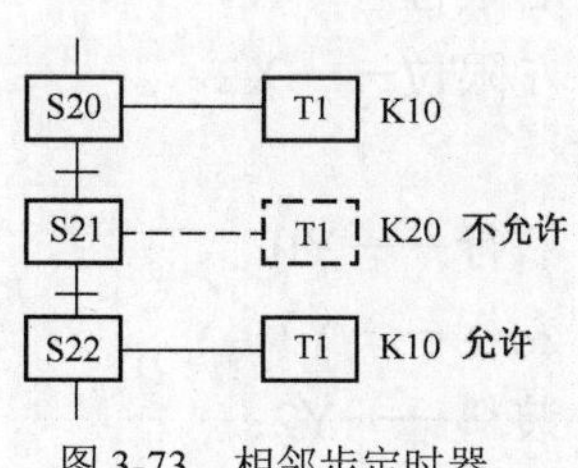

图 3-73　相邻步定时器

（8）在步的活动状态的转移过程中，相邻两步的状态器会同时 ON 一个扫描周期，此时可能会引发瞬时的双线圈问题。为了避免不能同时接通的两个输出（如图 3-74 中控制电动机正反转的接触器线圈）同时动作，除了在梯形图中设置软件互锁电路外，还应在 PLC 外部设置由常闭触点组成的硬件互锁电路。

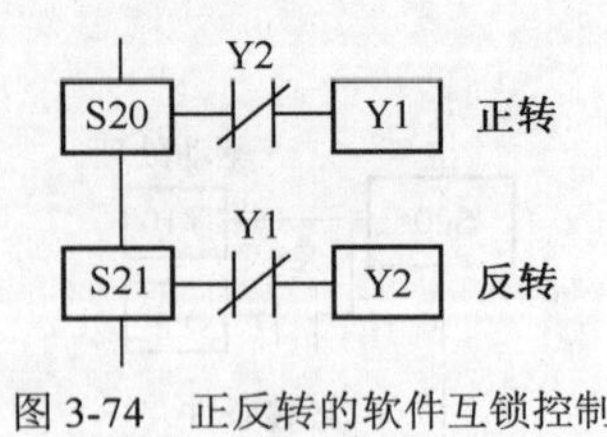

图 3-74 正反转的软件互锁控制

（9）SET 指令和 OUT 指令均可以用于步的活动状态的转移，可将原来活动步对应的状态继电器复位，将后续步置为活动步，此外还有自保持功能。

SET 指令一般用于驱动相邻的状态转移，而 OUT 指令用于顺序功能图中的闭环和跳转，如图 3-75 所示。在图 3-75（a）中，当 S21 为活动步并满足转移条件 c 时，系统状态就从 S21 跳到 S0，此时用 OUT S0 指令实现该步状态的转移。

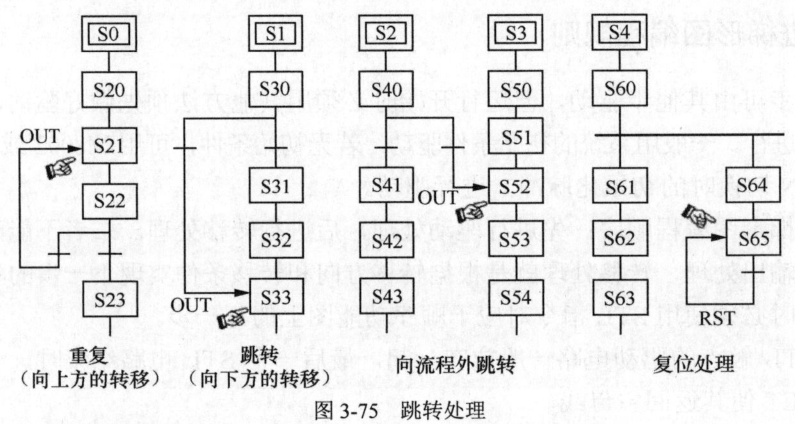

图 3-75 跳转处理

（10）并行分支和选择分支中分支处的支路数不能超过 8。

任务实施

由运料小车的工艺要求可知，这是一个单分支顺序流程控制过程，设计其顺序功能图的步骤如下。

一、分配 I/O 地址

输入信号：

启动——X3；

右限位——X1；

左限位——X2。

输出信号：

右行——Y0；

左行——Y1；

装料——Y2；

卸料——Y3。

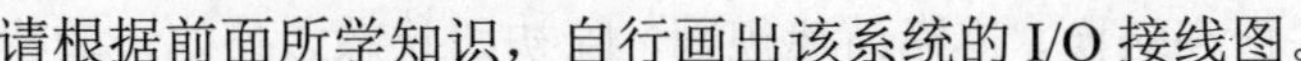

请根据前面所学知识，自行画出该系统的 I/O 接线图。

二、确定顺序功能图的步数

将整个工作过程按工序进行分解，每个工序对应一个步（即状态），步的分配如下。

初始状态： S0。

装料： S20。

左行： S21。

卸料： S22。

右行： S23。

从以上工作过程的分解可以看出，该控制系统一共有 5 步。

三、确定每步的功能、作用

各步的功能是通过 PLC 驱动其各种负载来完成的。负载可由状态元件直接驱动，也可由其他软元件触点的逻辑组合驱动。

S0：无动作。

S20：驱动 Y2 为 ON，小车装料，同时启动定时器 T0，定时 8s。

S21：驱动 Y1 为 ON，小车开始左行。

S22：驱动 Y3 为 ON，小车卸料，同时启动定时器 T1，定时 10s。

S23：驱动 Y0 为 ON，小车右行。

四、找出每步的转移条件

找出每步的转移条件即确定在什么条件下将下一步“激活”。顺序功能图就是由步、步的转移条件及转移方向构成的流程图，弄清转移条件是十分必要的。

由工作过程可知，每一步的转移条件如下。

S0：PLC 上电之初由初始化脉冲 M8002（只闭合一个扫描周期）对其置位为 ON，为以后活动步的转移做准备，在工作过程中，由右限位对其置位为 ON。

S20：小车在右限位 X1 处并且按启动按钮 X3，即 X1 • X3。

S21：T0 的常开触点。

S22：左限位 X2。

S23：T1 的常开触点。

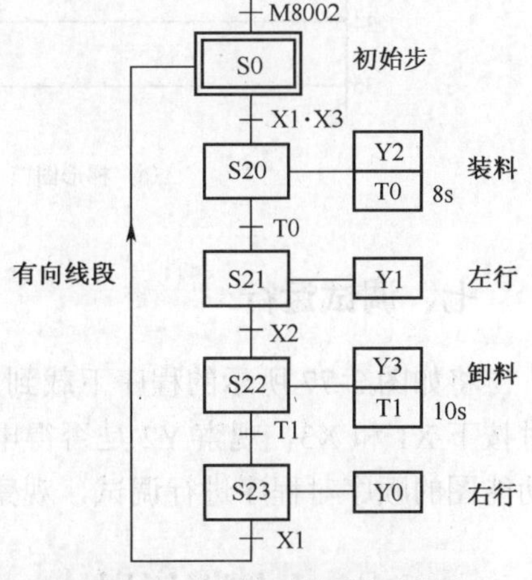

图 3-76 运料小车的顺序功能图

五、绘制顺序功能图

经过上述 4 个步骤，得到的小车控制系统的顺序功能图如图 3-76 所示。

六、将顺序功能图转换成梯形图

将图 3-76 转换成图 3-77（a）、（b）所对应的梯形图和指令表。对应于顺序功能图中的每一步转换成梯形图时，将使用 STL 指令转换，遵循前述规则，除初始状态之外的一般状态条件必须在其他状态后加入 STL 指令才能驱动，不能脱离状态而用其他方式驱动。要返回原来的主母线时，使用 RET（返回）指令。从某一步返回到初始步时，如图 3-76 中从 S23 步转移到 S0 步，可以对初始步的状态器 S0 使用 OUT 指令。顺序功能图中的状态继电器 S 不一定非按其编号的顺序选用。但是，在一系列的 STL 指令最后，必须要写入 RET 指令。

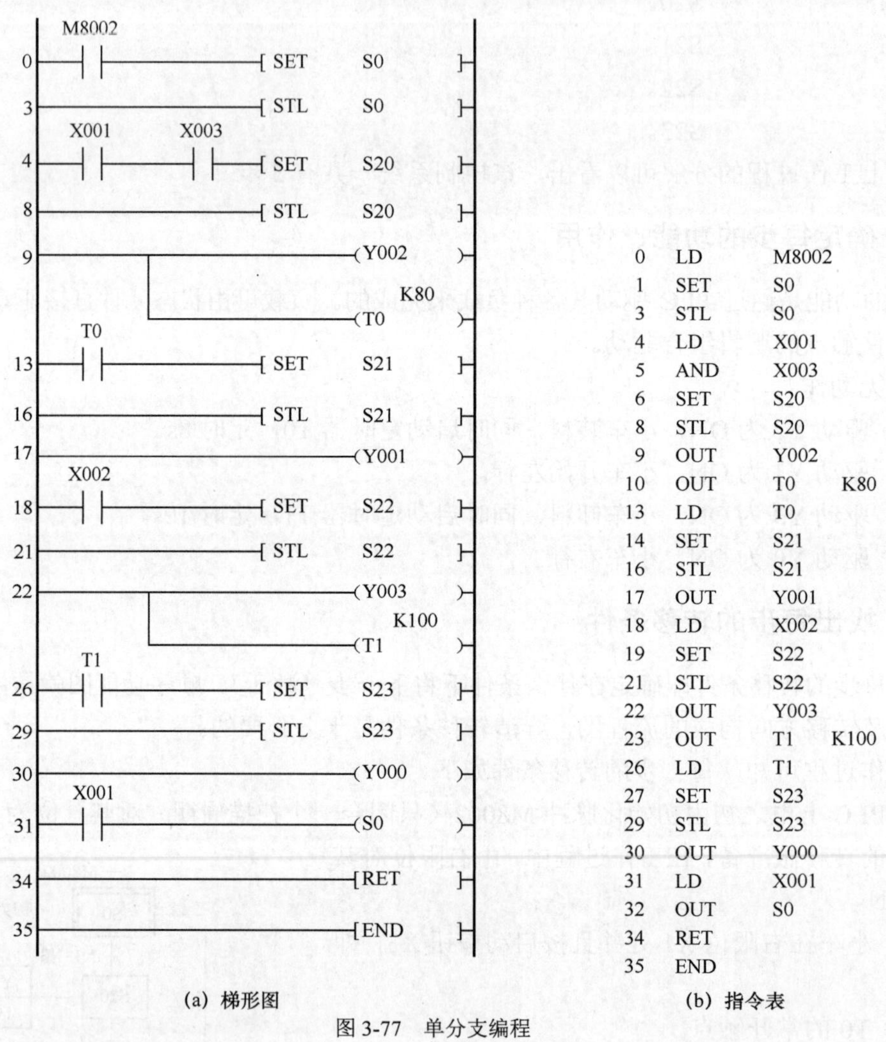

(a) 梯形图

0	LD	M8002	
1	SET	S0	
3	STL	S0	
4	LD	X001	
5	AND	X003	
6	SET	S20	
8	STL	S20	
9	OUT	Y002	
10	OUT	T0	K80
13	LD	T0	
14	SET	S21	
16	STL	S21	
17	OUT	Y001	
18	LD	X002	
19	SET	S22	
21	STL	S22	
22	OUT	Y003	
23	OUT	T1	K100
26	LD	T1	
27	SET	S23	
29	STL	S23	
30	OUT	Y000	
31	LD	X001	
32	OUT	S0	
34	RET		
35	END		

(b) 指令表

图 3-77 单分支编程

七、调试运行

将如图 3-77 所示的程序下载到 PLC 中，然后进行调试。调试时请参照图 3-76，首先同时按下 X1 和 X3，观察 Y2 是否得电，延时 8s 后，观察 Y1 是否得电，以此类推，按照顺序功能图的顺序对程序进行调试，观察程序能否达到控制要求。

知识拓展——单周期和连续工作方式的编程

运料小车的自动工作方式分为单步、单周期和连续等。各种工作方式的含义如下。

单步工作方式：按一次启动按钮，前进一个工步（或工序）。系统每进行一步都会停止下来，适用于系统的调试和检修。

单周期工作方式：在原点位置按启动按钮，自动运行一个周期后再在原点停止。再按一次启动按钮就开始下一个周期运行。

连续工作方式：在原点位置按启动按钮，开始连续地反复运行。

如图 3-76 所示实现的是运料小车的单周期运行，如果需要运料小车实现上述 3 种工作方式，需要加一个单刀三掷选择开关 K1 控制运料小车自动运行（连续、单周期、单步）。在图 3-77 中，程序只能运行，不能停止，因此，还需要增加一个停止按钮 SB1，如图 3-78（a）所示。

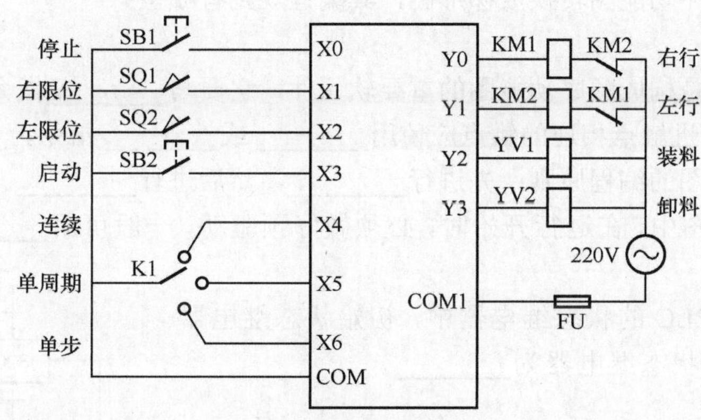

（a）运行小车的 I/O 接线图

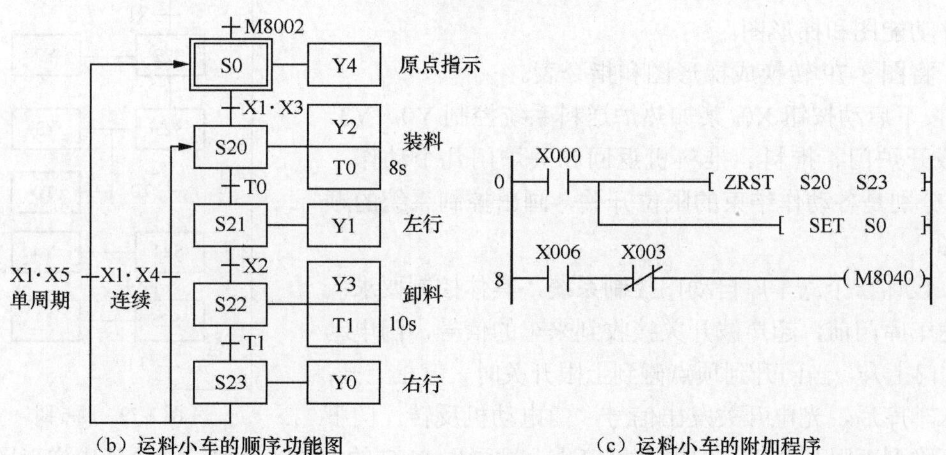

（b）运料小车的顺序功能图　　　　（c）运料小车的附加程序

图 3-78　运料小车的多工作方式控制示意图

如图 3-78（b）所示，在顺序功能图的最后一步加一个选择分支，如果选择开关 K1 置于连续位置，那么只要满足 X1 • X4=1，则转移到 S20 步，即选择连续运行方式工作；如果选择开关 K1 置于单周期位置，那么只要满足 X1 •X5=1，则转移到 S0 步，即选择单周期工作方式；如果选择单步工作方式，则需要在这个自动程序前面加上如图 3-78（c）所示的一段程序。这里利用转移禁止辅助继电器 M8040 实现单步运行。步 8 中，当工作方式选择开关 K1 置于单步（即 X6 闭合）时，M8040 得电，该顺序功能图中的 5 个状态被禁止转移。只有按下启动按钮

X3，切断 M8040，状态才能在执行完成后（用时间控制转移的状态，必须将按钮按住至状态运行到设定值）进行转移；当按下停止按钮 X0 时，利用区间复位指令对除初始步之外的所有状态复位，小车停止运行，同时对初始步置位（目的是让下一个周期初始步为活动步）。

思考与练习

1．简答题

（1）什么叫顺序功能图，它由哪几部分组成？顺序功能图分为几类？

（2）FX 系列 PLC 的步进指令有哪几条，如何使用？

（3）如何将顺序功能图转换成梯形图，其编程规则有哪些？

2．填空题

（1）________是构成顺序功能图的重要软元件，它要与________指令配合使用。

（2）与 STL 步进触点相连的触点应使用________或________指令。

（3）顺序功能图的编程原则：先进行________，然后进行________。

（4）顺序功能图中，在运行开始时，必须做好预驱动，一般可用________或________进行驱动。

（5）FX 系列 PLC 的状态继电器中，初始状态继电器为________，通用状态继电器为________。

3．分析题

（1）试设计 4 盏流水灯，每隔 1s 顺序点亮，并循环往复的顺序功能图和梯形图。

（2）将图 3-79 转换成梯形图和指令表。

（3）按下启动按钮 X0，某加热炉送料系统控制 Y0～Y3，依次完成开炉门、推料、推料机返回和关炉门几个动作，Xl～X4 分别是各动作结束的限位开关，画出控制系统的顺序功能图。

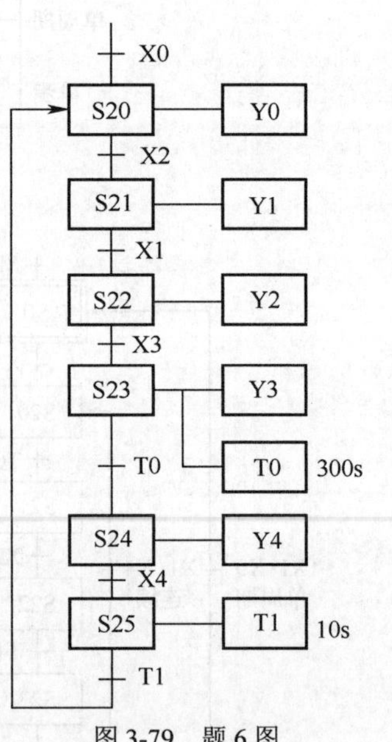

图 3-79　题 6 图

（4）设计一个汽车库自动门控制系统，具体控制要求：汽车到达车库门前，超声波开关接收到来车的信号，门电动机正转，门上升，当门升到顶点碰到上限开关时，停止上升；汽车驶入车库后，光电开关发出信号，门电动机反转，门下降，当下降到下限开关后，门电动机停止。试画出 PLC 的 I/O 接线图，并设计出梯形图程序。

任务九　自动门控制程序设计

任务导入

许多公共场所都采用自动门，如图 3-80 所示，人靠近自动门时，微波感应器 SB 为 ON，驱动门电动机开门，当人通过后，再将门关上。其控制要求如下。

（1）当有人通过微波感应器 SB 时，门电动机正转开门，到达开门限位开关 SQ1、SQ3 时，电动机停止运行。

（2）自动门在开门位置停留 8s 后，自动进入关门过程，门电动机反转，当门移动到关门限位开关 SQ2、SQ4 时，电动机停止运行。

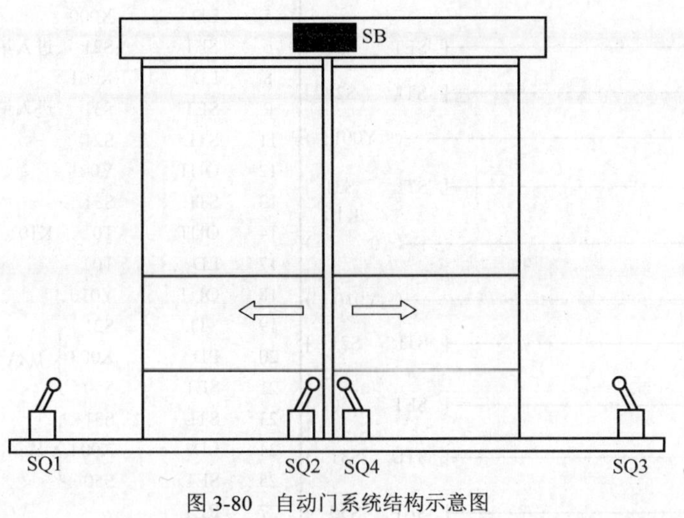

图 3-80 自动门系统结构示意图

（3）在关门过程中，如果微波感应器探测到有人通过，应立即停止关门，并自动进入开门程序。

（4）在门打开 8s 等待时间内，若有人通过，则必须重新等待 8s 后，再自动进入关门过程。

这是一个典型的选择分支控制系统，如何将选择分支的顺序功能图转换成梯形图呢？

相关知识——选择分支的编程

如图 3-81 所示的选择性分支中，X0 和 X1 在同一时刻最多只能有一个为接通状态。S20 为活动步时，X0 一接通，动作状态就向 S21 转移，S20 就变为“0”状态。在此以后，即使 X1 接通，S31 也不会变为活动步。汇合状态 S50 可由 S21 或 S31 任意一个驱动。

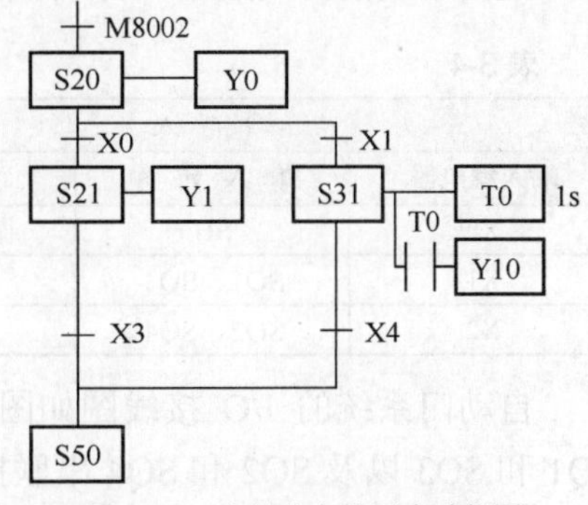

图 3-81 选择分支的顺序功能图

在进行选择分支的顺序功能图与步进梯形图之间的转换时，应首先进行分支状态元件的处理。处理方法：先进行分支状态的输出连接，然后依次按照各个分支的转移条件置位各转移分支的首转移状态元件；其次依顺序进行各分支的连接；最后进行汇合状态的处理。汇合状态的处理方法：先进行汇合前的驱动连接，然后依顺序进行汇合状态的连接。与图 3-81 对应的梯形图和指令表如图 3-82（a）和（b）所示。

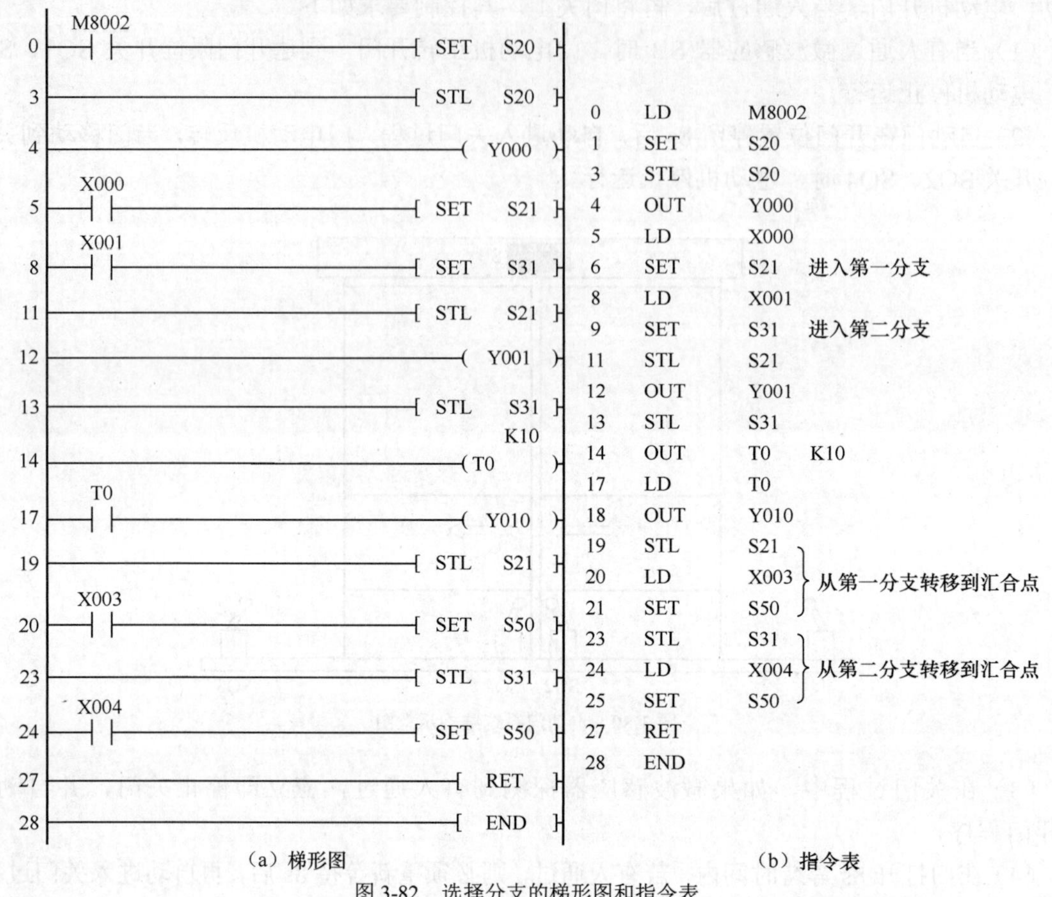

（a）梯形图　　（b）指令表

图 3-82　选择分支的梯形图和指令表

任务实施

一、分配 I/O 地址

根据系统的控制要求，分析该系统的输入与输出，如表 3-4 所示。

表 3-4　自动门系统的 I/O 分配表

输入			输出		
输入继电器	输入元件	作用	输出继电器	输出元件	作用
X0	SB	微波感应器	Y0	KM1	开门
X1	SQ1、SQ3	开门到位	Y1	KM2	关门
X2	SQ2、SQ4	关门到位			

自动门系统的 I/O 接线图如图 3-83 所示。为了保证两扇门全部开到位或者关到位，将 SQ1 和 SQ3 以及 SQ2 和 SQ4 串联接入 PLC 的输入端。

二、画出顺序功能图

分析自动门的控制要求，可得出如图 3-84 所示的顺序功能图。从图 3-84 中可以看到，自动门在关门时会有两种选择：关门期间无人要求进出时继续完成关门动作，转移到 S0 步；

而如果关门期间又有人要求进出，则暂停关门动作，转移到 S20 开门，让人进出后再关门。

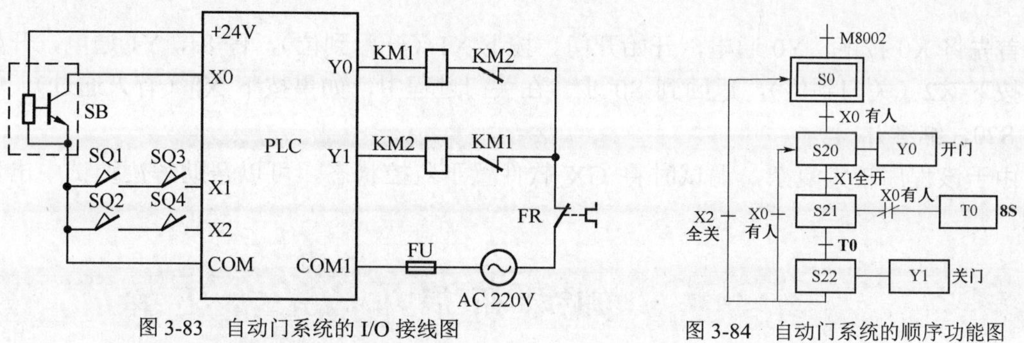

图 3-83　自动门系统的 I/O 接线图　　　　图 3-84　自动门系统的顺序功能图

三、将顺序功能图转换成梯形图

将如图 3-84 所示的顺序功能图转换成如图 3-85（a）所示的梯形图。

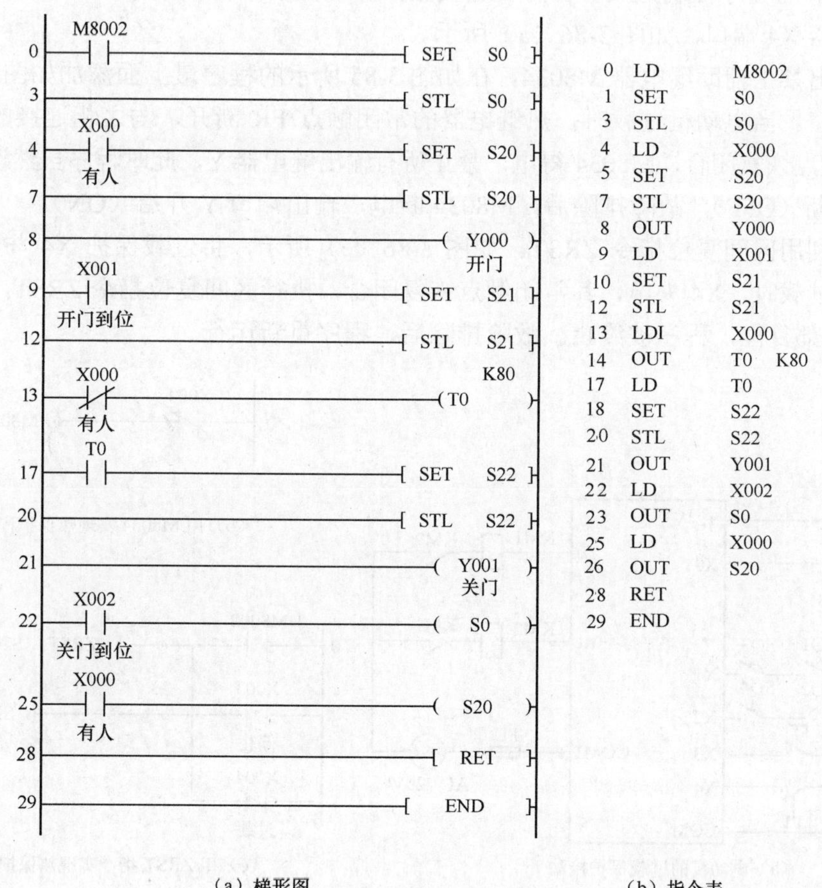

步	指令	操作数
0	LD	M8002
1	SET	S0
3	STL	S0
4	LD	X000
5	SET	S20
7	STL	S20
8	OUT	Y000
9	LD	X001
10	SET	S21
12	STL	S21
13	LDI	X000
14	OUT	T0　K80
17	LD	T0
18	SET	S22
20	STL	S22
21	OUT	Y001
22	LD	X002
23	OUT	S0
25	LD	X000
26	OUT	S20
28	RET	
29	END	

（a）梯形图　　　　（b）指令表

图 3-85　自动门系统的梯形图及指令表

按照图 3-83 所示连接自动门系统的 I/O 接线图。

用 GX 软件将如图 3-85 所示的程序下载到 PLC 中。

四、调试运行

首先将 X0 按下，Y0 通电，开始开门。按下 X1（开门到位），停 8s，Y1 通电，开始关门，按下 X2（关门到位），返回到 S0 步。在关门过程中，如果按下 X0（有人通过），则返回到 S20，继续开门。

由于该程序较为复杂，调试时将 GX 软件置于监控状态，可以帮助解决调试中出现的问题。

知识拓展

一、顺序功能图中电动机的过载保护设计

在自动门控制电路中，门电动机的热继电器的触点直接接在接触器的线圈电路中，如图 3-83 所示，与程序控制无关。若需要过载保护参与程序控制，可将热继电器的常闭触点接入输入继电器 X4 端口，如图 3-86（a）所示。

利用输出禁止辅助继电器 M8034，在如图 3-85 所示的程序最上面添加如图 3-86（b）所示的一行程序。当电动机过载时，热继电器的常闭触点 FR 断开，与之相连接的 X4 失电，X4 的常闭触点恢复闭合，M8034 得电，禁止所有输出继电器 Y，此时程序虽然运行，但输出口 Y 全部关断（OFF），故障排除后，M8034 断电，输出端口 Y 开启（ON）。

还可以利用区间复位指令 ZRST。如图 3-86（c）所示，将过载保护 X4 与停止按钮 X3 并联，发生过载时，X4 失电，其常闭触点恢复闭合，执行区间复位指令 ZRST，状态继电器 S20～S22 全部复位，程序被终止。故障排除后，程序重新运行。

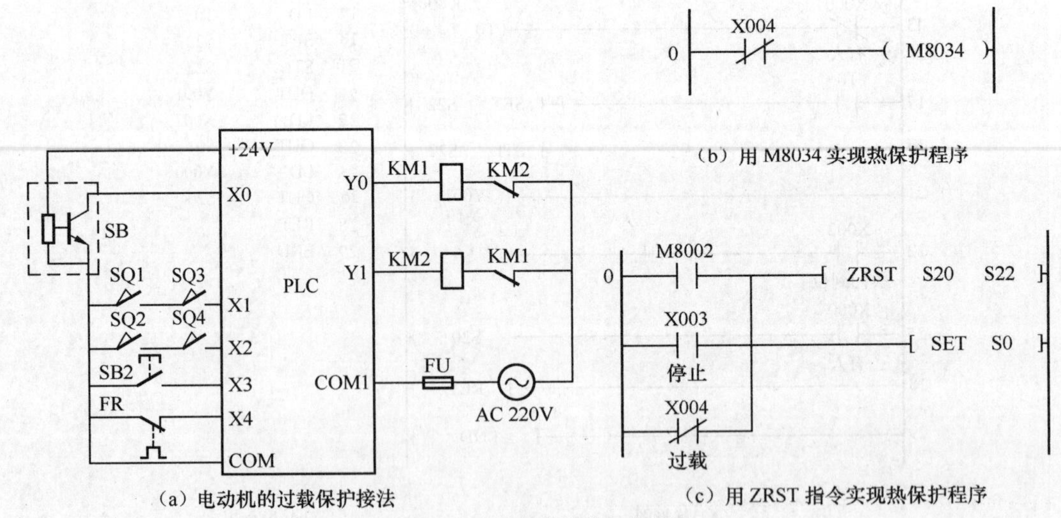

（a）电动机的过载保护接法

（b）用 M8034 实现热保护程序

（c）用 ZRST 指令实现热保护程序

图 3-86　电动机的过载保护设计

二、顺序功能图中的停止设计

顺序控制过程是一个状态接着一个状态顺序依次进行的过程，在不同情况下，停止的方式可能不一样，根据具体的工艺要求，停止按钮的设置也可能不止一个，且含义和作用也不

一样。下面给出了在顺序功能图中实现不同停止的方法。

1. 用区间复位指令 ZRST 实现紧急停止控制

如图 3-86（c）所示，按下紧急停止按钮 X3，执行区间复位指令 ZRST，不管程序执行到哪步，马上对系统运行过程进行急停控制，同时 X3 将初始步 S0 置位。若不同时将 S0 置位，则程序不处在待机状态，就不能按启动按钮重新启动。

注 意

程序中若有置位的元件，停止时要同时将其复位。

2. 用特殊辅助继电器 M8031、M8032 实现停止控制

特殊辅助继电器 M8031 和 M8032 得电时，可以将 Y、M、S、T、C 的 ON/OFF 影像存储器和 T、C、D 的当前值全部清零。M8031 是对非停电保持存储器全部清零，M8032 是对停电保持存储器全部清零。

如图 3-87 所示，运行中停止须按停止按钮 X1，由于有停电保持元件，需同时用 M8031 和 M8032 清零。运行停止后再启动，要先按 X2 进行复位，再按 X0 才能启动运行。运行中突然发生停电，运行中的状态与数据都会保持；重新送电后，会在停电时的状态下继续运行。

3. 按下停止按钮后，完成一周期的工作后才能停止

在连续循环方式的运行过程中，按下停止按钮 X1，不管系统正在哪个状态工作，都需要完成本周期全部工作任务并回到原点后，才允许停止运行。因此，需要用 SET 指令将停止信号 X1 保持住。如图 3-88 所示，由于停止时已置位 M0，因此，不管停止时系统正在哪个状态工作，都将继续执行顺序流程中余下的任务，直到执行完最后一步 S40 时，由于 M0 为 1，系统转移到 S0 停止运行，在 S0 步，用 RST 指令复位停止保持信号 M0。如果在最后一步 S40 时，没有检测到停止保持信号 M0，则转移到 S20 步继续下一个周期的运行。

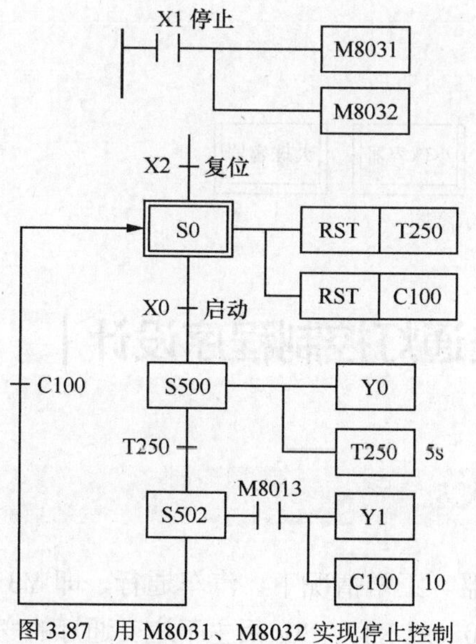

图 3-87 用 M8031、M8032 实现停止控制

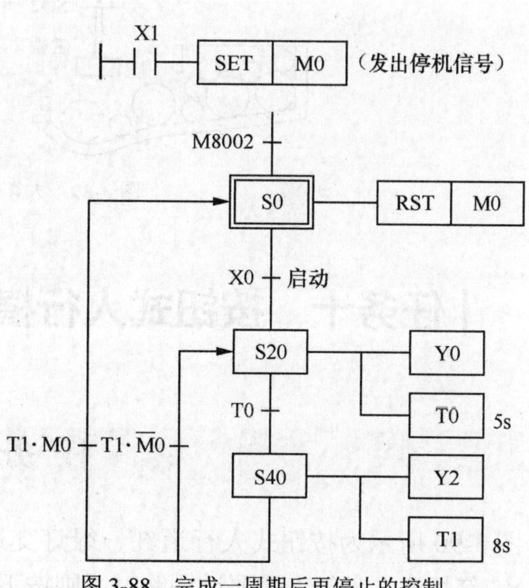

图 3-88 完成一周期后再停止的控制

思考与练习

1．简答题

选择分支的顺序功能图在分支和汇合上有什么特点，如何编程？

2．分析题

（1）用步进指令设计电动机正反转的控制程序。

（2）抢答器控制。抢答器系统可实现 4 组抢答，每组两人。共有 8 个抢答按钮，各按钮对应的输入信号为 X000、X001、X002、X003、X004、X005、X006、X007；主持人的控制按钮的输入信号为 X010；各组对应指示灯的输出控制信号分别为 Y001、Y002、Y003、Y004。前 3 组中任意一人按下抢答按钮即获得答题权；最后一组必须同时按下抢答按钮才可以获得答题权；主持人可以对各输出信号复位。试设计抢答器控制系统的顺序功能图。

（3）图 3-89 为使用传送带将大、小球分类选择传送的装置示意图。其动作顺序为下降、吸工件、上升、右移、下降、释放工件、上升、左移。左上为原点，当机械臂下降且电磁铁吸住大球时，限位开关 SQ2 断开，而吸住小球时 SQ2 接通，以此判断大球或小球。试画出顺序功能图并编写程序。

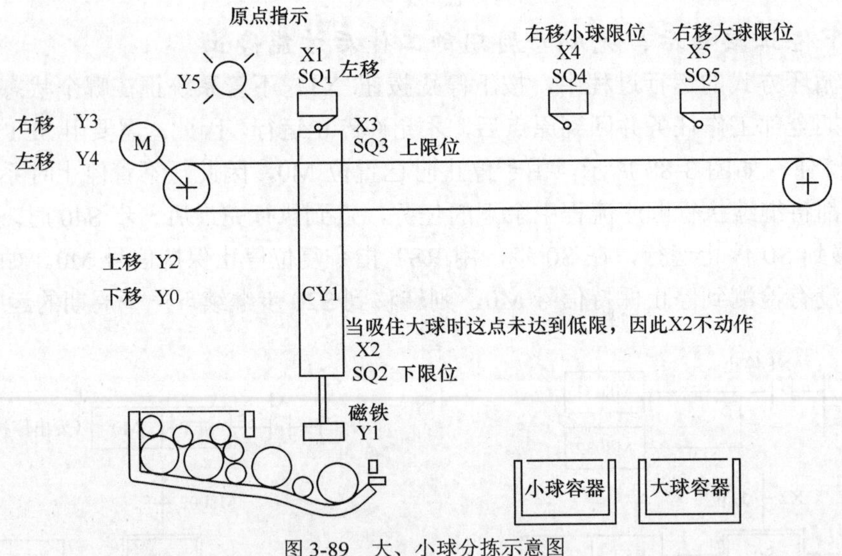

图 3-89　大、小球分拣示意图

任务十　按钮式人行横道交通灯控制程序设计

任 务 导 入

图 3-90 所示为按钮式人行道红、绿灯交通管理器。正常情况下，汽车通行，即 Y3 绿灯亮、Y5 红灯亮；当行人需要过马路时，则按下按钮 X0（或 X1），30s 后主干道交通灯的变化为绿→黄→红（其中黄灯亮 10s），当主干道红灯亮时，人行道从红灯转成绿灯亮，15s 后人行

道绿灯开始闪烁，闪烁 5 次后转入主干道绿灯亮，人行道红灯亮。各方向三色灯的工作时序图如图 3-91 所示。

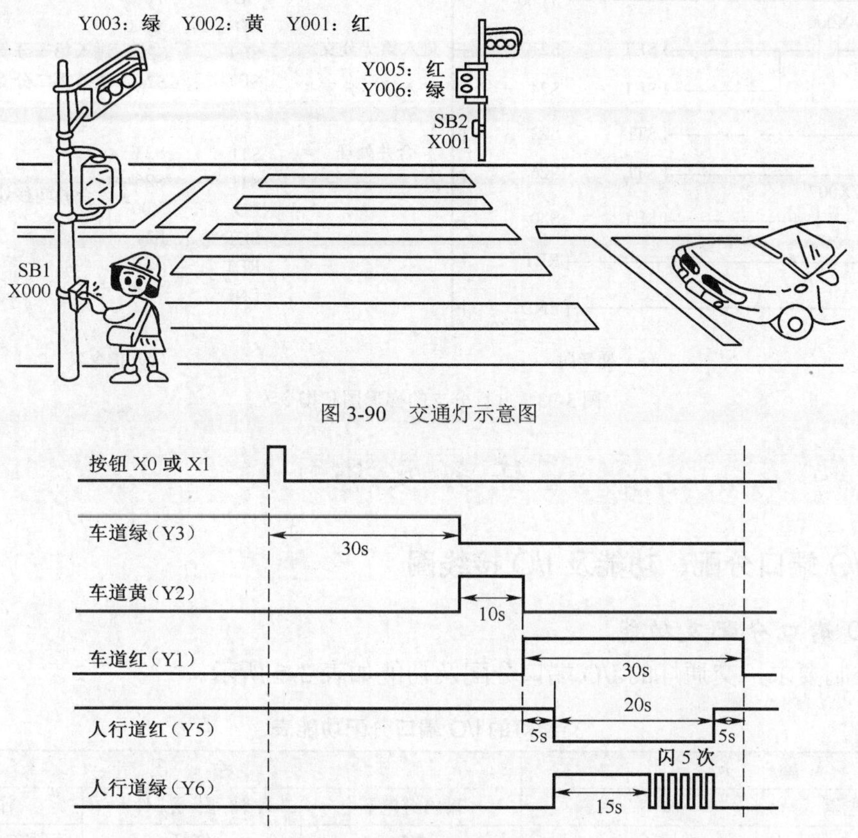

图 3-90　交通灯示意图

图 3-91　交通灯控制时序图

从交通灯的控制要求可知：人行道灯和车道灯是同时工作的，因此，它是一个并行分支与汇合序列，可以采用并行分支编写交通灯控制程序。

相关知识——并行分支的编程

图 3-92 所示为并行分支的顺序功能图，并行分支是指同时处理的程序流程。图 3-92 中，S20 为活动步时，只要 X0 一闭合，S21、S24 就同时被激活，即其状态均变为 ON，各分支流程也开始运行。待各流程的动作全部结束，即 S23、S26 的状态同时为“1”，且 X7 闭合时，汇合到状态 S30 动作，而 S23、S26 全部变为“0”状态，这种汇合又被称为排队汇合。

在进行并行分支顺序功能图与梯形图的转换时，进入并行分支处后，首先用公共转移条件对各分支的首状态继电器进行置位，其次依顺序进行各分支的连接，最后在分支汇合处将各分支最后一个状态继电器的触点串联，并串入其对应的转移条件，从而跳出汇合点，其梯形图和指令表如图 3-93 所示。

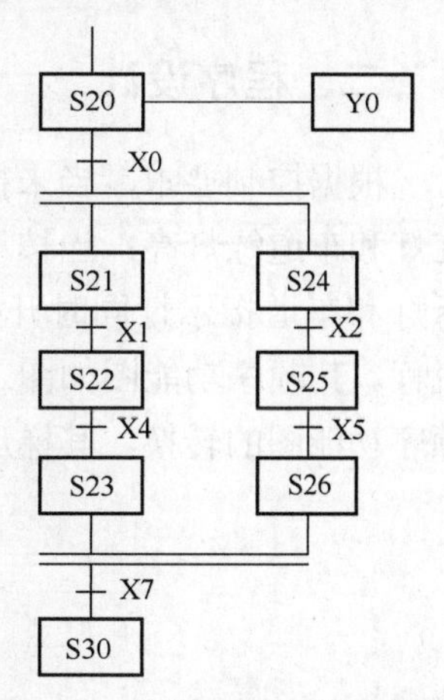

图 3-92　并行分支的顺序功能图

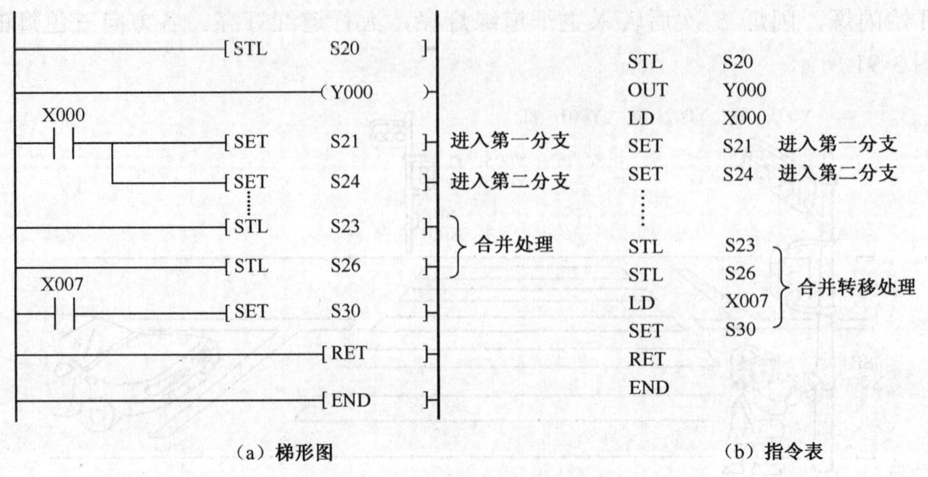

图 3-93　并行分支的梯形图和指令表

任 务 实 施

一、I/O 端口分配、功能及 I/O 接线图

1. I/O 端口分配及功能

根据控制要求，交通灯的 I/O 端口分配及功能如表 3-5 所示。

表 3-5　　交通灯的 I/O 端口分配功能表

输　入		输　出		
输入继电器	作　用	输出继电器	输 出 元 件	作　用
X0	左起动	Y1	红灯	车道红灯指示
X1	右起动	Y2	黄灯	车道黄灯指示
		Y3	绿灯	车道绿灯指示
		Y5	红灯	人行道红灯指示
		Y6	绿灯	人行道绿灯指示

2. I/O 接线图

根据表 3-5，PLC 的 I/O 接线图如图 3-94 所示。

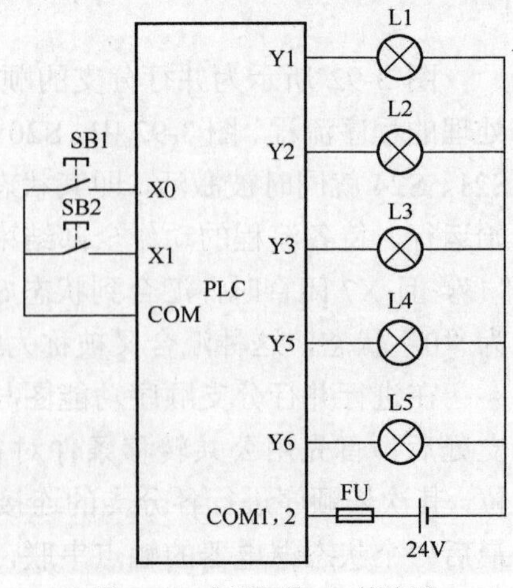

图 3-94　交通灯的 I/O 接线图

二、程序设计

根据控制要求，当未按下按钮 SB1 或 SB2 时，人行道红灯和车道绿灯亮；当按下按钮 SB1 或 SB2 时，人行道指示灯和车道指示灯同时开始运行，是具有两个分支的并行流程。其顺序功能图如图 3-95 所示。使用 STL 指令来完成顺序功能图的转换，其梯形图如图 3-96 所示。

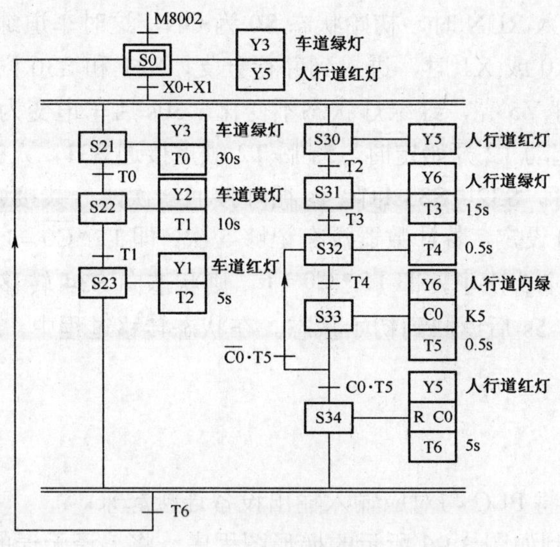

图 3-95　人行道交通灯顺序功能图

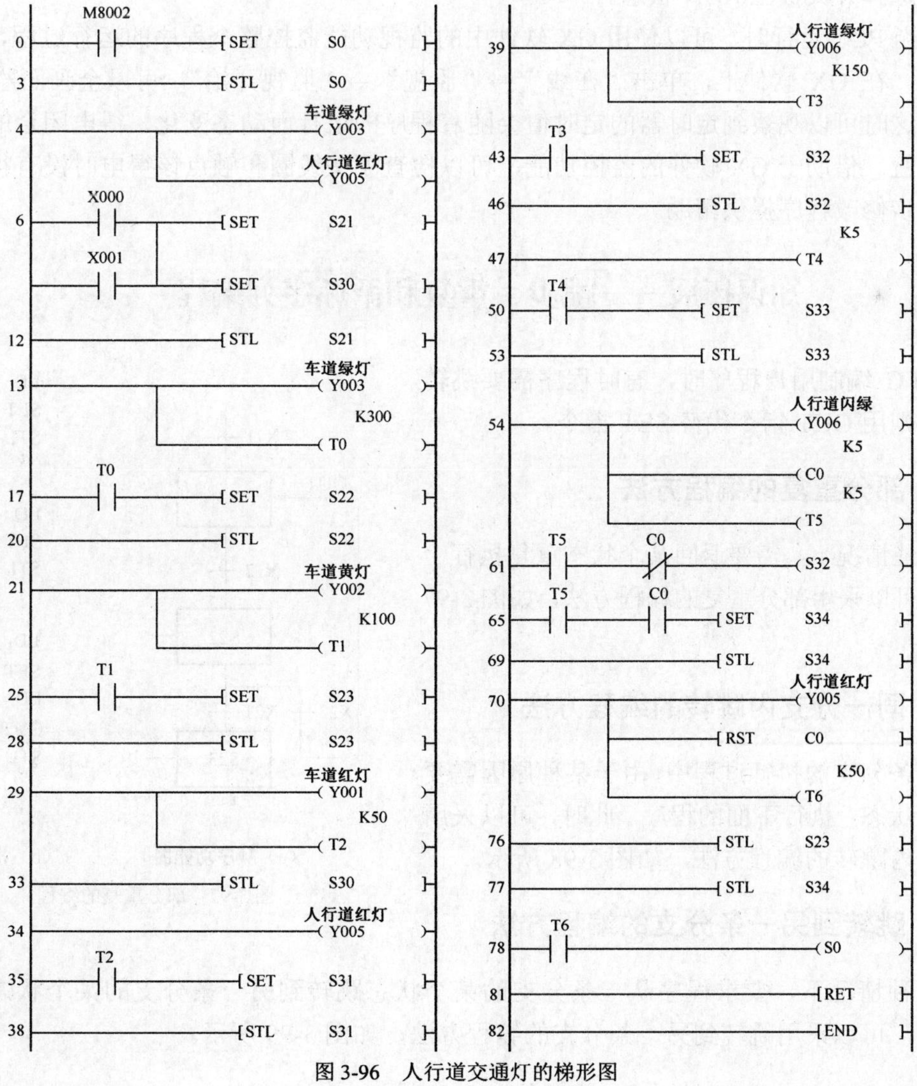

```
0    M8002 ─┤ ├─────────[SET  S0  ]
3    ───────────────────[STL  S0  ]
4    ─────────┬─────────( Y003 )   车道绿灯
              └─────────( Y005 )   人行道红灯
6    X000 ─┤ ├─┬────────[SET  S21 ]
     X001 ─┤ ├─┴────────[SET  S30 ]
12   ───────────────────[STL  S21 ]
13   ─────────┬─────────( Y003 )   车道绿灯
              └─────────( T0  K300 )
17   T0 ─┤ ├────────────[SET  S22 ]
20   ───────────────────[STL  S22 ]
21   ─────────┬─────────( Y002 )   车道黄灯
              └─────────( T1  K100 )
25   T1 ─┤ ├────────────[SET  S23 ]
28   ───────────────────[STL  S23 ]
29   ─────────┬─────────( Y001 )   车道红灯
              └─────────( T2  K50 )
33   ───────────────────[STL  S30 ]
34   ───────────────────( Y005 )   人行道红灯
35   T2 ─┤ ├────────────[SET  S31 ]
38   ───────────────────[STL  S31 ]
39   ─────────┬─────────( Y006 )   人行道绿灯
              └─────────( T3  K150 )
43   T3 ─┤ ├────────────[SET  S32 ]
46   ───────────────────[STL  S32 ]
47   ───────────────────( T4  K5 )
50   T4 ─┤ ├────────────[SET  S33 ]
53   ───────────────────[STL  S33 ]
54   ─────────┬─────────( Y006 )   人行道闪绿
              ├─────────( C0  K5 )
              └─────────( T5  K5 )
61   T5 ─┤ ├── C0 ─┤/├──( S32 )
65   T5 ─┤ ├── C0 ─┤ ├──[SET  S34 ]
69   ───────────────────[STL  S34 ]
70   ─────────┬─────────( Y005 )   人行道红灯
              ├─────────[RST  C0  ]
              └─────────( T6  K50 )
76   ───────────────────[STL  S23 ]
77   ───────────────────[STL  S34 ]
78   T6 ─┤ ├────────────( S0 )
81   ───────────────────[RET]
82   ───────────────────[END]
```

图 3-96　人行道交通灯的梯形图

当 PLC 由 STOP 转入 RUN 时，初始状态 S0 为 ON，这时车道绿灯 Y3 亮，人行道红灯 Y5 亮。按人行道按钮 X0 或 X1 时，进入到并行分支，S21 和 S30 同时为 ON，此时，车道绿灯 Y3 亮，人行道红灯 Y5 亮，红绿灯状态不变化。30s 后车道变为黄灯 Y2 亮，再过 10s，车道红灯 Y1 亮，同时起动 T2 开始定时，5s 后 T2 触点接通 S31，人行道绿灯 Y6 亮，15s 后人行道绿灯 Y6 开始闪烁，S32、S33 每隔 1s 循环接通一次，一共接通 5 次。S32、S33 循环接通的次数由计数器 C0 设定，若计数器没有记够 5 次，即 $T5 \bullet \overline{C0} = 1$，则跳到 S32 继续循环执行；若计数器已经记够 5 次了，即 $T5 \bullet C0 = 1$，则状态向 S34 转移，人行道红灯 Y5 亮，同时给计数器 C0 复位，5s 后返回到初始状态。在状态转移过程中，即使再按动人行道按钮 X0 或 X1 也无效。

三、调试运行

（1）按图 3-94 所示将 PLC 与对应输入输出设备连接起来。

（2）用 GX 软件编制如图 3-96 所示的梯形图程序，将编译无误的程序下载到 PLC 中，并将模式选择开关拨至 RUN 状态。

（3）当 PLC 运行时，可以使用 GX 软件中的监视功能监控整个程序的运行过程，以方便调试程序。在 GX 软件上，单击“在线”→“监视”→“监视开始”，可以全画面监控 PLC 的运行，这时可以观察到定时器的定时值会随着程序的运行而动态变化，得电闭合的触点和线圈会变蓝。借助于 GX 软件的监控功能，可以检查哪些线圈和触点该得电时没有得电，从而为进一步修改程序提供帮助。

知识拓展——跳步、重复和循环序列编程

用 SFC 编制用户程序时，有时程序需要跳转或重复，则用 OUT 指令代替 SET 指令。

一、部分重复的编程方法

在一些情况下，需要返回某个状态重复执行一段程序，可以采用部分重复的编程方法，如图 3-97 所示。

LD	X11
SET	S21
STL	S21
⋮	⋮
LD	X12
SET	S22
STL	S22
⋮	⋮
LD	X21
SET	S23
LD	X22
OUT	S21
STL	S23
⋮	⋮

（a）顺序功能图　　（b）指令表

图 3-97　部分重复的编程

二、同一分支内跳转的编程方法

在一条分支的执行过程中，由于某种原因需要跳过几个状态，执行下面的程序。此时，可以采用同一分支内跳转的编程方法，如图 3-98 所示。

三、跳转到另一条分支的编程方法

在某种情况下，要求程序从一条分支的某个状态跳转到另一条分支的某个状态继续执行。此时，可以采用跳转到另一条分支的编程方法，如图 3-99 所示。

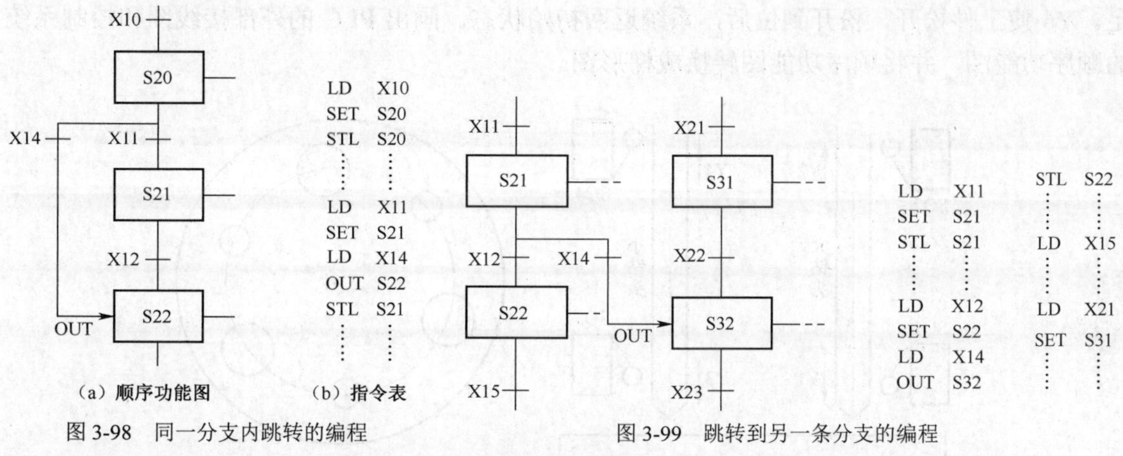

图 3-98　同一分支内跳转的编程

图 3-99　跳转到另一条分支的编程

思考与练习

分析题

（1）有一并行分支的顺序功能图如图 3-100 所示。请对其进行编程。

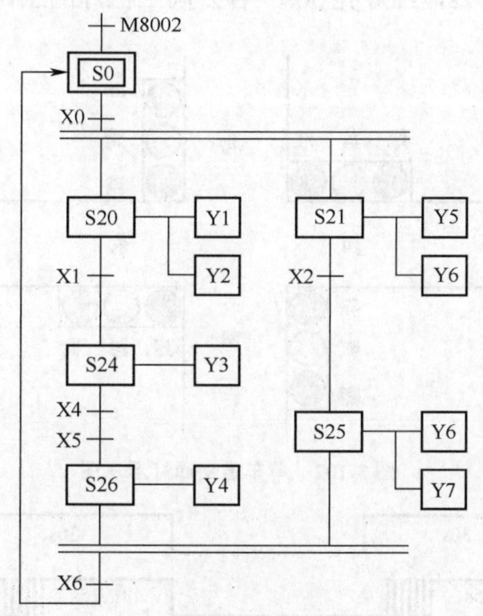

图 3-100　题 1 的顺序功能图

（2）用步进阶梯指令编一简单的直流电动机控制程序，要求达到的功能：直流电动机能够首先正向运行 10s，停 5s 后，反向运行 10s，如此循环 5 次，自动停机。

（3）某组合钻床用来加工圆盘状态零件上均匀分布的 6 个孔，如图 3-101 所示。操作人员放好工件后，按下启动按钮 X0，Y0 变为 ON，工件被夹紧，夹紧后压力继电器 X1 为 ON，Y1 和 Y3 使两只钻头同时开始向下进给。大钻头钻到由限位开关 X2（SQ1）设定的深度时，Y2 使它上升，升到由限位开关 X3（SQ2）设定的起始位置时停止上行。小钻头钻到由限位开关 X4（SQ3）设定的深度时，Y4 使它上升，升到由限位开关 X5（SQ4）设定的起始位置时停止上行，同时设定值为 3 的计数器的当前值加 1。两个都到位后，Y5 使工件旋转 120°，旋转结束后又开始钻第二对孔。3 对孔都钻完后，计数器的当前值等于设定值，转换条件满足。Y6 使工件松开，松开到位后，系统返回初始状态。画出 PLC 的外部接线图和控制系统的顺序功能图，并将顺序功能图转换成梯形图。

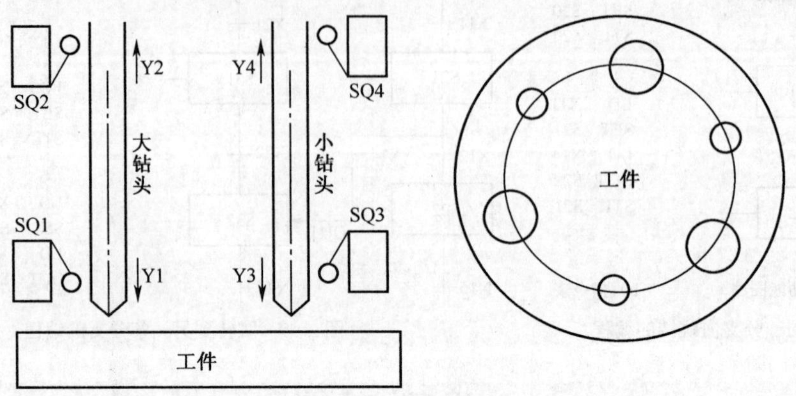

图 3-101　钻床加工零件示意图

（4）十字路口交通灯的布置如图 3-102 所示。当按下启动按钮时，信号灯系统开始工作，且先南北红灯亮、东西绿灯亮。当按下停止按钮时，所有的信号灯全部熄灭。工作时绿灯亮 25s，并闪烁 3 次（即 3s），黄灯亮 2s，红灯亮 30s。各方向三色灯的工作时序图如图 3-103 所示。

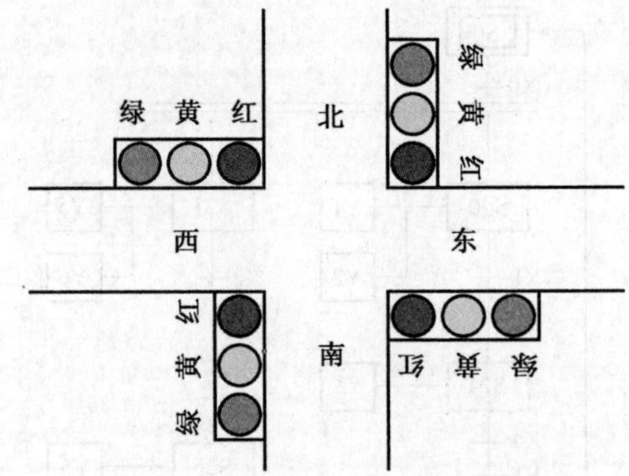

图 3-102　单车道交通灯示意图

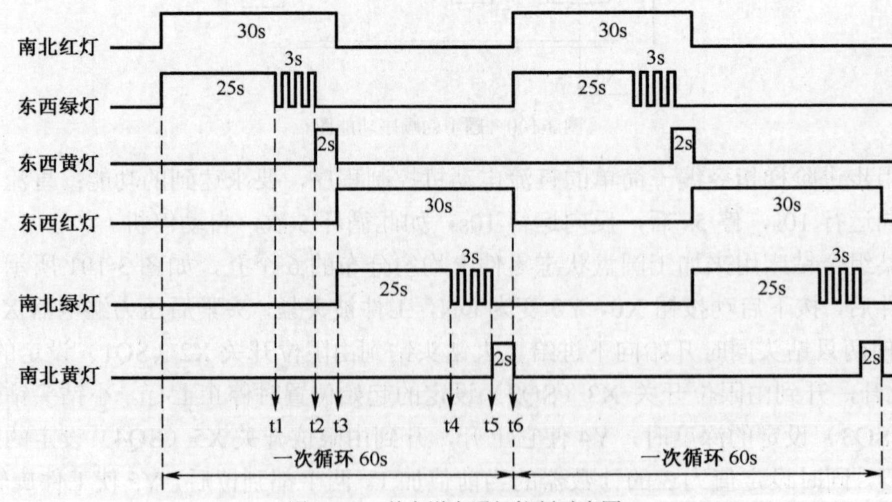

图 3-103　单车道交通灯控制时序图

模块四 PLC 应用指令的应用

能力目标

1. 能熟练运用 PLC 的基本指令和应用指令编写 PLC 程序，并写入 PLC 进行调试运行。
2. 能熟练运用应用指令解决实际工程问题。

知识目标

1. 掌握应用指令的基本格式、表示方式、数据长度、位组件和执行方式等。
2. 掌握主要应用指令的使用方法。
3. 学会利用应用指令解决实际问题的编程方法，进一步熟悉编程软件的使用，通过学习，提高编程技巧。

| 任务一　8 盏流水灯控制程序设计 |

任务导入

试设计 8 盏流水灯每隔 1s 顺序点亮，并不断循环的 PLC 控制系统。

由控制要求可知，该控制系统的实现可以采用前面学过的基本指令编程的经验设计法或顺序功能图设计法。这两种设计方法虽然可以通过编程达到控制目的，但编程却很繁琐，程序比较长。若系统需要数据运算和特殊处理，则基本指令是无法完成的。PLC 的一条基本指令只能完成一个特定的操作，而一条应用指令却能完成一系列的操作，相当于执行了一个子程序，所以应用指令的应用更加强大，使编程更加精炼。因此，必须学习 PLC 的应用指令才能实现较复杂的控制任务。

相关知识

一、应用指令的通用格式

FX 系列 PLC 的应用指令用指令的英文名称或缩写作为助记符。应用指令常用应用框表示，如图 4-1 所示，图中的常开触点 X0 是应用指令的执行条件，其后的方框即为应用框。应用框分栏表示指令的名称、相关数据或数据的存储地址。

使用应用指令需注意指令的基本格式及使用要素。图 4-1 所示为加法指令的基本格式及使用要素。

1. 应用指令编号

应用指令按应用号 FNC00～FNC246 来编号，如图 4-1 中的①。

2. 助记符

应用指令的助记符是该指令的英文缩写。如加法指令“ADDITION”简写为 ADD，如图 4-1 中的②。

3. 数据长度

应用指令可按处理数据的长度分为 16 位指令和 32 位指令。其中，32 位指令用（D）表示，无（D）符号的为 16 位指令，如图 4-1 中的③。

4. 执行形式

应用指令有脉冲执行型和连续执行型两种。指令中标有（P）（如图 4-1 中的④）的为脉冲执行型，在指令表示栏中用“◥”警示，如图 4-1 中的⑤。脉冲执行型指令在执行条件满足时仅执行一个扫描周期，如图 4-1 所示，当 X0 闭合时，只在一个扫描周期中将加数（D11、D10）和加数（D13、D12）做一次加法运算。连续执行型如图 4-2 所示，在 X0 为 ON 的每个扫描周期都要被重复执行加法运算。在不需要每一个扫描周期都执行时，用脉冲执行方式可缩短程序执行时间。XCH（数据交换）、INC（加 1）、DEC（减 1）等指令一般应使用脉冲执行方式，若用连续执行方式时要特别注意，因为在每一个扫描周期内，其结果均在变化。

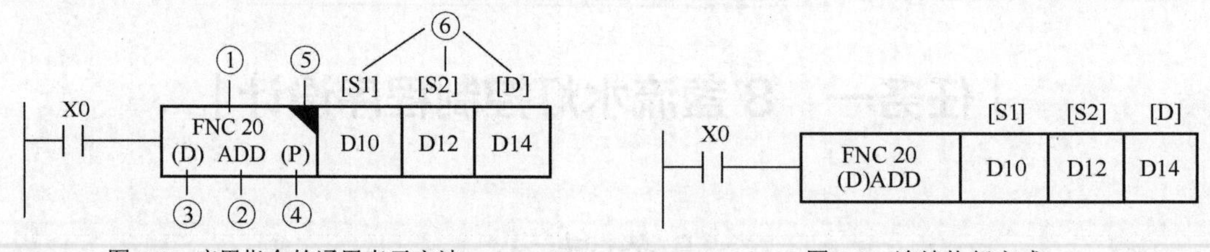

图 4-1 应用指令的通用表示方法　　图 4-2 连续执行方式

5. 操作数

操作数是应用指令涉及或产生的数据，如图 4-1 中的⑥。它一般由 1～4 个操作数组成，但有的应用指令只有助记符和应用号而不需要操作数。操作数分为源操作数、目标操作数和其他操作数。

[S]：源（Source）操作数，其内容不随指令执行而变化。源操作数不止一个时，可用[S1]、[S2]等表示。

[D]：目标（Destination）操作数，其内容随执行指令而改变。目标操作数不止一个时，可用[D1]、[D2]等表示。

[m]与[n]：其他操作数，常用来表示常数或作为源操作数和目标操作数的补充说明。表示常数时，K 表示十进制，H 表示十六进制，注释可用[m1]、[m2]等表示。

这些操作数的形式如下。

（1）位元件 X、Y、M 和 S。

（2）常数 K（十进制）、H（十六进制）或指针 P。

（3）字元件 T、C、D、V、Z。

（4）由位元件 X、Y、M、S 的位指定组成的字元件 KnX、KnY、KnM、KnS。

二、应用指令的数据结构

1．位元件

只具有接通（ON 或 1）或断开（OFF 或 0）两种状态的元件称为位元件。常用的位元件有输入继电器 X、输出继电器 Y、辅助继电器 M 和状态继电器 S。

2．字元件

处理数据的元件称为字元件。FX 系列的字元件最少 4 位，最多 32 位，如定时器 T、计数器 C、数据寄存器 D、变址寄存器（V、Z）以及位组件等。

（1）数据寄存器 D、变址寄存器（V、Z）。数据寄存器主要用于存储运算数据，可以对数据寄存器进行“读”“写”操作。FX 系列中每一个数据寄存器都是 16 位（最高位为符号位）二进制数或一个字，可以用两个相邻数据寄存器合并起来存储 32 位（最高位为符号位）二进制数或两个字，为了避免出现错误，建议首地址统一用偶数编号。数据寄存器用 D 表示，采用十进制编号，分为以下 4 种类型。

① 通用数据寄存器 D0～D199。数据寄存器中数据的写入一般采用传送指令的方式，只要不往通用数据寄存器中写入新数据，已写入的数据就不会变化。但是，PLC 的运行状态由 RUN→STOP 时，全部数据均清零（若特殊辅助继电器 M8033 为 ON，则 D0～D199 有掉电保持功能）。

② 掉电保持数据寄存器 D200～D7999。掉电保持数据寄存器有断电保持功能，只要不改写，其值保持不变。

③ 特殊数据寄存器 D8000～D8255。特殊数据寄存器用来监控 PLC 内部的各种工作方式和元件，如电池电压、扫描时间等。

④ 变址寄存器 V 和 Z。变址寄存器由 V0～V7 及 Z0～Z7 共 16 点 16 位的数据寄存器构成，可进行数据的读写，当进行 32 位操作时，将 V 和 Z 合并，其中 Z 为低 16 位。

变址寄存器（V、Z）常用于修改编程元件的元件号。当 V0=8 时，数据寄存器元件号 D5V0 相当于 D13（5+8=13）。

（2）位组件。4 个位元件作为一个基本单元进行组合，称为位组件，代表 4 位 BCD 码，也表示 1 位十进制数。位组件用 KnP 表示，K 为十进制，n 为位元件的组数（n=1～8），P 为位组件的首地址，一般用 0 结尾，通常的表现形式为 KnX、KnM、KnS、KnY。4 个单元 K4 组成 16 位操作数，如 K4M10 表示由 M25～M10 组成的 16 位数据。

字元件与位元件之间的数据传送，由于数据长度的不同，在传送时，应按以下原则处理。

当长数据向短数据传送时，只传送相应的低位数据，高位数据溢出；当短数据向长数据传送时，长数据的高位全部变零。

44. MOV 指令

三、传送指令 MOV

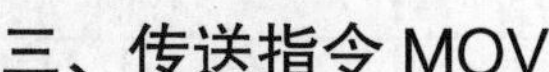

传送指令 MOV 是将源操作数[S]中的数据送到指定的目标操作数[D]中，源操作数内的数

据不变。若源操作数是一个变数，则需用脉冲型传送指令，即在 MOV 后加 P 表示。32 位数据需用 DMOV 传送。如图 4-3 所示，当 X0 为 ON 时，执行 MOV 指令，将[S]中的数据 K1X10（X10～X13）传送到目标元件 K1Y0（Y0～Y3）中，改变 X10～X13 中的状态，Y0～Y3 的状态也会随之而改变，图中 T0 的常闭触点和它的线圈组成一个脉冲发生器，T0 的当前值在 0～100 之间周期性地变化，M8013 是 1s 的时钟脉冲，用来给 C200 提供计数脉冲；当 X0 为 OFF 时，指令不执行，但是 K1Y0 中的数据一直保持。按下 X2 时，步 18 将 T0 的当前值不断传送到 D0 中，如果进入程序的监控状态，可以看到 D0 中的值会随着 T0 的变化而变化；步 18，按下 X2 时，由于 MOV 指令后面有 P，所以该指令为脉冲执行方式，只在 X2 按下的瞬间，将 T0 的当前值传送到 D1 中，即使以后 X2 继续闭合，D1 中的值也不再变化；步 29，按下 X3，将 32 位计数器 C200 的当前值不断传送到 D11 和 D10 组成的 32 位数据寄存器中，断开 X3，则 D11 和 D10 中的值不变。

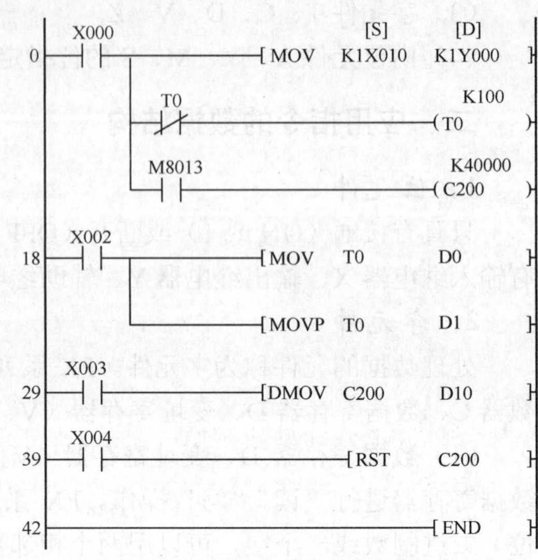

图 4-3 MOV 指令使用说明

MOV 指令的助记符、操作数等指令属性如表 4-1 所示。其中，K 表示十进制数，H 表示十六进制数。

表 4-1 MOV 指令的格式

指令名称	助记符	功能号	操作数	
			[S]	[D]
传送	MOV	FNC12	K、H、KnX、KnY、KnM、KnS、T、C、D、V、Z	KnY、KnM、KnS、T、C、D、V、Z

学思融合 按照《可编程控制系统集成及应用职业技能等级标准》构建小型 PLC 控制系统，培养学生的标准意识和职业素养。

任务实施

一、分配 I/O 地址

依据控制要求可知，输入信号端有启动按钮 X20 和停止按钮 X21；输出信号端有 8 盏灯 Y0～Y7。

根据控制要求列出传送数据与输出位组元件的对照表。在表 4-2 中，用“1”表示灯亮，用“0”表示灯熄灭。由于输出端是 8 盏灯，所以用 K2Y0 表示 Y0～Y7 的 8 盏灯。所传送的 8 位数据可以用十进制数 K 表示，也可以用十六进制数 H 表示，这里用十六进制数表示较为方便。

表 4-2 传送数据与输出位组元件对照表

传送数据	输出位组元件 K2Y0							
	Y7	Y6	Y5	Y4	Y3	Y2	Y1	Y0
H01	0	0	0	0	0	0	0	1
H02	0	0	0	0	0	0	1	0

续表

传送数据	输出位组元件 K2Y0							
	Y7	Y6	Y5	Y4	Y3	Y2	Y1	Y0
H04	0	0	0	0	0	1	0	0
H08	0	0	0	0	1	0	0	0
H10	0	0	0	1	0	0	0	0
H20	0	0	1	0	0	0	0	0
H40	0	1	0	0	0	0	0	0
H80	1	0	0	0	0	0	0	0

二、程序设计

8 盏流水灯的程序如图 4-4 所示。8 盏灯循环一个周期是 80s，所以在图 4-4 中使用 8 个定时器，然后采用定时器的常开触点将对应于每个时刻的十六进制数用 MOV 指令传送给 K2Y0，从而点亮相应位置的灯。在第 11 步中用 T7 的常闭触点对所有的定时器复位，开始下一个周期的循环。

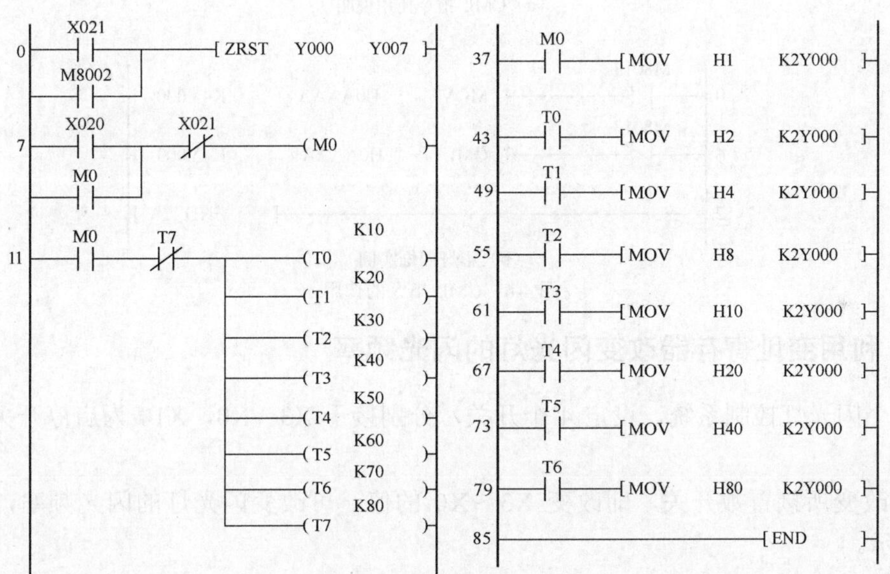

图 4-4　8 盏流水灯的程序

三、调试运行

将图 4-4 所示的程序用 GX 软件下载到 PLC 中，按下启动按钮 X20，可以观察到 8 盏灯依次点亮，并不断循环。按下停止按钮 X21，对所有灯复位。

知 识 拓 展

一、块传送指令 BMOV（FNC15）

在图 4-5 中，当指令的执行条件 X0 为 ON 时，成批传送数据，将源操作数 D5、D6、D7 中的数据传送到目标操作数 D10、D11、D12 中去。如果元件号超出允许的范围，数据仅传送到允许的范围。对位元件操作时，源操作数和目标操作数指定的位数必须相同。

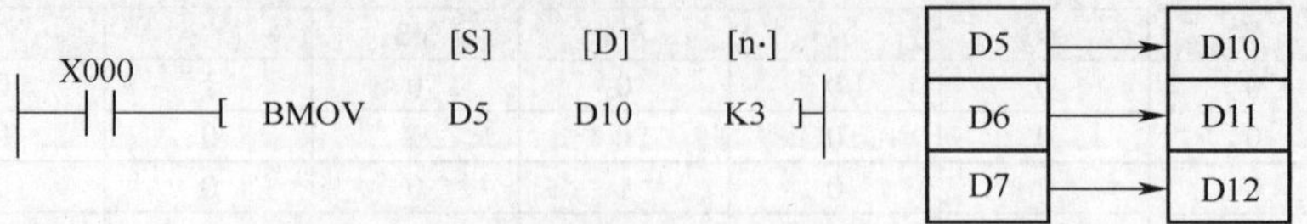

图 4-5 BMOV 指令使用说明

二、取反传送指令 CML（FNC14）

图 4-6（a）中，当指令的执行条件 X0 为 ON 时，将源操作数 D0 中的二进制数每位取反后传送到目标操作数 Y3～Y0 中。如 16 盏小彩灯分别接在 Y17～Y0 上，要求每隔 1s 间隔交替闪烁，利用 CML 指令编写的程序如图 4-6（b）所示。

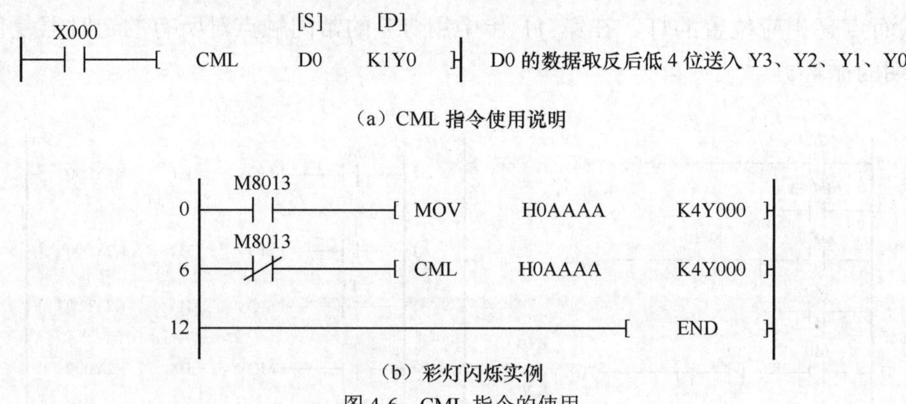

（a）CML 指令使用说明

（b）彩灯闪烁实例

图 4-6 CML 指令的使用

三、利用变址寄存器改变闪光灯的闪光频率

有一个闪光灯控制系统，设定 4 个开关，分别接于 X3～X0，X10 为启停开关，信号灯接于 Y0。

通过改变所接置数开关，即改变 X3～X0 的值，可改变闪光灯的闪光频率，梯形图如图 4-7 所示。

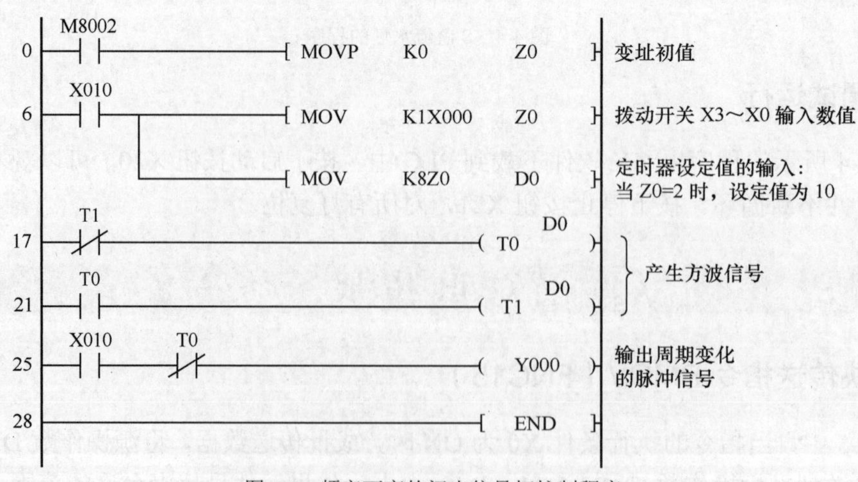

图 4-7 频率可变的闪光信号灯控制程序

步 0 为 PLC 上电时对变址寄存器清零；步 6 为从输入口设定开关数据，假定 X3～X0 为 0010，则 Z0=2，定时器 T0 的设定值 D0 中的数就应该是 2+8=10，即 1s；步 17～步 21 会产生闭合 1s 断开 1s 的脉冲，从而控制 Y0 的闪光频率。

四、利用 MOV 指令改写定时器和计数器的设定值

有一个洗衣机控制程序，要求强洗时定时 25min，循环 6 次；弱洗时定时 10min，循环 3 次。如图 4-8 所示，可以用 MOV 指令实现。

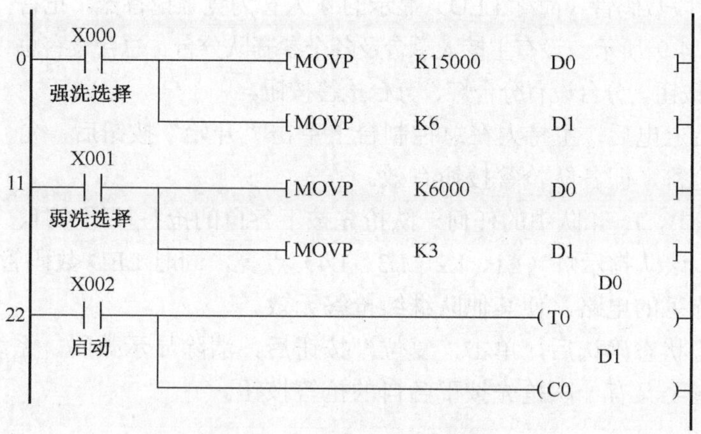

图 4-8　传送指令的应用实例

在图 4-8 中，按下强洗选择按钮 X0 时，MOV 指令将 K15000 和 K6 分别传送给 D0 和 D1，这样当洗衣机运行时，定时器 T0 和计数器 C0 的设定值就分别为 K15000 和 K6，洗衣机就按照这个时间和次数洗涤；当按下弱洗选择按钮 X1 时，MOV 指令将 K6000 和 K3 分别传送给 D0 和 D1，这样当洗衣机运行时，定时器 T0 和计数器 C0 的设定值就变为 K6000 和 K3。通过此例，可以方便地改变设备的工作时间和工作次数。若一次需要传送很多数据，可以使用块传送指令 BMOV 来实现。

思考与练习

1．简答题

（1）什么是位元件，什么是字元件，两者有什么区别？

（2）位元件如何组成字元件？请举例说明。

（3）数据寄存器有哪些类型，具有什么特点？试简要说明。32 位数据寄存器如何组成？

（4）应用指令的组成要素有几个，其执行方式有几种，其操作数有几类？

（5）试问如下软元件为何种软元件，由几位组成？

X1、D20、S20、K4X0、V2、X10、K2Y0、M19

（6）执行指令语句“MOV　K5　K1Y0”后，Y0～Y3 的位状态是什么？

（7）执行指令语句“DMOV　H5AA55　D0”后，D0、D1 中存储的数据各是多少？

2．分析题

（1）试用 MOV 指令实现模块三中的电动机Y-△降压启动程序。

（2）3 台电动机相隔 5s 启动。请使用传送指令完成控制要求。

任务二　4 路抢答器控制程序设计

任务导入

设计一个用 7 段数码管（简称 LED）显示的 4 人智力竞赛抢答器。抢答器的外形结构如图 4-9 所示。设有主持人总台及各个参赛队分台。总台设有总台开始及总台复位按钮。分台设有分台灯、分台抢答按钮。

45. 4 路抢答器的 PLC 控制

（1）系统初始上电后，主持人在总控制台上单击“开始”按钮后，允许各队人员开始抢答，即各队抢答按钮有效。

（2）抢答过程中，1～4 队中的任何一队抢先按下各自的抢答按钮（S1、S2、S3、S4）后，该队指示灯（L1、L2、L3、L4）点亮，同时 LED 数码管显示当前的队号，并联锁其他参赛选手的电路，使其他队继续抢答无效。

主持人对抢答状态确认后，单击“复位”按钮后，清除显示数码，系统又继续允许各队人员开始抢答；直至又有一队抢先按下各自的抢答按钮。

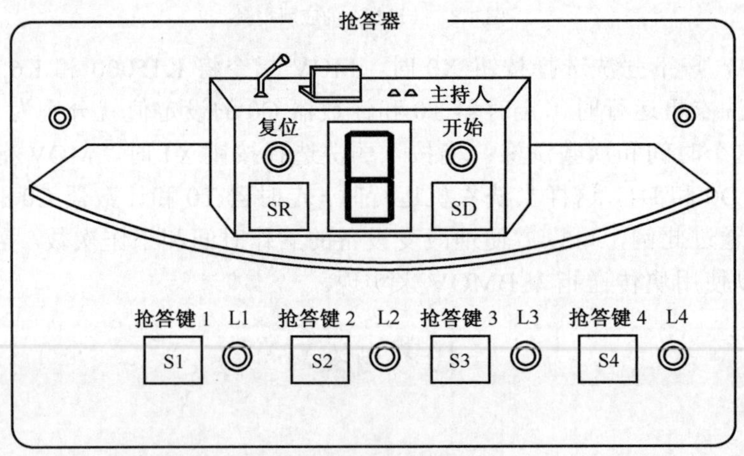

图 4-9　抢答器的外形结构

相关知识

一、子程序调用指令 CALL 和子程序返回指令 SRET

子程序是为了特定的控制要求编制的相对独立的程序。为了区别于主程序，规定在程序编排时，将主程序排在前面，子程序排在后面，并以主程序结束指令 FEND 将这两部分隔开。

如图 4-10 所示，如果 X0 为 ON，CALL　P10 指令使程序跳到 P10 指针所在的第 7 步去执行子程序。当执行完第 14 步的 SRET 指令时，返回到主程序调用指令 CALL 的下一行第 4 步继续往下执行。

子程序调用指令 CALL 的操作数为 P0～P127。子程序返回指令 SRET 无操作数。

使用子程序调用指令时应注意以下几点。

（1）指针又称标号、标签，它包括分支和子程序用的指针 P 和中断用的指针 I。在梯形图中，指针放在左母线的左边。指针（P/I）是在程序执行到内部时用来改变执行流向的元件。分支指针有 P0～P127，它们可用来指定条件跳转、子程序调用等，其中 P63 为 CJ 专用（END 跳转），不能作为 CALL 指令的指针使用。

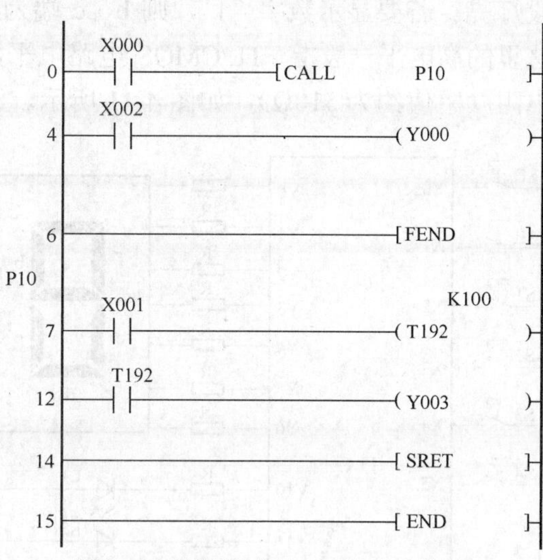

图 4-10　子程序调用与返回指令的使用

转移标号不能重复，也不可与跳转指令 CJ 的标号重复。

（2）CALL 指令必须和 FEND、SRET 一起使用。子程序编写在 FEND 指令的后面，以标号 P 开头，以返回指令 SRET 结束。不同位置的“CALL”指令可以调用相同标号的子程序，但同一标号的指针只能使用一次。

（3）当主程序带有多个子程序时，子程序要依次放在主程序结束指令 FEND 之后，并用不同的指针相区别。子程序可以调用下一级子程序，成为子程序嵌套，最多可 5 级嵌套。

（4）在子程序中，可采用 T192～T199 或 T246～T249 作为定时器。图 4-10 中，子程序中的 T192 正在定时的时候停止调用子程序，T192 仍继续定时，定时时间到，T192 的触点也会接通。在调用子程序指令时，令 T192 的线圈断电，它被复位，当前值变为 0。

二、主程序结束指令 FEND

FEND 表示主程序结束，当执行到 FEND 时，PLC 进行输入/输出处理，监视定时器刷新，完成后返回起始步。END 是指整个程序（包括主程序和子程序）结束。一个完整的程序可以没有子程序，但一定要有主程序。

任务实施

一、分配 I/O 地址

4 人智力竞赛抢答器需要 6 个输入端口、11 个输出端口。输入、输出端口的分配如表 4-3 所示，抢答器的 I/O 接线图如图 4-11 所示。

表 4-3　抢答器 I/O 端口分配表

输　入			输　出	
输入继电器	输 入 元 件	作　用	输出继电器	控 制 对 象
X0	SD	主持人开始	Y0～Y6	a～g7 段显示码
X1	SR	主持人复位	Y10、Y11、Y12、Y13	1～4 队显示
X2～X5	S1～S4	1～4 队抢答		

在图 4-11 中，PLC 的输出 Y0～Y6 接 7 段数码管，用来显示抢答队员的队号。

LED 数码管有两种显示接线方式：一种是共阴极，一种是共阳极。图 4-12（a）所示为共阴极接法，当给 COM 端加低电平时，LED 灯就亮；图 4-12（b）所示为共阳极接法，当给 COM 端加高电平时，LED 灯就亮。在图 4-12（a）中，当 a 端为正、COM 端为负时，a 段灯亮。若要显示数字“1”，则 b、c 端为高电平，其余 a、d、e、f、g 分别为低电平即可，这里的高电平一般指 TTL/CMOS 电路电平，使用时还需要在 LED 发光管电路中串入一限流电阻（阻值约为 510Ω），如图 4-11 所示。

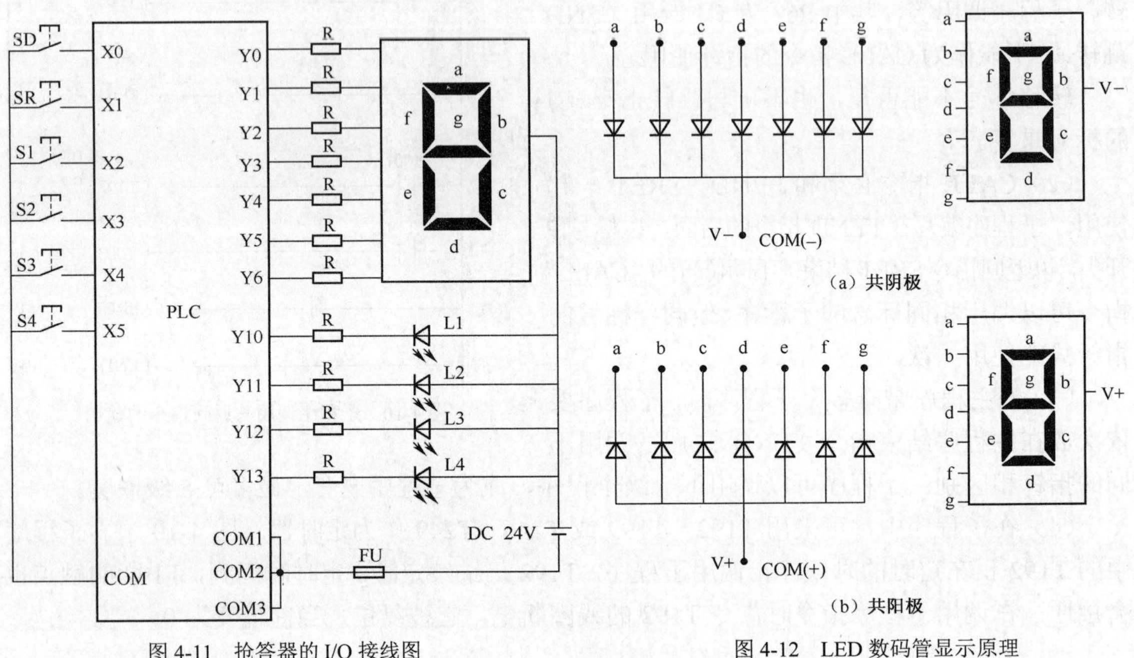

图 4-11　抢答器的 I/O 接线图

图 4-12　LED 数码管显示原理

PLC 可选择继电器输出型或晶体管输出型（如图 4-11 为输出源型）。

注　意

如果 PLC 是晶体管输出漏型（公共端 COM 接直流电源负极，称为漏型连接），则使用共阳极数码管；如果 PLC 是晶体管输出源型（公共端 COM 接直流电源正极，称为源型连接），则使用共阴极数码管。

二、程序设计

抢答器程序如图 4-13 所示。

步 0～步 13 是主程序，主持人按下开始按钮 X0 时，就进入各队抢答子程序，主持人按下 X1 按钮时，对 LED 显示及各队指示灯复位。

在按下 X0 调用子程序时，必须采用 M0 自锁。如果没有 M0 的自锁，当主持人按下 X0 后，程序指针便进入抢答子程序，程序执行到子程序第 60 步，SRET 返回指令便使程序指针返回主程序段，执行 CALL 指令的下一条指令，所以不能再执行子程序了。抢答子程序只执行了几个扫描周期，这么短的时间供队员抢答当然不够。现在图 4-13 中有 M0 的自锁，所以在每个扫描周期中都执行抢答子程序，可以达到抢答的目的。

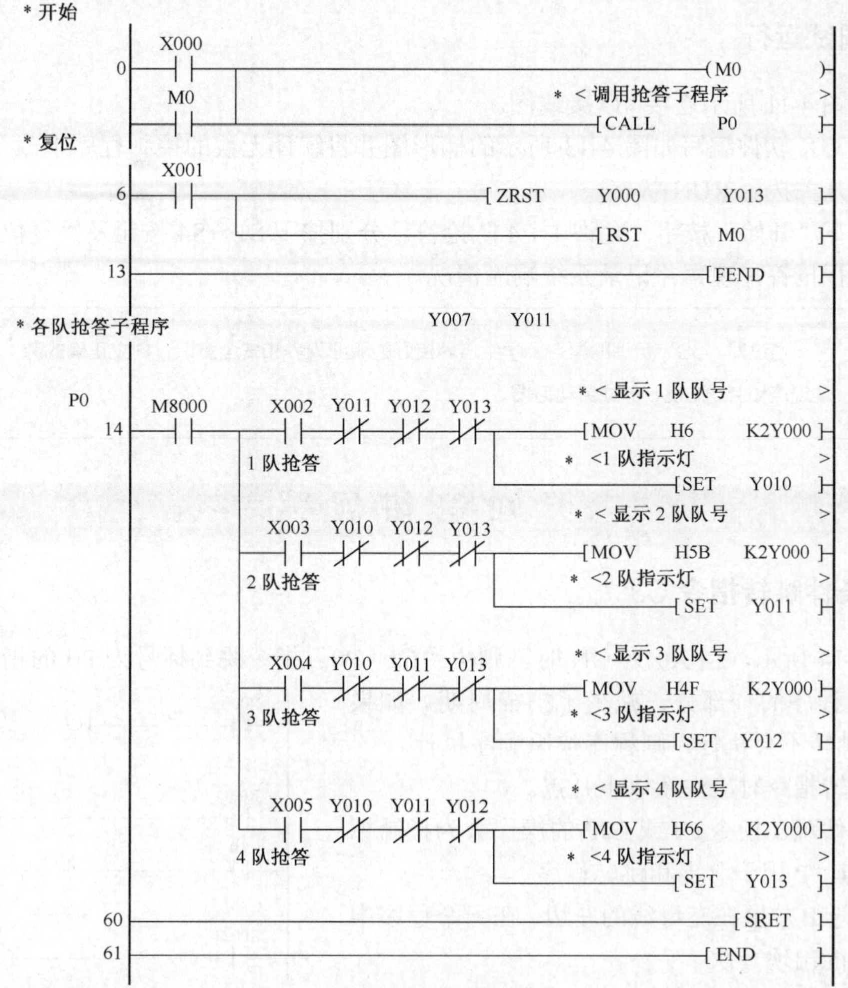

图 4-13 抢答器程序

步 14～步 60 是各队抢答子程序。在子程序设计中，主要考虑用 LED 显示各队的队号。用 PLC 控制 LED 显示数字有两种方法，一种方法是输出 4 位 BCD 码给 LED 显示（如用后面讲到的 BCD 码指令显示）；另一种方法是由 PLC 编制程序进行译码，来控制显示 a～g 段。这里采用后一种方法，假如参赛选手 1 先抢答，需要将 LED 的 b 、c 段点亮，其对应的数字编码如表 4-4 所示，显示数字“1”对应的编码应该是十六进制数 H06 或十进制数 K3，这里采用十六进制数更为方便。采用 MOV 指令将 H06 送到 K2Y0 中，显示驱动相应段 LED 点亮，显示对应数字。其余参赛选手的队号显示与此类似。用 SET 指令对各参数选手的指示灯置位。由于抢答器要求一旦一人先抢答，其余人再抢答无效，所以在步 14 的每个梯级中都串入其他 3 个队的输出常闭触点，以实现相互之间的联锁。

表 4-4　　抢答器的传送数据

显示数字	十六进制	g（Y6）	f（Y5）	e（Y4）	d（Y3）	c（Y2）	b（Y1）	a（Y0）
1	H06	0	0	0	0	1	1	0
2	H5B	1	0	1	1	0	1	1
3	H4F	1	0	0	1	1	1	1
4	H66	1	1	0	0	1	1	0

三、调试运行

（1）按图 4-11 所示连接 I/O 接线图。

（2）用 GX 软件编写如图 4-13 所示的梯形图并将编译无误的控制程序下载至 PLC 中，将模式选择开关拨至 RUN 状态。

（3）按下“开始”按钮，允许 1～4 队抢答。分别按下 S1～S4 按钮及“复位”按钮，模拟 4 个队进行抢答，观察并记录系统响应情况。

学思融合　通过对“6S”管理的学习，学生培养良好的职业素养和安全意识，树立正确的劳动观点和劳动态度，养成劳动习惯。

知 识 拓 展

一、条件跳转指令 CJ

如图 4-14 所示，当 X0 为 ON 时，则由“CJ　P0”指令跳到标号为 P0 的指令处开始执行，跳过了程序的一部分，减少了扫描周期。如果 X0 断开，跳转不会执行，则程序按原顺序执行。

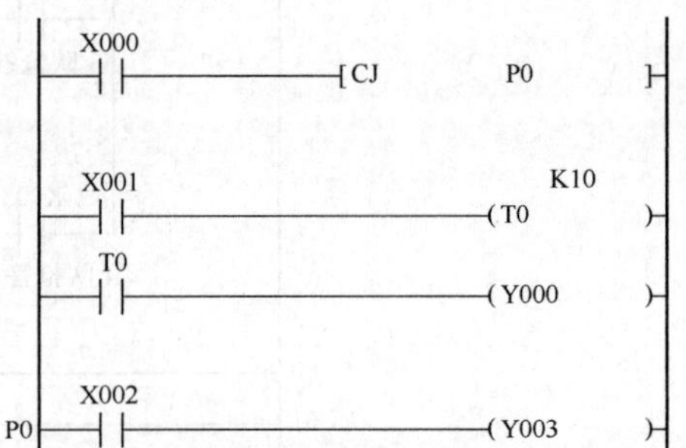

图 4-14　跳转指令的使用

使用跳转指令时应注意以下几点。

（1）条件跳转指令 CJ 或 CJP 的操作数为指针标号 P0～P127，P 用于分支和跳转程序。

（2）标号 P 放置在左母线的左边，在一个程序中一个标号只能出现一次。

（3）若跳转条件满足，则执行跳转指令，程序跳到以标号 P 为入口的程序段中执行，否则不执行跳转指令，按顺序执行下一条指令。

（4）如果 Y、M、S 被 OUT、SET、RST 指令驱动，则跳转期间即使 Y、M、S 的驱动条件改变了，它们仍保持跳转发生前的状态，因为跳转期间根本不执行这些程序。

（5）如果普通定时器或计数器被驱动后发生跳转，则暂停计时或计数，并保留当前值；跳转指令不执行时，定时或计数继续工作。

（6）对于 T192～T199（专用于子程序）、积算定时器 T246～T255 和高速计数器 C235～C255，若被驱动后再发生跳转，则即使该程序被跳过，计时和计数仍然继续，延时触点也能动作。

（7）P63 是 END 所在的步序，在程序中不需要设置 P63。如果生成了 P63，则反而会出错，如图 4-15 所示。指针标号允许用变址寄存器修改。

（8）若用 M8000 常开触点作为跳转条件，则 CJ 变成无条件跳转指令。

二、电动机手动/自动选择控制程序

1. 控制要求

某台设备具有手动和自动两种操作方式。SB3 是操作方式选择开关，当 SB3 处于断开状态时，选择手动操作方式；当 SB3 处于接通方式时，选择自动操作方式，不同操作方式的进程如下。

手动操作方式：按启动按钮 SB2，电动机运转；按停止按钮 SB1，电动机停止。

自动操作方式：按启动按钮 SB2，电动机连续运转 1min 后，自动停机；按停止按钮 SB1，电动机立即停机。

2．确定输入、输出并分配 I/O 地址

输入信号：

启动按钮 SB2——X2；

停止按钮 SB1——X1；

操作方式选择开关 SB3——X3；

热继电器的过载保护 FR——X0。

输出信号：

接触器线圈 KM——Y0。

3．程序设计

根据控制要求，设计的程序如图 4-15 所示。

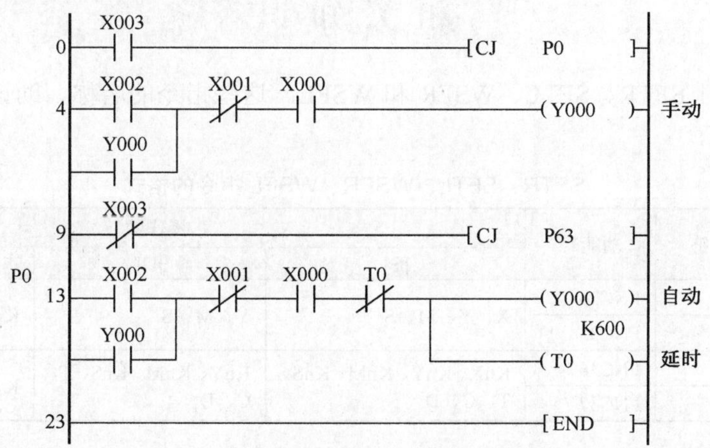

图 4-15　手动/自动程序

程序分析如下。

（1）手动工作方式。当 SB3 处于断开状态时，X3 的常开触点断开，不执行“CJ　P0”指令，而顺序执行程序步 4～步 12 的手动程序段。此时，因 X3 的常闭触点闭合，执行“CJ　P63”指令，跳过自动工作方式程序段到结束指令语句。

（2）自动工作方式。当 SB3 处于接通状态时，X3 的常开触点闭合，执行“CJ　P0”指令，跳过程序步 4～步 12 的手动程序段，执行步 13～步 23 的自动程序段，然后顺序执行结束指令。

如图 4-15 所示，由于手动程序和自动程序不能同时执行，所以程序中的线圈 Y0 不能视为双线圈。

思考与练习

1．简答题

（1）图 4-10 中，如果不执行“CALL　P10”指令，按下 X1 时，定时器 T192 能开始定时吗？如果在执行子程序指令时，按下 X1 开始定时，正在定时时，断开 X0，观察 T192 还能否继续定时，其常开触点会如何动作？如果将 T192 换成 T0 呢？

（2）CJ 指令和 CALL 指令有什么区别？

2．分析题

应用跳转指令，设计一个既能点动控制，又能自锁控制的电动机控制程序。设 X0=ON 时实现点动控制，X0=OFF 时，实现自锁控制。

任务三 8 台电动机顺序启动控制程序设计

任务导入

某台设备有 8 台电动机，为了减小电动机同时启动对电源的影响，利用移位指令实现间隔 10s 的顺序通电控制。按下停止按钮时，同时停止工作。

相关知识

移位指令包括 SFTR、SFTL、WSFR 和 WSFL。这些指令的名称、助记符、功能号、操作数如表 4-5 所示。

表 4-5　　SFTR、SFTL、WSFR、WSFL 指令的格式

指令名称	助记符	功能号	操作数		
			[S]	[D]	n1　n2
位右移	SFTR	FNC34	X、Y、M、S	Y、M、S	K、H，n2≤n1≤1024
位左移	SFTL	FNC35	X、Y、M、S	Y、M、S	K、H，n2≤n1≤1024
字右移	WSFR	FNC36	KnX、KnY、KnM、KnS、T、C、D	KnY、KnM、KnS、T、C、D	K、H，n2≤n1≤512
字左移	WSFL	FNC37	KnX、KnY、KnM、KnS、T、C、D	KnY、KnM、KnS、T、C、D	K、H，n2≤n1≤512

一、位左移指令 SFTL

位左移指令 SFTL 执行时，将源操作数[S]中的位元件的状态送入目标操作元件[D]中的低 n2 位中，并依次将目标操作数向左移位。

如图 4-16 所示，当 X5 由 OFF 变为 ON 时，执行 SFTL 指令，将源操作数 X3～X0 中的 4 个数送入到目标操作数 M 的低 4 位 M3～M0 中去，并依次将 M15～M0 中的数顺次向左移，每次移 4 位。高 4 位 M15～M12 溢出。

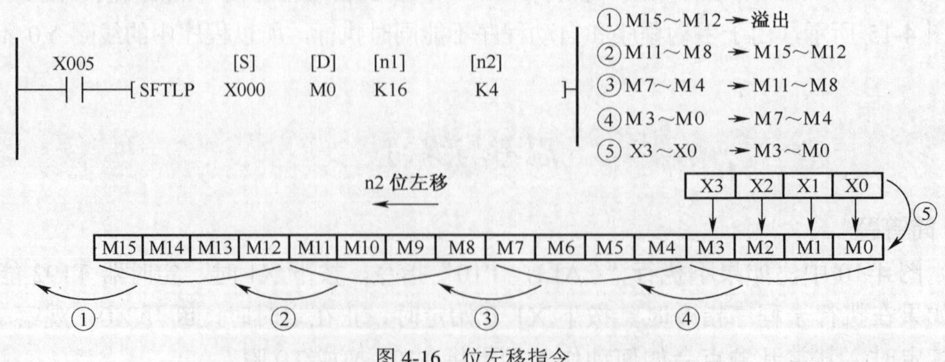

图 4-16　位左移指令

1. 位左移指令 SFTL 的说明

（1）如图 4-16 所示，S 为源操作数的最低位，D 为被移位的目标操作数的最低位。n1 为目标操作数的长度，n2 指定移位的位数。

（2）位左移就是源操作数从目标操作数的低位移入 n2 位，目标操作数各位向高位方向移 n2 位，目标操作数中的高 n2 位溢出。源操作数各位状态不变。

（3）在指令的连续执行方式中，每一个扫描周期都会移位一次。在实际控制中，常采用脉冲执行方式，即在 SFTL 后加 P。

2. 位左移指令 SFTL 的举例

4 盏流水灯每隔 1s 顺序点亮，并不断循环。

根据控制要求，写出 4 盏流水灯的真值表，如表 4-6 所示。

表 4-6　　4 盏流水灯循环左移真值表

	脉　冲	Y3	Y2	Y1	Y0
	0	0	0	0	0
	1	0	0	0	1
	2	0	0	1	0
	3	0	1	0	0
	4	1	0	0	0

由于输出是 4 盏灯，所以移位指令的长度是 4 位，每次移动 1 位，输出是 Y0～Y3，其 I/O 接线图参照前面实例，其梯形图和指令表如图 4-17 所示。在图 4-17 中，用定时器 T0 和 T1 构成周期为 1s 的脉冲振荡器，用 T0 的常开触点控制每次移位，由于只在 1s 内移动一次，所以 SFTL 指令采用脉冲执行方式。

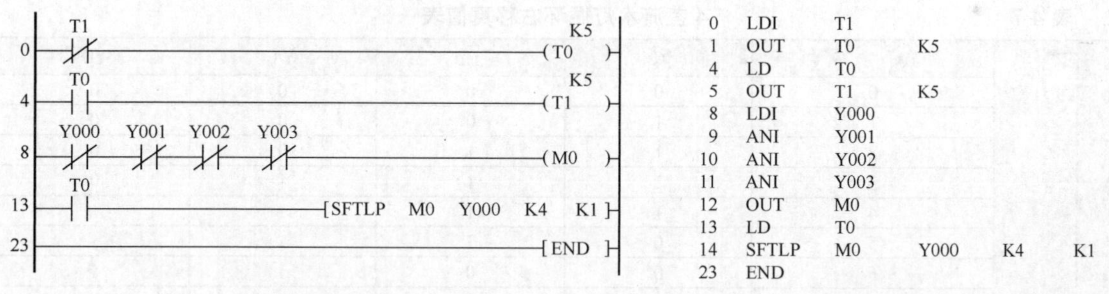

（a）梯形图　　（b）指令表

图 4-17　循环左移位控制梯形图和指令表

二、位右移指令 SFTR

位右移指令 SFTR 执行时，将源操作数[S]中的位元件的状态送入目标操作元件[D]中的高 n2 位中，并依次将目标操作数向右移位。

如图 4-18 所示，当 X5 由 OFF 变为 ON 时，执行 SFTR 指令，将源操作数 X3～X0 中的 4 个数送入目标操作数 M 的高 4 位 M15～M12 中去，并依次将 M15～M0 中的数顺次向右移，每次移 4 位。低 4 位 M3～M0 溢出。

1. 位右移指令 SFTR 的说明

（1）在图 4-18 中，S 为源操作数的最低位，D 为被移位的目标操作数的最低位。n1 为目标操作数的长度，n2 表示指定移位的位数。

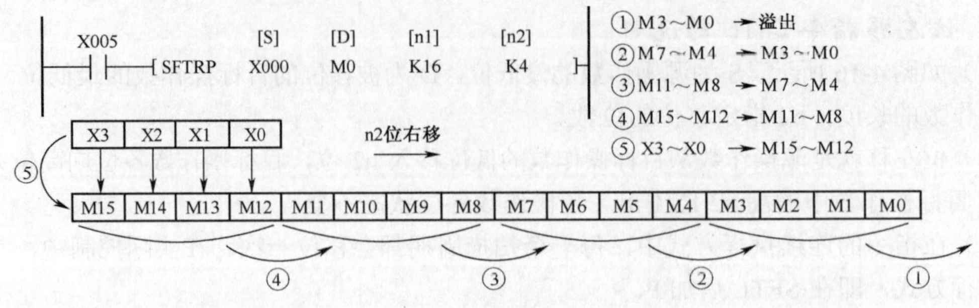

图 4-18 位右移指令

（2）位右移就是源操作数从目标操作数的高位移入 n2 位，目标操作数各位向低位方向移 n2 位，目标操作数中的低 n2 位溢出。源操作数各位状态不变。

（3）在指令的连续执行方式中，每一个扫描周期操作数中的各位二进制数都会移位一次。在实际控制中，常采用脉冲执行方式。

上述两个移位指令都采用脉冲指令形式，只有在 X5 由 OFF 变为 ON 时，目标操作数 M 中的各位二进制数才移位一次，否则在每个扫描周期都会移位。位右移和位左移指令的源操作数可取 X、Y、M、S，目标操作数可取 Y、M、S。

字移位指令 WSFR（WSFL）执行时，将指定的源操作数[S]中的二进制数以字为单位送入目标操作数[D]中并向右（左）移位，n1 指定目标操作数的字数，n2 指定每次向前移动的字数。用位指定的元件进行字移位指令时，是以 8 个数为一组进行的。

2. 位右移指令 SFTR 的举例

用右移移位指令实现表 4-7 循环右移真值表的输出。

表 4-7　　4 盏流水灯循环右移真值表

脉　冲	Y3	Y2	Y1	Y0
0	0	0	0	0
1	1	0	0	0
2	1	1	0	0
3	1	1	1	0
4	1	1	1	1
5	0	1	1	1
6	0	0	1	1
7	0	0	0	1

其梯形图和指令表如图 4-19 所示。

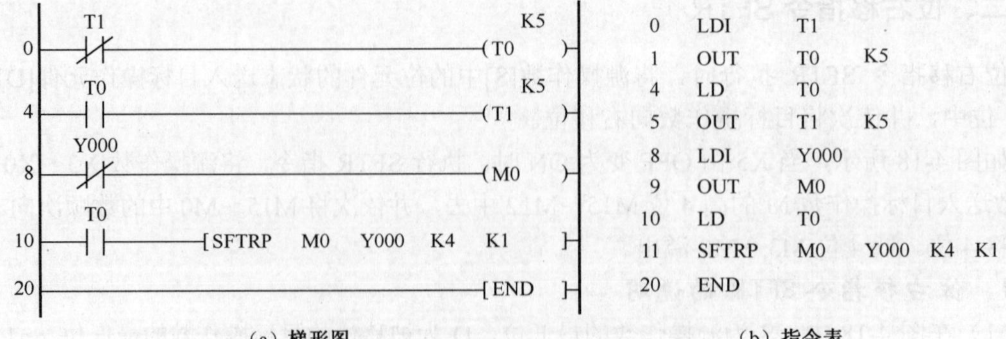

（a）梯形图　　（b）指令表

图 4-19 循环右移位控制梯形图和指令表

任务实施

一、分配 I/O 地址

控制电路需要 2 个输入端口、8 个输出端口。其 I/O 分配如表 4-8 所示。

表 4-8 8 台电动机控制程序的 I/O 分配表

输入		输出	
输入继电器	作用	输出继电器	控制对象
X0	启动按钮	Y0～Y7	8 个接触器
X1	停止按钮		

二、程序设计

程序梯形图如图 4-20 所示。

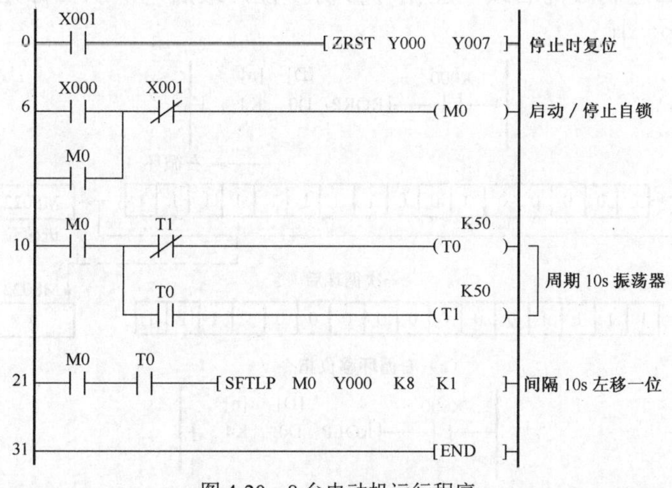

图 4-20 8 台电动机运行程序

三、调试运行

（1）用 GX 软件编写如图 4-20 所示的梯形图并将编译无误的控制程序下载至 PLC 中，将模式选择开关拨至 RUN 状态。

（2）按下“启动”按钮，观察并记录 8 台电动机的启动情况。

学思融合 激励学生青年时期努力学习，培养学生科学的实践观和方法论。

知识拓展

一、循环移位指令 ROR、ROL、RCR 和 RCL

循环移位指令包括 ROR、ROL、RCR 和 RCL 指令。这些指令的名称、助记符、功能号、操作数如表 4-9 所示。

表 4-9　　ROR、ROL、RCR、RCL 指令的格式

指令名称	助记符	功能号	操作数	
			[D]	n
循环右移	ROR	FNC30	KnY、KnM、KnS、T、C、D、V、Z	K、H 16 位操作：n≤16 32 位操作：n≤32
循环左移	ROL	FNC31		
带进位右移	RCR	FNC32		
带进位左移	RCL	FNC33		

1．右、左循环移位指令 ROR、ROL

（1）循环移位是周而复始的移位。如图 4-21 所示，[D]为要移位的目标操作数，n 为移动的位数。ROR 和 ROL 指令的功能是将[D]中的二进制数向右或向左移动 n 位，最后移出的那一位状态存在进位标志位 M8022 中。

（2）如图 4-21 所示，在 X0 由 OFF 变为 ON 时，循环移位指令 ROR 或 ROL 执行，将目标操作数 D0 中的二进制数向右或向左循环移动 4 位，最后一次从目标元件中移出的状态存于进位标志位 M8022 中。

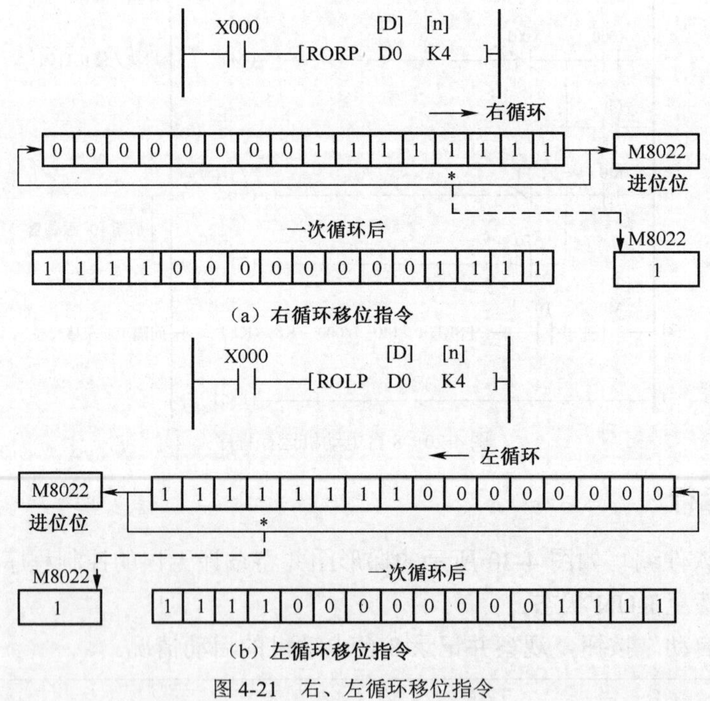

图 4-21　右、左循环移位指令

（3）当在目标元件中指定位元件组的组数时，只能用 K4（16 位指令）或 K8（32 位指令）表示，如 K4M0 或 K8M0。

（4）在指令的连续执行方式中，每一个扫描周期都会移位一次。在实际控制中，常采用脉冲执行方式。

2．带进位的循环移位指令

如图 4-22 所示，带进位的循环移位指令 RCR 或 RCL 执行时，将目标操作数[D]中的各位二进制数和进位标志位 M8022 一起向右或向左循环移动 4 位。当在目标元件中指定位元件组的组数时，只能用 K4（16 位指令）或 K8（32 位指令）表示。

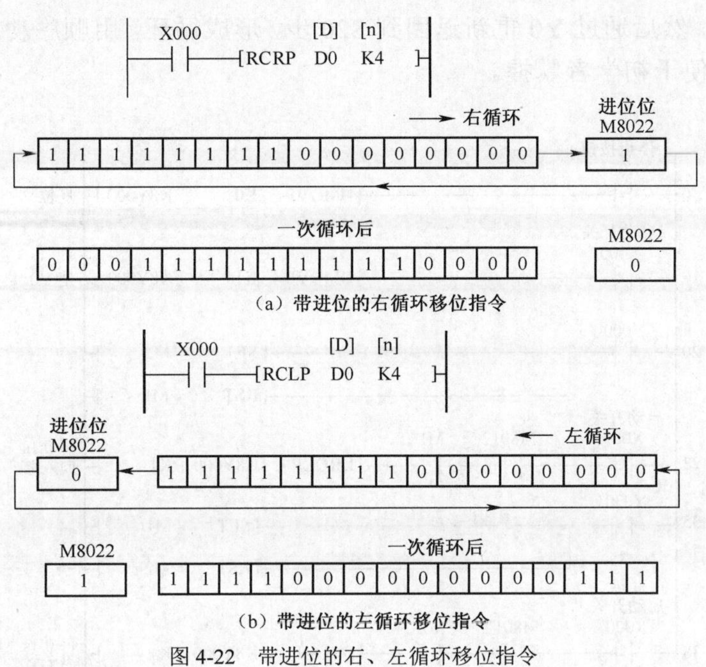

（a）带进位的右循环移位指令

（b）带进位的左循环移位指令

图 4-22　带进位的右、左循环移位指令

注意，该指令最好采用脉冲指令形式，只有在 X0 由 OFF 变为 ON 时，目标操作数 D0 中的各位二进制数才移位一次，否则在每一个扫描周期都会移位。

二、24 盏流水灯控制程序

1．控制要求

利用 PLC 实现流水灯控制。某灯光招牌有 24 盏灯，要求按下启动开关 X0 时，灯以正、反序每间隔 0.1s 轮流点亮；按下停止按钮 X1，停止工作。

2．确定输入、输出并分配 I/O 地址

由于输出动作频繁，应选择晶体管或晶闸管输出型的 PLC。流水灯控制需要两个输入信号：启动开关 X0 和停止按钮 X1；24 个输出信号：Y27～Y0。

3．程序设计

（1）利用基本指令和循环移位指令设计程序。程序如图 4-23 所示，由于在循环移位指令中位组件必须是 16 位或 32 位，所以输出位组件用 K8Y0，多用了 8 个输出端口。步 10 是按下启动开关 X0，首先赋初值给 K8Y0，使 Y0=1，由于 K8Y0 是 32 位，所以 MOV 指令前面加 D，又由于只在第一个扫描周期给 Y0 置 1，因此用脉冲执行方式，在 MOV 指令后加 P；步 23 是每隔 0.1s 向左移动一位，形成正序移动；当最后一盏灯 Y27 点亮 0.1s 后移位到 Y30，使 Y30=1；步 35 立即用 Y30 将 M1 置位，切断正序移位，同时复位 M2，接通反序移位。步 38 使 Y30 中的“1”又回到 Y27 中，也就是说，Y30 只起到转换信息的作用，以后每隔 0.1s 向右移动一位，形成反序点亮。反序到 Y0=1 时，步 20 使 M2 置位，M1 复位，又进入正序移位，依次循环。步 0 用停止按钮 X1 控制灯停止。

（2）利用顺序功能图设计程序。图 4-24 所示为用顺序功能图编写的程序。在 S20 步中，使用了循环左移指令 ROL，每隔 0.1s 向左移动一位，霓虹灯一个接一个依次轮流点亮；在 S21 步中，使用了循环右移指令 ROR，每隔 0.1s 向右移动一位，霓虹灯一个接一

个依次轮流点亮，然后通过 Y0 重新返回到 S20 步，形成循环。用顺序功能图编程很简捷，思路也很清晰，便于初学者掌握。

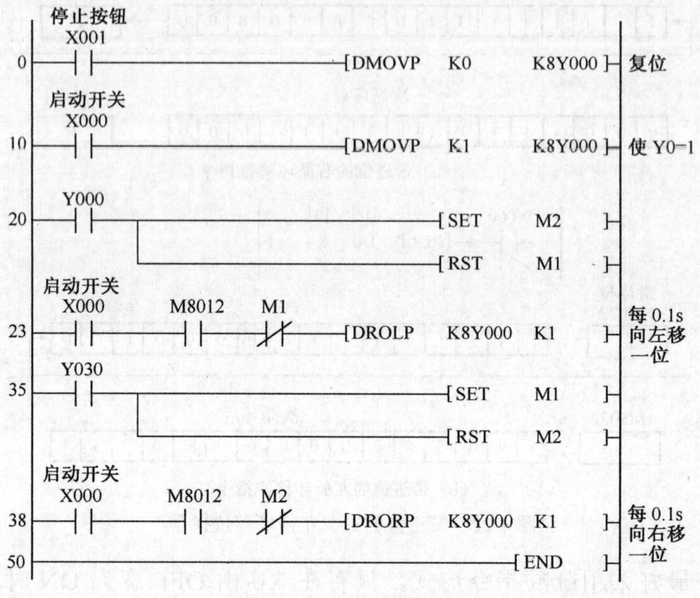

图 4-23　24 盏流水灯控制程序

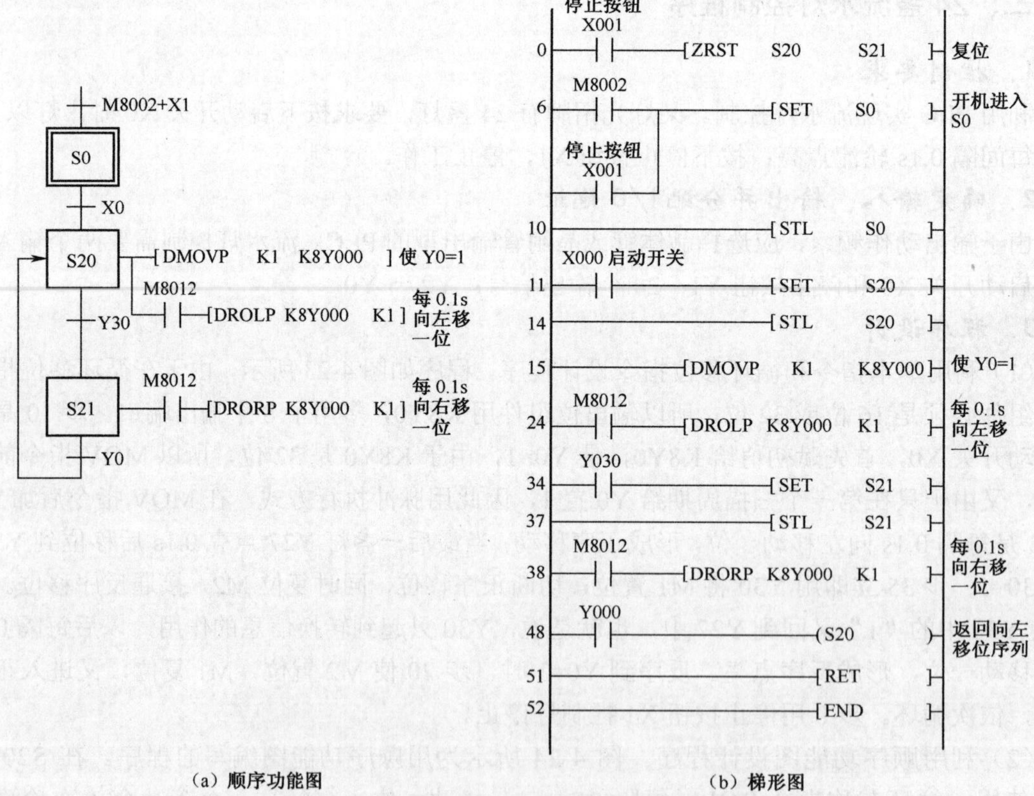

（a）顺序功能图　　（b）梯形图

图 4-24　顺序功能图实现的 24 盏流水灯控制程序

思考与练习

1．简答题

设 D0 循环前为 H1A2B，则执行一次“ROLP　D0　K4”指令后，D0 数据为多少，进位标志位 M8022 为多少？

2．分析题

（1）试用 SFTL 位左移指令构成移位寄存器，实现广告牌字的闪烁控制。用 HL1～HL4 这 4 盏灯分别照亮“欢迎光临”4 个字。其控制流程要求如表 4-10 所示，每步间隔 1s。

表 4-10　　广告牌真值表

脉　冲	Y3（临）	Y2（光）	Y1（迎）	Y0（欢）
0	0	0	0	0
1	0	0	0	1
2	0	0	1	0
3	0	1	0	0
4	1	0	0	0
5	1	1	1	1
6	0	0	0	0
7	1	1	1	1

（2）设 Y17～Y0 的初始状态为 0，X3～X0 的位状态为 1001，则执行两次“SFTLP　X0　Y0　K16 K4”指令后，求 Y17～Y0 的各位状态变化。

任务四　密码锁控制程序设计

任 务 导 入

在实际生活中，人们用到密码锁的地方很多，有密码箱、保险柜等。利用 PLC 实现密码锁控制：密码锁有 3 个置数开关（即 12 个按钮），分别代表 3 个十六进制数，如所拨数据与密码锁设定值相等，则 3 秒后开锁，20 秒后重新上锁。

根据控制要求可知，密码锁需要比较所输入数据是否与设定数据相等，若相等，就开锁；若不等，就不能开启密码锁。这就需要用到 PLC 的比较指令。

相 关 知 识

一、比较指令 CMP

比较指令 CMP 比较源操作数[S1]和[S2]的大小，并把比较的结果送到目标操作数[D]～[D+2]中去，其使用格式如图 4-25 所示。

（1）在 X0 为 ON 时，比较指令 CMP 将十进制常数 100 与计数器 C20 的当前值比较，比较结果分 3 种情况：当 K100>C20 时，M0=1；当 K100=C20 时，M1=1；当 K100<C20 时，M2=1。在 X0 为 OFF 时，CMP 指令不执行，M0、M1、M2 保持比较前的状态。要清除比较

结果，可以使用复位RST或区间复位ZRST指令。

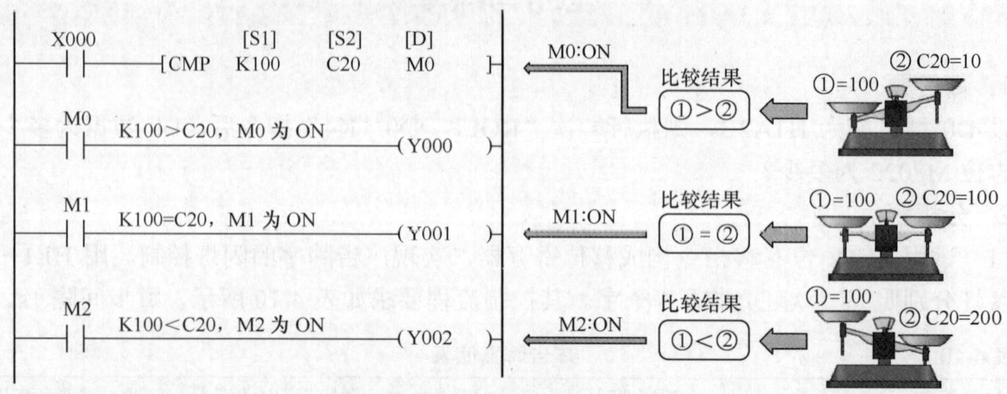

图4-25　CMP指令使用说明

（2）两个源操作数[S1]和[S2]都被视为二进制数，其最高位为符号位，如果该位为“0”，则表示该数为正；如果该位为“1”，则表示该数为负。

（3）目标操作数[D]由3个位元件组成，指令中标明的是第一个位元件，另外两个位元件紧随其后。

（4）在指令前加D，表示操作数为32位；在指令后加P，表示指令为脉冲执行型。

二、区间比较指令ZCP

区间比较指令ZCP（FNC11）是将一个源操作数[S]与两个源操作数[S1]和[S2]形成的区间比较，且[S1]不得大于[S2]，并将比较的结果送到[D]～[D+2]中。ZCP的应用如图4-26所示，当X0为ON时，将计数器C30的当前值与区间100～120进行比较，C30的当前值<100时，M3=ON；当100≤C30的当前值≤120时，M4=ON；当C30的当前值>120时，M5=ON。若X0为OFF，则ZCP不执行，M3、M4、M5的状态保持不变。

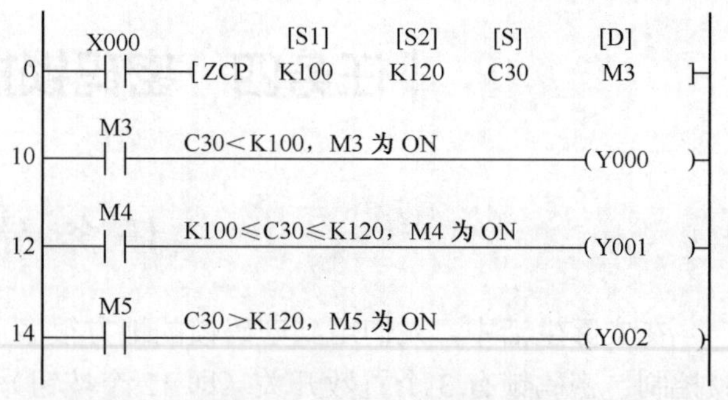

图4-26　ZCP指令使用说明

任务实施

一、I/O分配表

开锁时，数据只能从PLC的输入端送进去，也就是机器接收机外信号的窗口——输入继电器X。但是，因为输入数据是要和3位十六进制常数（或十进制常数）比较，而X本身是开关量，表示的是二进制数，所以在此要选用位组合元件KnX。如果密码是3位十六进制常数（或十进制常数），则输入元件只需用K3X0；如果密码是4位十六进制常数（或十进制常数），则输入元件要用K4X0，才能保证所有数据的输入。本任务中密码锁的密码是3位十六进制数，所以输入元件需用K3X0，即密码锁有12个按钮，分别接入X013～X000，其中X003～

X000 代表第 1 个十六进制数；X007～X004 代表第 2 个十六进制数；X013～X010 代表第 3 个十六进制数，密码锁的控制信号从 Y000 输出。其 I/O 分配表如表 4-11 所示。另外，密码锁的密码由程序指定，假定为 H316。

表 4-11　　密码锁 I/O 分配表

输入			输出		
输入元件	输入继电器	作用	输出元件	输出继电器	作用
按钮 4～1	X3～X0	密码个位	开锁装置	Y0	密码锁控制信号
按钮 8～5	X7～X4	密码十位			
按钮 12～9	X13～X10	密码百位			

二、程序设计

用比较指令实现密码锁系统。根据控制要求，如要解锁，则需保证从 X013～X000 处送入的数据和程序设定的密码相等，可以使用比较指令实现判断，密码锁的开启有 Y000 的输出控制，梯形图如图 4-27 所示。

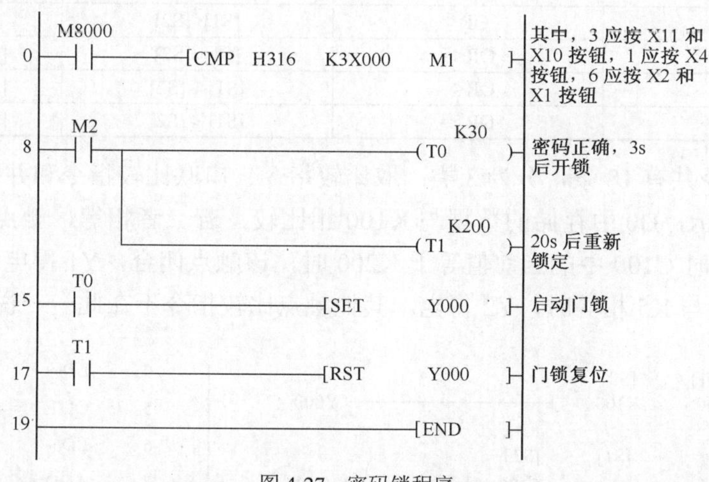

图 4-27　密码锁程序

三、调试运行

（1）根据表 4-11 连接 I/O 接线图。

（2）用 GX 软件编写如图 4-27 所示的梯形图并将编译无误的控制程序下载至 PLC 中，将模式选择开关拨至 RUN 状态。

（3）同时按下 X1、X2、X4、X10、X11 按钮，观察密码锁能否开启。

知识拓展

一、触点比较指令

16 位数据触点比较指令的助记符、操作数如表 4-12 所示。

46. 单车道交通灯控制程序

表 4-12　　触点比较指令

	FNC 编号	助 记 符	比 较 条 件	逻 辑 功 能
取比较指令	224	LD=	[S1]=[S2]	[S1]与[S2]相等
	225	LD>	[S1]>[S2]	[S1]大于[S2]
	226	LD<	[S1]<[S2]	[S1]小于[S2]
	228	LD<>	[S1]≠[S2]	[S1]与[S2]不相等
	229	LD<=	[S1]≤[S2]	[S1]小于等于[S2]
	230	LD>=	[S1]≥[S2]	[S1]大于等于[S2]
串联比较指令	232	AND=	[S1]=[S2]	[S1]与[S2]相等
	233	AND>	[S1]>[S2]	[S1]大于[S2]
	234	AND<	[S1]<[S2]	[S1]小于[S2]
	236	AND<>	[S1]≠[S2]	[S1]与[S2]不相等
	237	AND<=	[S1]≤[S2]	[S1]小于等于[S2]
	238	AND>=	[S1]≥[S2]	[S1]大于等于[S2]
并联比较指令	240	OR=	[S1]=[S2]	[S1]与[S2]相等
	241	OR>	[S1]>[S2]	[S1]大于[S2]
	242	OR<	[S1]<[S2]	[S1]小于[S2]
	244	OR<>	[S1]≠[S2]	[S1]与[S2]不相等
	245	OR<=	[S1]≤[S2]	[S1]小于等于[S2]
	246	OR>=	[S1]≥[S2]	[S1]大于等于[S2]

触点比较指令共有 18 条，分为 3 类：取比较指令、串联比较指令和并联比较指令。

如图 4-28 所示，D0 中存储的数据与 K100 相比较，若二者相等，触点闭合，Y0 得电；当 X0 为 ON，同时 C100 中的当前值等于 K200 时，该触点闭合，Y1 得电；当 X1 为 ON，或者 C3 的当前值与 K5 相等时，Y2 得电。其他触点比较指令不在此一一说明。

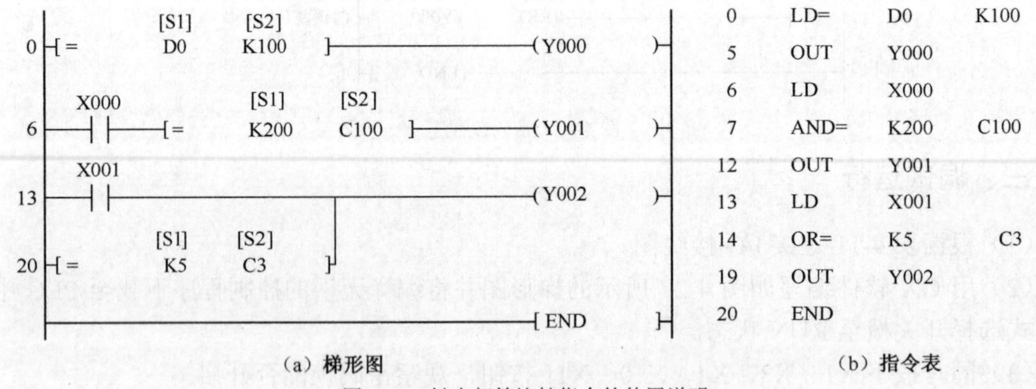

图 4-28　触点相等比较指令的使用说明

触点比较指令源操作数可取任意数据格式。使用 32 位数据触点比较指令时，需要在比较符号前加上 D。

二、触点比较指令实现单车道交通灯控制程序

用触点比较指令实现模块三任务十中思考与练习第 4 题。表 4-13 是交通灯在一个周期（60s）中每盏灯的状态和对应的传送数据。其中 Y0 没有使用，所以一直为“0”。

表 4-13　　交通灯输出状态与传送数据对照表

时间	传送数据	南北方向输出			东西方向输出			
		Y6（黄）	Y5（绿）	Y4（红）	Y3（红）	Y2（黄）	Y1（绿）	Y0
T0≤25s	H12	0	0	1	0	0	1	0
T0＞25s	H10	0	0	1	0	0	0	0
（绿灯闪烁）	H12	0	0	1	0	0	1	0
T0＞28s	H14	0	0	1	0	1	0	0
T0＞30s	H28	0	1	0	1	0	0	0
T0＞55s	H08	0	0	0	1	0	0	0
（绿灯闪烁）	H28	0	1	0	1	0	0	0
T0＞58s	H48	1	0	0	1	0	0	0

根据控制要求设计的程序如图 4-29 所示。

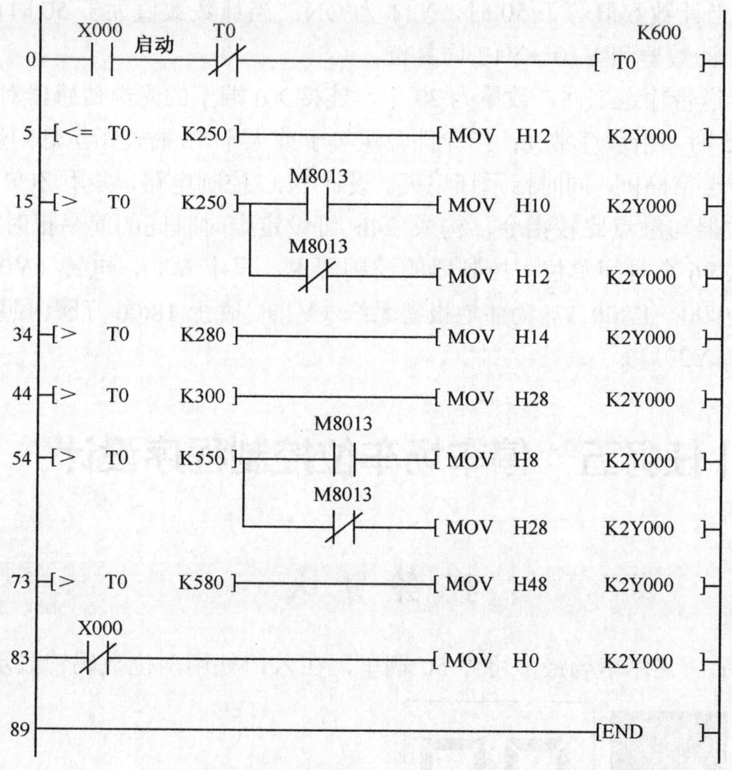

图 4-29　应用指令实现的交通灯控制程序

步 0 中 X0 是开关，控制整个系统的启动，用定时器 T0 控制交通灯一个周期（60s）的定时时间，定时时间到，T0 的常闭触点断开，使定时器 T0 复位，重新开始下一个周期的定时。

步 83 采用 MOV 指令对 K2Y000 清零，即断开开关 X0 时，让所有方向的灯熄灭。

步 5～步 73 是信号灯显示电路。利用触点比较指令在几个特定时间段内，将表 4-13 所示的交通灯的输出状态数字传送到 K2Y0 中显示。

绿灯闪烁有两个状态，即绿灯亮和绿灯灭，所以用 M8013 的常开触点传送 H10，用 M8013 的常闭触点传送 H12 给位组元件 K2Y0。

思考与练习

分析题

（1）用 CMP 指令实现下面的功能：X000 为脉冲输入，当脉冲数大于 5 时，Y1 为 ON；反之，Y0 为 ON。编写此梯形图。

（2）试编写变频空调控制室温的程序。数据寄存器 D10 中是室温的当前值，当室温低于 18℃时，加热标志 M10 被激活，Y0 接通并驱动空调加热；当室温高于 25℃时，制冷标志 M12 被激活，Y2 接通并驱动空调制冷。空调开启后（X0 为 ON），将驱动 ZCP 指令对室温进行判断。在所有温度情况下，Y1 接通并驱动风扇运行。

（3）设计程序实现下列功能：当 X1 接通时，计数器每隔 1s 计数；当计数数值小于 50 时，Y10 为 ON；当计数数值等于 50 时，Y11 为 ON；当计数数值大于 50 时，Y12 为 ON；当 X1 为 OFF 时，计数器和 Y10～Y12 均复位。

（4）用一个传送带输送工件，数量为 20 个，连接 X0 端子的光电传感器对工件进行计数。当工件数量小于 15 时，指示灯常亮；当计件数量等于或大于 15 时，指示灯闪烁；当工件数量为 20 时，10s 后传送带停机，同时指示灯熄灭。设计 PLC 控制电路，并用 ZCP 指令编写程序。

（5）利用计数器与触点比较指令，构成 24h 可设定定时时间的简易报时控制器，15min 为一设定单位，共 96 个时间单位。控制器的控制要求：早上 6:30，电铃（Y0）每秒响 1 次，6 次后自动停止；9:00～17:00，启动住宅报警系统（Y1）；晚上 18:00 开园内照明（Y2）；晚上 22:00 关园内照明（Y2）。

任务五　停车场车位控制程序设计

任 务 导 入

如图 4-30 所示，某停车场最多可停 50 辆车，在入口处用两位数码管显示停车数量。用

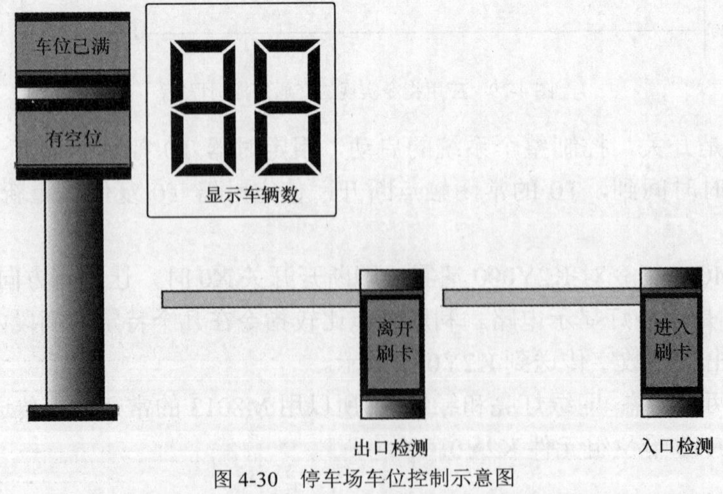

图 4-30　停车场车位控制示意图

出入传感器检测进出车辆数，每进一辆车停车数量增 1，每出一辆车停车数量减 1。场内停车数量小于 45 时，入口处显示“有空位”绿灯，允许入场；等于和大于 45 时，“有空位”绿灯闪烁，提醒待进车辆注意将满场；等于 50 时，显示“车位已满”，禁止车辆入场。

根据控制要求，要想显示停车场的车辆数，必须用编码指令将数据寄存器中的二进制数转换成 BCD 码，最后用 7 段译码指令将相应的数据显示出来，这就需要用到 BCD 码指令和 SEGD 指令。

相关知识

一、7 段译码指令 SEGD

在本模块任务二中，需要对要显示的 4 位抢答选手的数字人工计算出 7 段显示码，其实 PLC 有一条编码指令 SEGD，可以自动编出待显示数字的 7 段显示码。

7 段译码指令 SEGD 的助记符、功能号、操作数等指令属性如表 4-14 所示。

表 4-14　SEGD 指令的格式

指令名称	助记符	功能号	操作数	
			[S]	[D]
7 段译码	SEGD	FNC73	K、H、KnX、KnY、KnM、KnS、T、C、D、V、Z	KnY、KnM、KnS、T、C、D、V、Z

7 段译码指令 SEGD（P）如图 4-31 所示，将源操作数[S]中指定元件的低 4 位所确定的十六进制数（0～F）经译码后存于[D]指定的元件中，以驱动 7 段数码管，[D]的高 8 位保持不变。

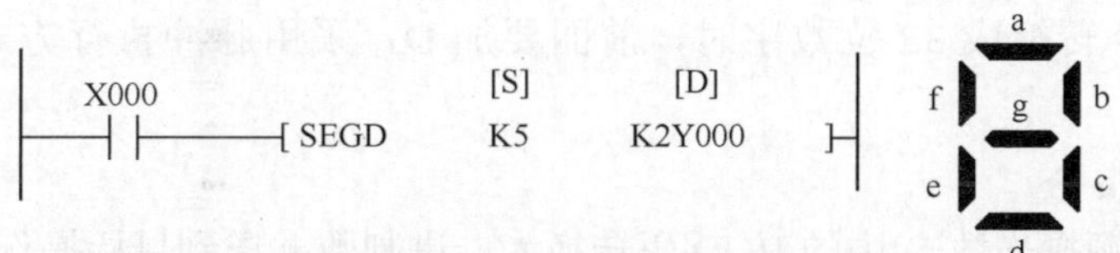

图 4-31　7 段译码指令的使用

使用 SEGD 指令时应注意以下几点。

（1）SEGD 指令是对 4 位二进制数编码，若源操作数大于 4 位，只对最低 4 位编码。

（2）SEGD 指令的译码范围为十六进制数字 0～9、A～F。如图 4-31 所示，当 X0 闭合时，对数字 5 执行 7 段译码指令 SEGD，并将译码 H6D 存入输出位组件 K2Y0，即输出继电器 Y7～Y0 的位状态为 0110　1101，7 段数码管显示“5”。

二、数据变换指令 BCD 和 BIN

BCD 和 BIN 指令的助记符、操作数等指令属性如表 4-15 所示。

表 4-15　BCD 和 BIN 指令的格式

指令名称	助记符	功能号	操作数	
			[S]	[D]
BCD 变换	BCD	FNC18	KnX、KnY、KnM、KnS、T、C、D、V、Z	KnY、KnM、KnS、T、C、D、V、Z
BIN 变换	BIN	FNC19	KnX、KnY、KnM、KnS、T、C、D、V、Z	KnY、KnM、KnS、T、C、D、V、Z

1. BCD 变换指令

在 PLC 中，参加运算和存储的数据无论是以十进制形式输入还是以十六进制形式输入，都是以二进制的形式存在的。如果直接使用 SEGD 指令对数据进行编码，则会出现差错。例如，十进制数 21 的二进制形式为 0001 0101，对高 4 位应用 SEGD 指令编码，则得到“1”的 7 段显示码；对低 4 位应用 SEGD 指令编码，则得到“5”的 7 段显示码，显示的数码“15”是十六进制数，而不是十进制数 21。显然，要想显示“21”，就要先将二进制数 0001 0101 转换成反映十进制进位关系（即逢十进一）的 0010 0001，然后对高 4 位“2”和低 4 位“1”分别用 SEGD 指令编出 7 段显示码。

这种用二进制形式反映十进制进位关系的代码称为 BCD 码，其中最常用的是 8421BCD 码，它是用 4 位二进制数来表示 1 位十进制数。

8421BCD 码从低位起每 4 位为一组，高位不足 4 位补 0，每组表示 1 位十进制数。

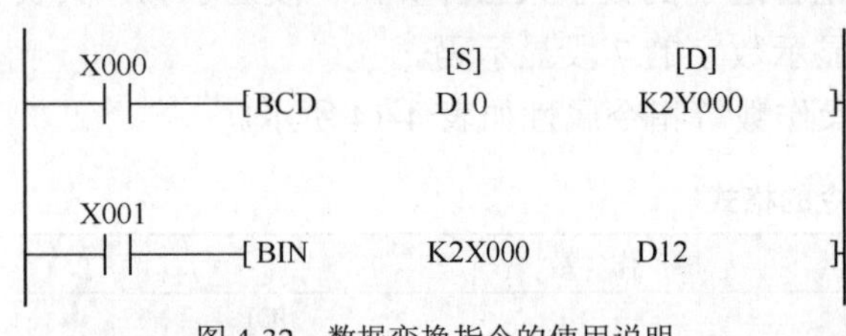

图 4-32　数据变换指令的使用说明

如图 4-32 所示，当指令的执行条件满足时，将源操作数[S]中的二进制数转换成 BCD 码并传送到指定的目标操作数[D]中。PLC 中内部的运算为二进制运算，BCD 指令可用于将 PLC 中的二进制数变成 BCD 码输出，以驱动 LED7 段数码管。

注意事项如下。

（1）BCD 指令是将源操作数的数据转换成 8421BCD 码存入目标操作数中。在目标操作数中每 4 位表示 1 位十进制数，从低到高分别表示个位、十位、百位、千位……16 位数表示的范围为 0～9999，32 位数表示的范围为 0～99999999。

（2）BCD 指令转换成 32 位数字时，前面要加 D，采用脉冲执行方式时，指令后面要加 P。

2. BIN 变换指令

BIN 指令是将源操作数[S]中的 BCD 码转换为二进制数并送到目标操作数[D]中，如图 4-32 所示。它常用于将 BCD 数字开关的设定值输入到 PLC 中。常数 K 不能作为本指令的操作元件，因为在任何处理之前它们都会被转换成二进制数。

三、加 1 指令 INC

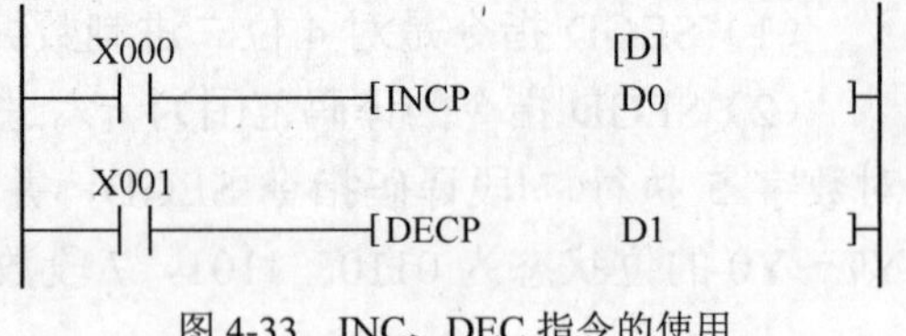

图 4-33　INC、DEC 指令的使用

如图 4-33 所示，当指令执行的条件满足（即 X0=1）时，加 1 指令 INC 将指定的目标操作数[D]中的二进制数自动加 1，它不影响标志位。其操作数范围如表 4-16 所示。

表 4-16　INC、DEC 指令的格式

指令名称	助记符	功能号	操作数	
			[S]	[D]
加 1	INC	FNC24	—	KnY、KnM、KnS、T、C、D、V、Z
减 1	DEC	FNC25		

四、减 1 指令 DEC

如图 4-33 所示，当指令执行的条件满足（X1=1）时，减 1 指令 DEC 将指定的目标操作数[D]中的二进制数自动减 1，它不影响标志位。其操作数范围如表 4-16 所示。

注　意

INC 和 DEC 指令需要采用脉冲执行形式，否则目标操作数中的二进制数在每个扫描周期都加 1 或减 1。

任务实施

一、I/O 分配和软元件说明

通过分析控制要求，确定 PLC 的 I/O 分配，如表 4-17 所示。

表 4-17　　停车场车位控制 I/O 端口分配功能表

输入		输出		其他软元件	
输入继电器	作用	输出继电器	作用	名称	作用
X0	入口检测传感器	Y4	绿灯指示器	D0	车辆数
X1	出口检测传感器	Y5	红灯指示器	M3～M0	车辆个位数的 BCD 码
		Y16～Y10	显示车辆个位	M7～M4	车辆十位数的 BCD 码
		Y26～Y20	显示车辆十位		

根据 I/O 分配表，画出 PLC 的硬件接线图如图 4-34 所示。

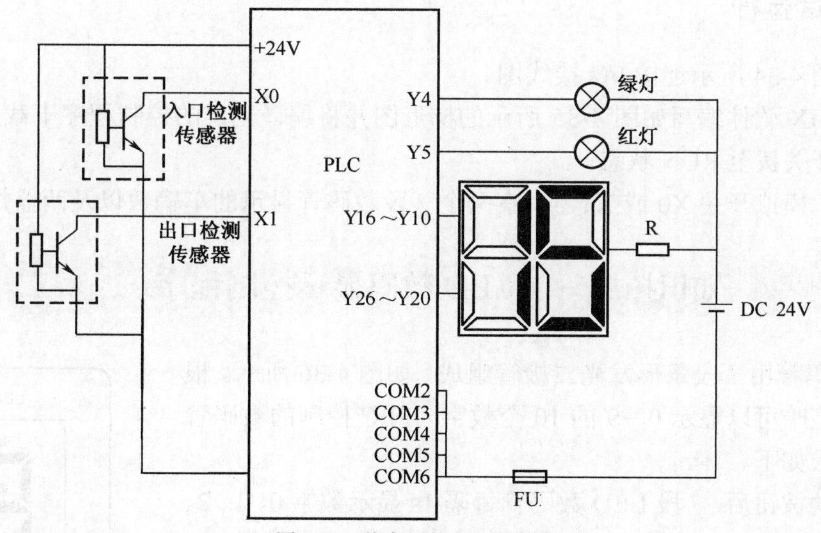

图 4-34　停车场的 I/O 接线图

二、程序设计

程序如图 4-35 所示。

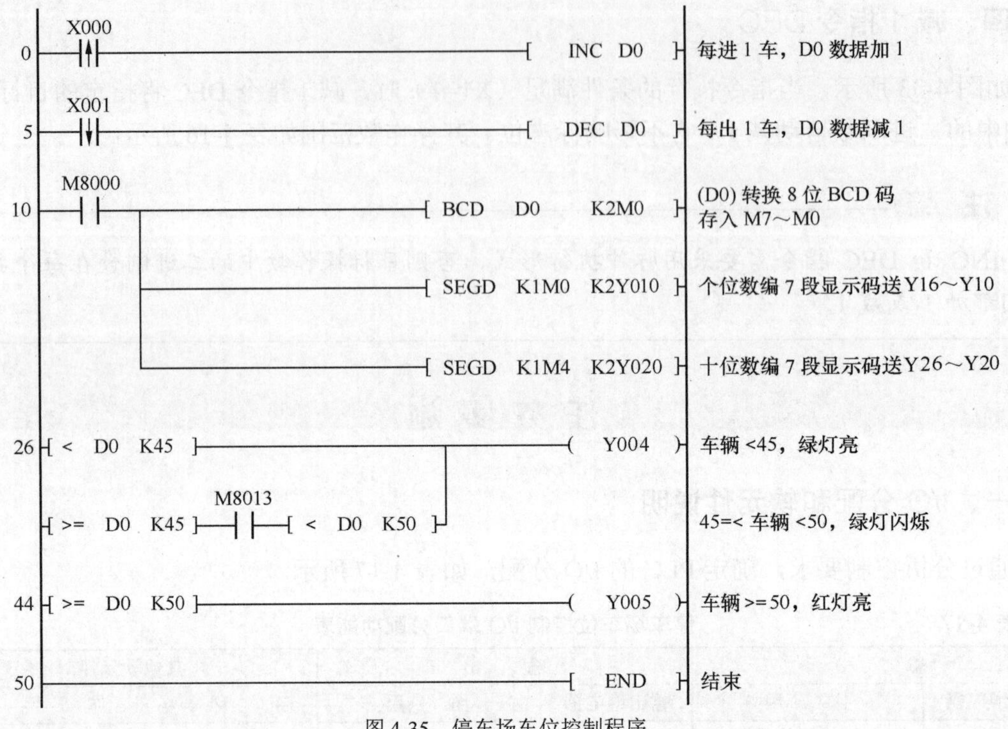

图 4-35　停车场车位控制程序

步 0～步 9：用加 1 和减 1 指令计算进出停车场的车辆数并存入 D0 中。

步 10～步 25：首先用 BCD 指令将 D0 中的车辆数转换成 8 位 BCD 码，然后用 SEGD 指令将车辆中的个位和十位分别显示出来。

三、调试运行

（1）按图 4-34 所示连接 I/O 接线图。

（2）用 GX 软件编写如图 4-35 所示的梯形图并将编译无误的控制程序下载至 PLC 中，将模式选择开关拨至 RUN 状态。

（3）按下模拟开关 X0 或 X1，观察两个 7 段数码管显示的车辆数以及两盏灯的状态。

知识拓展——LED 数码显示控制程序

LED 数码管由 7 段条形发光二极管组成，如图 4-36 所示。根据各段管的亮暗可以显示 0～9 的 10 个数字。PLC 控制的数码管显示系统要求如下。

按下启动按钮后，7 段 LED 数码管每隔 1s 显示数字 0、1、2、3、4、5、6、7、8、9，并循环不止。按下停止按钮即停止显示。

用编码指令 SEGD，可以自动编出待显示数字的 7 段显示码，程序如图 4-37 所示。

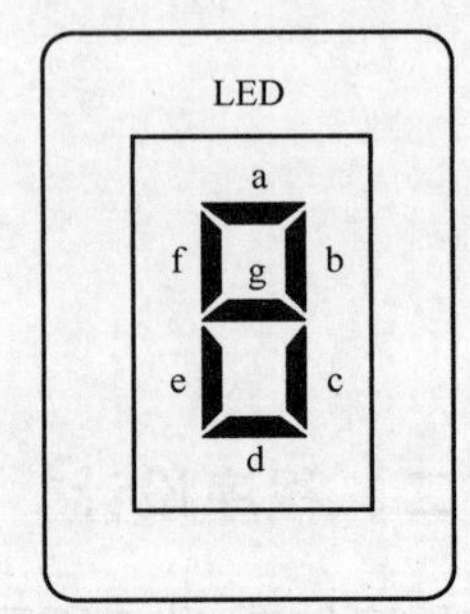

图 4-36　LED 数码显示示意图

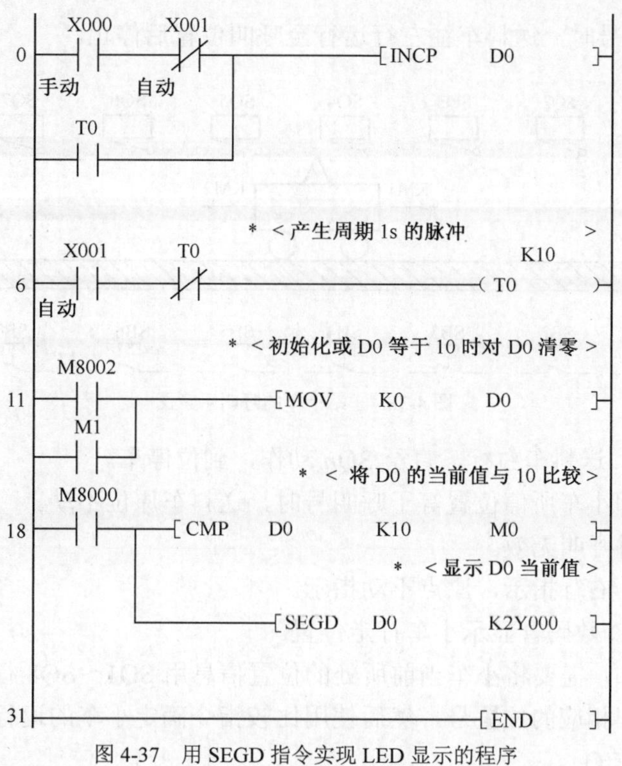

图 4-37　用 SEGD 指令实现 LED 显示的程序

思考与练习

分析题

（1）编写下列各数的 8421BCD 码。

K35　　　K2345　　　K987　　　K456

（2）设 D0=K3498，将 D0 中的数据编为 8421BCD 码后存储到 D10 中，并将该数据的千位、百位、十位、个位的 7 段显示码分别存储到 D14、D13、D12、D11 中。

（3）设计一个 24h 时钟，分别用 7 段数码管显示时、分、秒，并能通过外部调节按钮，调节时间显示值。

任务六　8 站小车的呼叫控制程序设计

任 务 导 入

某车间有 8 个工作台，送料车往返于工作台之间送料，如图 4-38 所示。每个工作台设有一个到位开关（SQ）和一个呼叫按钮（SB）。具体控制要求如下。

（1）送料车开始应能停留在 8 个工作台中任意一个到位开关的位置上。

（2）设送料车现暂停于 *m* 号工作台（SQ*m* 为 ON）处，这时 *n* 号工作台呼叫（SB*n* 为 ON），当 *m*>*n* 时，送料车左行，直至 SQ*n* 动作，到位停车。即送料车所停位置 SQ 的编号大于呼叫按钮 SB 的编号时，送料车往左行运行至呼叫位置后停止。

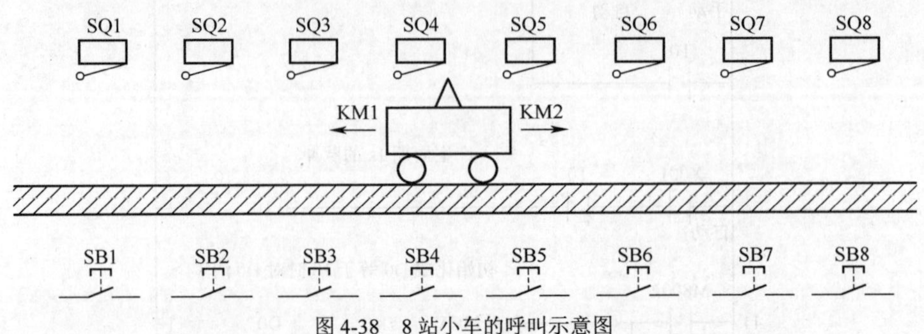

图 4-38　8 站小车的呼叫示意图

（3）当 $m<n$ 时，送料车右行，直至 SQn 动作，到位停车。

（4）当 $m=n$，即小车所停位置等于呼叫号时，送料车原位不动。

（5）小车运行时呼叫无效。

（6）具有左行、右行指示，原点不动指示。

（7）用 7 段 LED 数码管显示小车行走位置。

根据控制要求知，需要将小车当前所处的位置信息用 SQ1～SQ8 行程开关检测出来，并将此信息转换成小车相应的位置号，然后使用比较指令确定小车的运行方向。此时需要用到 PLC 的编码指令 ENCO。

相关知识

一、译码指令 DECO

译码指令 DECO（FNC41）的使用格式如图 4-39 所示。

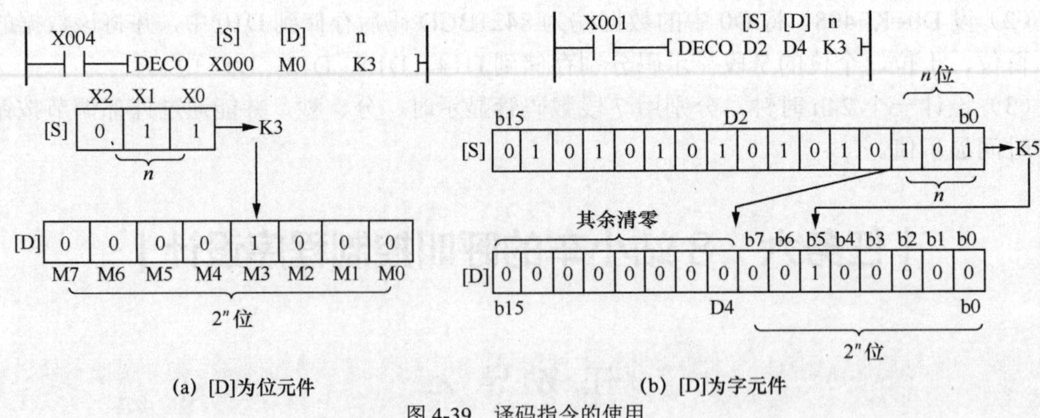

图 4-39　译码指令的使用

（1）DECO 指令就是用源操作数[S]中的 n 位二进制数值来控制 2^n 位目标操作数中的对应位置“1”，其他位清零。

（2）如果目标操作数[D]为位元件，如图 4-39（a）所示，K3 表示源操作数为三位位元件 X2、X1、X0 组成的输入编码，M0 表示译码输出控制为 2^3（8）位，即 M7～M0 八个位元件。当 X4=1 时，将 X2、X1、X0 这 3 位所表示的二进制数 011（即为十进制数 3）给予译码，然

后指定 2^n（$2^3=8$）位目标操作数 M7～M0 组成的 8 位二进制数的第 4 位（M0 为第 0 位）M3 被置 1，其余各位为 0。如果源数据为 000 则 M0 被置 1。

（3）如果目标操作数[D]为字元件，如图 4-39（b）所示，当 X1=1 时，将 D2 中的低 3 位（n=3）所表示的二进制数 101（K5）用目标操作数 D4 的对应位 b5 置 1 表示。

（4）若执行条件不满足，DECO 指令不执行，正在动作的译码输出保持 ON/OFF 状态。

（5）若需要在执行条件满足时仅执行一次，可以使用脉冲执行型指令 DECOP 指令；否则指令为连续执行型，在每个扫描周期指令都会执行一次。

二、编码指令 ENCO

编码指令 ENCO（FNC42）的使用格式如图 4-40 所示。

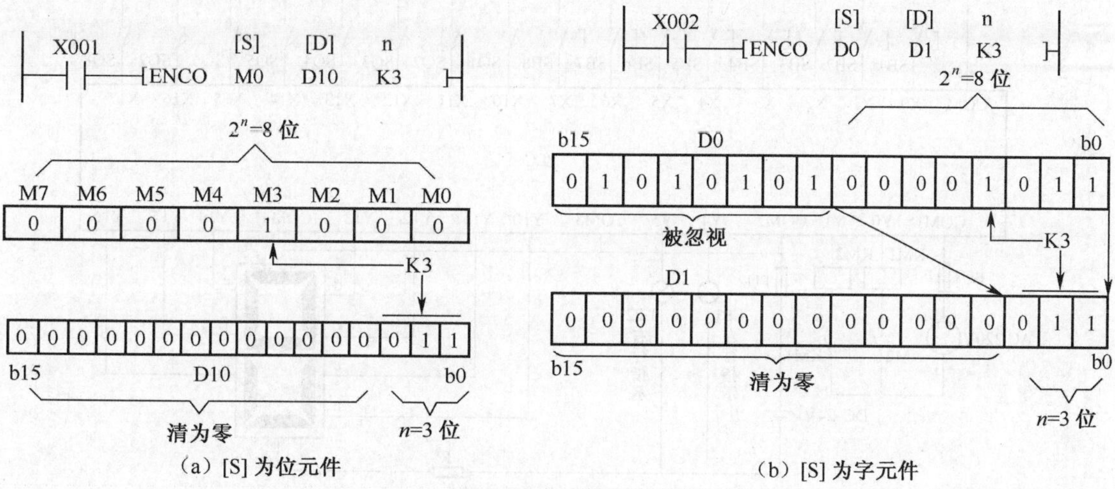

图 4-40　编码指令的使用

（1）ENCO 指令与译码指令相反，在源操作数的 2^n 位数据中，将最高位为 1 的位用目标操作数的 n 位二进制代码表示出来。

（2）如果源操作数[S]为位元件，如图 4-40（a）所示，当 X1=1 时，将[S]指定的 8 位（$2^n=2^3=8$）数据 M7～M0 中最高位为“1”的 M3 的位数 3 编码为二进制数 011，并放入目标操作数 D10 中的低 3 位。

（3）若[S]为字元件，如图 4-40（b）所示，当 X2=1 时，将[S]指定的 8 位（$2^n=2^3=8$）数据（0000 1011）中最高位为 1 的 b3 位用目标操作地址的 n 位（n=3）二进制代码 011（b3=011）表示出来。

（4）若执行条件不满足，ENCO 指令不执行，正在动作的编码输出保持动作。

（5）若需要在执行条件满足时仅执行一次，可以使用脉冲执行型指令 ENCOP 指令；否则指令为连续执行型，在每个扫描周期指令都会执行一次。

ENCO 指令常用于位置显示中，如电梯的楼层的显示。电梯的每一层都有一个检测开关，电梯运行至该层时，检测开关为 ON，相当于一个位元件中的“1”的位置值，通过 ENCO 指令将其转换成该楼层的 BCD 码，然后再把编码显示到轿厢的显示板上，程序如图 4-42 中的第 60 步。

任务实施

一、分配 I/O 地址

根据控制要求确定该系统有 16 个输入，11 个输出，其 I/O 接线图如图 4-41 所示。由于控制系统的输出既有接触器线圈，又有 LED 和指示灯，所以将输出元件分成两个电压组别，一组是接触器，采用 AC220V 供电，并且在外部电路中用接触器的常闭触点互锁；另一组是 LED 和指示灯，采用 DC24V 供电。注意不要将两组输出的 COM 端连接在一起。

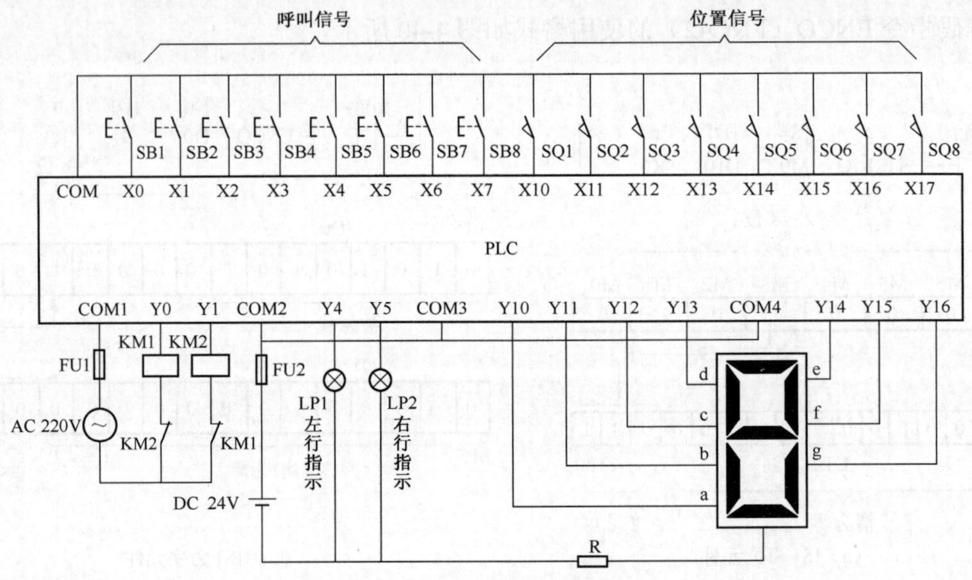

图 4-41　呼叫小车的 I/O 接线图

二、程序设计

呼叫小车的程序如图 4-42 所示。

步 0～步 21 中 LD>K2X0　K0，是指当呼叫信号组大于零，即只要有呼叫信号，X7～X0 中有一个就为“1”；小车处于某一位置，即 X17～X10 中有一个为“1”时，将呼叫信息和位置信息分别存入 D0 和 D10 中。

步 22 利用比较指令 CMP 比较呼叫号和位置号的大小，以此确定小车的运行方向。若 D0>D10，即呼叫号大于位置号，则 M0=1，小车右行；若 D0<D10，即呼叫号小于位置号，则 M2=1，小车左行。

步 34 中 D0=D10 说明只要呼叫号等于位置号，小车不动，并对比较结果复位。

步 44 中 D0=K0 说明假如没有呼叫信号，则对以前的呼叫信息清零。

步 60 中 ENCO 编码指令将小车的位置信息 D10 进行编码后送入 D11 中。假设现在小车在图 4-38 中的第 4 个位置（从左至右的顺序），则 X17～X10 为 0000 1000，即 D10 的低 8 位为 0000 1000，ENCO 指令将 D10 中“1”所对应的位数“3”编制为二进制数 011 送入 D11 中，因为 D10 中的数位是从“0”开始的，所以要想显示车的实际位置是“4”，必须用 ADD 加法指令再将 D11 中的数加“1”后送给 Y16～Y10 显示。

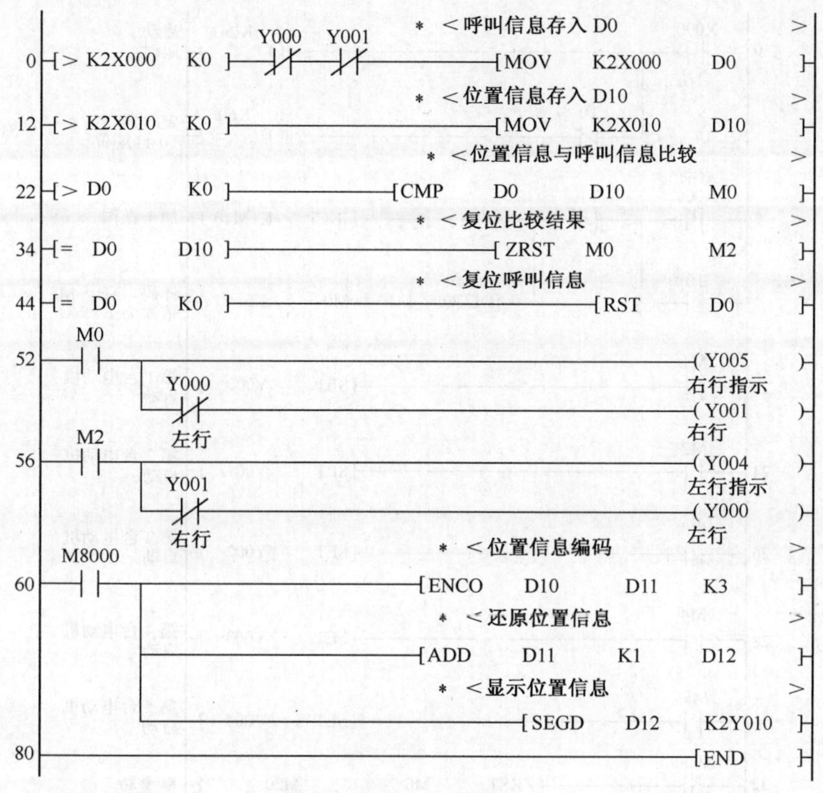

图 4-42 呼叫小车的程序

三、调试运行

（1）按图 4-41 所示连接 I/O 接线图。

（2）用 GX 软件编写如图 4-42 所示的梯形图并将编译无误的控制程序下载至 PLC 中，将模式选择开关拨至 RUN 状态。

（3）按照系统操作要求调试程序，观察程序能否达到控制要求。

知识拓展——5 台电动机顺序启动控制程序

1．控制要求

用一个开关实现 5 台电动机每隔 6s 顺序启动控制。要求：合上开关时，M1～M5 按顺序间隔 6s 的时间启动运行；断开开关时，5 台电动机同时停止工作。

2．分配 I/O 地址

根据控制要求，该系统输入信号只有一个：X0；输出信号是控制 5 台电动机运行的 Y0～Y4。

3．程序设计

梯形图如图 4-43 所示。

在图 4-43 中，合上开关，X0=1，执行加 1 操作使 M10=1，经 DECO 译码后将第 1 台电动机 M1 启动（Y0 置位）。间隔 6s 后 T0 接通，再次执行加 1、译码等操作使第 2 台电动机 M2 启动（Y1 置位），如此下去，将 5 台电动机全部启动。断开 X0，下降沿指令将辅助继电器和 Y0～Y4 复位，5 台电动机全部停止。

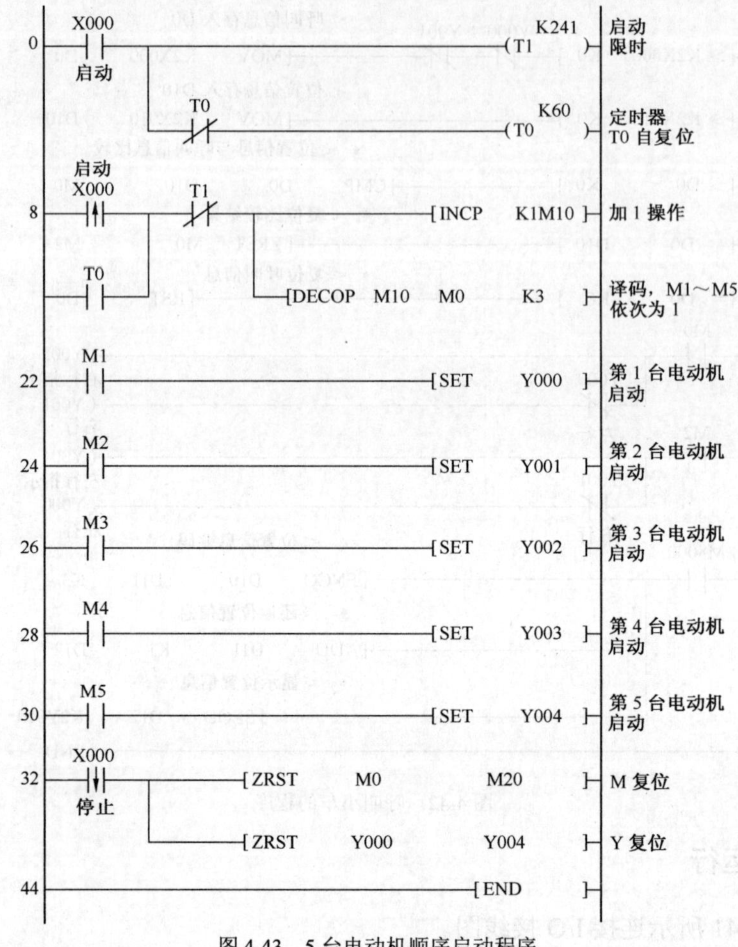

图 4-43 5 台电动机顺序启动程序

思考与练习

1．简答题

（1）当 X3、X2、X1、X0 分别为 1、0、0、1 时，执行指令 DECO X0 D0 K4 后，D0 中每位的状态是什么？

（2）当 M15～M0 中的 M7=1 时，执行指令 ENCO M0 D10 K4 后，D10 中的二进制数是多少？

2．分析题

试用 DECO 指令实现某喷水池花式喷水控制：第一组喷水 4s→第二组喷水 2s→两组一同喷水 4s→均停止 1s，重复上述过程。

任务七 自动售货机控制程序设计

任务导入

自动售货机的面板示意图如图 4-44 所示。

（1）按“1 元”“5 元”“10 元”按钮，可以投入货币，按下“可乐”和“雪碧”按钮分别代表购买“可乐”和“雪碧”。出货口的“出可乐”和“出雪碧”表示可乐和雪碧已经取出。购买后用两个 LED 数码管显示当前余额，按下“找零按钮”，退币口退币。

47. 自动售货机的控制程序

（2）该售货机可以出售可乐和雪碧两种饮料，价格分别为 8 元/瓶和 5 元/瓶。当投入的货币大于等于其售价时，对应的可乐指示灯、雪碧指示灯点亮，表示可以购买。

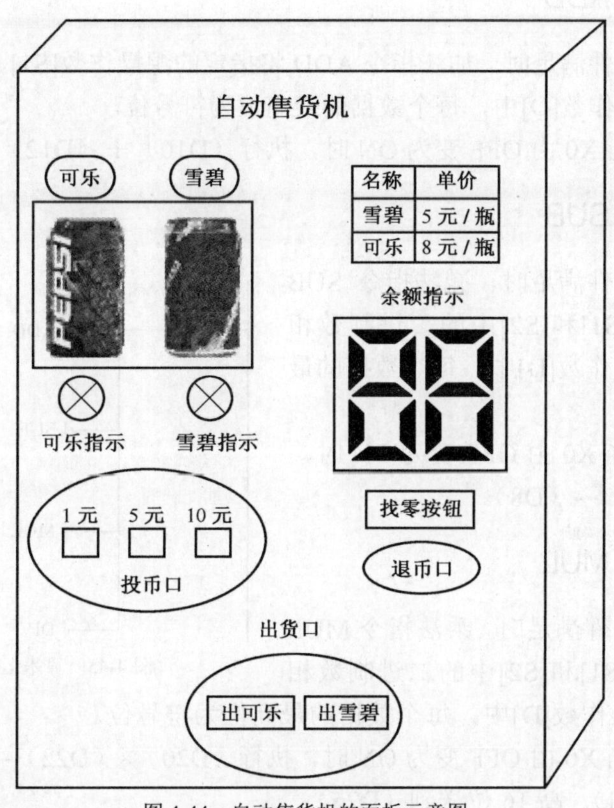

图 4-44 自动售货机的面板示意图

（3）当可以购买时，按下相应的“可乐”或“雪碧”按钮，与之对应的指示灯闪烁，表示已经购买了可乐或雪碧，同时出货口延时 3s 吐出可乐或雪碧。

（4）在购买了可乐或雪碧后，“余额指示”显示当前的余额，若余额还可以购买饮料，按下“可乐”或“雪碧”选择按钮可以继续购买，若不想再购买，按下“找零按钮”后，退币口退币。

由控制要求可知，自动售货机需要计算所投货币的总金额以及购买饮料后的余额，这就需要用到 PLC 的算术运算指令。

相关知识

PLC 的算术运算指令包括 ADD、SUB、MUL、DIV（二进制加、减、乘、除）以及前面学过的 INC 和 DEC 指令，这些指令的名称、助记符、功能号、操作数如表 4-18 所示。

表 4-18　　ADD、SUB、MUL、DIV 指令的格式

指令名称	助记符	功能号	操作数	
			[S1]　[S2]	[D]
加法	ADD	FNC20	KnX、KnY、KnM、KnS、T、C、D、V、Z、K、H	KnY、KnM、KnS、T、C、D、V、Z
减法	SUB	FNC21		
乘法	MUL	FNC22	KnX、KnY、KnM、KnS、T、C、D、V、Z、K、H	KnY、KnM、KnS、T、C、D
除法	DIV	FNC23		

一、加法指令 ADD

当指令执行的条件满足时，加法指令 ADD 将指定的源操作数[S1]、[S2]中的二进制数相加，结果送到目标操作数[D]中，每个数据的最高位为符号位。

在图 4-45 中，当 X0 由 OFF 变为 ON 时，执行（D10）＋（D12）→（D14）。

二、减法指令 SUB

当指令执行的条件满足时，减法指令 SUB 将指定的源操作数[S1]和[S2]中的二进制数相减，结果送到目标操作数[D]中，每个数据的最高位为符号位。

在图 4-45 中，当 X0 由 OFF 变为 ON 时，执行（D10）-（D6）→（D8）。

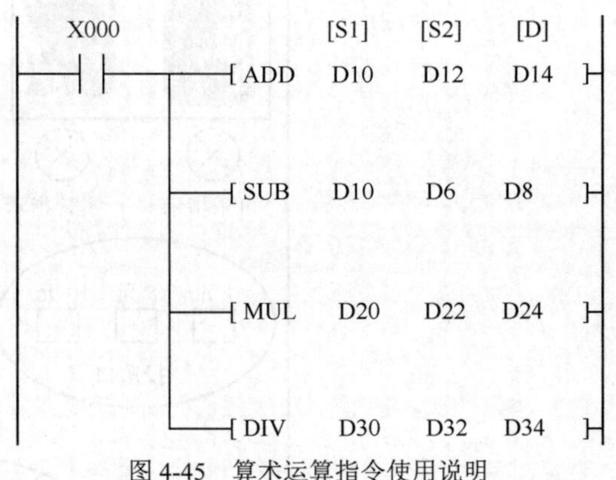

图 4-45　算术运算指令使用说明

三、乘法指令 MUL

当指令执行的条件满足时，乘法指令 MUL 将指定的源操作数[S1]和[S2]中的二进制数相乘，结果送到目标操作数[D]中，每个数据的最高位为符号位。

在图 4-45 中，当 X0 由 OFF 变为 ON 时，执行（D20）×（D22）→（D25、D24）。乘积的低 16 位送到（D24），高 16 位送到（D25）。

四、除法指令 DIV

当指令执行的条件满足时，除法指令 DIV 将指定的源操作数[S1]、[S2]中的二进制数相除，[S1]为被除数，[S2]为除数，商送到目标操作数[D]中，余数送到目标操作数的下一个操作数[D+1]中，每个数据的最高位为符号位。

在图 4-45 中，当 X0 由 OFF 变为 ON 时，执行（D30）/（D32），商送到（D34），余数送到（D35）。

任务实施

一、分配 I/O 地址

根据控制要求可知，该控制系统有 6 个输入、19 个输出，各元件的 I/O 分配和作用如

表 4-19 所示，其 I/O 接线图如图 4-46 所示。

表 4-19　　　　自动售货机 I/O 分配及软元件说明

输　入		输　出		其他软元件	
输入继电器	作　用	输出继电器	作　用	名　称	作　用
X0	1 元投币	Y1	雪碧指示	D0	投币数、余额
X1	5 元投币	Y2	可乐指示	M30	可以买雪碧
X2	10 元投币	Y3	雪碧出口	M33	可以买可乐
X3	雪碧选择	Y4	可乐出口	M20	选择雪碧
X4	可乐选择	Y5	退币口	M21	选择可乐
X5	找零按钮	Y16～Y10	显示余额个位	M67～M60	余额的 8 位 BCD 码
		Y26～Y20	显示余额十位	M50	有余额
				T2～T5	出货延时
				T6	退币延时

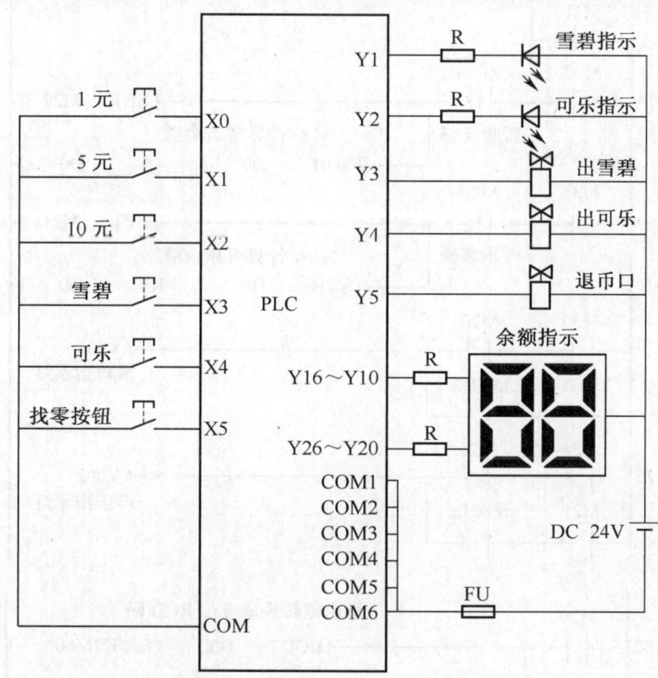

图 4-46　自动售货机的 I/O 接线图

二、程序设计

自动售货机的程序如图 4-47 所示。

步 0～步 18 是投币加法电路，将计算后的投币总数额存入 D0 数据寄存器中。

步 27 利用比较指令 CMP 判断所投货币能否购买雪碧或可乐。假如所投货币大于或等于每瓶雪碧的价格 5 元时，则 M0 或 M1 为 ON。可乐的判断与此相同。

步 42～步 45 是将可以购买雪碧或可乐的状态用辅助继电器 M30 或 M33 记忆下来。

步 48～步 59 是在投入的货币大于等于其售价，即 M30 或 M33 闭合时，才能选择需要购买的饮料，并用减法指令 SUB 计算购买雪碧或可乐后的余额，将余额仍存入 D0 中。

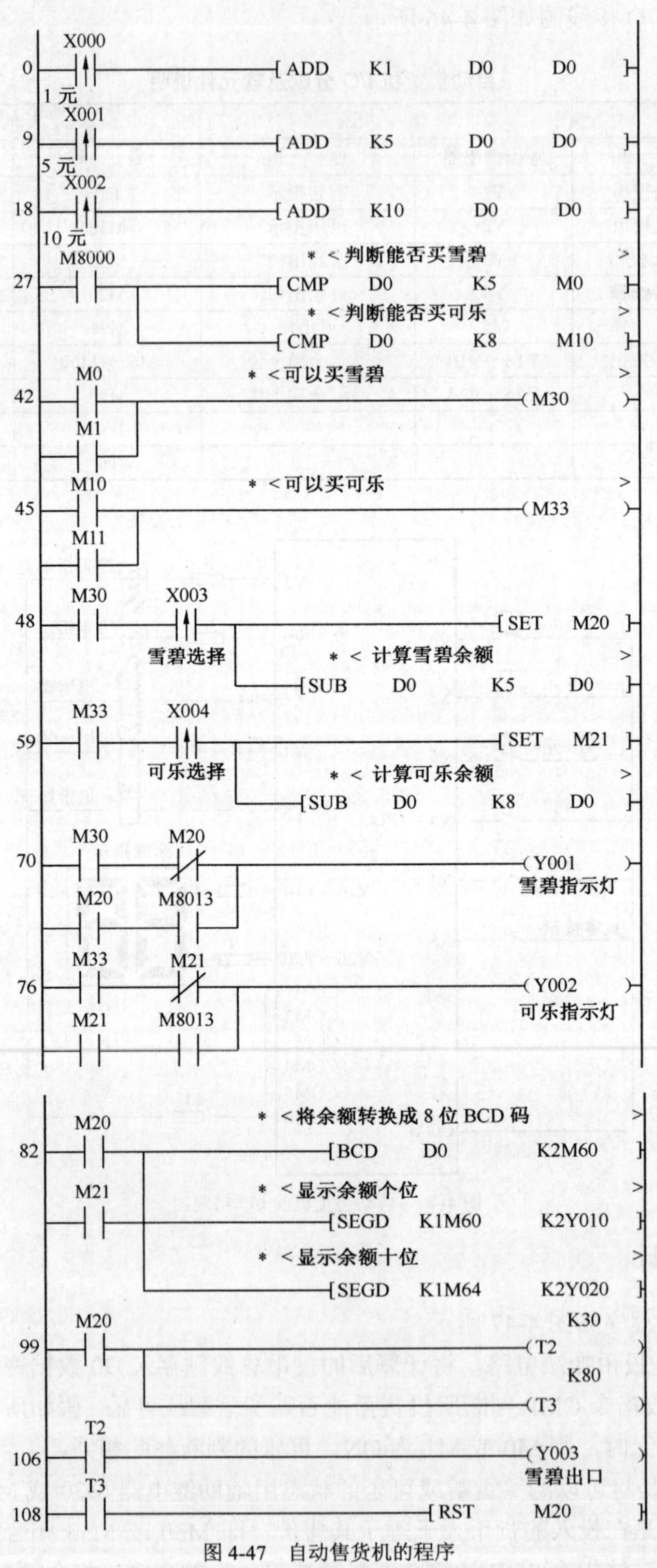

图 4-47 自动售货机的程序

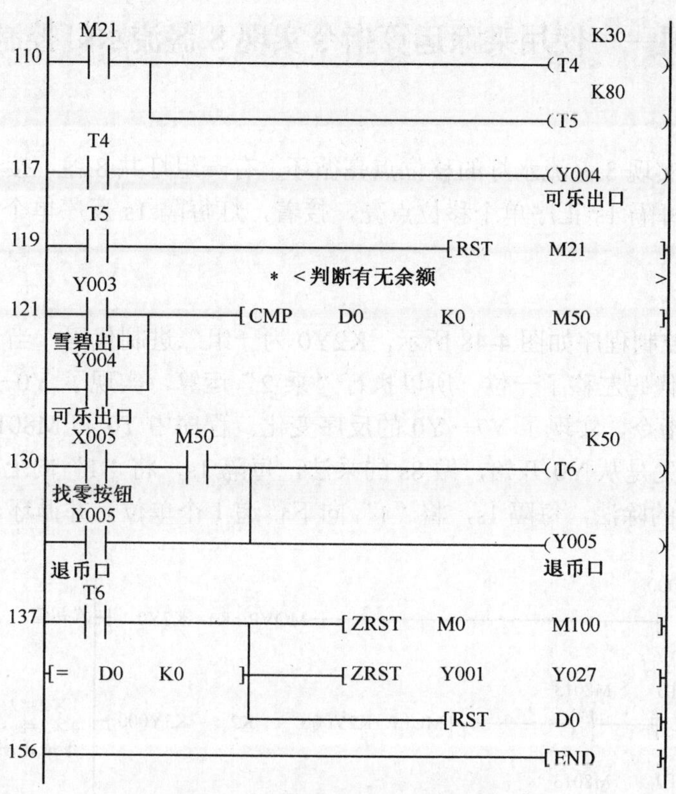

图 4-47 自动售货机的程序（续）

步 70～步 76 是雪碧和可乐的指示电路，若可以购买雪碧或可乐，则相应的指示灯点亮；当选择购买雪碧或可乐后，相应的指示灯闪烁（串入 M8013），表示正在吐出雪碧或可乐。

步 82 是余额显示电路，只有在 M20 或 M21 闭合后，即购买过饮料后，才能将 D0 中的余额转换成 8 位 BCD 码存在 M67～M60 中，并用 SEGD 指令分别显示余额的个位和十位。

步 99～步 119 是出货电路，当 M20 或 M21 闭合时，即选择购买相应饮料后，T2 或 T4 延时 3s，出货口开始出货，T3 或 T4 对出货时间定时，定时时间到，则停止出货。

步 121 用比较指令 CMP 判断购买饮料后，判断还有无余额，若有余额，则 M50 为 ON。

步 130 是退币电路，有余额的情况下，若需要继续购买，只需按下雪碧或可乐选择按钮即可继续购买；若需要退币，则按下找零按钮 X5 后，余额从退币口退出，5s 后停止退币。

步 137 是复位电路，若没有余额（即 D0=0），或退币后（即 T6 闭合），对所有的辅助继电器 M、数据寄存器 D0 和输出 Y1～Y26 复位，以便下一次继续投币购买。

三、调试运行

（1）按图 4-46 所示连接 I/O 接线图。

（2）用 GX 软件编写如图 4-47 所示的梯形图并将编译无误的控制程序下载至 PLC 中，将模式选择开关拨至 RUN 状态。

（3）按照系统操作要求调试程序，观察程序能否达到控制要求。

知识拓展——使用乘除运算指令实现 8 盏流水灯控制程序

1．控制要求

用乘除法指令实现 8 盏流水灯的移位点亮循环。有一组灯共 8 盏，接于 Y7～Y0，要求：当 X0=ON 时，灯每隔 1s 正序单个移位点亮，接着，灯每隔 1s 反序单个移位点亮，并不断循环。

2．程序设计

8 盏流水灯的控制程序如图 4-48 所示，K2Y0 为一组二进制代码，当 K2Y0“乘 2”时，相当于将其二进制代码左移了一位，所以执行“乘 2”运算，实现了 Y0→Y7 的正序变化；同理执行“除 2”指令，实现了 Y7→Y0 的反序变化。程序中 T0 和 M8013 配合，使两条运算指令轮流执行：先是从 Y0 开始，做 8s 的乘法，每隔 1s，将“1”向上传递 1 个单位；再从 Y7 开始，做 8s 的除法，每隔 1s，将“1”向下传递 1 个单位，并循环。

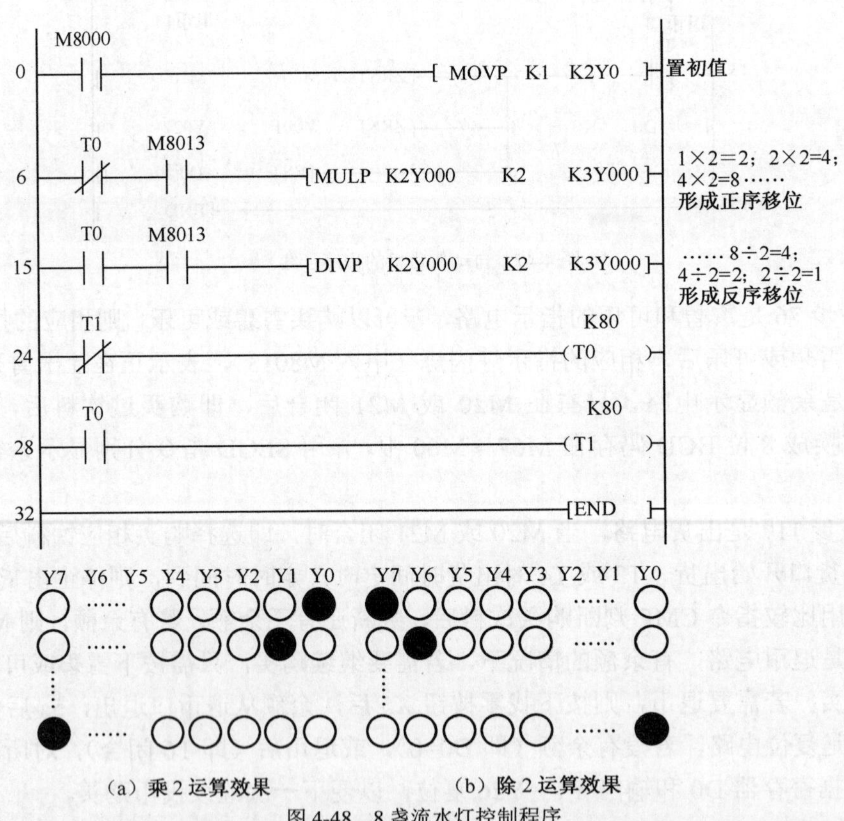

（a）乘 2 运算效果　　（b）除 2 运算效果

图 4-48　8 盏流水灯控制程序

思考与练习

分析题

（1）现要求设计一个电子四则运算器，完成 $Y=20X/35-8$ 的计算，当结果 $Y=0$ 时，红灯点亮，否则绿灯点亮。

（2）梯形图如图 4-49 所示。请将梯形图转换成指令表，并测试；改变 K6 和 K8 的数值，重新测试结果。

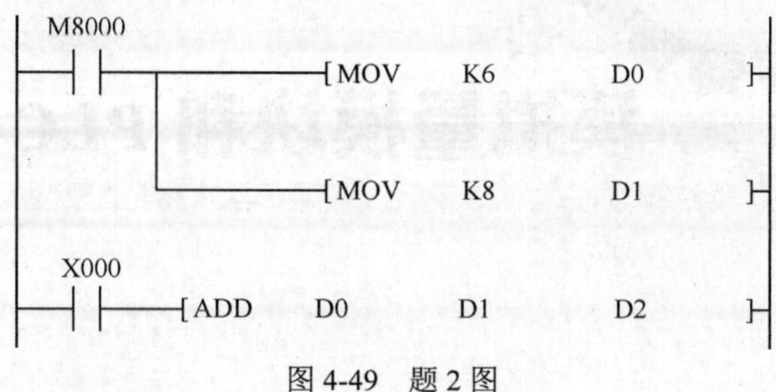

图 4-49 题 2 图

（3）将下列指令表转换成梯形图，并分析其功能。

```
LD   X000
ANI  T1
OUT  T0   K20
LD   T0
OUT  T1   K20
LDI  T0
AND  X000
MOVP K85  K2Y000
LD   T0
AND  X000
MOVP K170 K2Y000
END
```

（4）设计一个程序，将 K85 传送到 D0，K23 传送到 D10，并完成以下操作。

① 求 D0 与 D10 的和，并将结果送到 D20 存储。

② 求 D0 与 D10 的差，并将结果送到 D30 存储。

③ 求 D0 与 D10 的积，并将结果送到 D40、D41 存储。

④ 求 D0 与 D10 的商和余数，并将结果送到 D50、D51 存储。

（5）现有一酒店，要求设计一个对其大门口的霓虹灯“欢迎您光临”5 个字的控制电路，闪烁流程要求如表 4-20 所示，其中前 5 步每步间隔 1s 依次点亮，第 6 步全亮保持 5s 后，再循环。

表 4-20　　控制要求

字 / 步序	欢	迎	您	光	临
1	1	0	0	0	0
2	0	1	0	0	0
3	0	0	1	0	0
4	0	0	0	1	0
5	0	0	0	0	1
6	1	1	1	1	1

模块五
模拟量模块和 PLC 通信的应用

能力目标

1. 能够对 FX2N-2AD 模块和 FX2N-2DA 模块进行电路连接和编程。

2. 能够应用 FX2N-485-BD 通信模块对 N : N 通信以及并联通信系统进行简单设计，并进行基本编程。

知识目标

1. 掌握 FROM 和 TO 指令的用法。

2. 掌握模拟量输入模块 FX2N-2AD、模拟量输出模块 FX2N-2DA 等特殊功能模块的使用和编程。

3. 掌握 PLC 的并联通信和 N : N 通信。

| 任务一　电热水炉温度控制系统 |

任 务 导 入

温度控制是 PLC 的典型应用之一。电热水炉温度控制示意图如图 5-1 所示，要求当水位低于低位液位开关时，打开进水电磁阀进水；当水位高于高位液位开关时，关闭进水电磁阀停止进水。加热时，当水温低于 80℃时，打开电源控制开关开始加热；当水温高于 95℃时，停止加热并保温。

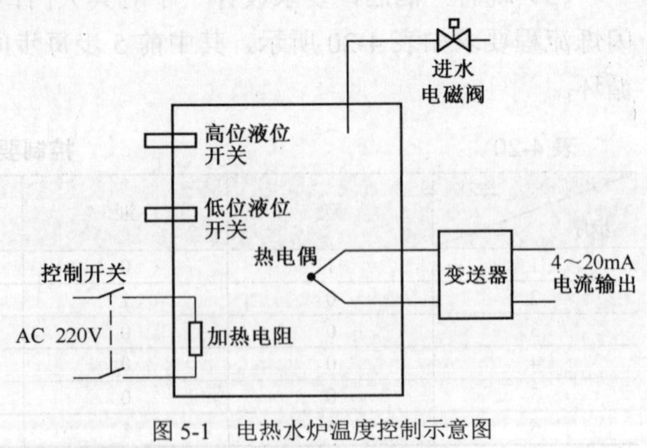

图 5-1　电热水炉温度控制示意图

在应用 PLC 控制电炉加热的过程中，除了考虑进水液位（开关量）控制外，还要考虑温度控制，这时就需要用到 PLC 模拟量输入模块。从图 5-1 中可以看到，温度信号通过热电偶以及温度变送器以 4～20mA 的电流输出，以 FX_{2N} 型 PLC 为例，这里选用 FX_{2N}-2AD 型模拟量输入模块予以采集，就能方便地实现控制要求。

相关知识

一、模拟量模块简介

在使用 PLC 组成的控制系统中，通常会处理一些特殊信号，如流量、压力、温度等，这就要用到特殊功能模块。FX 系列 PLC 的特殊功能模块有模拟量输入/输出模块、数据通信模块、高速计数模块、位置控制模块及人机界面等。

FX_{2N} 和 FX_{3U} 系列 PLC 常用的模拟量模块有 FX_{2N}-2AD、FX_{2N}-4AD、FX_{2N}-8AD、FX_{2N}-4AD-PT（FX 与铂热电阻 Pt 配合使用的模拟量输入模块）、FX_{2N}-4AD-TC（FX 与热电偶配合使用的模拟量输入模块）、FX_{2N}-2DA、FX_{2N}-4DA、FX_{2N}-3A。

模拟量输入模块（A/D 模块）是将现场仪表输出的标准信号 4～20mA、0～5V 或 0～10V DC 等模拟电流或电压信号转换成适合 PLC 内部处理的数字信号，PLC 通过 FROM 指令将这些信号读取到 PLC 中，如图 5-2（a）所示。模拟量输出模块（D/A 模块）是将 PLC 处理后的数字信号转化为现场仪表可以接收的标准信号 4～20mA、0～5V 或 0～10V 等模拟信号输出，如图 5=2（b）所示，以满足生产过程中现场连续控制信号的需求，PLC 一般通过 TO 指令将这些信号写入到模拟量输出模块中。

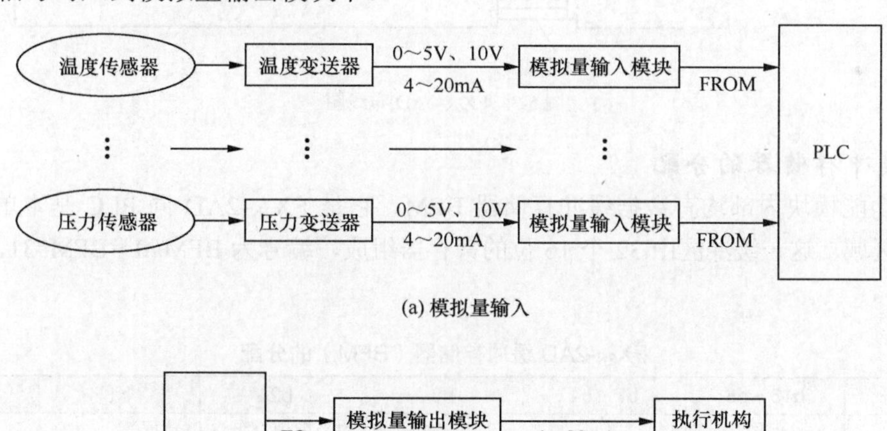

(a) 模拟量输入

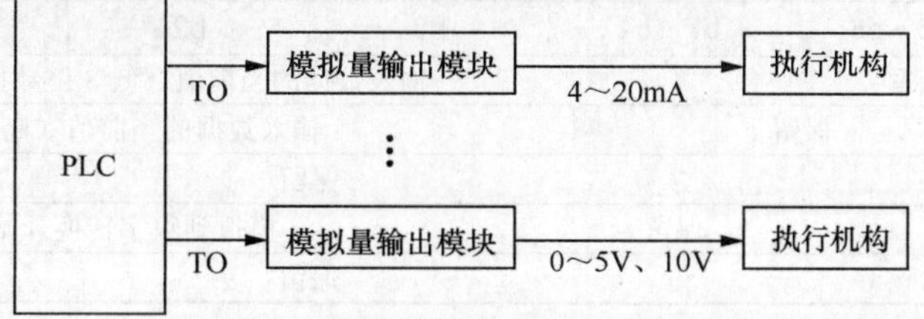

(b) 模拟量输出

图 5-2　模拟量输入/输出示意图

二、模拟量输入模块 FX_{2N}-2AD

1. 简介

FX_{2N}-2AD 型模拟量输入模块用于将两路模拟量输入（电压输入和电流输入）信号转换

成 12 位的数字量，并通过 FROM 指令读入到 PLC 的数据寄存器中。FX_{2N}-2AD 可连接到 FX_{2N}、FX_{2NC} 和 FX_{3U} 系列的 PLC 中。两个模拟输入通道可接收输入为 0～10V DC、0～5V DC 或 4～20mA DC 的信号。

2．布线

如图 5-3 所示，模拟输入通过双绞屏蔽电缆来接收。当电压输入时，将信号接在 VIN 和 COM 端；当电流输入时，信号接在 VIN 和 COM 端，同时将 VIN 和 IIN 之间进行短路，如图 5-3 所示。在使用中，FX_{2N}-2AD 不能将一个通道作为模拟电压输入，而将另一个作为电流输入，这是因为两个通道使用相同的偏置值和增益值。

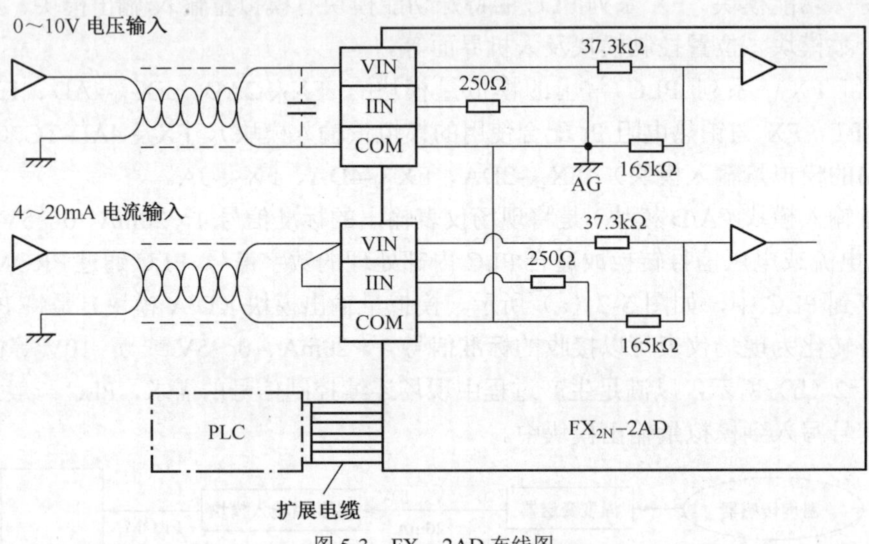

图 5-3　FX_{2N}-2AD 布线图

3．缓冲存储器的分配

特殊功能模块内部均有数据缓冲存储器 BFM，它是 FX_{2N}-2AD 同 PLC 基本单元进行数据通信的区域，这一缓冲区由 32 个 16 位的寄存器组成，编号为 BFM#0～BFM#31，如表 5-1 所示。

表 5-1　FX_{2N}-2AD 缓冲存储器（BFM）的分配

BFM 编号	b15～b8	b7～b4	b3	b2	b1	b0
#0	保留	输入数据的当前值（低 8 位数据）				
#1	保留		输入数据的当前值（高 4 位数据）			
#2～#16	保留					
#17	保留				模拟到数字转换开始	模拟到数字转换通道
#18 或更大	保留					

BFM#0：由 BFM#17（低 8 位数据）指定通道的输入数据当前值被存储，当前值数据以二进制形式存储。

BFM#1：输入数据当前值（高 4 位数据）被存储，当前值数据以二进制形式存储。

BFM#17：b0——进行模拟到数字转换的通道（CH1，CH2）被指定；

b0=0——CH1；

b0=1——CH2；

b1——通过将 0→1，A/D 转换过程开始。

4．增益和偏置

通常，FX_{2N}-2AD 模块出厂时初始值为 0～10V，增益值和偏置值调整到数字值为 0～4 000。当 FX_{2N}-2AD 用来作为电流输入或 0～5V DC 输入时，或根据工程设定的输入特性进行输入时，就有必要进行增益值和偏置值的再调节。增益值和偏置值的调节是对实际的模拟输入值设定一个数字值，这是由 FX_{2N}-2AD 的容量调节器来完成的。

5．程序实例

FX_{2N}-2AD 模块的应用编程实例如图 5-4 所示。

```
    X000
 0 —| |—┬—[ T0     K0  K17  H0000     K1 ]  (a) 选择 A/D 输入通道 1。
        ├—[ T0     K0  K17  H0002     K1 ]  (b) 通道 1 的 A/D 转换开始。
        ├—[ FROM   K0  K0   K2M100    K2 ]  (c) 读取通道 1 的数字值。
        └—[ MOV    K4M100   D100         ]  (d) 通道 1 的高 4 位移动到下面的低 8 位位置上，
                                                并存储到 D100。
    X001
33 —| |—┬—[ T0     K0  K17  H0001     K1 ]  (e) 选择 A/D 输入通道 2。
        ├—[ T0     K0  K17  H0003     K1 ]  (f) 通道 2 的 A/D 转换开始。
        ├—[ FROM   K0  K0   K2M200    K2 ]  (g) 读取通道 2 的数字值。
        └—[ MOV    K4M200   D101         ]  (h) 通道 2 的高 4 位移动到下面的低 8 位位置上，
                                                并存储到 D101。
```

图 5-4 FX_{2N}-2AD 模块的应用编程实例

通道 1 的输入执行模拟到数字的转换：X000。

通道 2 的输入执行模拟到数字的转换：X001。

A/D 输入数据 CH1：D100（用辅助继电器 M100～M115 替换，只分配一次这些号码）。

A/D 输入数据 CH2：D101（用辅助继电器 M200～M215 替换，只分配一次这些号码）。

FX_{2N}-2AD 处理时间：从 X000～X001 打开至模拟到数字转换值存储到主单元的数据存储器之间的时间（2.5ms/通道）。

三、模拟量输出模块 FX_{2N}-2DA

1．简介

FX_{2N}-2DA 型的模拟量输出模块用于将 12 位的数字量转换成两路模拟量信号输出（电压输出和电流输出）。根据接线方式的不同，模拟量输出可在电压输出和电流输出中进行选择，也可以是一个通道为电压输出，另一个通道为电流输出。电压输出时，两个模拟输出通道输出信号为 0～10V DC、0～5V DC；电流输出时为 4～20mA DC。PLC 可使用 FROM/TO 指令与它进行数据传输。

48. 模拟量输出模块 FX_{2N}-2DA

2．布线

FX_{2N}-2DA 的接线如图 5-5 所示，在使用电压输出时，将负载的一端接在 VOUT 端，另一端接在 COM 端，并在 IOUT 和 COM 之间进行短路，当电压输出存在波动或有大量噪声时，在位置 VOUT 和 COM 之间连接 0.1～0.47μF 25V DC 的电容。电流负载接在 IOUT 和 COM 之间。

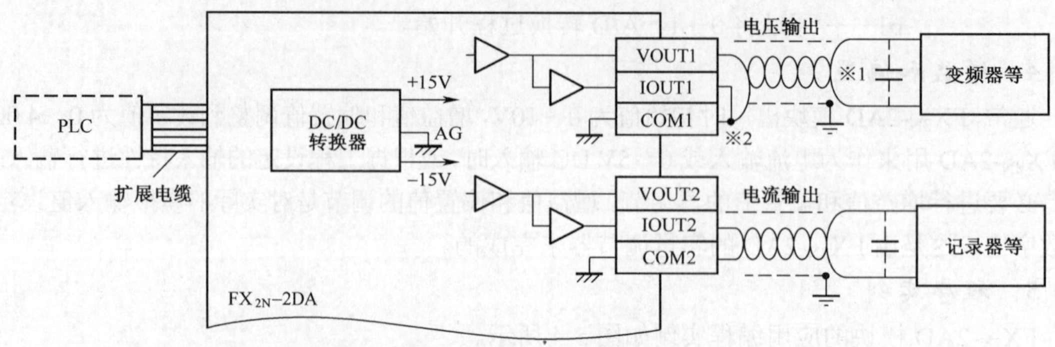

图 5-5　FX_{2N}-2DA 布线图

※1 当电压输出存在波动或有大量噪声时，在图中位置处连接 0.1～0.47μF 25V DC 的电容。

※2 对于电压输出，须将 IOUT 和 COM 进行短路。

3．缓冲存储器的分配

FX_{2N}-2DA 缓冲存储器（BFM）的分配如表 5-2 所示。

表 5-2　FX_{2N}-2DA 缓冲存储器（BFM）的分配

BFM 编号	b15～b8	b7～b3	b2	b1	b0
#0～#15	保留				
#16	保留	输出数据的当前值（8 位数据）			
#17	保留		D/A 低 8 位数据保持	通道 1 的 D/A 转换开始	通道 2 的 D/A 转换开始
#18 或更大	保留				

BFM#16：存放由 BFM#17（数字值）指定通道的 D/A 转换数据，D/A 数据以二进制形式存在，并以低 8 位和高 4 位两部分按顺序进行存放和转换。

BFM#17：b0——通过将 1→0，通道 2 的 D/A 转换开始；

b1——通过将 1→0，通道 1 的 D/A 转换开始；

b2——通过将 1→0，D/A 转换的低 8 位数据保持。

4．增益和偏置

FX_{2N}-2DA 模块出厂时，增益值和偏置值是经过调整的，数字值为 0～4 000，对应于电压输出为 0～10V。当 FX_{2N}-2DA 使用的输出特性不是出厂时的输出特性时，就有必要进行增益值和偏置值的再调节。增益值和偏置值的调节是对数字值设置实际的输出模拟值，这是由 FX_{2N}-2DA 的容量调节器来完成的。

增益可以设置任意值，为了充分利用 12 位数字值，建议输入的数字范围为 0～4 000。例如，当电流输出为 4～20mA 时，调节 20mA 模拟输出量对应的数字值为 4 000。当电压输出时，其偏置值为 0；当电流输出时，4mA 模拟量对应的数字输入值为 0。

5．程序实例

FX_{2N}-2DA 模块的应用编程实例如图 5-6 所示。

通道 1 的输入执行数字到模拟的转换：X000。

通道 2 的输入执行数字到模拟的转换：X001。

D/A 输出数据 CH1：D100（以辅助继电器 M100～M131 进行替换，对这些编号只进行一次分配）。

D/A 输出数据 CH2：D101（以辅助继电器 M100～M131 进行替换，对这些编号只进行一次分配）。

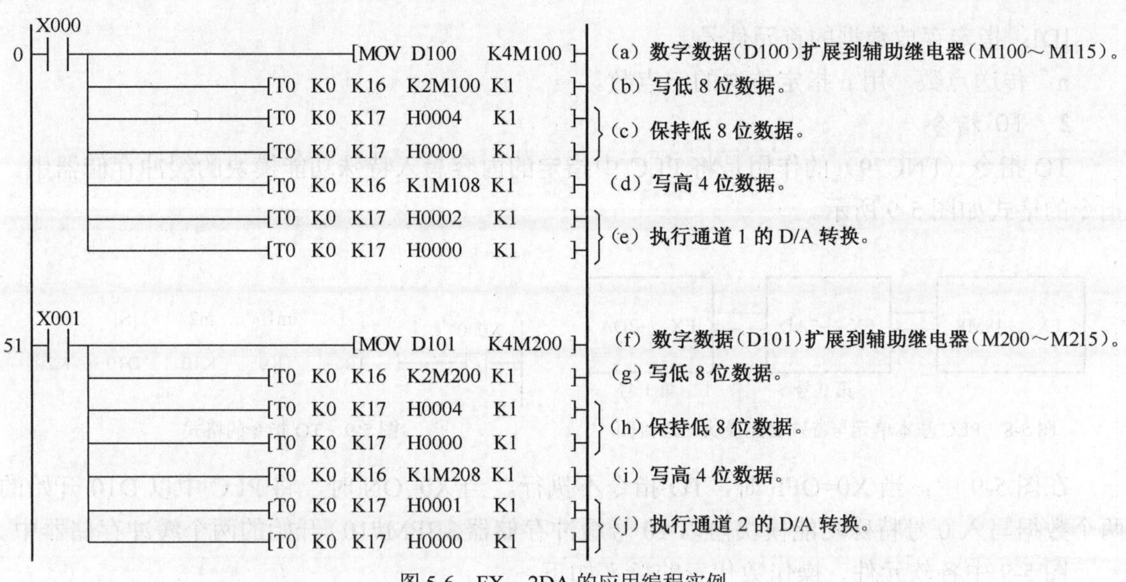

图 5-6　FX_{2N}-2DA 的应用编程实例

四、特殊功能模块的读写操作指令 FROM 和 TO

为了能够方便地实现 PLC 对特殊功能模块的控制，在三菱 PLC 的特殊功能模块中设置了专门用于 PLC 与模块间进行信息交换的缓冲存储器（Buffer memory，简称 BFM）。三菱有专门两条指令实现对模块缓冲区 BFM 的读写，即 FROM 指令和 TO 指令。

1．FROM 指令

FROM 指令（FNC78）的作用是将特殊功能模块缓冲存储器的内容读入到 PLC 中，指令格式如图 5-7 所示。

在图 5-7 中，当 X0=OFF 时，FROM 指令不执行。当 X0=ON 时，将 1 号特殊功能模块内 10 号缓冲存储器（BFM#10）开始的两个数据读到 PLC 中，并存入以 D10 开始的数据寄存器中。

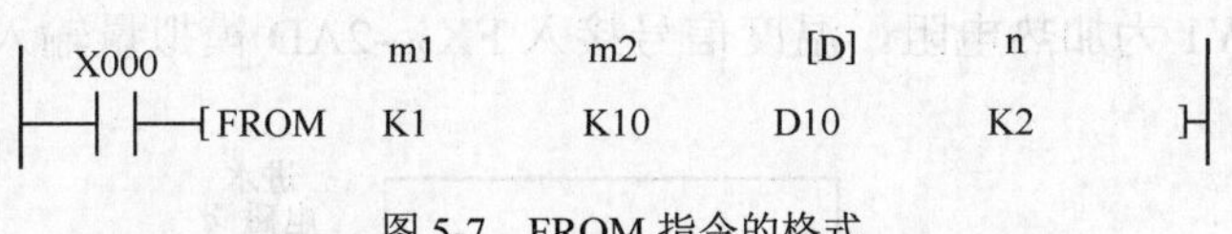

图 5-7　FROM 指令的格式

图 5-7 中各软元件、操作数代表的意义如下。

X0：FROM 指令执行的启动条件。启动指令可以是 X、Y、内部继电器 M 等。

m1：特殊功能模块号（范围 0～7）。特殊功能模块通过扁平电缆连接在 PLC 右边的扩展总线上，最多可以连接 8 块特殊功能模块，它们的编号从最靠近基本单元的那一个开始顺次编为 0～7 号。不同系列的 PLC 可以连接的特殊功能模块的数量是不一样的。如图 5-8 所示，该配置使用 FX_{2N}-48MR 基本单元，连接 FX_{2N}-2AD、FX_{2N}-2DA 两块模拟量模块，它们的编号分别为 0 号、1 号。

m2：特殊功能模块缓冲存储器（BFM）首元件编号（范围 0～31）。特殊功能模块内有 32 点 16 位 RAM 存储器，称为缓冲存储器，其内容根据各模块的控制目的而决定。缓冲存储器的编号为#0～#31。

[D]：指定存放数据的首元件号。

n：传送点数，用 n 指定传送的字点数。

2．TO 指令

TO 指令（FNC79）的作用是将 PLC 中指定的内容写入特殊功能模块的缓冲存储器中。指令的格式如图 5-9 所示。

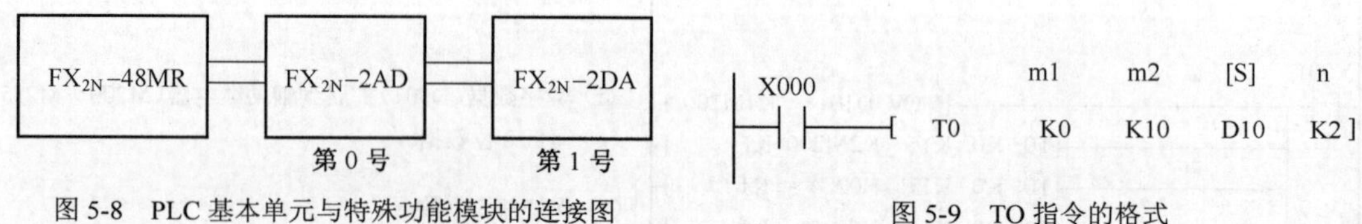

图 5-8　PLC 基本单元与特殊功能模块的连接图　　图 5-9　TO 指令的格式

在图 5-9 中，当 X0=OFF 时，TO 指令不执行。当 X0=ON 时，将 PLC 中以 D10 开始的两个数据写入 0 号特殊功能模块内以 10 号缓冲存储器（BFM#10）开始的两个缓冲存储器中。

图 5-9 中各软元件、操作数代表的意义如下。

X0：TO 指令执行的启动条件。启动指令可以是 X、Y、内部继电器 M 等。

m1：特殊功能模块号（范围 0～7）。

m2：特殊功能模块缓冲寄存器首地址（范围 0～31）。

[S]：指定被读出数据的元件首地址。

n：传送点数，用 n（范围 0～32）指定传送的字点数。

任务实施

一、分配 I/O 地址

确定系统的输入、输出并分配地址，画出 I/O 接线图。

图 5-10 所示为电热水炉控制的 I/O 接线图，X0 为高位液位开关，X1 为低位液位开关，Y0 为进水电磁阀，Y1 为加热电阻。温度信号接入 FX_{2N}-2AD 模拟量输入模块。

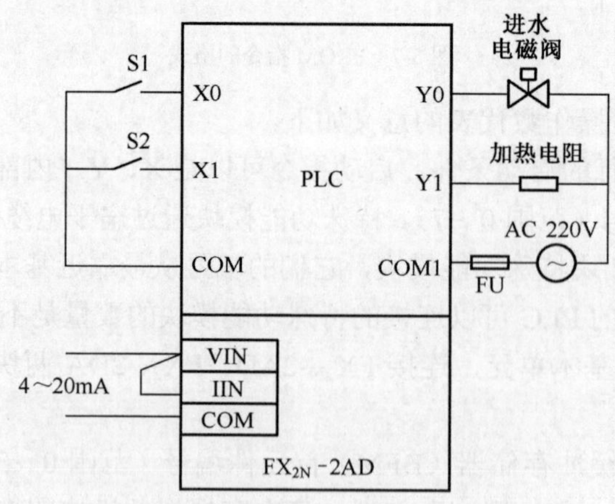

图 5-10　电热水炉控制的 I/O 接线图

二、程序设计

根据电热水炉控制要求，设计控制梯形图程序，如图 5-11 所示。电热水炉运行，水位低于低位液位开关（X1）时，打开进水电磁阀（Y0）加水，当水加至高位液位开关（X0）时，关闭进水电磁阀（Y0）。此时，PLC 通过 FX_{2N}-2AD 采集炉内水温，将 0℃～100℃的水温转换为 0～4 000 的数字量，控制电热水炉加热，即当水温低于 80℃（即对应数字量 3 200）时，开启加热电阻（Y1），当水温高于 95℃（即对应数字量 3 800）时，关闭加热电阻（Y1），这时要用到 PLC 应用指令的 ZCP 比较指令。

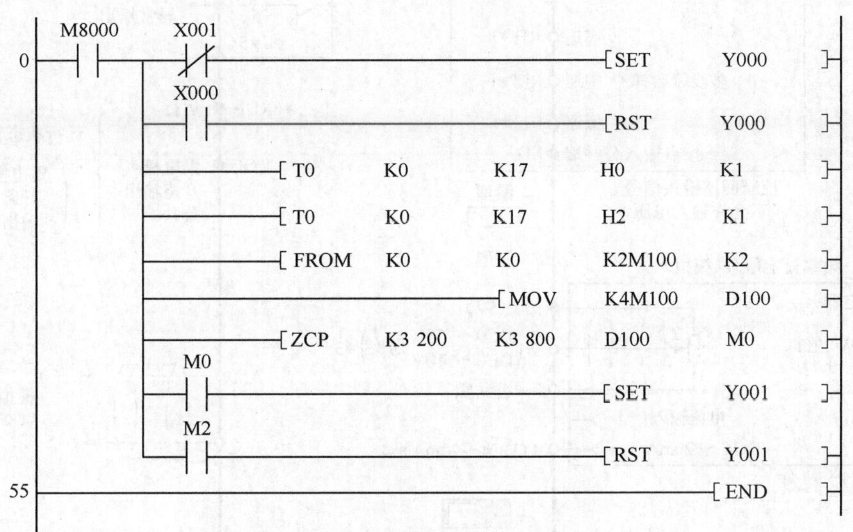

图 5-11　电热水炉温度控制的梯形图程序

三、调试运行

按照图 5-10 所示接好各信号、电源线等，输入程序，进行调试。

知 识 拓 展

一、三菱变频器的认识

变频器是一种通过改变电源频率进行调速的设备。三菱 FR-D740 变频器端子接线图如图 5-12 所示。

49. 三菱 FR-D740 变频器认识

变频器主电路的 R、S、T 端子接三相交流电源，U、V、W 接三相异步电动机。电源必须接 R、S、T，绝对不能接 U、V、W，否则会损坏变频器。

变频器控制电路的接线端子功能如表 5-3 所示。

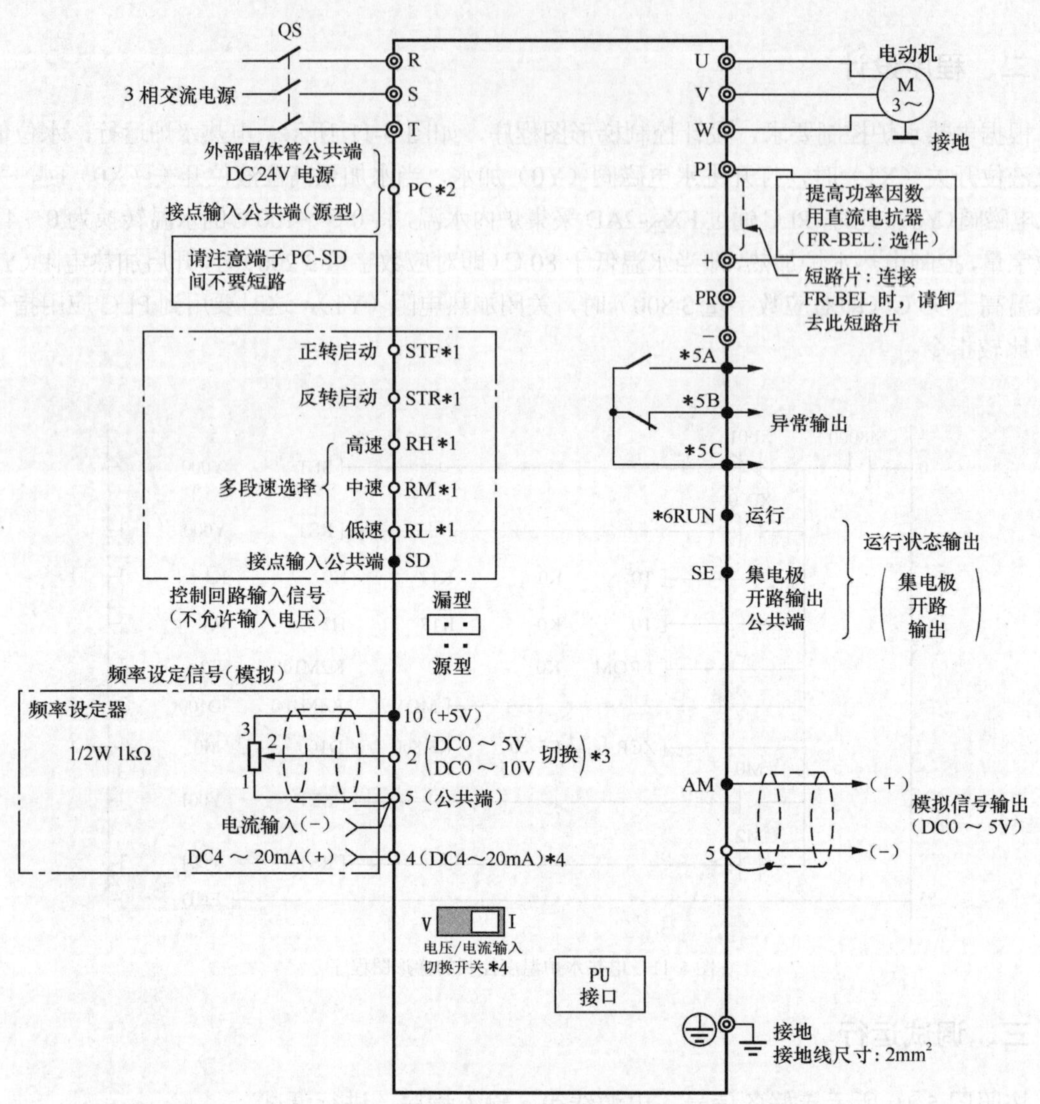

图 5-12 三菱变频器端子接线图

注：*1 可通过输入端子功能分配（Pr178～Pr182）变更端子的功能。

*2 端子 PC-SD 间作为 DC24V 电源端子使用时，请注意两端子间不要短路。

*3 可通过模拟量输入选择 Pr73 进行变更。

*4 可通过模拟量输入规格切换 Pr267 进行变更。设为电压输入（0～5V/0～10V）时，请将电压/电流输入切换开关置为 V，电流输入（4～20mA）时，请置为 I（初始值）。

*5 可通过 Pr192A、B、C 端子功能选择变更端子的功能。

*6 可通过 Pr190RUN 端子功能选择变更端子功能。

表 5-3 变频器控制电路接线端子的符号及功能说明

类型		端子记号	端子名称	说明	
输入信号	启动及功能设定	STF	正转启动	STF 信号处于 ON 为正转，处于 OFF 为停止	当 STF 和 STR 信号同时处于 ON 时，相当于给出停止指令
		STR	反转启动	STR 信号处于 ON 为反转，处于 OFF 为停止	
		RH、RM、RL	多段速度选择	用 RH、RM 和 RL 信号的组合可以选择多段速度	
		SD	输入公共端（漏型）	接点输入端子的公共端，AC24V，0.1A（PC）端子电源的输出公共端	

续表

类型		端子记号	端子名称	说明
模拟信号	频率设定	10	频率设定的电源	提供直流 5V 电源
		2	频率设定（电压）	输入/输出成正比，输入 DC0～5V（DC0～10V）时，5V（10V）对应为最大输出频率
		4	频率设定（电流）	DC4～20mA，20mA 对应为最大输出频率，输入/输出成正比。只在端子 AU 信号处于 ON 时，输入的信号有效
		5	频率设定公共端	频率信号设定端（2 和 4）和模拟输出端 CA、AM 的公共端子，不能接地
输出信号	接点	A、B、C	继电器报警输出	指示变频器因保护功能动作而输出停止的转换接点。异常：B、C 间不导通（A、C 间导通），正常：B、C 间导通（A、C 间不导通）
	集电极开路	RUN	变频器正在运行	变频器输出频率大于启动频率（出厂时为 0.5Hz，可变更）时为低电平
		SE	集电极开路输出公共端	端子 RUN 的公共端子

二、FX2N-2DA 模块在变频器模拟量速度控制中的应用

1．控制要求

运用 PLC 和 FX_{2N}-2DA 模块控制变频器实现模拟量调速。其控制要求如下。

50. FX_{2N}-2DA 模块在变频器中的应用

（1）按 X1～X5 可分别控制变频器在 10Hz、20Hz、30Hz、40Hz、50Hz 的情况下运行。

（2）按 X6、X7 可以实现输出补偿，补偿的范围为−1Hz～1Hz。

2．分配 I/O 地址

采用 PLC 控制变频器模拟量速度运行时，首先根据控制要求，确定 PLC 的输入、输出，并给这些输入、输出分配地址。这里的 PLC 采用三菱 FX_{2N}-32MR 继电器输出型 PLC，变频器采用三菱 FR-D740 变频器，其控制的 I/O 分配如表 5-4 所示。

表 5-4 变频器多段速控制的 I/O 分配

输入			输出		
输入继电器	输入元件	作用	输出继电器	输出元件	作用
X0	SB	变频器上电按钮	Y1	STF、SD	变频器启动
X1～X5	SA1～SA5	速度选择开关	Y4	KM	接通 KM
X6	SB6	加速按钮	Y5	HA	警铃
X7	SB7	减速按钮	Y6	HL	报警指示
X10	SB1	变频器启停按钮			
X11	A、C	报警信号			

用按钮 SB（X0）控制变频器的电源接通或断开（即 KM 吸合或断开），用 SB1（X10）控制变频器的启动和停止（即 STF 端子闭合与否），这里每组的启动和停止控制都只用一个按钮，利用 PLC 中 ALT（交替）指令实现单按钮起、停控制。SA1～SA5 是速度选择开关，分别控制 FX_{2N}-2DA 模块输出 1V、2V、3V、4V、5V 的模拟电压，将 FX_{2N}-2DA 模块输出的电压信号接到变频器的 2、5 端子上，就可以实现变频器的模拟量多段速运行。SB6 是加速按钮，每按一次，变频器的速度增加 1Hz；SB7 是减速按钮，每按一次，变频器的速度减少

1Hz。将变频器的报警输出端子 A 接到 PLC 的 X11 输入端子上。PLC 的输出继电器 Y1 接变频器的正转端子 STF，控制变频器的启动和停止。PLC 的输出继电器 Y4 接接触器 KM 线圈，用来给变频器上电，Y5、Y6 分别用于变频器的声光报警控制。

根据表 5-4，画出系统的 I/O 接线图如图 5-13 所示。

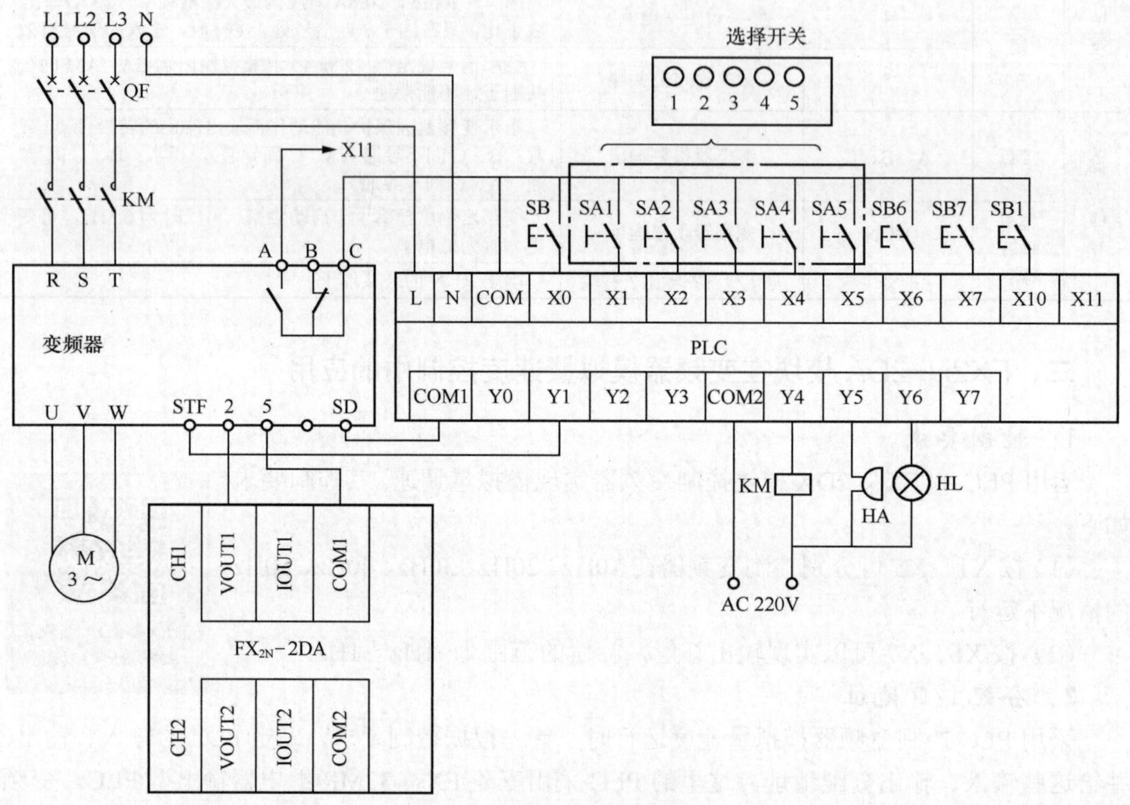

图 5-13　系统的 I/O 接线图

3．参数设置

要想让变频器实现外部操作功能，必须给变频器设置如下参数。

P79=2，外部操作。

P1＝50Hz，上限频率。

P2＝0Hz，下限频率。

P7＝2s，加速时间。

P8＝2s，减速时间。

P160=0，扩展功能显示。

P178=60，将 STF 端子的功能设定为正转启动功能。

4．程序设计

通过 X1～X5 分别将 400、800、1 200、1 600、2 000 送到 PLC 的数据寄存器 D0 中，通过 FX_{2N}-2DA 模块，将这些数字量转变为电压信号，再送到变频器的 2、5 端子上，从而控制变频器的多段速运行。输入继电器 X 与频率的对应关系如表 5-5 所示。

表 5-5　　输入继电器 X 与频率的对应关系

输　入	X1	X2	X3	X4	X5
D0 数字量	400	800	1 200	1 600	2 000
模 拟 量	1V	2V	3V	4V	5V
对应的频率	10Hz	20Hz	30Hz	40Hz	50Hz

设计的程序如图 5-14 所示。

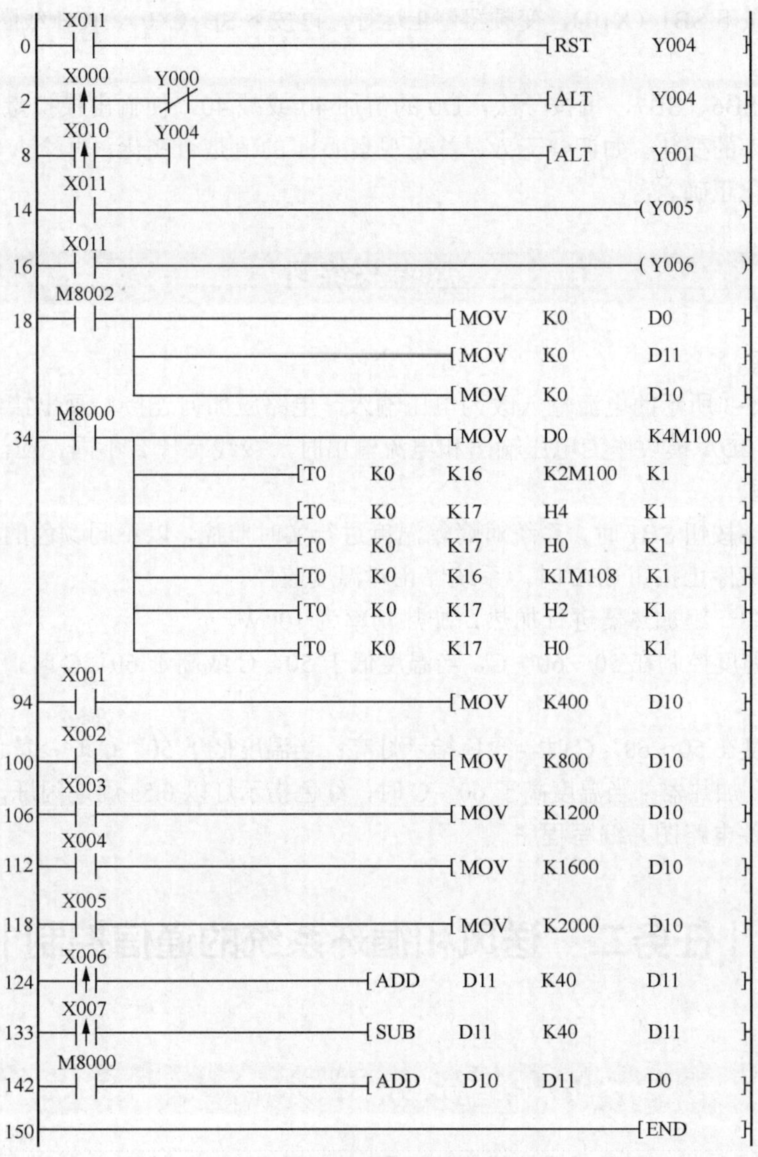

图 5-14　变频器多段速控制程序

5．调试运行

（1）将如图 5-14 所示的程序写入 PLC 中。

（2）按图 5-13 所示连接好 PLC 的 I/O 电路和 FX_{2N}-2DA 的模拟输出电路，注意 PLC 与 FX_{2N}-2DA 模块需要用扁平电缆连接，同时把变频器的运行操作模式参数 P79 设定为 2（外部操作）。

（3）按下 SB（X0），Y4 得电，接触器 KM 吸合，给变频器上电；按下 SB1（X10），Y0 得电，接通变频器的 STF 正转端子，变频器开始运行，变频器上的 RUN 灯点亮。此时将选择开关 SA 分别置于 5 个不同的位置，观察变频器的运行频率与设定频率是否一致。

分别接通 X1～X5，输出频率分别为 10～50Hz。若不正确，监视 D0 的值，如与表 5-5 不符，则检查程序和输入电路是否正确；若 D0 的值为 0 或不变，则首先检查模块编号是否正确，然后检查与 PLC 的连接及模拟输出电路。

（4）首先按下 SB1（X10），变频器停止运行，再按下 SB（X0），KM 线圈失电，变频器切断电源。

（5）按下 SB6、SB7，每按一次，D0 的值加 40 或减 40，使输出模拟量发生微小变化，观察变频器频率的变化。如调整无效，首先观察 D11 的值是否变化，再检查 D0 的变化情况，直到数字量变化正确。

思考与练习

1．简答题

（1）将图 5-3 所示的电流输入改为电压输入，电路应如何连接？画出接线图。

（2）FX_{2N}-2DA 模块作为电压输出和电流输出时，接线有什么不同，应注意什么？

2．分析题

当按下启动按钮 SB1 时，系统对烤箱温度进行实时监控，以不同颜色的指示灯来监视温度范围；当按下停止按钮 SB2 时，系统停止对温度监控。

（1）系统由一组加热器进行加热，加热功率为 10kW。

（2）要求温度控制在 50～60°C，当温度低于 50°C 或高于 60°C 时，系统应能自动进行调节。

（3）当温度在 50～60°C 时，绿色指示灯亮；当温度低于 50°C 时，黄色指示灯以 1s 周期闪烁，并启动加热器；当温度高于 60°C 时，红色指示灯以 0.5s 周期闪烁，并断开加热器。

试画出硬件电路图并编写程序。

任务二　送风和循环系统的通信控制

任 务 导 入

某控制系统由送风和循环系统组成，如图 5-15 所示，它们均由一台功率为 10kW 的电动机驱动，并且两台电机分别由两台 PLC 控制其直接启动。现需要两个系统能进行数据通信，具体要求如下。

（1）送风系统（主站）的 PLC 既能控制本站的送风电机启停，也能控制循环系统的电机启停。

（2）循环系统（从站）的 PLC 既能控制本站的电机启停，也能控制送风电机的启停。

（3）两控制系统均能监控对方的运行和过载状态，当某一系统电动机出现过载时，两系统电动机均停止，并能在本系统中显示另一系统的过载信息。

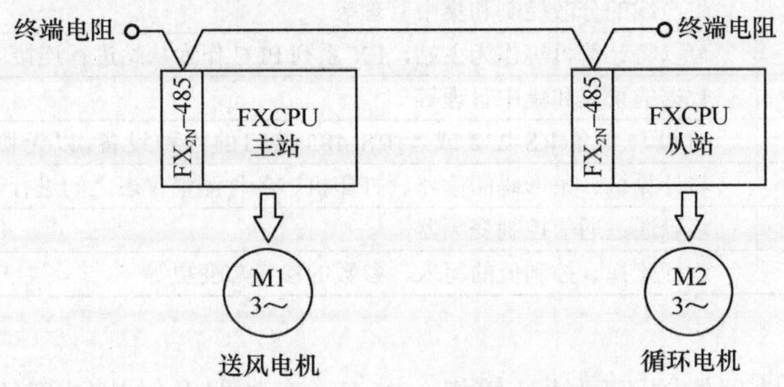

图 5-15　两台 PLC 的通信系统构成图

根据控制要求，在两台 PLC 之间需能进行通信（即并联链接），通过通信来监视和控制对方系统的运行，那么，PLC 之间是如何进行通信的呢？

相关知识

一、通信基础

1．通信分类

PLC 通信从设备的范围划分，可分为“PLC 与外部设备的通信”与“PLC 与系统内部其他控制装置之间的通信”两大类。根据通信对象的不同，具体又可以分为以下几种情况。

（1）PLC 与外部设备的通信，一般分为以下两种情况。

① 计算机链接通信。从本质上说，这是 PLC 与计算机之间的通信。如 PLC 开发商提供的上位机编程软件的通信；使用目前通用的上位机组态软件，如 WinCC、iFAX、组态王、InTouch、力控等，来实现 PLC 与计算机的互联通信。

② 无协议通信。这里指 PLC 与通用外部设备（具有通用通信接口 RS-232、RS-422）之间的通信。在 PLC 系统中，PLC 与个人计算机、条形码阅读器和打印机的通信均属于此范畴。

（2）PLC 与控制系统内部其他控制装置之间的通信，一般分为 3 种情况。

① PLC 与远程 I/O 之间的通信。这种通信实质上是对 PLC 的 I/O 连接范围进行延伸与扩展。

② PLC 与其他控制装置之间的通信。如 PLC 与变频器、伺服驱动器、触摸屏之间的通信。

③ PLC 与 PLC 之间的通信。通过通信连接，可以使很多独立的 PLC 有机地连接在一起，组成工业自动化系统中的中间级（成为 PLC 链接网）。常见的有并联链接通信、N:N 通信和现场总线（如 CC-Link）通信等。

FX 系列 PLC 的通信功能如表 5-6 所示。

表 5-6　FX 系列 PLC 的通信功能

CC-Link 通信	功能	① 对于以 MELSEC A、QnA、Q 系列 PLC 作为主站的 CC-Link 系统而言，FX 系列 PLC 可以作为远程设备站进行连接； ② 可以构筑以 FX 系列 PLC 为主站的 CC-Link 系统
	用途	生产线的分散控制和集中管理，与上位机网络之间的信息交换等
N : N 网络通信	功能	可以在 FX 系列 PLC 之间进行简单的数据链接
	用途	生产线的分散控制和集中管理等

续表

并联链接通信	功能	可以在 FX 系列 PLC 之间进行简单的数据链接
	用途	生产线的分散控制和集中管理等
计算机链接通信	功能	可以将计算机等作为主站，FX 系列 PLC 作为从站进行连接
	用途	数据的采集和集中管理等
无协议通信	功能	可以与具备 RS-232 或者 RS-485 接口的各种设备，以无协议的方式进行数据交换
	用途	与计算机、条形码阅读器、打印机、各种测量仪表之间进行数据交换
变频器通信	功能	可以通过通信控制变频器
	用途	运行监视、控制值的写入、参数的参考与变更等

2．通信任务

PLC 通信就是将地理位置不同的计算机、PLC、变频器及触摸屏等各种现场设备，通过通信介质连接起来，按照规定的通信协议，以某种特定的通信方式高效率地完成数据的传送、交换和处理。

3．通信方式

在数据信息通信时，按同时传送的位数来分，可以将通信分为并行通信和串行通信。

（1）并行通信。并行通信是指所传送的数据以字节或字为单位同时发送或接收。

并行通信除了有 8 根或 16 根数据线、1 根公共线外，还需要有通信双方联络用的控制线。并行通信传送数据速度快，但是传输线的根数多，抗干扰能力较差，一般用于近距离数据传输，如 PLC 的基本单元、扩展单元和特殊模块之间的数据传送。

（2）串行通信。串行通信是以二进制的位为单位，一位一位地顺序发送或接收。

串行通信的特点是仅需一根或两根传送线，速度较慢，但适合于多数位、长距离通信。计算机和 PLC 都有通用的串行通信接口，如 RS-232C 或 RS-485 接口。在工业控制中计算机之间的通信方式一般采用串行通信方式。

4．数据传送方向

在通信线路上按照数据传送方向可以划分为单工、半双工、全双工通信方式，如图 5-16 所示。

（1）单工通信。单工通信是指信息的传送始终保持同一个方向，而不能进行反向传送，如图 5-16（a）所示。其中，A 端只能作为发送端，B 端只能作为接收端。

（2）半双工通信。半双工通信是指信息流可以在两个方向上传送，但同一时刻只限于一个方向传送，如图 5-16（b）所示。其中，A 端发送 B 端接收，或者 B 端发送 A 端接收。

（3）全双工通信。全双工通信能在两个方向上同时发送和接收数据，如图 5-16（c）所示。A 端和 B 端双方都可以一面发送数据，一面接收数据。

PLC 使用半双工或全双工异步通信方式。

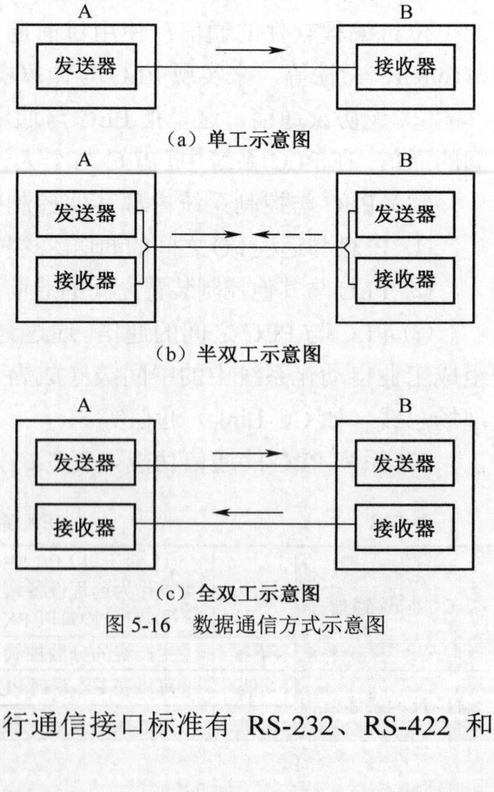

（a）单工示意图

（b）半双工示意图

（c）全双工示意图

图 5-16　数据通信方式示意图

5．PLC 常用通信接口标准

PLC 通信主要采用串行异步通信，其常用的串行通信接口标准有 RS-232、RS-422 和

RS-485 等。

RS-232 接口标准是目前计算机和 PLC 中最常用的一种串行通信接口，RS-232 接口规定使用 25 针连接器或 9 针连接器。

RS-485 是 RS-422A 的变形。RS-422A 采用全双工，而 RS-485 则采用半双工。RS-422/RS-485 接口一般采用 9 针的 D 形连接器。普通计算机一般不配备 RS-422 和 RS-485 接口，但工业控制计算机和小型 PLC 上都设有 RS-422 或 RS-485 通信接口。

6. 通信介质

通信介质就是在通信系统中位于发送端与接收端之间的物理通路。采用的通信介质有双绞线、同轴电缆和光纤等。

51. PLC 的并联链接通信

二、并联链接通信

并联链接通信用来实现两台同一组的 FX 系列 PLC 之间的数据自动传送，其系统构成如图 5-17 所示。与并联链接有关的标志寄存器和特殊数据寄存器如表 5-7 所示。FX_{1N}、FX_{2N}、FX_{2NC} 型号的 PLC 数据传输是采用 100 个辅助继电器和 10 个数据寄存器来完成的，与通信有关的辅助继电器和数据寄存器如表 5-8 所示。

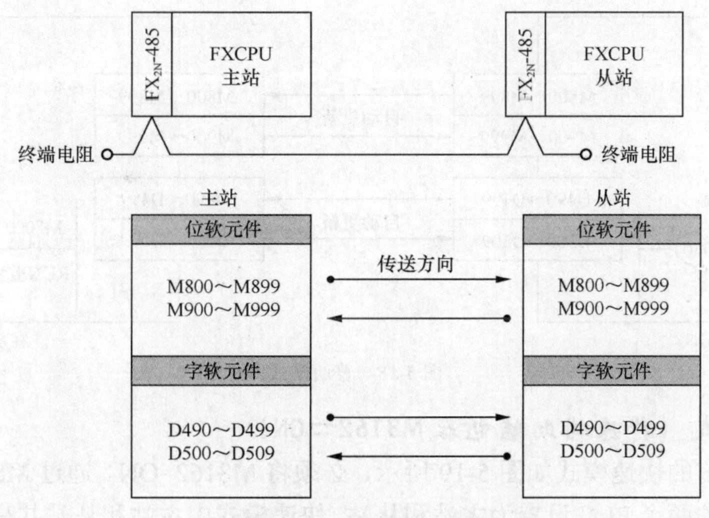

图 5-17 并联链接通信系统组成

表 5-7 与并联链接有关的标志寄存器和特殊数据寄存器

软 元 件	操 作
M8070	为 ON 时，PLC 作为并联链接的主站
M8071	为 ON 时，PLC 作为并联链接的从站
M8072	PLC 运行在并联链接时为 ON
M8073	在并联链接时，M8070 和 M8071 中任何一个设置出错时为 ON
M8162	为 OFF 时为标准模式；为 ON 时为快速模式
D8070	并联链接的监视时间，默认值为 500ms

并联链接有标准模式和快速模式两种工作模式，通过特殊辅助继电器 M8162 来设置，如

表 5-7 所示。主、从站之间通过周期性的自动通信由表 5-8 中的辅助继电器和数据寄存器来实现数据共享。

表 5-8　　并联链接两种模式的比较

模　式	通信设备	FX_{1N}、FX_{2N}、FX_{2NC}	通信时间（ms）
标准模式（M8162 为 OFF）	主站→从站	M800～M899（100 点） D490～D499（10 点）	70（ms）+ 主站扫描时间 + 从站扫描时间
	从站→主站	M900～M999（100 点） D500～D509（10 点）	
快速模式（M8162 为 ON）	主站→从站	D490、D491（2 点）	20（ms）+ 主站扫描时间 + 从站扫描时间
	从站→主站	D500、D501（2 点）	

1. 普通模式（特殊辅助继电器 M8162＝OFF）

并联链接通信的普通模式如图 5-18 所示，必须将 M8162=OFF。通过 M8070 和 M8071 分别将链接在一起的两个 PLC 设置为主站和从站，主站中的 M800～M899 一共 100 个辅助继电器的状态可以传递到从站中，供从站使用；从站中的 M900～M999 一共 100 个辅助继电器的状态可以传递到主站中，供主站使用。主站中的 D490～D499 一共 10 个数据寄存器的数据可以传递到从站中，供从站使用；从站中的 D500～D509 一共 10 个数据寄存器的数据可以传递到主站中，供主站使用。

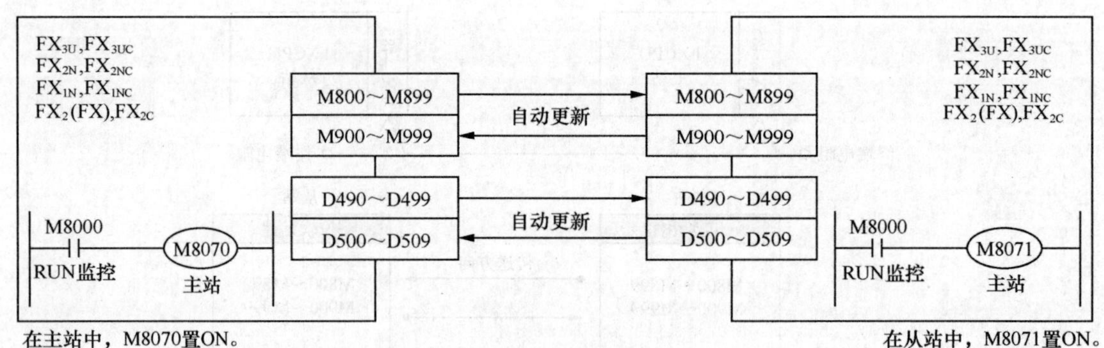

图 5-18　普通模式

2. 快速模式（特殊辅助继电器 M8162＝ON）

并联链接通信的快速模式如图 5-19 所示，必须将 M8162=ON。通过 M8070 和 M8071 分别将链接在一起的两个 PLC 设置为主站和从站。快速模式中主站和从站共享的只有 2 个字元件，主站是 D490 和 D491，从站是 D500 和 D501。

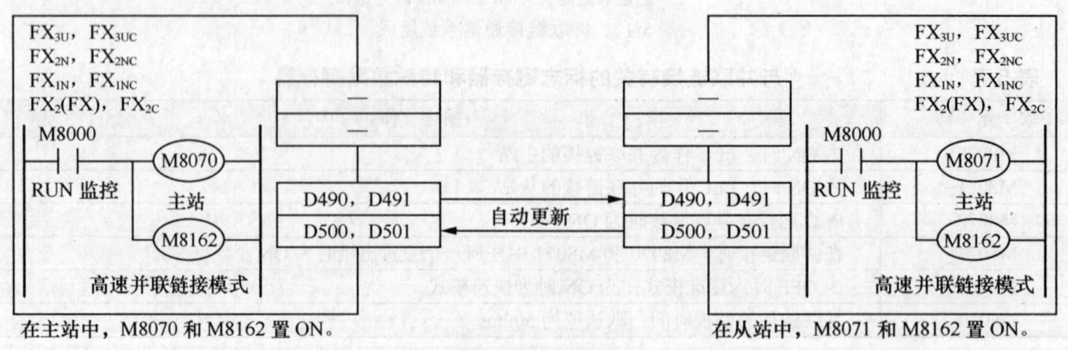

图 5-19　快速模式

三、N:N 网络通信

1. N:N 网络的构成

N : N 网络通信是把最多 8 台 FX 系列 PLC 按照一定的连接方法连接在一起组成一个小型的通信系统，如图 5-20 所示，其中一台 PLC 为主站，其余的 PLC 为从站，每台 PLC 都必须配置 FX_{2N}-485 通信板，系统中的各个 PLC 能够通过相互链接的软元件进行数据共享，达到协同运作的要求。系统中的 PLC 可以是不同的型号，各种型号的 PLC 可以组合成 3 种模式，即模式 0、模式 1 和模式 2。PLC 中的一些特殊寄存器可以帮助完成系统的通信参数设定，如站点号的设定、从站数目的设定、模式选择以及通信超时的设定。设定完成之后，用户就可以根据自己的需要在主、从站的 PLC 中编制要进行数据共享的程序。

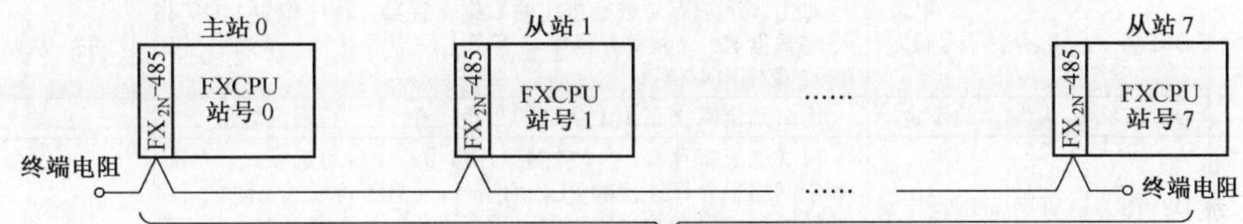

• FX 可编程控制器的连接台数：最多 8 台（站点号 0～7）
• 总延长距离：500m（485BD 混合存在时为 50m）

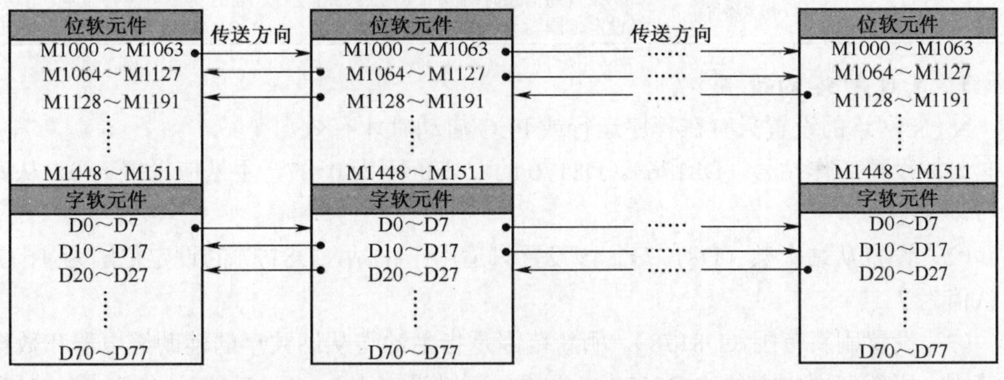

图 5-20 N : N 网络系统构成示意图

2. 与 N:N 网络通信有关的辅助继电器和数据寄存器

在每台 PLC 的辅助继电器和数据寄存器中分别有一片系统指定的共享数据区，网络中的每一台 PLC 都分配自己的共享辅助继电器和数据寄存器。N : N 网络所使用的从站数量不同、工作模式不同，共享的软元件的点数和范围也不同，这可以通过刷新范围来决定。共享软元件在各 PLC 之间执行数据通信，并且可以在所有的 PLC 中监视这些软元件。

对于某一台 PLC 来说，分配给它的共享数据区中的数据自动地传送到其他站的相同区域，分配给其他 PLC 共享数据区中的数据是其他站自动传送来的。对于某一台 PLC 的用户程序来说，在使用其他站自动传来的数据时，感觉就像读写自己内部的数据区一样方便。共享数据区中的数据与其他 PLC 里面的对应数据在时间上有一定的延迟，数据传送周期与网络中的站数和传送数据的数量有关（延迟时间为 18～131ms）。

使用 N : N 网络时，必须设定软元件，如表 5-9 和表 5-10 所示。

表 5-9　与 N : N 网络有关的辅助继电器

属性	软　元　件	名　　称	功　　能	响应类型
只读	M8038	参数设定	用于 N : N 网络参数设置	主、从站
只读	M8183	数据传送 PLC 主站出错	有主站通信错误时为 ON	主站
只读	M8184～M8190	数据传送 PLC 从站（1～7 号站）出错	有 1～7 号从站通信错误时为 ON	主、从站
只读	M8191	数据传送 PLC 执行中	与别的站通信时为 ON	主、从站

表 5-10　与 N : N 网络有关的数据寄存器

属性	软元件	名　　称	功　　能	响应类型
只读	D8173	站号	保存自己的站号	主、从站
只读	D8174	从站总数	保存从站的个数	主、从站
只读	D8175	刷新范围	保存刷新范围	主、从站
只写	D8176	主、从站点号设定	对主、从站点号进行规定的数据寄存器。程序中用 MOV 指令将数据 K0 存入寄存器中，表示主站点号 0 号，从站点号在 1～7 范围内取值	主、从站
只写	D8177	从站总数设定	用来确定网络系统中从站的数量，在 1～7 范围内取值	主站
只写	D8178	刷新范围设定	模式选择寄存器。N : N 网络连接中有 3 种可选模式，从而规定网络里允许连接的 PLC 的型号，而且每种模式都限定了哪些辅助继电器和数据寄存器可用于通信，从而实现在这些寄存器内部的数据共享。从站无需设定	主站
读/写	D8179	重试次数	设置重试次数，从站无需设定	主站
读/写	D8180	监视时间	设置通信超时时间（50～2 550ms）。以 10ms 为单位进行设定，设定范围为 5～255。从站无需设定	主站

3．N:N 网络的设置

N : N 网络的设置只有在程序运行或 PLC 启动时才有效。

（1）设置工作站号（D8176）。D8176 的取值范围为 0～7，主站应设置为 0，从站设置为 1～7。

（2）设置从站个数（D8177）。该设置只适用于主站，D8177 的设定范围为 1～7 的值，默认值为 7。

（3）设置刷新范围（D8178）。刷新范围是指主站与从站共享的辅助继电器和数据寄存器的范围。刷新范围由主站的 D8178 来设置，可以设定为 0、1、2（默认值为 0），对应的刷新模式如表 5-11 所示。

表 5-11　N : N 网络的刷新模式

通信元件	刷新范围		
	模式 0 （FX_{0N}、FX_{1S}、FX_{1N}、FX_{2N}、FX_{2NC}）	模式 1 （FX_{1N}、FX_{2N}、FX_{2NC}）	模式 2 （FX_{1N}、FX_{2N}、FX_{2NC}）
位元件	0 点	32 点	64 点
字元件	4 点	4 点	8 点

刷新范围只能在主站中设置，但是设置的刷新模式适用于 N : N 网络中所有的工作站。FX_{0N}、FX_{1S} 系列 PLC 应设置为模式 0，否则在通信时会产生通信错误。

表 5-12 中辅助继电器和数据寄存器是供各站的 PLC 共享的。根据在相应站号设定中设定的站号，以及在刷新范围设定中设定的模式不同，使用的软元件编号及点数也有所不同。编程时，请勿擅自更改其他站点中使用的软元件的信息，否则不能正常运行。

表 5-12　　N：N 网络共享的辅助继电器和数据寄存器

站号	模式 0		模式 1		模式 2	
	位元件	4 点字元件	32 点位元件	4 点字元件	64 点位元件	8 点字元件
0	—	D0～D3	M1000～M1031	D0～D3	M1000～M1063	D0～D7
1	—	D10～D13	M1064～M1095	D10～D13	M1064～M1127	D10～D17
2	—	D20～D23	M1128～M1159	D20～D23	M1128～M1191	D20～D27
3	—	D30～D33	M1192～M1223	D30～D33	M1192～M1255	D30～D37
4	—	D40～D43	M1256～M1287	D40～D43	M1256～M1319	D40～D47
5	—	D50～D53	M1320～M1351	D50～D53	M1320～M1383	D50～D57
6	—	D60～D63	M1384～M1415	D60～D63	M1384～M1447	D60～D67
7	—	D70～D73	M1448～M1479	D70～D73	M1448～M1511	D70～D77

以模式 1 为例，如果主站的 X0 要控制 2 号站的 Y0，可以用主站的 X0 来控制它的 M1000。通过通信，各从站中的 M1000 的状态与主站的 M1000 相同。用 2 号站的 M1000 来控制它的 Y0，相当于用主站的 X0 来控制 2 号站的 Y0。

（4）设置重试次数（D8179）。D8179 的取值范围为 0～10（默认值为 3），该设置仅用于主站。当通信出错时，主站就会根据设置的次数自动重试通信。

（5）设置通信超时时间（D8180）。D8180 的取值范围为 5～255（默认值为 5），该值乘以 10ms 就是通信超时时间。该设置仅用于主站。

学思融合　　通过对三菱 PLC 的并联链接通信和 N:N 通信的学习，培养学生的规则意识和契约精神。

任务实施

一、通信布线

52. 送风和循环系统的通信控制

并联链接通信时需要在每台 PLC 上装 FX_{2N}-485-BD 通信板，在安装通信板时，拆下 PLC 上表面左侧的盖板，再将通信板上的连接器插入 PLC 电路板的连接器插槽内即可，如图 5-21 所示。通信板的外形如图 5-22 所示，图中 RDA、RDB 为接收数据端子，SDA、SDB 为发送数据端子，SG 为信号地。两个通信板的接线如图 5-23 所示。

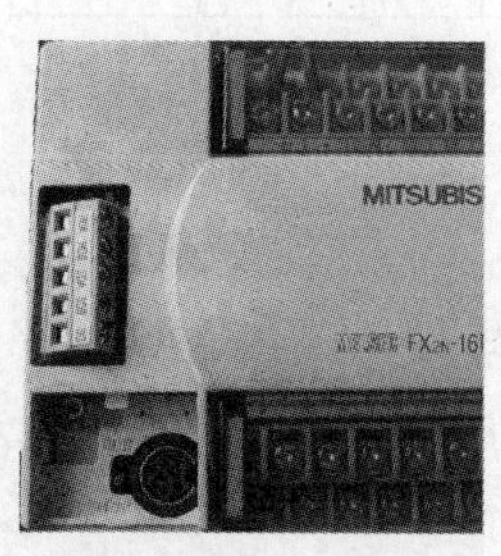

图 5-21　通信板在 PLC 中的安装位置

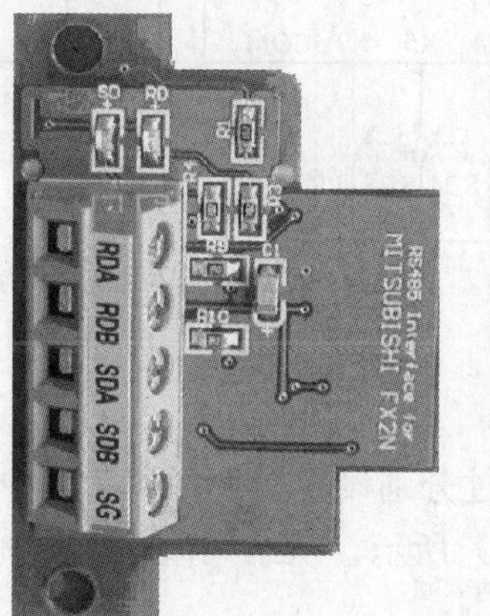

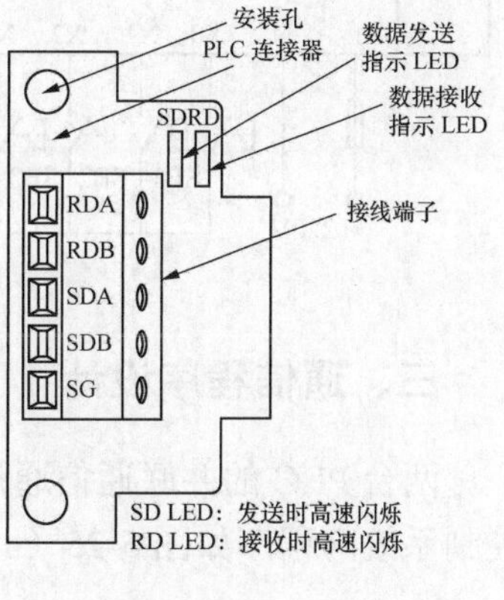

图 5-22　FX_{2N}-485-BD 的外形

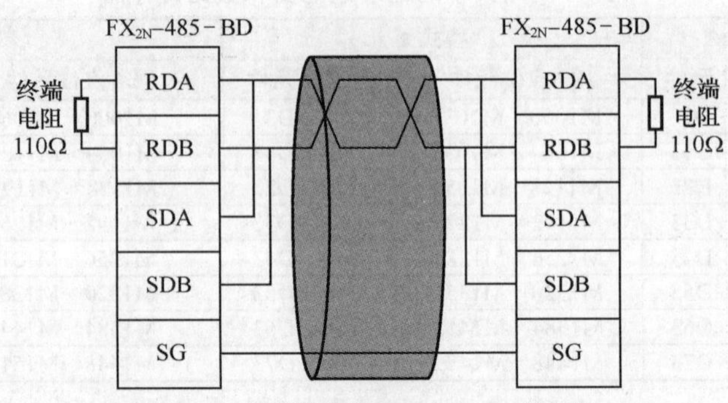

图 5-23　并联通信中 FX_{2N}-485-BD 的接线

二、控制系统 I/O 分配

根据控制要求，主站和从站使用的 I/O 分配相同，如表 5-13 所示。系统硬件接线图如图 5-24 所示，其中，第二台 PLC 的输入和输出连接与第一台相同。

表 5-13　两台 PLC 之间通信的 I/O 分配

输　入		输　出	
输 入 元 件	输入继电器	输 出 元 件	输出继电器
本站启动按钮 SB1	X0	本站接触器 KM	Y0
本站停止按钮 SB2	X1	本站运行指示灯 HL1	Y4
本站急停按钮 SB3	X2	本站过载指示灯 HL2	Y5
对方启动按钮 SB4	X4	对方运行指示灯 HL3	Y6
对方停止按钮 SB5	X5	对方过载指示灯 HL4	Y7
本站过载信号 FR	X7		

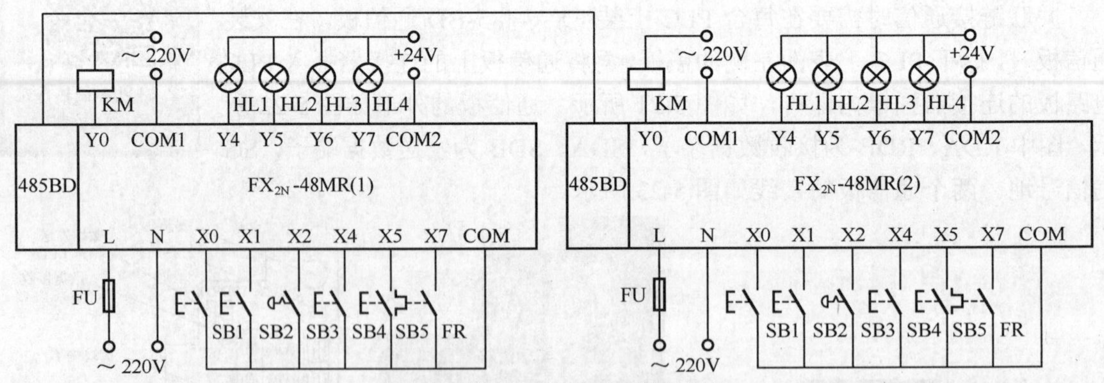

图 5-24　送风及循环系统硬件接线图

三、通信程序设计

两台 PLC 的并联通信通过分别设置在主站和从站中的程序来实现。其中，主站（送风）控制系统的程序如图 5-25（a）所示，从站（循环）控制系统的程序如图 5-25（b）所示。

```
                                                *〈将送风系统设为主站
    M8000
0   ─┤ ├────────────────────────────────────────( M8070 )
                                                *〈主站启停及运行指示
    X000    X001    X002    X007    M901    M903
3   ─┤ ├─┬──┤/├─────┤/├─────┤/├─────┤/├─────┤/├─┬─( Y000 )
    M900 │                                      └─( Y004 )
    ─┤ ├─┤
    Y000 │
    ─┤ ├─┘
                                                *〈主站电机过载
    X007    X002
13  ─┤ ├─┬──┤/├─────────────────────────────────( Y005 )
    Y005 │
    ─┤ ├─┘
                                                *〈将主站控制信息送 M800—M803
    M8000
17  ─┤ ├──────────────────────────────[ MOV  K1X004  K1M800 ]
                                                *〈主站运行信息送 M804 中
    Y004
23  ─┤ ├────────────────────────────────────────( M804 )
                                                *〈从站运行指示
    M904
25  ─┤ ├────────────────────────────────────────( Y006 )
                                                *〈从站过载指示
    M903    X002
27  ─┤ ├─┬──┤/├─────────────────────────────────( Y007 )
    Y007 │
    ─┤ ├─┘

31  ────────────────────────────────────────────[ END ]
```

（a）主站程序

```
                                                *〈将循环系统设为从站
    M8000
0   ─┤ ├────────────────────────────────────────( M8071 )
                                                *〈从站自停及运行指示
    X000    X001    X002    X007    M801    M803
3   ─┤ ├─┬──┤/├─────┤/├─────┤/├─────┤/├─────┤/├─┬─( Y000 )
    M800 │                                      └─( Y004 )
    ─┤ ├─┤
    Y000 │
    ─┤ ├─┘
                                                *〈从站电机过载
    X007    X002
13  ─┤ ├─┬──┤/├─────────────────────────────────( Y005 )
    Y005 │
    ─┤ ├─┘
                                                *〈将从站控制信息送 M900—M903
    M8000
17  ─┤ ├──────────────────────────────[ MOV  K1X004  K1M900 ]
                                                *〈从站运行信息送 M904 中
    Y004
23  ─┤ ├────────────────────────────────────────( M904 )
                                                *〈主站运行指示
    M804
25  ─┤ ├────────────────────────────────────────( Y006 )
                                                *〈主站过载指示
    M803    X002
27  ─┤ ├─┬──┤/├─────────────────────────────────( Y007 )
    Y007 │
    ─┤ ├─┘

31  ────────────────────────────────────────────[ END ]
```

（b）从站程序

图 5-25　送风和循环系统的通信程序

四、调试运行

（1）参照图 5-23 将两台 PLC 通过 FX_{2N}-485-BD 通信板连接在一起，并根据图 5-24 将两台 PLC 的输入和输出接好。

（2）将图 5-25 所示的程序分别下载到对应的 PLC 中。

（3）将主站和从站的 PLC 都处于 RUN 状态。

（4）确认通信状态灯（SD、RD）闪烁，说明通信正常。

（5）确认主站的链接。操作主站（送风）的启停按钮 X0 和 X1，观察送风电机启停；再操作主站的启停按钮 X4 和 X5，观察能否控制从站（循环）电机的启停。

（6）确认从站的链接。操作从站（循环）的启停按钮 X0 和 X1，观察循环电机启停；再操作从站的启停按钮 X4 和 X5，观察能否控制主站（送风）电机的启停。

（7）观察在主站和从站的操作过程中，能否监控对方站的运行和过载情况。

知识拓展——3 台 PLC 通信实例

图 5-26 所示为链接 3 台 PLC 的通信系统构成图，该系统有 3 台 PLC（即 3 个站点），其中一台 PLC 为主站，另外两台 PLC 为从站，每个站点的 PLC 都连接一个 FX_{2N}-485-BD 通信板，通信板之间用单根双绞线连接。刷新范围选择模式 1（可以访问每台 PLC 的 32 个位元件和 4 个字元件），重试次数为 3，通信超时选 50ms，系统要求如下。

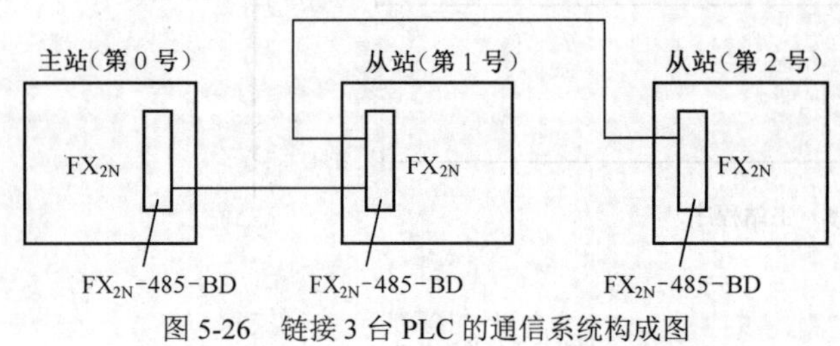

图 5-26　链接 3 台 PLC 的通信系统构成图

（1）通过 M1000～M1003，用主站的输入 X0～X3 来控制 1 号从站的输出 Y10～Y13。

（2）通过 M1064～M1067，用 1 号从站的输入 X0～X3 来控制 2 号从站的输出 Y14～Y17。

（3）通过 M1128～M1131，用 2 号从站的输入 X0～X3 来控制主站的输出 Y20～Y23。

（4）主站的数据寄存器 D1 为 1 号从站的计数器 C1 提供设定值。C1 的触点状态由 M1070 映射到主站的输出 Y005 上。

（5）1 号从站 D10 的值和 2 号从站 D20 的值在主站相加，运算结果存放到主站的 D3 中。

1．通信布线

3 台 PLC 组成的 N:N 网络，如图 5-27 所示。

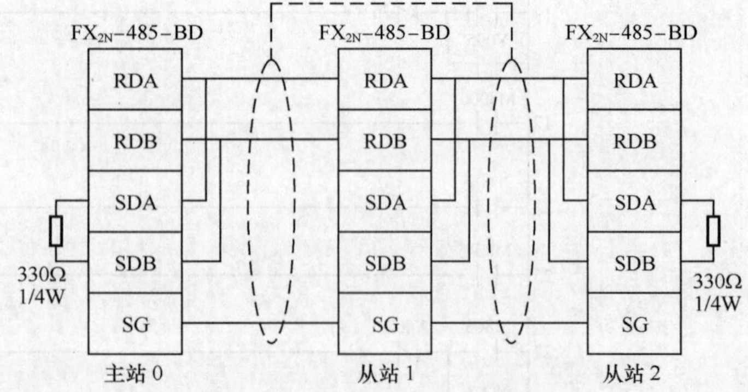

图 5-27　3 台 PLC 组成的 N:N 网络

2．N:N 网络的设置

按照前面所讲的 N : N 网络设置方法，设置该任务的相关参数如下。

D8176 = 0（主站设置为 0，从站设置为 1 或 2）。

D8177 = 2（从站个数为 2）。

D8178 = 1（刷新模式为 1，可以访问每台 PLC 的 32 个位元件和 4 个字元件）。

D8179 = 3（重试次数为 3）。

D8180 = 5（通信超时时间为 50ms）。

3．通信用软元件

控制要求中的动作内容与对应程序中软元件的编号如表 5-14 所示。

表 5-14　　动作内容与对应程序中软元件的编号

动作编号		数据源		数据变更对象及内容	
①	位元件的链接	主站	输入 X0～X3（M1000～M1003）	从站 1	到输出 Y10～Y13
②	位元件的链接	从站 1	输入 X0～X3（M1064～M1067）	从站 2	到输出 Y14～Y17
③	位元件的链接	从站 2	输入 X0～X3（M1128～M1131）	主站	到输出 Y20～Y23
④	字元件的链接	主站	数据寄存器 D1	从站 1	到计数器 C1 的设定值
④	字元件的链接	从站 1	计数器 C1 的触点（M1070）	主站	到输出 Y5
⑤	字元件的链接	从站 1	数据寄存器 D10	主站	从站 1（D10）和从站 2（D20）相加后保存到 D3 中
⑤	字元件的链接	从站 2	数据寄存器 D20	主站	从站 1（D10）和从站 2（D20）相加后保存到 D3 中

4．程序设计

根据控制要求设计的主站程序、从站程序如图 5-28 所示。

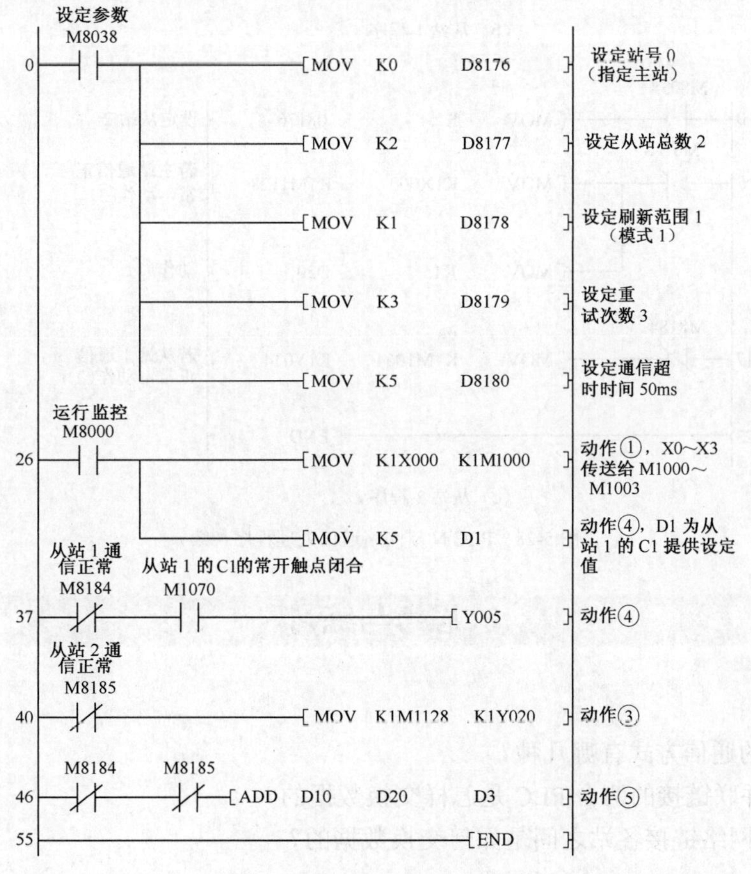

（a）主站程序

图 5-28　PLC N:N 网络通信处理程序

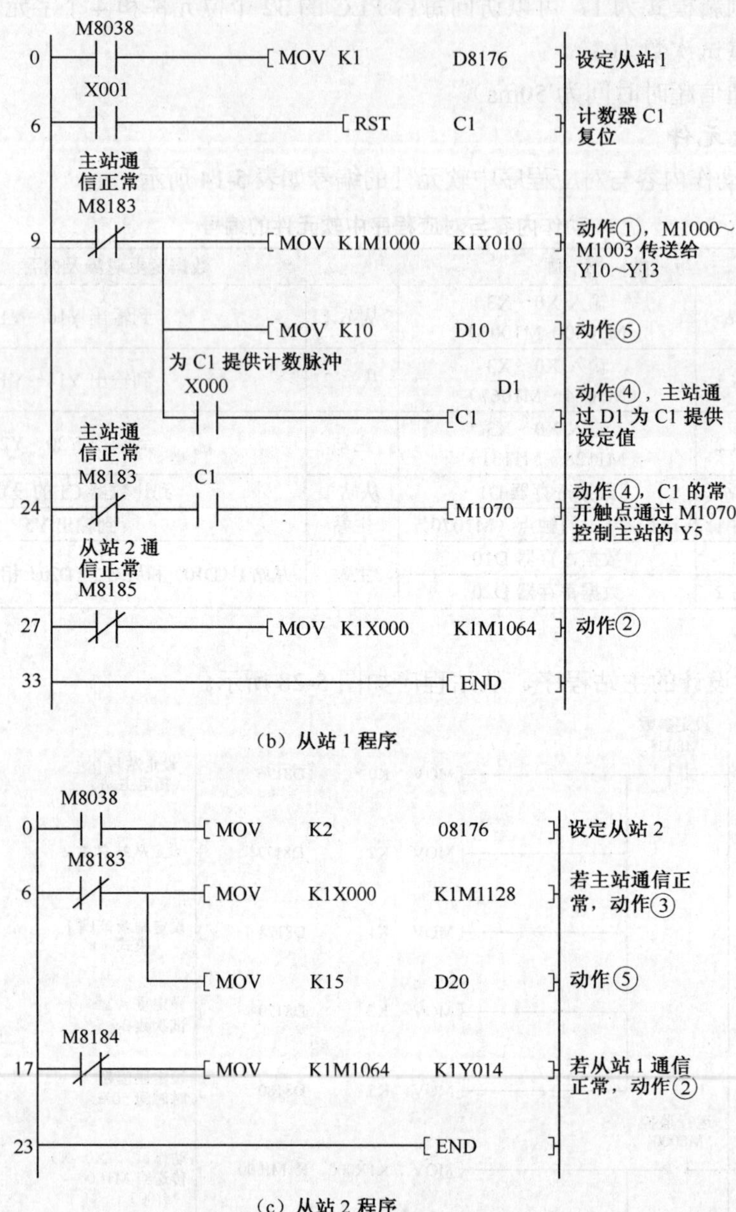

（b）从站 1 程序

（c）从站 2 程序

图 5-28 PLC N:N 网络通信处理程序（续）

思考与练习

1．简答题

（1）PLC 的通信方式有哪几种？

（2）使用并联链接的两台 PLC 是怎样交换数据的？

（3）N : N 网络链接各站之间是如何交换数据的？

2．分析题

（1）两台 FX_{2N} 系列 PLC 并联链接交换数据，通过程序实现下述功能。

① 主站的 X0～X7 通过 M800～M807 控制从站的 Y0～Y7；当主站的计算值（D0+D2）≤100 时，从站中的 Y10 为 ON。

② 从站的 X0～X7 通过 M900～M907 控制主站的 Y0～Y7；从站中数据寄存器 D10 的值用来作为主站的 T0 的设定值。

试编写主站和从站的通信程序。

（2）有一小型控制系统，系统有 3 台 PLC，要求 N:N 网络协议通信。控制要求如下。

① 通信参数：重试次数为 4 次，通信超时时间为 30ms，采用模式 1 链接软元件。

② 用主站 0 的 X1 启动、X2 停止控制从站 1 的电动机Y/△降压启动，主站的 D100 定义从站 1 的Y/△延时时间。

③ 从站 1 的电动机启动 50s 后，从站 2 的电动机进行Y/△降压启动，用从站 1 的 D101 定义从站 2 的Y/△延时时间。

④ 从站 2 的 X1 启动、X2 停止控制主站 0 的电动机进行Y/△降压启动，用从站 2 的 D202 定义主站 0 的Y/△延时时间。

试编写 3 个站的通信程序。

模块六
PLC 控制系统设计案例

能力目标

1. 学会根据任务要求，进行 PLC 选型、硬件配置和 PLC 的安装。
2. 学会对 PLC 复杂控制系统进行综合调试的能力。
3. 学会运用 PLC 知识解决实际工程问题的能力。

知识目标

1. 了解 PLC 控制系统的设计原则和设计步骤。
2. 了解降低 PLC 控制系统硬件费用和提高系统可靠性的方法。
3. 掌握 PLC 与触摸屏、变频器的综合应用。
4. 学会运用 PLC 设计复杂电气控制系统的方法。

| 任务一　机械手的 PLC 控制系统设计 |

任 务 导 入

图 6-1 所示是一台将工件从左工作台搬运到右工作台的机械手，运动形式为垂直和水平两个方向。机械手在水平方向可以做左右移动，在垂直方向可以做上下移动。其左移/右移和上升/下降的执行机构采用双线圈双位电磁阀推动气缸来完成。当某一线圈失电，机械手所处位置一直保持到相反方向的线圈得电为止。夹紧/放松用单线圈双位电磁阀推动气缸完成，线圈得电时执行夹紧动作，线圈失电时执行放松动作。

机械手的动作顺序如下。

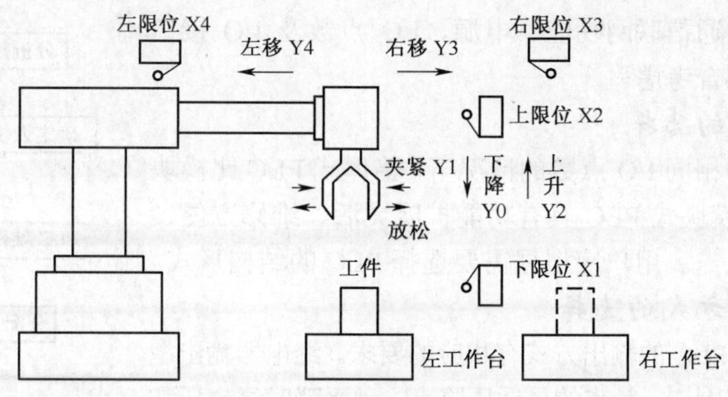

图 6-1　机械手结构示意图

（1）机械手在原点位置时，上限位 SQ2（X2）、左限位 SQ4（X4）闭合，同时不夹紧工件，原点指示灯 Y5 点亮，按下启动按钮 SB0 后，原点指示灯 Y5 灭，机械手下降电磁阀 Y0 得电，机械手开始下降。

（2）机械手下降到位后，压动下限位开关 SQ1（X1），Y0 灯灭，夹紧电磁阀 Y1 得电，机械手夹紧工件。

（3）完全夹紧后，上升电磁阀 Y2 得电，机械手上升。

（4）上升到上限位 SQ2（X2）后，机械手右移电磁阀 Y3 得电，机械手右移。

（5）右移到右限位 SQ3（X3）后，机械手下降电磁阀 Y0 得电，机械手下降。

（6）下降到下限位 SQ1（X1）后，机械手夹紧电磁阀 Y1 复位，机械手将工件松开。

（7）完全松开后，上升电磁阀 Y2 得电，机械手上升。

（8）上升到位后，压动上限位开关 SQ2（X2），机械手左移电磁阀 Y4 得电，机械手左移。左移到位后，压下左限位开关 SQ4（X4），机械手回到原点，至此一个周期的动作结束。

相关知识

一、PLC 控制系统设计的原则与步骤

1．PLC 控制系统设计的原则

PLC 控制系统主要是实现被控对象的要求，提高生产效率和产品质量，其设计应遵循以下原则。

（1）最大限度地满足被控对象的控制要求。设计前应深入现场进行调查研究，搜集资料，并拟定电气控制方案。

（2）在满足控制要求的前提下，力求使控制系统简单、经济、使用及维护方便。

（3）保证控制系统安全可靠。

（4）考虑到生产的发展和工艺的改进，在选择 PLC 的容量时，应适当留有裕量。

2．PLC 控制系统设计的步骤

PLC 控制系统的设计流程如图 6-2 所示。

二、PLC 机型的选择

PLC 选型的基本原则是：所选的 PLC 应能够满足控制系统的功能需要。一般从 PLC 的

结构、输出方式、通信联网功能、电源、I/O 点数及 I/O 接口设备等方面进行综合考虑。

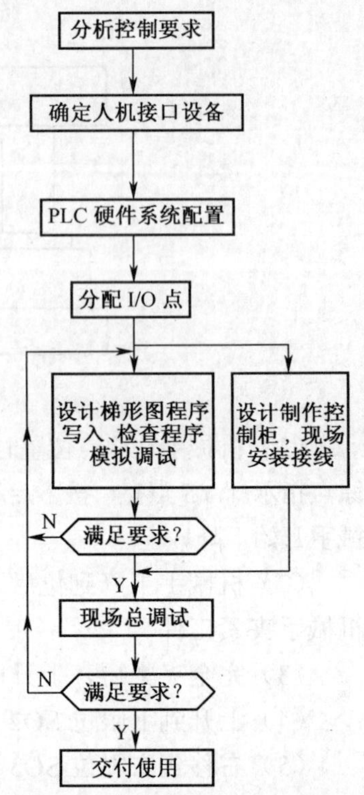

图 6-2 PLC 控制系统的设计流程

1．PLC 结构的选择

在相同功能和相同 I/O 点数的情况下，整体式 PLC 比模块式 PLC 价格低。模块式 PLC 具有功能扩展灵活、维修方便、容易判断故障等优点。用户应根据需要选择 PLC 的结构形式。

2．PLC 输出方式的选择

不同的负载对 PLC 的输出方式有相应的要求。继电器输出型的 PLC 工作电压范围广，触点的导通压降小，承受瞬时过电压和瞬时过电流的能力较强，但是动作速度较慢，触点寿命（动作次数）有一定的限制。如果系统的输出信号变化不是很频繁，建议优先选用继电器输出型的 PLC。晶体管型与双向晶闸管型输出模块分别用于直流负载和交流负载，它们的可靠性高，反应速度快，不受动作次数的限制，但是过载能力稍差。

3．通信联网功能的选择

若 PLC 控制系统需要联网工厂自动化网络，则所选用的 PLC 需要有通信联网功能，即要求 PLC 应具有连接其他 PLC、上位机及 CRT 等接口的能力。

4．PLC 电源的选择

电源是干扰 PLC 引入的主要途径之一，因此应选择优质电源以助于提高 PLC 控制系统的可靠性。一般可选用畸变较小的稳压器或带有隔离变压器的电源，使用直流电源时要选用桥式全波整流电源。对于供电不正常或电压波动较大的情况，可考虑采用不间断电源 UPS 或稳压电源供电。

5．I/O 点数及 I/O 接口设备的选择

根据控制系统所需要的输入设备（如按钮、限位开关、转换开关等），输出设备（如接触器、电磁阀、信号灯等）以及 A/D、D/A 转换的个数来确定 PLC 的 I/O 点数；再按实际所需总点数的 15%留有一定的裕量，以满足今后生产的发展或工艺改进的需要。

三、使用启保停电路的编程方法

根据顺序功能图来设计梯形图时，可以用辅助继电器 M 来代表步。当为活动步时，对应的辅助继电器为 ON，某一转换实现时，该转换的后续步变为活动步，前级步变为静步。很多转换条件都是短信号，即它存在的时间比它激活的后续步活动的时间短，因此应使用有记忆（或称保持）功能的电路（如启保停电路和置位复位指令组成的电路）来控制 M 代表的辅助继电器。

图 6-3 中的步 M1、M2 和 M3 是顺序功能图中顺序相连的 3 步，X1 是步 M2 之前的转换条件。设计启保停电路的关键是找出它的启动条件和停止条件。根据转换实现的基本原则，转换实现的条件是它的前级步为活动步，并且满足相应的转换条件，所以步 M2 变为活动步的条件是它的前级步 M1 为活动步，且转换条件 X1=1。在启保停电路中，则应将前级步 M1 和转换条件 X1 对应的常开触点串联，作为控制 M2 的启动电路。

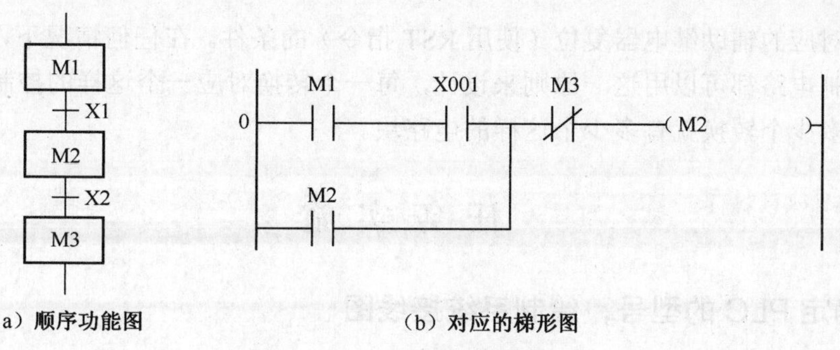

（a）顺序功能图　　（b）对应的梯形图

图 6-3　使用启保停电路控制步

当 M2 和 X2 均为 ON 时，步 M3 变为活动步，这时步 M2 应变为静步，因此可以将 M3=1 作为使辅助继电器 M2 变为 OFF 的条件，即将后续步 M3 的常闭触点与 M2 的线圈串联，作为启保停电路的停止电路。图 6-3 中的梯形图可以用逻辑代数式表示为

$$M2=(M1\cdot X1+M2)\cdot\overline{M3}$$

在这个例子中，可以用 X2 的常闭触点代替 M3 的常闭触点。但是，当转换条件由多个信号经“与、或、非”逻辑运算组合而成时，需要将它的逻辑表达式求反，再将对应的触点串/并联电路作为启保停电路的停止电路，不如使用后续步的常闭触点更为简单方便。

设计梯形图的输出电路部分时，还应注意以下问题。

（1）如果某一输出量仅在某一步中为 ON，可以将它们的线圈分别与对应步的辅助继电器的线圈串联。

（2）如果某一输出继电器在几步中都应为 ON，应将代表各有关步的辅助继电器的常开触点并联后，驱动该输出继电器的线圈。

四、使用以转换为中心的编程方法

图 6-4 给出了以转换为中心的编程方法的顺序功能图与梯形图的对应关系。实现如图 6-4 所示 X1 对应的转换需要同时满足两个条件，即该转换的前一级步是活动步（M1=1）和转换条件满足（X1=1）。在梯形图中，可以用 M1 和 X1 的常开触点组成的串联电路来表示上述条件。该电路接通时，两个条件同时满足，此时应完成两个操作，即将该转换的后续步变为活动步（用 SET　M2 指令将 M2 置位）和将该转换的前一级步变为静步（用 RST　M1 指令将 M1 复位）。这种编程方法与转换实现的基本规则之间有着严格的对应关系，用它编制复杂的顺序功能图的梯形图时，更能显示出它的优越性。

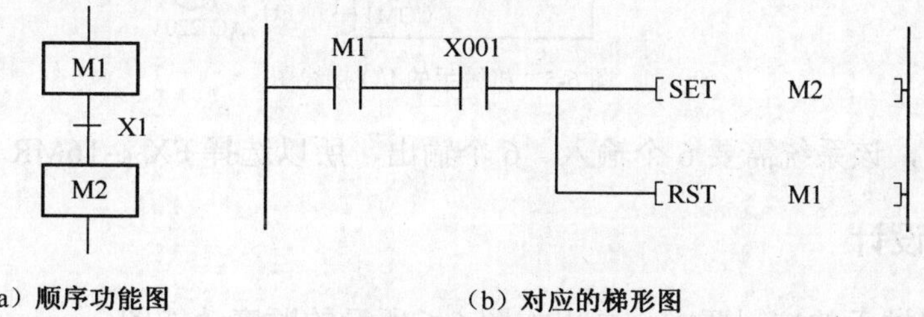

（a）顺序功能图　　（b）对应的梯形图

图 6-4　以转换为中心的编程方式

在以转换为中心的编程方法中，用该转换所有前级步对应的辅助继电器的常开触点与转换对应的触点或电路串联，作为使所有后续步对应的辅助继电器置位（使用 SET 指令）和使

所有前级步对应的辅助继电器复位（使用 RST 指令）的条件。在任何情况下，代表步的辅助继电器的控制电路都可以用这一原则来设计，每一个转换对应一个这样的控制置位和复位的电路块，有多少个转换就有多少个这样的电路块。

任务实施

一、确定 PLC 的型号，绘制系统接线图

（1）根据控制要求，确定系统的输入/输出信号。

机械手控制系统的 I/O 端口分配及功能如表 6-1 所示。

表 6-1　机械手的 I/O 端口分配功能表

输入			输出		
输入继电器	输入元件	作用	输出继电器	输出元件	作用
X0	SB0	启动按钮	Y0	YV1	下降电磁阀线圈
X1	SQ1	下限位开关	Y1	YV2	紧/松电磁阀线圈
X2	SQ2	上限位开关	Y2	YV3	上升电磁阀线圈
X3	SQ3	右限位开关	Y3	YV4	右移电磁阀线圈
X4	SQ4	左限位开关	Y4	YV5	左移电磁阀线圈
X5	SB1	停止按钮	Y5	HL	原点指示

（2）由输入/输出分配功能表，绘制 I/O 接线图，如图 6-5 所示。

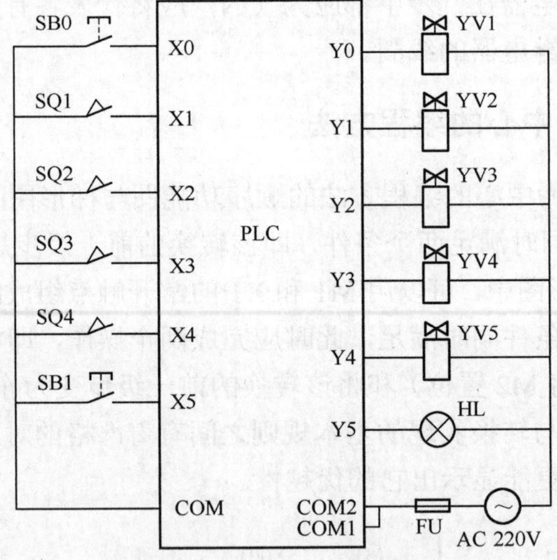

图 6-5　机械手的 I/O 接线图

由表 6-1 知，该系统需要 6 个输入、6 个输出，所以选择 FX_{2N}-16MR 的 PLC。

二、程序设计

（1）根据机械手的控制要求，画出如图 6-6 所示的顺序功能图。

首先，根据控制要求知道机械手在一个周期内有连续的 8 个动作，加上原点指示（系统开始运行前的准备状态），一共有 9 个状态（对应 9 个步）。用 M100 来表示初始步，用 M101～M108 来表示 8 个工作状态（对应 8 个工作步）。这里，顺序功能图的步用辅助继电器 M 表示。

第 M102 步对应的动作 Y1 前面的“S”，说明该步动作需要保持，即 Y1 一直得电。第 M106 步对应的动作 Y1 前的“R”，说明该步动作需要复位。

（2）将图 6-6 所示的顺序功能图转换成梯形图，如图 6-7 所示。

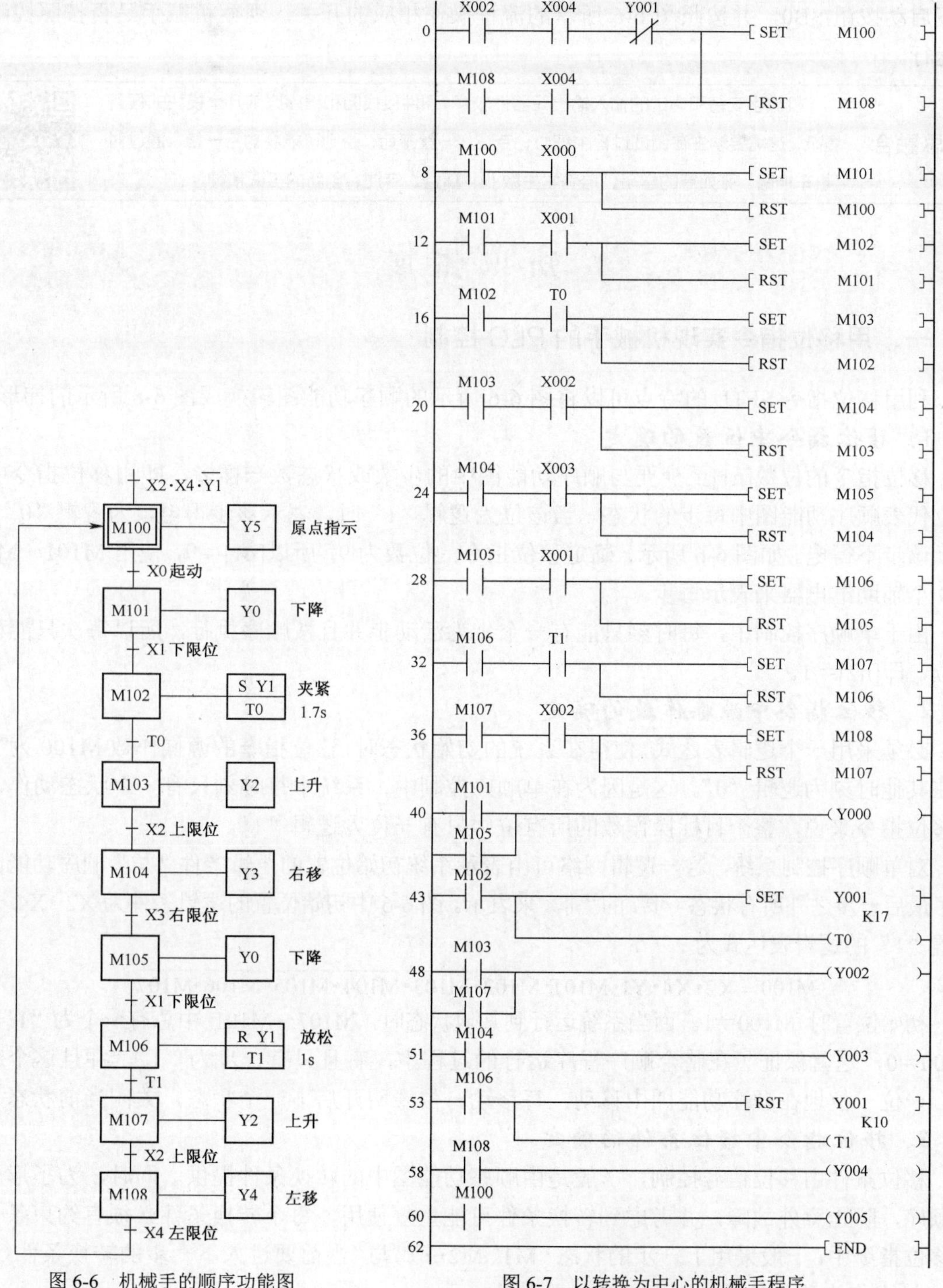

图 6-6　机械手的顺序功能图

图 6-7　以转换为中心的机械手程序

三、调试运行

（1）按图 6-5 所示将 PLC 与输入/输出设备连接起来。

（2）用 GX 软件编制如图 6-7 所示的梯形图程序，将编译无误的程序分别下载到 PLC 中，并将模式选择开关拨至 RUN 状态。

（3）调试运行。开始时，将 X2、X4 闭合，机械手处于原始位置，原点指示灯 Y5 亮。按下启动按钮 SB0，并按照图 6-6 所示的流程操作相应的开关，观察机械手是否按照控制要求运行。

学思融合 机械手安装和调试的输入输出元器件较多，硬件接线图和程序比前几个模块的任务复杂，这需要学生在调试过程中细心、专注、一丝不苟，否则可能会功亏一篑。通过对“机车神医”张如意的学习，培养学生敬业、精益、专注、创新的工匠精神。

知 识 拓 展

一、用移位指令实现机械手的 PLC 控制

利用移位指令 SFTL 的特点可以将图 6-6 所示的顺序功能图转换成图 6-8 所示的梯形图。

1. 移位指令中位数的确定

移位指令的位数[n1]至少要与顺序功能图中的步数或状态数一样多，即用移位指令中的每位代表顺序功能图中每步的状态。当该位为逻辑“1”时，表示该步得电，为逻辑“0”时，表示该步不得电。如图 6-6 所示，确定移位指令的位数为 9，所以[n1]＝9，使用 M101～M108 共 9 个辅助继电器来表示每步。

由于单顺序控制中，每时刻只能有一个步为活动步并且按顺序执行，所以每次只能移动一位，即[n2]＝1。

2. 移位指令中源操作数的确定

必须采用一个逻辑表达式，使得在系统的初始状态时，移位指令的源操作数 M100 为“1”，而在其他时刻为逻辑“0”。这是因为在单顺序控制中，系统中每时刻只有一个状态动作，而对移位指令来说，整个目标操作数的所有位中只有一位为逻辑“1”。

对单顺序控制系统，这一逻辑网络可由表示系统初始位置的逻辑条件“与”顺序功能图中除了最后一步之外所有状态（步）的“非”来表示。图 6-6 中初始位置的逻辑条件为 $X2 \cdot X4 \cdot \overline{Y1}$，则置“1”的逻辑表达式为

$$M100 = X2 \cdot X4 \cdot \overline{Y1} \cdot \overline{M101} \cdot \overline{M102} \cdot \overline{M103} \cdot \overline{M104} \cdot \overline{M105} \cdot \overline{M106} \cdot \overline{M107}$$

初始位置时 M100＝1。而当系统运行到其他状态时，M107～M101 中总有一个为“1”，则 M100＝0，这就保证了在整个顺序程序运行的过程中，有且只有一步为“1”，并且这个逻辑“1”一位一位地在顺序功能图中移动，每移动一位表明开启下一个状态，关闭当前状态。

3. 移位指令中移位条件的确定

移位条件由移位信号控制，一般是由顺序功能图中的转换条件提供。同时，为了形成固定顺序，防止意外故障，并考虑到转换条件可能重复使用，每个转换条件必须有约束条件。在移位指令中，一般采用上一步的状态（M1、M2…）“与”当前要进入下一步的转换条件（X1、X2…）来作为移位信号，因而其移位条件为

$$\begin{aligned}SFT=&M100 \cdot X0+M101 \cdot X1+M102 \cdot T0+M103 \cdot X2\\&+M104 \cdot X3+M105 \cdot X1+M106 \cdot T1+M107 \cdot X2\end{aligned}$$

4．顺序控制中循环运行的实现

当顺序功能图中的一个工作周期完成后，需要继续下一周期运行，通常用顺序功能图中最后一个步（或状态）对应的辅助继电器“与”转换条件来做下一次循环运行的启动信号。另外，也可根据控制要求的实际情况，采用手动复位。

将如图 6-6 所示的顺序功能图中的最后一步 M108“与”转换条件 X4 作为对除了初始步 M100 以外的所有步的复位信号，以便开始下一周期的循环运行。

5．顺序功能图中动作输出方程的确定

一般情况下，动作对应的输出元件的逻辑等于对应状态的辅助继电器。当一个输出元件对应多个状态时，等于多个状态的辅助继电器相“或”，则图 6-6 所示的动作输出方程的逻辑表达式为

Y0=M101+M105

Y1=M102

Y2=M103+M107

Y3=M104

Y4=M108

Y5=M100

T0=M102

T1=M106

6．逻辑表达式转换成梯形图

将上述的逻辑表达式转换成如图 6-8 所示的梯形图。

二、多种工作方式的编程

前面讲的两个程序都是机械手的自动程序，一个完整的 PLC 控制系统应该包括手动、自动和回原点 3 种工作方式。根据上述要求，操作盘上需设置一个工作方式选择开关，通过这个开关来选择机械手的 3 种工作方式，各种操作按钮和停车按钮的作用如图 6-9 所示，其中紧急停车按钮不接入 PLC 的输入端，当发生紧急情况时，用于切断负载电源。

机械手的程序结构如图 6-10 所示。X10 是手动切换开关，CJ 为条件跳转指令，当 X10=1 时，跳转条件满足，跳到标号 P0 处执行手动程序；当 X12=1 时，跳到标号 P1 处执行回原点程序；当 X11=1 时，跳到标号 P2 处执行自动程序。

1．手动程序

手动操作时，用 X20～X25 对应的 6 个按钮控制机械手的夹紧、放松、上升、下降、右行和左行。这些操作都是点动控制，并且为了保证系统的安全运行，在手动程序中设置了一些必要的联锁，如上升与下降之间、右行与左行之间的互锁，以防止功能相反的两个输出继电器同时为 ON；上、下、左、右的限位开关 X1～X4 的常闭触点分别与控制机械手移动的 Y0～Y4 的线圈串联，以防止机械手运行超程出现的事故。

2．回原点程序

自动返回原点的程序如图 6-10 所示。当自动返回原点的开关 X12 闭合后，机械手先停止下降，同时上升；上升到上限位 X2 时，停止右行，同时左行；左行到左限位 X4 时，开始放松，完全放松后，原点指示灯点亮，表示回原点动作完成。

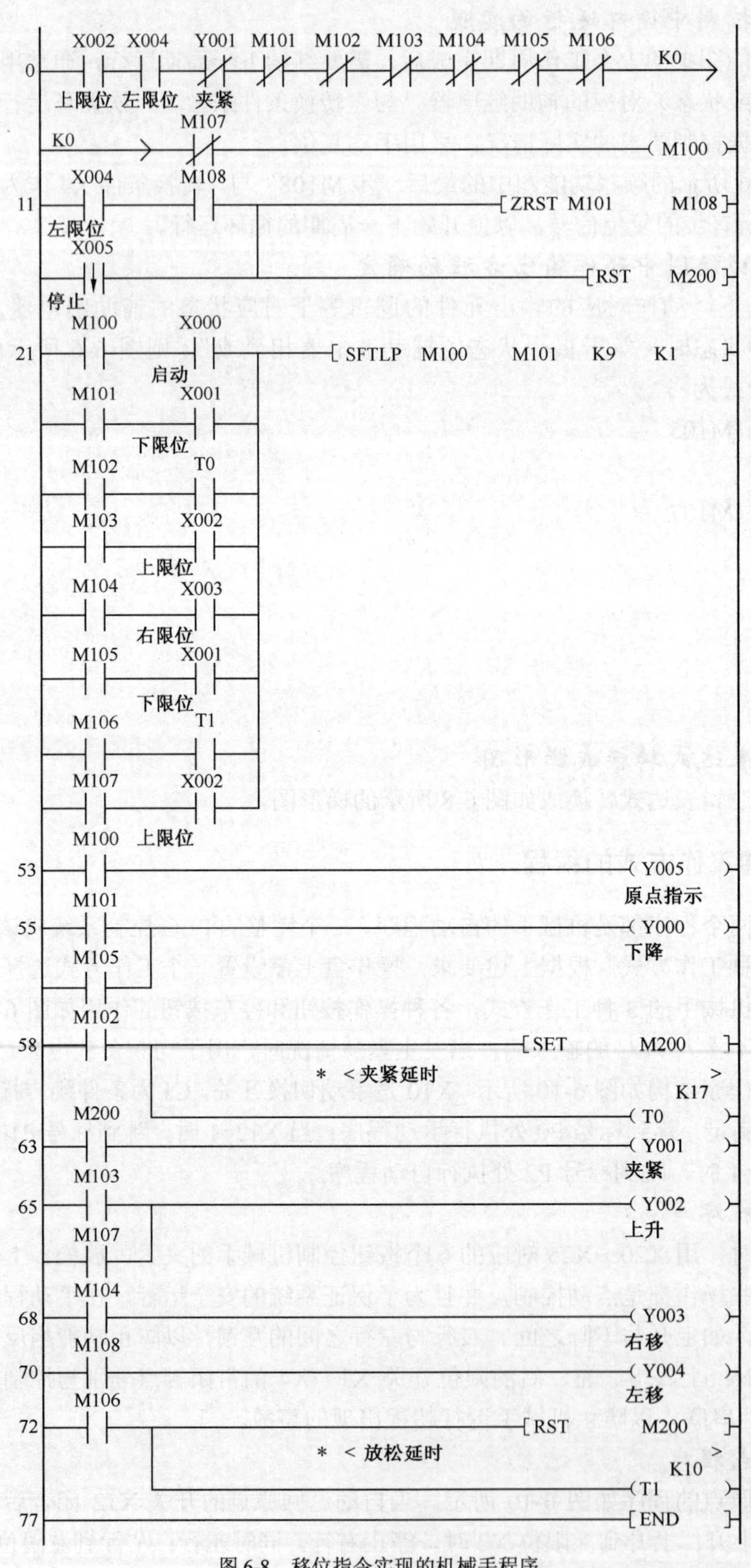

图 6-8　移位指令实现的机械手程序

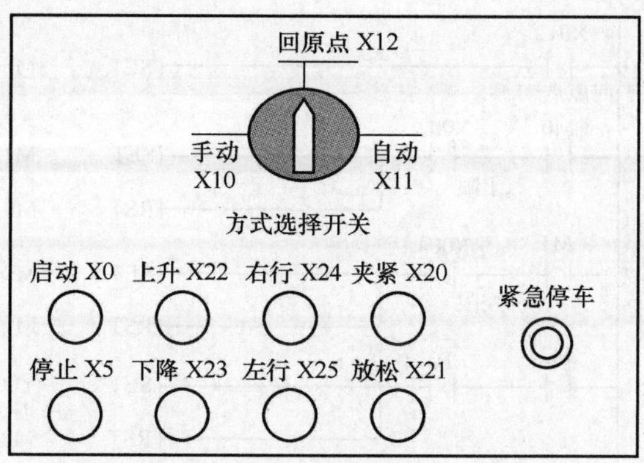

图 6-9 机械手操作盘示意图

3. 自动程序

机械手的自动程序如图 6-7 和图 6-8 所示，将这部分自动程序放到图 6-10 所示的“自动程序”的位置上即可。

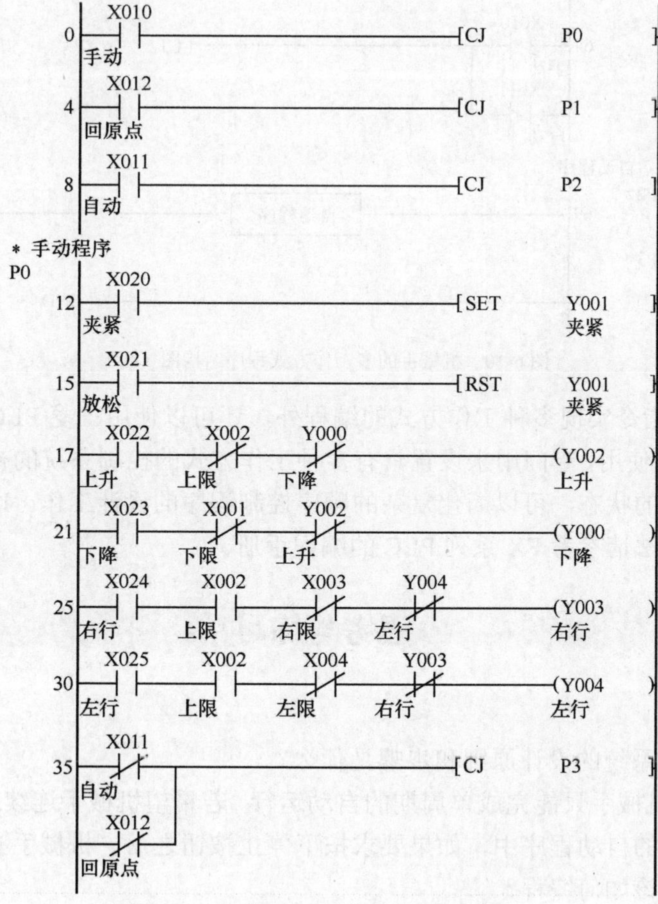

图 6-10 机械手的多工作方式程序结构图

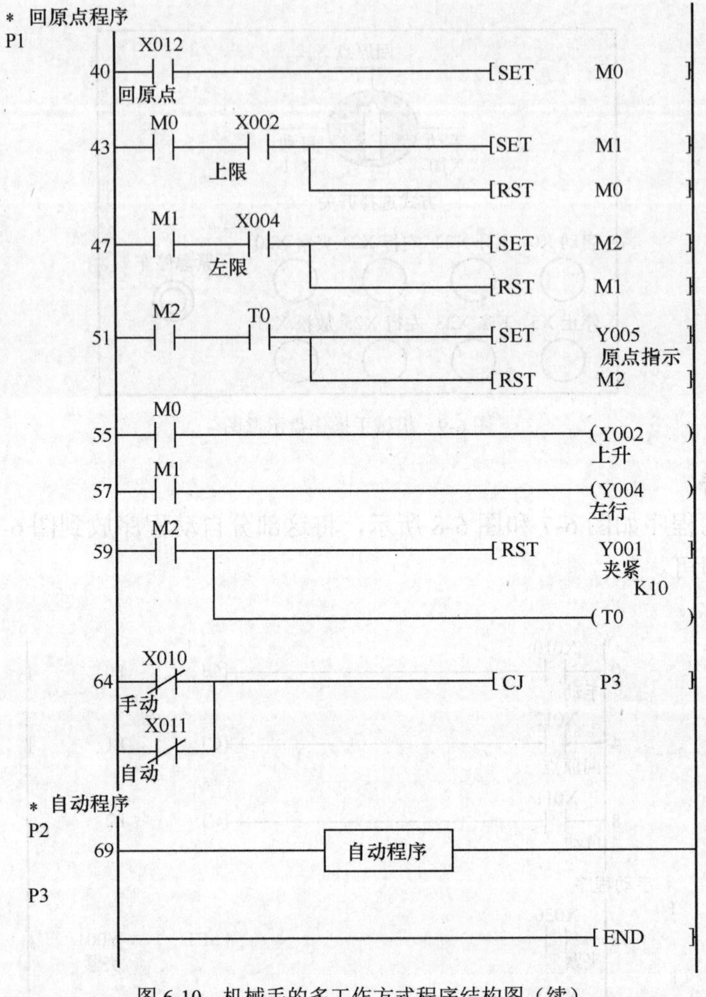

图 6-10　机械手的多工作方式程序结构图（续）

除了使用 CJ 指令实现多种工作方式的编程外，还可以使用三菱 PLC 的方便指令 IST，它与 STL 指令一起使用，专门用来设置具有多种工作方式的控制系统的初始状态和设置有关的特殊辅助继电器的状态，可以简化复杂的顺序控制程序的设计工作。IST 指令只能使用一次，具体的使用方法请参考 FX 系列 PLC 的编程手册。

思考与练习

1．简答题

（1）PLC 控制系统的设计原则和步骤是什么？

（2）图 6-6 中机械手只能完成单周期的自动运行，若希望机械手连续运行，该如何编程？

（3）在机械手的自动程序中，如果要求按下停止按钮之后，机械手必须执行完该周期的工作后才能停止，该如何编程？

2．分析题

使用启保停编程方法编写机械手的自动程序。

任务二　离心机多段速的 PLC 控制系统设计

任务导入

某化工厂的工业离心机如图 6-11 所示。工业离心机主要是通过离心力作用将固体、液体分离。离心机的离心釜是实现固液分离的主要部件，由一台三相异步电动机通过皮带传动。根据工艺要求，离心机一般分为几段不同的转速运行以达到分离效果。在开始阶段，物料主要是固液混合物，启动负载较大，转速较低，随后逐步提高转速，当达到一定的转速时，液体在离心力的作用下由离心机外侧流出。其具体控制要求是：按下启动按钮，电动机以 15Hz 运行，200s 后以 20Hz 运行，以后每隔 200s，增加 5Hz，直到 45Hz 运行，其运行速度如图 6-12 所示。按下停止按钮，电动机停止运行。

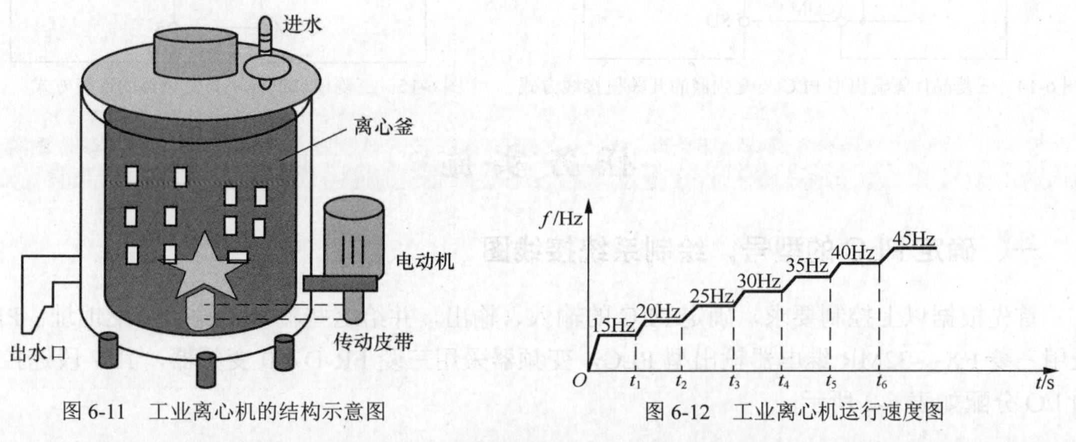

图 6-11　工业离心机的结构示意图　　图 6-12　工业离心机运行速度图

相关知识

一个 PLC 变频控制系统通常由 3 部分组成，即 PLC、变频器本体、变频器与 PLC 的接口电路。

PLC 变频控制系统硬件结构中最重要的就是接口电路。根据不同的信号连接，其接口分为开关量连接、模拟量连接和通信连接 3 种方式。

一、三菱继电器输出型 PLC 与变频器的连接方式

三菱继电器输出型 PLC 如果与三菱的 D740 变频器的开关量输入端子相连接，需要将三菱 PLC 的输出端子与三菱变频器的输入端子相连接，PLC 输出的公共端 COM 与三菱变频器的输入公共端 SD 相连接，如图 6-13 所示，三菱变频器的默认输入逻辑是漏型输入。

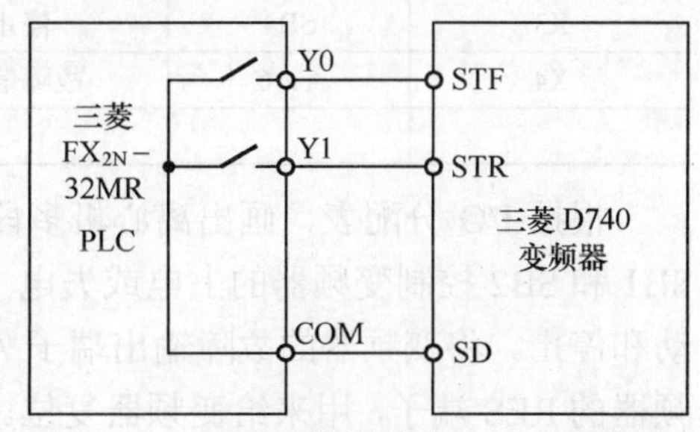

图 6-13　三菱继电器输出型 PLC 与变频器的开关量接线方式

二、三菱晶体管输出型 PLC 与变频器的连接方式

对于三菱晶体管输出型的 PLC，其输出大多数为 NPN 方式，三菱 D740 变频器的默认输入方式为漏型（即 NPN 型）输入，两者电平是兼容的，其接线图如图 6-14 所示。

三、三菱 PLC 的模拟量模块与变频器的连接方式

三菱的模拟量输出模块可以输出电压信号和电流信号，将这些模拟量信号接到三菱变频器的模拟量输入端子（如 2、5 端子、4、5 端子）上，就可以调节变频器的速度，如图 6-15 所示。

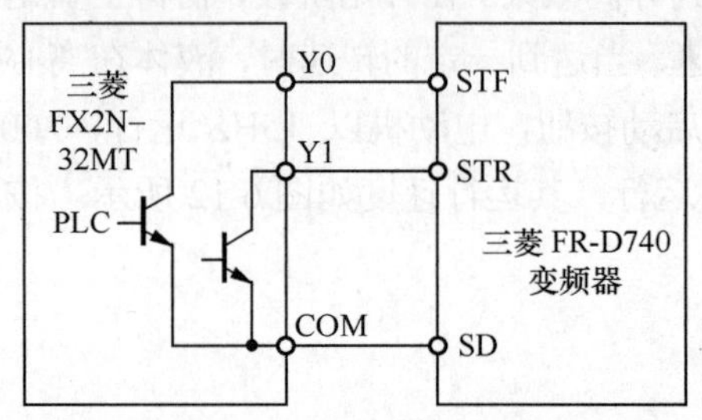

图 6-14　三菱晶体管输出型 PLC 与变频器的开关量接线方式

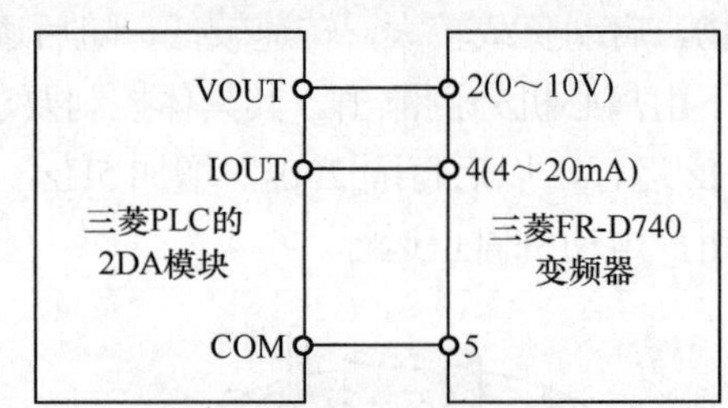

图 6-15　三菱模拟量模块与变频器的连接方式

任务实施

一、确定 PLC 的型号，绘制系统接线图

首先根据以上控制要求，确定 PLC 的输入、输出，并给这些输入、输出分配地址。PLC 采用三菱 FX_{2N}-32MR 继电器输出型 PLC，变频器采用三菱 FR-D740 变频器，其 7 段速控制的 I/O 分配如表 6-2 所示。

表 6-2　　离心机多段速控制的 I/O 分配表

输入			输出		
输入继电器	输入元件	作用	输出继电器	输出元件	作用
X0	SB1	变频器上电	Y0	RL	低速选择
X1	SB2	变频器失电	Y1	RM	中速选择
X2	SB3	启动	Y2	RH	高速选择
X3	SB4	停止	Y10	STF	启动
X4	A、C	故障信号	Y4	KM	接通 KM
			Y5	HL	报警指示

根据 I/O 分配表，画出离心机多段速控制电路，如图 6-16 所示。在图 6-16 中，用按钮 SB1 和 SB2 控制变频器的上电或失电（即 KM 得电或失电），用 SB3 和 SB4 控制变频器的启动和停止。将变频器的故障输出端子 A、C 接到 PLC 的 X4 输入端子上，复位按钮 SB 接变频器的 RES 端子，用来给变频器复位。PLC 的输出 Y0、Y1、Y2 分别接多段速选择端子 RH、RM、RL，通过 PLC 的程序实现 3 个端子的不同组合，从而使变频器选择 7 个不同的速度运行，PLC 的输出 Y10 接变频器的 STF 端子，给变频器启停信号。PLC 的输出 Y4 接接触器

KM 线圈，用来给变频器上电。Y5 接指示灯用来进行变频器报警输出。

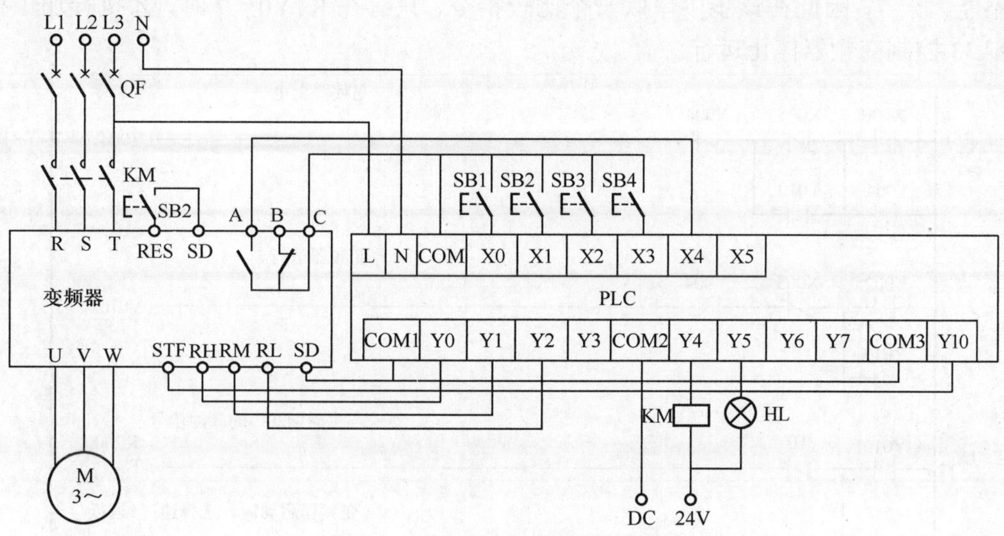

图 6-16 离心机多段速的硬件接线图

二、参数设置

要想让变频器实现多段速功能，必须给变频器设置如下参数。

P79＝3（组合操作模式）。

P1＝50Hz（上限频率）。

P2＝0Hz（下限频率）。

P7＝2s（加速时间）。

P8＝2s（减速时间）。

P160=0（扩展功能显示）

P179=62（将 STR 端子的功能变更为变频器复位 RES 功能）。

各段速度：P4＝15Hz，P5＝20Hz，P6＝30Hz，P24＝40Hz，P25＝35Hz，P26＝25Hz，P27＝45Hz。

三、程序设计

离心机 7 段速控制程序如图 6-17 所示。

步 0 控制变频器上电，在 X1 触点两端并联 Y6，是为了保证在变频器运行过程中，变频器不能切断电源。该步串联变频器的故障触点 X4，一旦变频器发生故障，该触点断开，变频器切断电源。

步 7 控制变频器启动。该步串联 Y4，是为了先让变频器上电，然后再启动变频器。

步 12 通过 MOV 指令将十进制数 1 送到 K1Y0 中，即 Y0 此时为“1”，接通变频器的 RH 端子，选择 Pr4 设定的频率 15Hz 运行，同时用定时器 T0 产生一个周期为 200s 的脉冲，保证变频器每隔 200s 进行一次速度选择。

步 24 控制变频器进行速度选择。PLC 通过 Y0、Y1、Y2 这 3 个输出端子控制变频器的 RH、RM、RL 端子的接通，从而实现变频器的 7 段速运行，其关系如表 6-3 所示。3 个端子的不同组合，对应十进制的 1～7 的数据。在图 6-17 所示的程序中，通过 INCP 加 1

指令让 K1Y0 每隔 200s（T0 的常开触点）加 1，从而实现表 6-3 的对应关系，由于 K1Y0 最大不能大于 7，因此在该步中串联一个比较指令，只有在 K1Y0<7 时，才执行加 1 指令。

步 33 控制变频器停止运行。

```
                                   *<变频器上电
     X000    X001    X004
 0 ──┤ ├──┬──┤/├──┬──┤/├──────────────────(Y004   )
     Y004 │  Y010 │
   ──┤ ├──┴──┤ ├──┘
                                   *<变频器运行
     Y002    X003    Y004
 7 ──┤ ├──┬──┤/├─────┤ ├──────────────────(Y010   )
     Y010 │
   ──┤ ├──┘
                                   *<产生周期200s的脉冲信号
     Y010    T0                                  K2000
12 ──┤ ├──┬──┤/├──────────────────────────(T0     )
          │                        *<变频器启动时，选择速度1运行
          └───────────────────────[MOVP   K1     K1Y000 ]
                                   *<每隔200s,KIY0加1，选择速度
     T0
24 ──┤ ├──[<   K1Y000   K7 ]──────────────[INCP   K1Y000 ]
                                   *<停止或报警时，复位Y0–Y3
     X003
33 ──┤ ├──┬───────────────────────[MOV    K0     K1Y000 ]
     X004 │
   ──┤ ├──┘
                                   *<报警指示
     X004
40 ──┤ ├──────────────────────────────────(Y005   )

42 ───────────────────────────────────────[END    ]
```

图 6-17　离心机程序

表 6-3　变频器端子的不同组合与 PLC 传送数据之间的关系

传 送 数 据	端子 RL（Y2）	端子 RM（Y1）	端子 RH（Y0）	对应频率/Hz
1	0	0	1	P4
2	0	1	0	P5
3	0	1	1	P26
4	1	0	0	P6
5	1	0	1	P25
6	1	1	0	P24
7	1	1	1	P27

四、调试运行

（1）按图 6-16 所示接线。并将图 6-17 所示的程序下载到 PLC 中。

（2）使 PLC 处于“RUN”状态，PLC 上的 RUN 指示灯点亮。此时按下 SB1（X0），Y4 为“1”，接触器 KM 线圈得电，其 3 对主触点闭合，变频器上电。

（3）将变频器进行参数复位，然后将上述参数设置中的参数写入变频器中。

（4）变频器运行。当按下按钮 X2 时，输入继电器 X2 得电，X2 常开触点闭合，Y6 得电并自锁，通过 MOVP 指令将数字 1 传送到 K1Y0 中，即 Y0 为“1”，接通变频器的 RH 端子，变频器以 15Hz 的速度运行。通电延时时间继电器 T0 定时 200s 后，其常开触点闭合，执行 INCP 加 1 指令，此时 K1Y0 为 2，即 Y1 为“1”，接通变频器的 RM 端子，变频器以 20Hz 的速度运行，以后每隔 200s，都执行 INCP 加 1 指令，输出继电器 Y0、Y1、Y2 都会按照表 6-3 所示的组合规律接通变频器的 RH、RM、RL 端子，变频器的显示屏上每隔 200s，速度会依次按照 25Hz、30Hz、35Hz、40Hz、45Hz 运行，最后稳定在 45Hz 上。

（5）变频器停止运行。按下停止按钮 SB4（X3）或变频器发生故障 A、C（X4），通过传送指令 MOV 指令将数字 0 送到 K1Y0，变频器停止运行。

知识拓展——节省 PLC 输入/输出点数的方法

一、减少输入点数的方法

1．分时分组输入

自动程序和手动程序不会同时执行，自动和手动这两种工作方式分别使用的输入量可以分成两组输入，共用同一个端子，如图 6-18 所示。X0 用来输入自动/手动命令信号，供自动程序和手动程序转换用。图 6-18 中的二极管用来防范寄生电路。K1，K2，…，K7 闭合时，选择手动输入，K3，K4，…，K8 闭合时，选择自动输入。各开关串联二极管后避免了错误输入的产生。

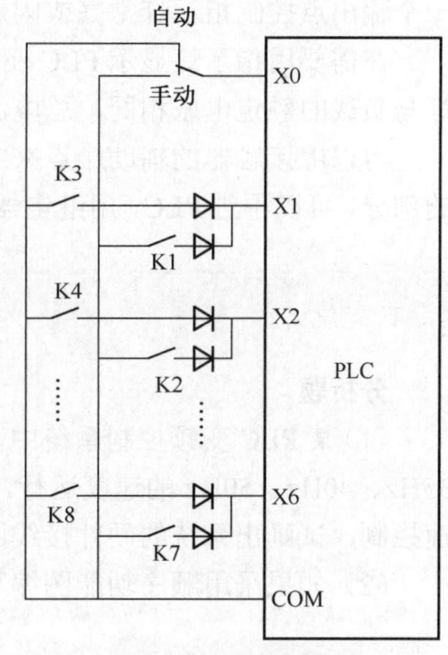

图 6-18　分时分组输入

2．输入触点的合并

如果某些外部输入信号总是以某种“与或非”组合的整体形式出现在梯形图中，可以将它们对应的触点在 PLC 外部串、并联后作为一个整体接到 PLC 的输入端子上，只占 PLC 的一个输入点。

例如，某负载可以在 3 处启动/停止，可以将 3 个启动信号并联，将 3 个停止信号串联，分别送给 PLC 的两个输入点，如图 6-19 所示。这与每一个启动信号和停止信号占用一个输入点的方法相比不仅节约了输入点，还简化了梯形图电路。

3．将信号设置在 PLC 之外

系统的某些输入信号，如手动操作按钮、保护动作后要手动复位的电动机热继电器 FR 的常闭触点提供的信号，可以设置在 PLC 外部的硬件电路中，如图 6-20 所示。某些手动按钮要串接一些安全联锁触点，如果外部硬件联锁电路过于复杂，则应考虑仍将有关信号送入 PLC，用梯形图来实现联锁。

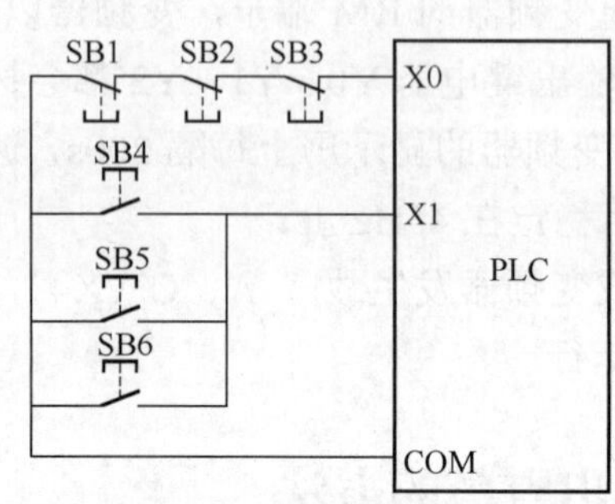

图 6-19　输入触点的合并

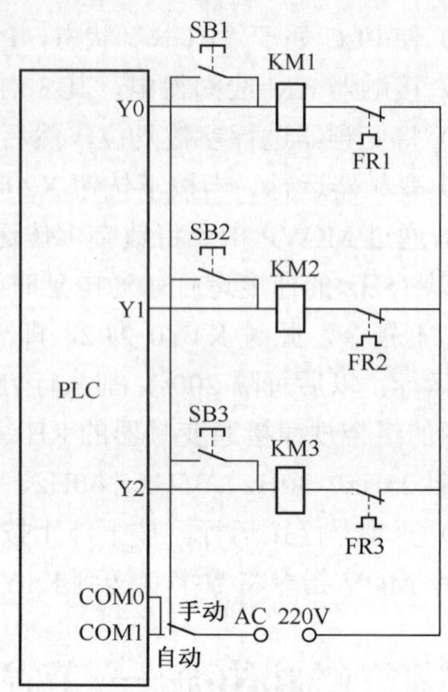

图 6-20　将信号设在 PLC 之外

二、减少输出点数的方法

在 PLC 的输出功率的允许下，通/断状态完全相同的多个负载并联后，可以共用一个输出点。与外部元件的触点相配合，可以用一个输出点控制两个或多个有不同要求的负载。用一个输出点控制指示灯常亮或闪烁，可以显示两种不同的信息。

在需要用指示灯显示 PLC 驱动的负载的状态时，可以将指示灯与负载并联，并联时指示灯与负载的额定电压相同，总电流不应超过允许的值。

可以用接触器的辅助触点来实现 PLC 外部的硬件联锁。系统中某些相对独立或比较简单的部分，可以不进 PLC，用继电器电路来控制，这样可以减少所需的 PLC 的输入、输出点数。

思考与练习

分析题

（1）某 PLC 变频控制系统中，选择开关有 7 个档位，分别选择 10Hz、15Hz、20Hz、30Hz、35Hz、40Hz、50Hz 的速度运行，采用 PLC 控制变频器的输入端子 RH、RM、RL 进行 7 段速控制，试画出系统的硬件接线图、设置变频器的参数、编写控制程序。

（2）如果采用顺序功能图编写图 6-17 所示的离心机控制程序，应该如何实现？

| 任务三　剪切机的 PLC 控制系统设计 |

任 务 导 入

图 6-21 所示是一台剪切机，它可以对某种成卷的板料按固定长度裁开。该系统由步进电

机拖动放卷辊放出一定长度的板料，然后用剪切刀剪断。切刀的剪切时间是 1s，剪切的长度可以通过数字开关设置（0～99mm），步进电机滚轴的周长是 50mm。试设计这一系统。

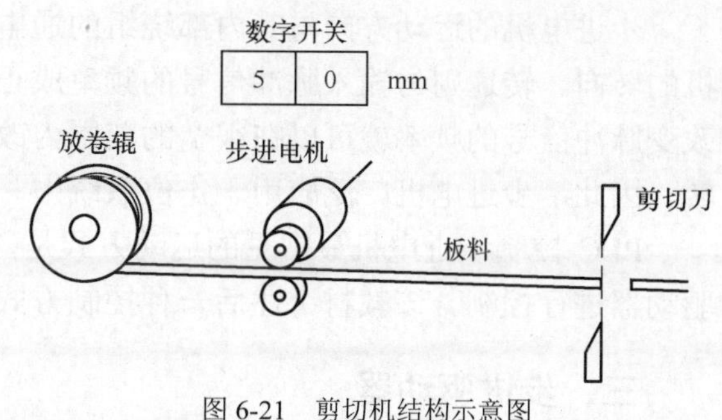

图 6-21　剪切机结构示意图

相关知识

一、步进电机

步进电机是将电脉冲信号转变为角位移或线位移的开环控制元件。该电机由于转轴的转动是每输入一个脉冲，步进电机前进一步，所以称为步进电机。在非超载的情况下，步进电机的转速、停止的位置只取决于脉冲信号的频率和脉冲数，而不受负载变化的影响，即给步进电机加一个脉冲信号，步进电机则转过一个步距角。脉冲数越多步进电机转动的角度越大。脉冲的频率越高，步进电机的转速越快，但不能超过最高频率，否则步进电机的力矩会迅速减小，电机不转。

步进串机的步距角一般为 1.8°、0.9°、0.72°、0.36°等。步距角越小，则步进电机的控制精度越高，根据步距角可以控制步进电机行走的精确距离。例如，步距角为 0.72°的步进电机，每旋转一周需要的脉冲数为 360/0.72=500 脉冲，也就是对步进电机驱动器发出 500 个脉冲信号，步进电机才旋转一周。

二、步进控制系统的组成

工业常用控制电机有步进电机和伺服电机。控制电机的主要任务是转换和传递控制信号。步进电机控制系统由 PLC 控制器、步进驱动器和步进电机构成，如图 6-22 所示。PLC 控制器发出控制信号，步进电机驱动器在控制信号的作用下输出较大电流（1.5～6A，不同型号有区别）驱动步进电机，按控制要求对机械装置准确实现位置控制或速度控制。

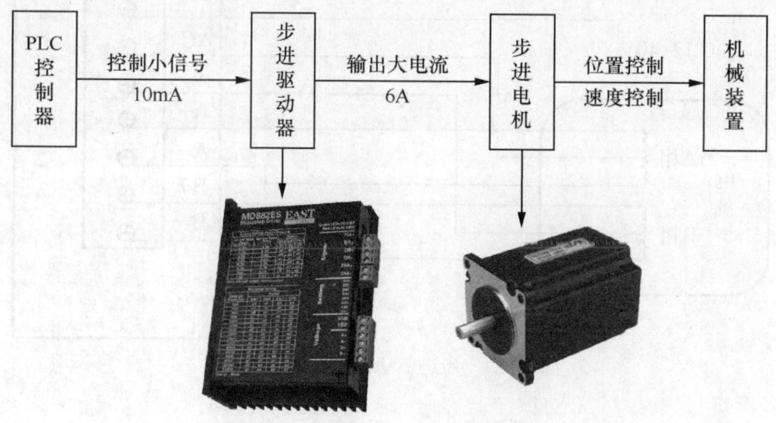

图 6-22　步进电机控制系统框图

步进电机的运动方向与其内部绕组的通电顺序有关，改变输入脉冲的相序就可以改变电机的转向。转速则与输入脉冲信号的频率成正比，转动角度或位移与输入的脉冲数成正比。改变脉冲信号的频率就可以在很宽的范围内改变步进电机的转速，并能快速启动、制动和反转，因此，步进电机广泛应用于定位系统中。

PLC 控制步进电机最常见的运动方式是，PLC 直接输出脉冲控制和 PLC 通过步进电机驱动器进行控制。该教材讲述后一种控制方式。

三、步进驱动器

步进电机的运行要有一电子装置进行驱动，这种装置就是步进电机驱动器，它是把控制系统发出的脉冲信号，加以放大来驱动步进电机。步进电机的转速与脉冲信号的频率成正比，控制步进电机脉冲信号的频率，可以对电机精确调速；控制步进脉冲的个数，可以对电机精确定位。

1．步进驱动器的外部接线

从步进电机的转动原理可以看出，要使步进电机正常运行，必须按规律控制步进电机的每一相绕组得电。步进驱动器接收外部的信号是方向信号（DIR）和脉冲信号（PUL）。另外，步进电机在停止时，通常有一相得电，电机的转子被锁住，所以当需要转子松开时，可以使用脱机信号（FREE）。

步进电机驱动器的外部接线端如图 6-23 所示。外部接线端的功能说明如表 6-4 所示。

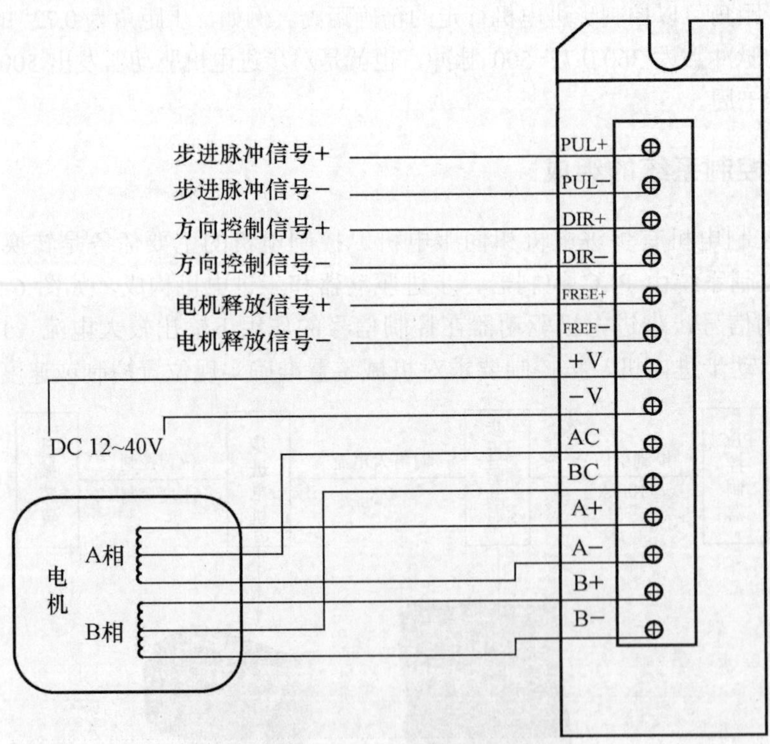

图 6-23　步进驱动器的外部接线端

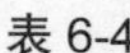

表 6-4　　步进驱动器外部接线端功能说明

接　线　端	功能说明
PUL+ PUL－	步进脉冲信号输入端。脉冲的数量、频率与步进电机的角位移、转速成比例
DIR+ DIR－	步进电机方向控制端。电平的高低决定电机的旋转方向
FREE+ FREE－	电机释放信号输入端。当这一信号为 ON 时，驱动器断开输入到步进电机的三相电源，即步进电机断电
A+、A−、B+、B−	两相步进电机的接线端
+V	驱动器直流电源输入端正极
−V	驱动器直流电源输入端负极

2．步进驱动器的细分设置

步进电机驱动器除了给步进电机提供较大的驱动电流外，更重要的作用是“细分”。在没有步进驱动器时，由于步进电机的步距角在 1°左右，角位移较大，不能进行精细控制。如果使用步进驱动器，只需在驱动器上设置细分步数，就可以改变步距角的大小。例如，若设置细分步数为 10 000 步/转，则步距角只有 0.036°，可以实现高精度控制。

步进驱动器 M415B 的侧面连接端子中间有 6 个白色的 SW 功能设定开关，可以用来设定驱动器的工作方式和工作参数。图 6-24 所示为细分表及拨码开关。其中，SW1～SW3 是设置步进驱动器输出电流的（根据步进电机的工作电流，去调节驱动器输出电流，电流越大，力矩越大），将这 3 个开关中的 SW2 拨到 ON 位置，设置步进驱动器的输出相电流为 1.05A；SW4～SW6 是设置细分的，将 SW4、SW6 设置为 ON，则选择细分数为 4。假设步进电机在没有设置细分时步距角是 1.8°，即 200 个脉冲/转，设置成 4 细分后，则是 800 脉冲/转。

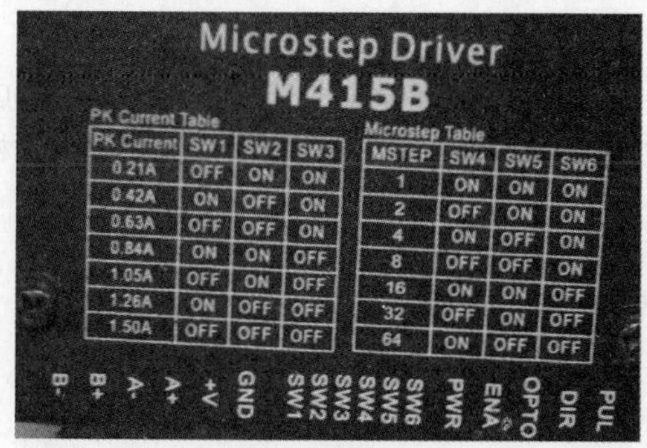

（a）细分表　　（b）拨码开关

图 6-24　步进电机驱动器细分表及拨码开关

四、脉冲输出指令 PLSY

如图 6-25 所示，当 X0=ON 时，执行该指令，从输出口 Y0 输出一个频率为 1 000、脉冲个数为 500、占空比为 50%的脉冲串。

[S1]：指定脉冲频率。FX_{2N}为 2～20kHz。

[S2]：指定脉冲数目。16 位指令可设 1～32 767 个脉冲，32 位指令可设 1～2 147 483 647 个脉冲。若指定脉冲数为 0，则持续产生脉冲。

[D]：指定脉冲输出元件。FX_{2N}的 PLC 只能用晶体管输出型 PLC 的 Y0 或 Y1 口。

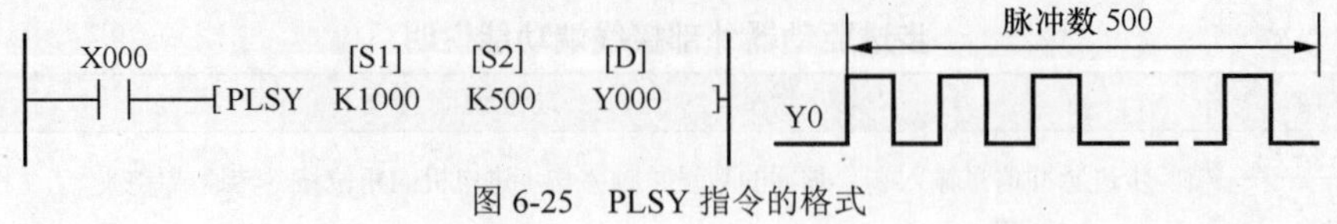

图 6-25　PLSY 指令的格式

编程 PLSY 指令时，须注意以下几点。

（1）脉冲的占空比为 50%，输出控制不受扫描周期的影响，采用中断方式处理。

（2）在指令执行过程中，若变更[S1]指定的字元件内容，则输出频率也随之改变（调速很方便）；若变更[S2]指定的字元件内容后，其输出脉冲数并不改变，只有驱动断开再一次闭合后才按新的脉冲数输出。若 X000 变为 OFF，则脉冲输出停止，X000 再次置 ON 时，脉冲再次输出，但脉冲数从头开始计算。

（3）设定的脉冲数输出完成后，完成标志 M8029 置“1”，当 X0 断开后，M8029 复位。

其他相关标志位与寄存器。

M8147：Y0 输出脉冲时闭合，发完脉冲后自动断开。

M8148：Y1 输出脉冲时闭合，发完脉冲后自动断开。

D8140（低位）、D8141（高位）：记录 Y0 输出的脉冲总数，32 位寄存器。

D8142（低位）、D8143（高位）：记录 Y1 输出的脉冲总数，32 位寄存器。

D8136（低位）、D8137（高位）：记录 Y0 和 Y1 输出的脉冲总数，32 位寄存器。

（4）PLSY 指令可以在程序中反复使用，但是在设计驱动指令时序时，须注意避免同时驱动产生双重线圈输出以及两次驱动之间的时间间隔。

PLSY 指令没有加/减速控制，当 X0 闭合后立即以[S1]指定的脉冲频率输出脉冲。

五、带加/减速的脉冲输出指令 PLSR

如图 6-26（a）所示，当 X0=ON 时，执行该指令，从输出口 Y0 输出一个最高频率为 2 000、脉冲个数为 1 000、加/减速时间为 500ms、占空比为 50%的脉冲串。如图 6-26（b）所示，标明了各操作数的含义和取值范围。

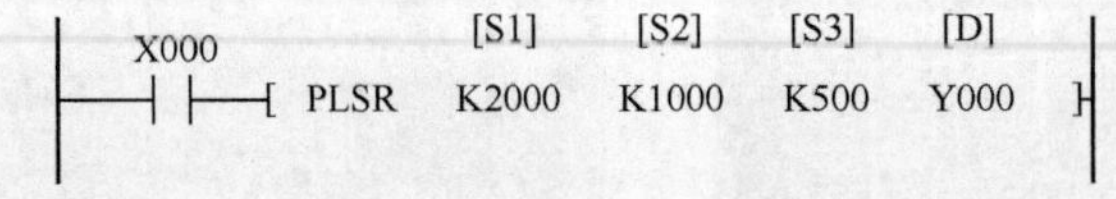

（a）PLSR 指令的格式

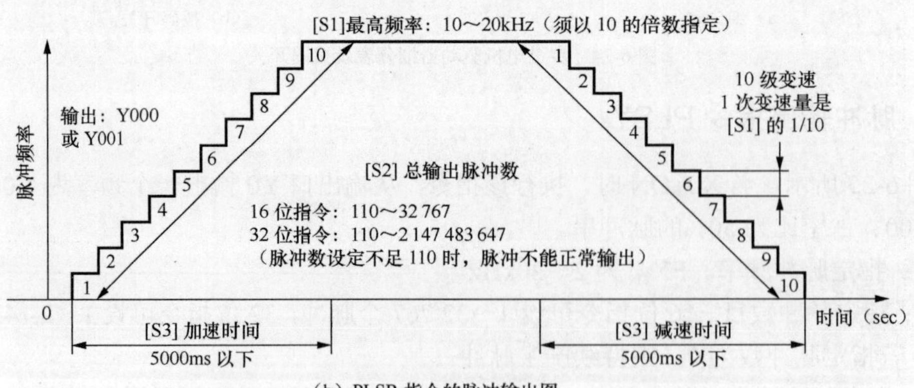

（b）PLSR 指令的脉冲输出图

图 6-26　PLSR 指令

PLSR 指令与 PLSY 指令的区别在于，PLSR 指令在脉冲输出的开始和结束阶段可以实现加速和减速过程，其加速时间和减速时间一样，由[S3]指定。

图 6-26 中的 X0 为 OFF 时，输出中断，又变为 ON 时，从初始值开始输出。输出频率范围为 2～20kHz，最高速度、加/减速时的变速速度超过此范围时，将自动调到允许值内。

编程 PLSR 指令时须注意的问题与编程 PLSY 指令类似，但在执行中修改任意一个操作数，运转都不会反映，变更内容从下一个指令驱动才有效。

【例】现有步进电机（其驱动器的细分表如图 6-24 所示），步距角是 1.8°，要求设置 4 细分，电机的额定电流是 1.5A。控制要求如下。

① 利用 PLC 控制步进电机顺时针转 2 周，停 5s，逆时针转 1 周，停 2s，如此循环进行，按下停止按钮，电机马上停止（电机的轴锁住）。

② 按下脱机按钮，电机的轴松开。

解：（1）确定 PLC 的输入和输出并分配 I/O 地址。

输入信号：	输出信号：
启动按钮 SB1——X0；	脉冲输出——Y0；
停止按钮 SB2——X1；	方向控制——Y1；
脱机按钮 SB3——X2。	脱机控制——Y2。

（2）设置细分和电流。参照图 6-24 所示的细分表，设置 1.5A 的电流时，需将控制电流的拨码开关 SW1～SW3 都置为 OFF；设置细分 4 时，需将控制细分的拨码开关 SW4～SW6 中的 SW4 和 SW6 置为 ON。6 个拨码开关的位置如图 6-27 所示。

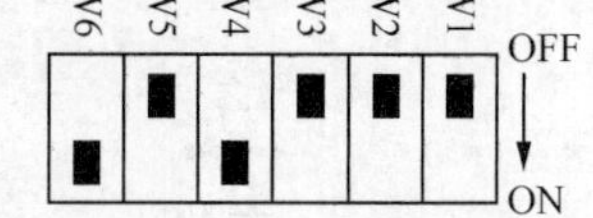

图 6-27　拨码开关的位置

（3）PLC 与步进驱动器的硬件接线。PLC 与步进驱动器的硬件接线图如图 6-28 所示。PLC 输出端 Y0 发出步数脉冲信号送入步进驱动器的 PUL−端，脉冲的数量、频率与步进电机的圈数和转速成比例。PLC 输出端 Y1 发出方向控制信号送入驱动器的 DIR−端，它的高低电平决定步进电机的旋转方向。PLC 采用晶体管 NPN 输出型的 PLC，将步进驱动器的脉冲信号端、方向控制端、脱机端的正极并联在一起，通过直流电源接到 PLC 输出的公共端 COM1 上。注意，必须将电源的负极接 COM1。

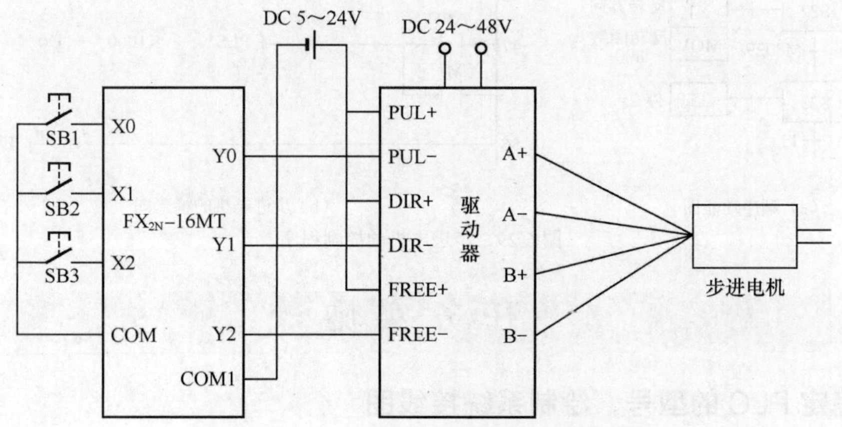

图 6-28　PLC、驱动器与步进电机连接示意图

（4）程序设计。在没有设置细分时，步距角是 1.8°，也就是 200 脉冲/转，设置成 4 细

分后，则是 800 脉冲/转，正转 2 周，则需要输入 1 600 个脉冲。控制程序可以用步进指令编写，用 PLSY 指令产生脉冲，脉冲用 Y0 输出，Y1 控制方向。

采用 SFC 设计程序，其顺序功能图如图 6-29（a）所示。

将图 6-29（a）所示的顺序功能图转换成图 6-29（b）所示的梯形图。

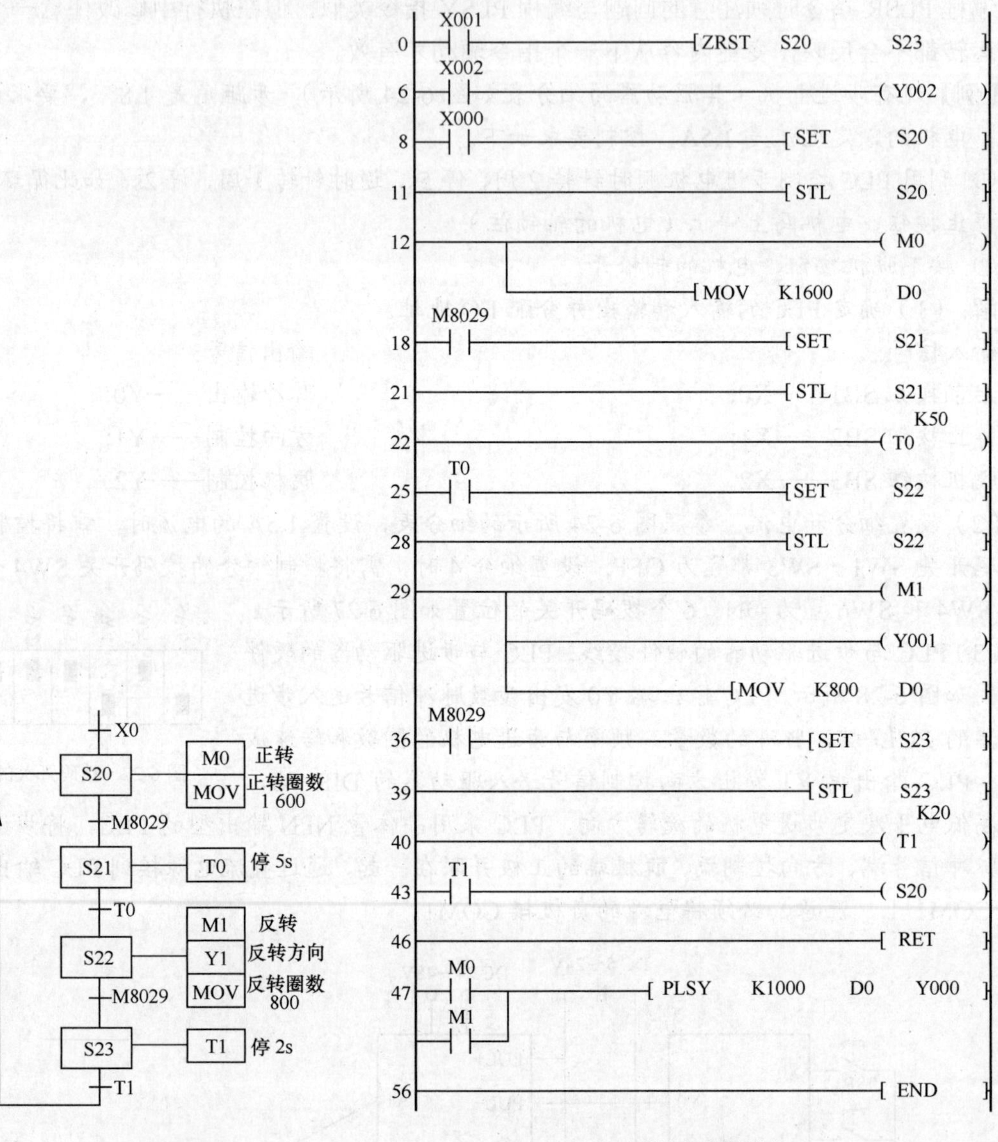

（a）顺序功能图　（b）步进电机的梯形图

图 6-29　步进电机的控制程序

任务实施

一、确定 PLC 的型号，绘制系统接线图

根据控制要求，确定系统的输入/输出信号。

剪切机控制系统的 I/O 端口分配及功能如表 6-5 所示。

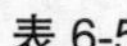

表 6-5　　剪切机的 I/O 端口分配功能表

输　　入		输　　出		其他软元件	
输入继电器	作　　用	输出继电器	作　　用	名　　称	作　　用
X0～X7	拨码开关	Y0	脉冲输出	D0	拨码开关设定长度
X10	启动按钮	Y1	方向控制	D2	剪切次数
X11	停止按钮	Y2	脱机控制	D4	总的加工数量
X12	脱机按钮	Y4	切　　刀	D10	脉冲数

剪切机的 I/O 接线图参照图 6-28 自行设计。

由表 6-5 知，该系统需要 11 个输入、4 个输出，由于 Y0 端口输出高速脉冲信号，所以选择晶体管输出型的 FX2N-32MT 的 PLC。

二、步进电机的选择

步进电机的选择主要考虑电机的功率和步距角。电机的功率要求能拖动负载，在本系统中，要拖动成圈的板材，取决于电机的工作电流，工作电流越大，功率就越大。本系统中选择两相步进电机，步距角是 1.8°，设置为 5 细分，所以电机旋转一周需要 1 000 个脉冲。步进电机的滚轴周长是 50mm，因此每个脉冲行走 0.05mm。假定通过数字拨码开关设定的剪切长度为 D0，则步进电机将板材拖动设定长度所需要的脉冲数 D10 为

$$(D0/50)\times 1\,000=20\times D0$$

三、程序设计

该程序的设计思路：数字开关设置长度（D0）→转化成脉冲数（20×D0）→通过 PLSY 指令产生脉冲，送给驱动器，驱使步进电机将板材拖动设定的长度→完成移动距离，M8029 接通，切刀动作，将板材剪断→1s 后，步进电机又转动继续进行剪切→完成加工的数量或按停止按钮，步进电机停止。

剪切机的控制程序如图 6-30 所示。步 21 中，PLSY 用 32 位指令，主要是因为步 8 中有乘法指令，这样 D10 的数有可能超过 16 位；定时器 T1 是控制切刀剪切过板材 1s 后，PLSY 指令继续输出脉冲，让步进电机继续进行下一次的拖动；步 57 中的 D4 可以通过上位机触摸屏设定总的完成数量，如果剪切数和总数量相等，则 M2 得电，步 0 中 M2 的常闭触点断开，步进电机停止运行。

四、调试运行

（1）按表 6-5 所示将 PLC 与输入/输出设备连接起来。

（2）用 GX 软件编制如图 6-30 所示的梯形图程序，将编译无误的程序分别下载到 PLC 中，并将模式选择开关拨至 RUN 状态。

（3）调试运行。该系统步进电机只能单向运转，接好线后，按启动按钮，如果电机的转动方向与拖动板材的方向一致，则保留程序中的 Y1；步 36 中的定时器 T0 是用来控制切刀的剪切时间的，只有 0.5s，在调试时，如果这个时间不合适，可以进行调整。

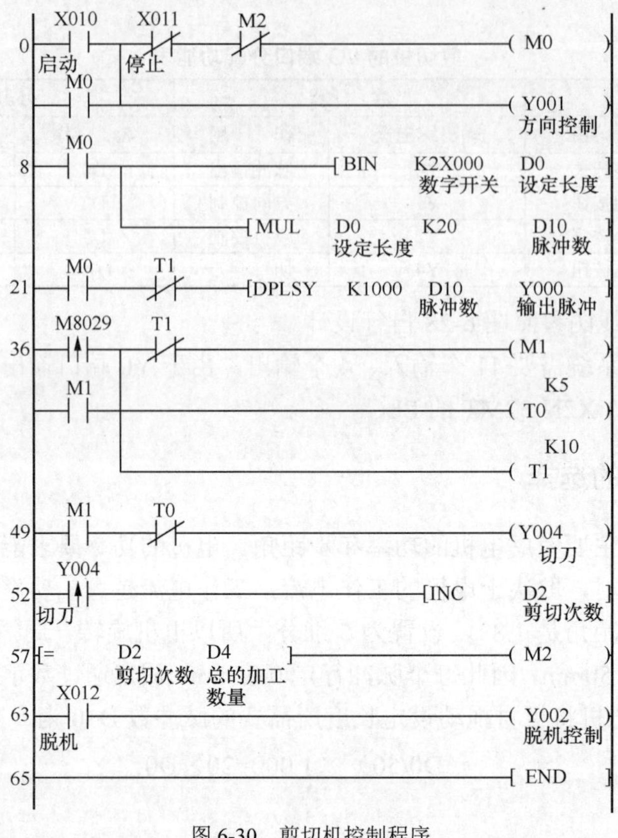

图 6-30　剪切机控制程序

知识拓展——PLC 控制系统的可靠性设计

PLC 是专门为工业环境设计的控制装置，一般不需要采取什么特殊措施就可以直接在工业环境中使用。但是如果环境过于恶劣，电磁干扰特别强烈，或安装使用不当，都不能保证系统的正常、安全运行。干扰可能使 PLC 接收到错误的信号，造成误动作，或使 PLC 内部的数据丢失，严重时甚至会使系统失控。在系统设计时，应采取相应的可靠性措施，以消除或减少干扰的影响，保证系统的正常运行。

实践表明，系统中 PLC 之外的部分（特别是机械限位开关和某些执行机构）的故障率，往往比 PLC 本身的故障率高得多，因此在设计时应采取相应的措施（如用高可靠性的接近开关代替机械限位开关），才能保证整个系统的可靠性。

一、电源的抗干扰措施

电源是干扰进入 PLC 的主要途径之一。在干扰较强或对可行性要求较高的场合，可以在 PLC 的交流电源输入端加接带屏蔽层的隔离变压器和低通滤波器，如图 6-31 所示。隔离变压器可以抑制从电源线窜入的外来干扰，提高抗高频共模干扰能力，屏蔽层应可靠接地。

动力部分、控制部分、PLC、I/O 电源应分别配线，隔离变压器与 PLC 和 I/O 电源之间应采用双绞线连接。系统的动力线应足够粗，以降低大容量异步电动机启动时的线路压降。如果有条件，可以对 PLC 采用单独的供电回路，以避免大容量设备启停时对 PLC 产生干扰。

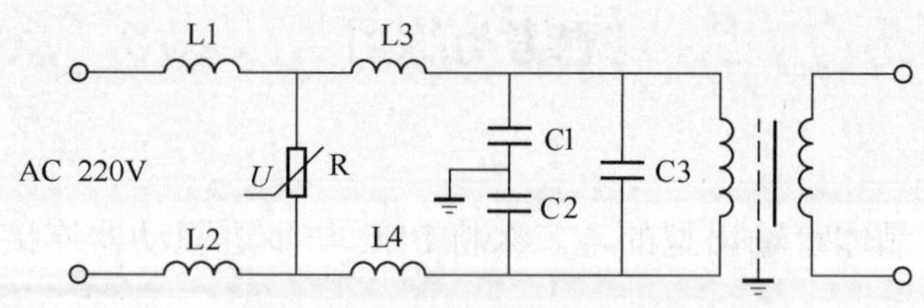

图 6-31 隔离变压器和低通滤波器

二、控制系统的接地

良好的接地是保证 PLC 可靠工作的重要条件，可以避免偶然发生的电压冲击的危害。为了抑制加在电源及输入端和输出端的干扰，应给 PLC 接上专用地线，且其接地点应与动力设备（如电动机）的接地点分开，如图 6-32（a）所示。若达不到这种要求，也必须做到与其他设备公共接地，如图 6-32（b）所示。禁止如图 6-32（c）所示那样与其他设备串联接地。接地点应尽可能靠近 PLC。

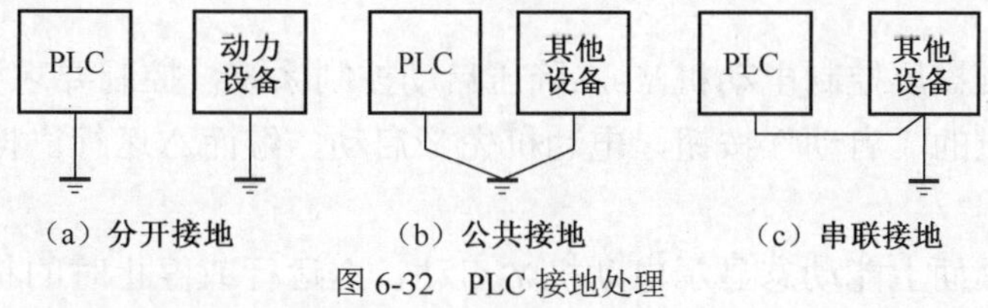

图 6-32 PLC 接地处理

三、安装与布线的抗干扰措施

PLC 应远离强干扰源，如大功率晶闸管装置、变频器、高频焊机和大型动力设备等。PLC 不能与高压电器安装在同一个开关柜内，在柜内 PLC 应远离动力线（二者之间的距离应大于 200mm），与 PLC 装在同一个开关柜内的电感性元件，如继电器、接触器的线圈，应并联 RC 消弧电路，如图 6-33（a）所示。

信号线与动力线应分开走线，信号线一般采用专用电缆或双绞线布线。

四、PLC 输入/输出的可靠性措施

若 PLC 的输入端或输出端接有电感性元件，对于直流电路，应在它们两端并联续流二极管，如图 6-33（b）所示，以抑制电路断开时产生的电弧对 PLC 的影响。对于交流电路，电感性负载的两端应并联阻容吸收电路，如图 6-33（a）所示。一般电容可取 0.1～0.47μF，电容的额定电压应大于电源峰值电压，电阻可取 51～120Ω，二极管可取 1A 的管子，但其额定电压应大于电源电压的峰值。

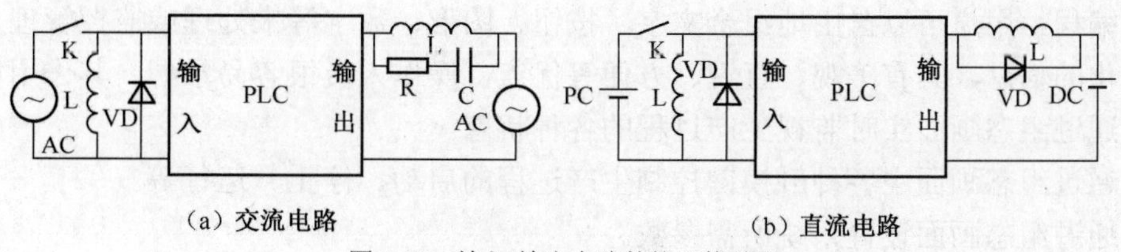

图 6-33 输入/输出电路的抗干扰处理

思考与练习

1．简答题

如果 PLC 是 PNP 晶体管输出型的，怎么将 PLC 与步进驱动器连接起来？

2．分析题

步进电机运转速度为 1r/s，旋转一周需要 1 000 个脉冲。步进电机正转 5 周，停 2s，再反转 2 周，停 5s，如此循环，直到按下停止按钮。试编写该控制程序。

任务四　基于触摸屏的Y-△降压启动 PLC 控制系统设计

任 务 导 入

试设计一个用触摸屏控制电动机 Y-△降压启动控制系统，控制要求如下。

（1）按触摸屏上的“启动”按钮，电动机先 Y 启动，继而△运行。按“停止”按钮，电动机即停止运行。

（2）在触摸屏画面上能动态显示电动机 Y 启动、△运行或停止时的状态。

（3）具有电动机的启动时间设置及启动时间显示功能。

相 关 知 识

一、触摸屏的作用

触摸屏作为一种新型的人机界面，从一出现就受到关注。它的简单易用、强大的功能及优异的稳定性，使它非常适合用于工业环境，也可以用于日常生活，如用于自动化停车设备、自动洗衣机、生产线监控等，甚至还可以用于智能大厦管理、温度调整等。

大的控制设备生产厂商，如西门子、施耐德、三菱、欧姆龙、松下等均有它们的触摸屏系列产品。

用户用手指或其他物体触摸安装在显示器前端的触摸屏时，所触摸位置的坐标被触摸屏控制器检测，并通过串行通信接口（RS-232、RS-422 或 RS-485）送到 PLC 的 CPU，从而得到输入信息。

使用触摸屏的组态软件可以在触摸屏上设计出所需要的画面。画面的生成是可视化的，不需用户编程，用户可以自由地组合文字、按钮、图形、数字等来处理或监控管理及应付随时可能变化的信息，具有美观、直观、方便等优点，操作人员很容易掌握。其作用如下。

（1）通过组态画面实时监视生产过程的各种状态。

（2）通过组态画面中各种触摸键控制生产过程的启动、停止、运行等。

（3）通过组态画面设置系统所需参数。

（4）可以连接打印机设备输出系统运行报表等。

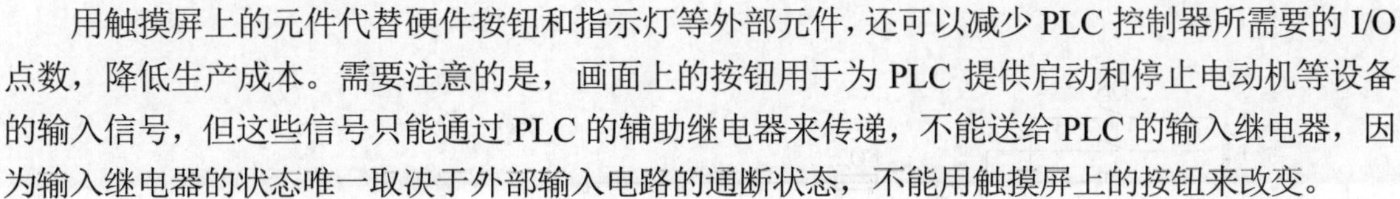

用触摸屏上的元件代替硬件按钮和指示灯等外部元件，还可以减少 PLC 控制器所需要的 I/O 点数，降低生产成本。需要注意的是，画面上的按钮用于为 PLC 提供启动和停止电动机等设备的输入信号，但这些信号只能通过 PLC 的辅助继电器来传递，不能送给 PLC 的输入继电器，因为输入继电器的状态唯一取决于外部输入电路的通断状态，不能用触摸屏上的按钮来改变。

二、触摸屏与计算机、PLC 的连接

作为 PLC 的图形操作终端，触摸屏必须与 PLC 联机使用，通过操作人员手指与触摸屏上的图形元件的接触发出 PLC 的操作指令或者显示 PLC 运行中的各种信息。

触摸屏中存储与显示的画面是通过计算机运行专用的编程软件设计的，设计好后下载到触摸屏中。三菱 GT1055 触摸屏有两个连接口，如图 6-34 所示，一个与计算机连接的 RS-232 连接口，用于传送用户画面，一个与 PLC 等设备连接的 RS-422 连接口，用于与 PLC 进行通信。这两种通信用的电缆都要采用专用电缆。GT1055-QSBD-C 需要外部 DC24V 电源供电。

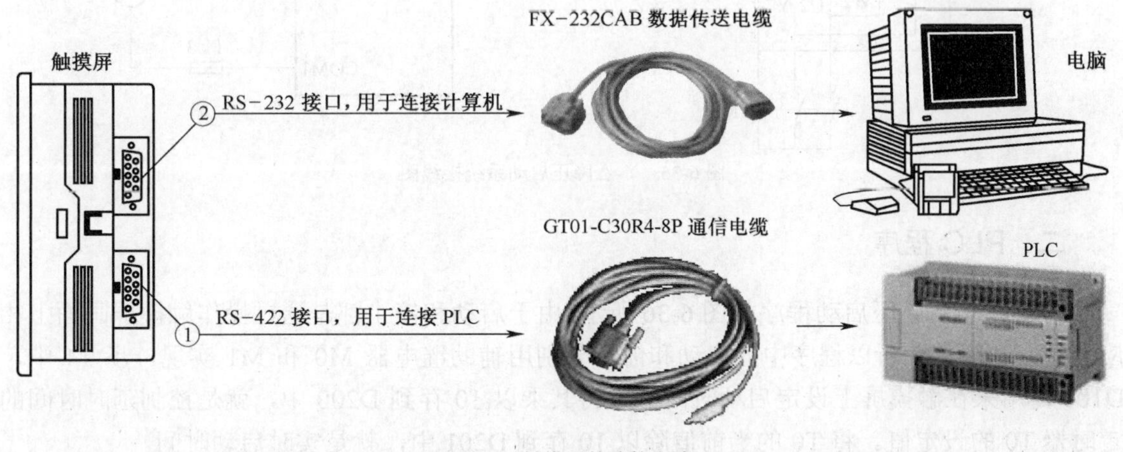

图 6-34　触摸屏的连接方式

任 务 实 施

一、PLC 和触摸屏软元件分配及系统接线图

PLC 和触摸屏软元件分配如表 6-6 所示。

表 6-6　　电动机 Y-△降压启动的软元件分配表

输入		输出		其他软元件	
辅助继电器	作用	输出继电器	控制对象	名称	作用
M0	启动	Y0	电源	D100	启动时间设定值
M1	停止	Y1	Y启动	D200	定时器 T0 设定值
		Y2	△运行	D201	实际启动时间

系统接线图如图 6-35 所示。将触摸屏通过专业通信电缆与 PLC 的 RS-422 接口连接，触摸屏由 PLC 提供的 DC24V 电源供电。

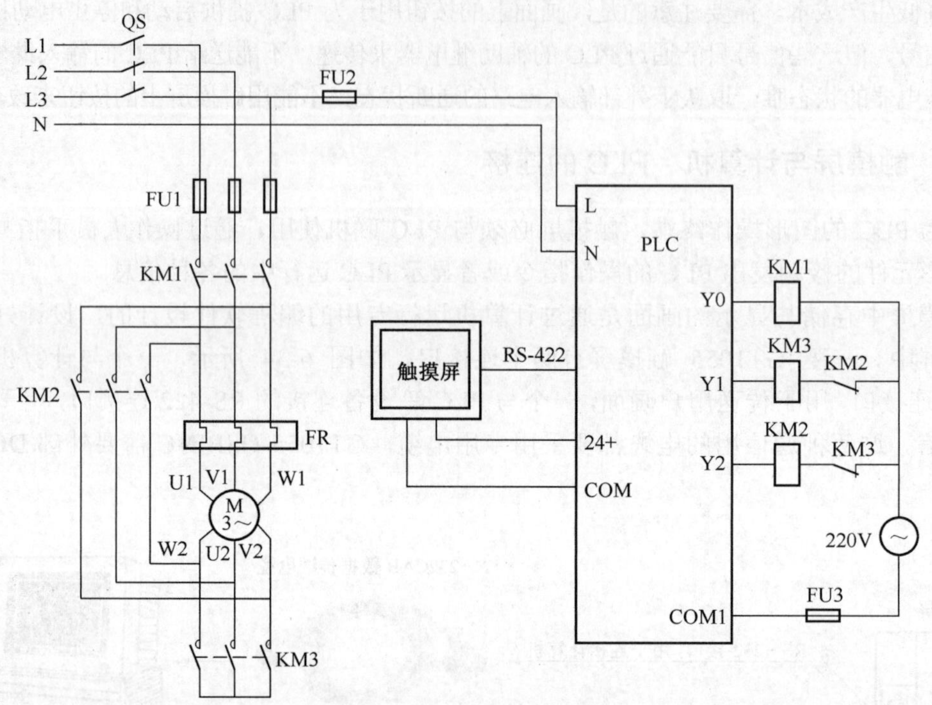

图 6-35 Y-△降压启动系统接线图

二、PLC 程序

电动机Y-△降压启动程序如图 6-36 所示。由于启动和停止都是通过操作触摸屏画面上相应的按钮实现的，所以程序中的启动和停止分别用辅助继电器 M0 和 M1 实现。步 14 中，D100 是用来在触摸屏上设定启动时间的，将其乘以 10 存到 D200 中，就是控制延时时间的定时器 T0 的设定值。将 T0 的当前值除以 10 存到 D201 中，就是实时启动时间。

三、触摸屏画面设计

三菱触摸屏的用户画面制作软件是 GT-Designer2，主要用于制作 GT10 系列、GT11 系列和 GT15 系列画面。

根据系统的控制要求及触摸屏和 PLC 软元件分配，触摸屏的画面如图 6-37 所示，由文本、数值输入、数值显示、棒图、注释显示及触摸键组成。

1. 新建工程

打开 GT-Designer2 软件，选择“新建”，弹出如图 6-38 所示的 GOT/PLC 型号选择对话框。选择触摸屏（Graphic Operation Terminal，简称 GOT）的类型为“GT10**-Q（320×240）”。选择 PLC 的类型“MELSEC-FX”。在这一步中，GOT 的型号一定要选择使用的触摸屏，PLC 的型号为所要通信的设备，否则所需要的软元件可能无法识别，或者无法通信。

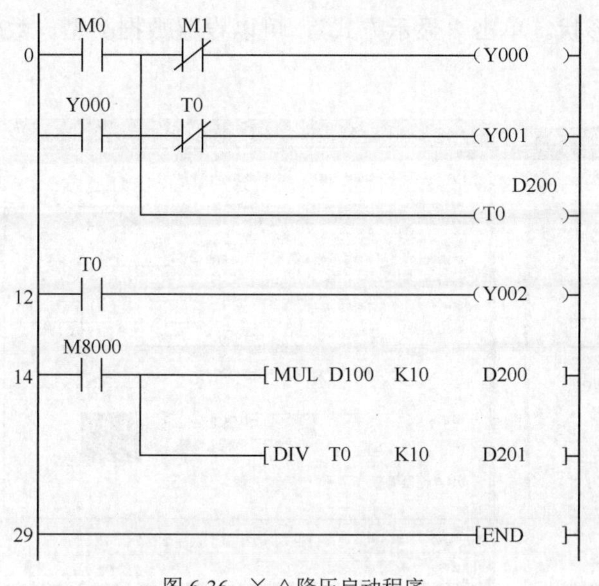

图 6-36　Y-△降压启动程序

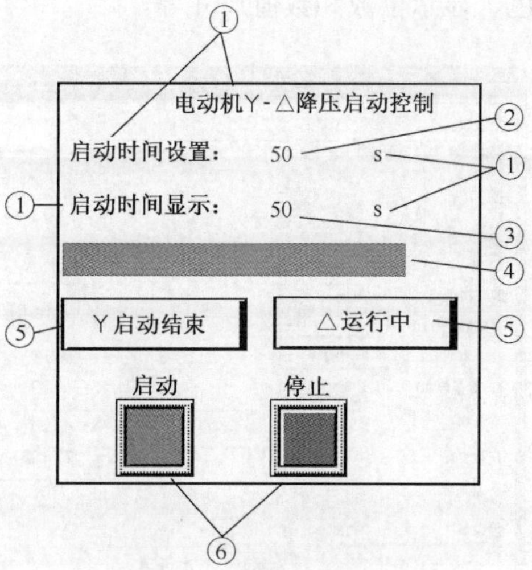

电动机Y-△降压启动控制
启动时间设置：　50　s
启动时间显示：　50　s
Y启动结束　△运行中
启动　停止

图 6-37　触摸屏的画面
①—文本；②—数值输入；③—数值显示；
④—棒图；⑤—注释显示；⑥—触摸键。

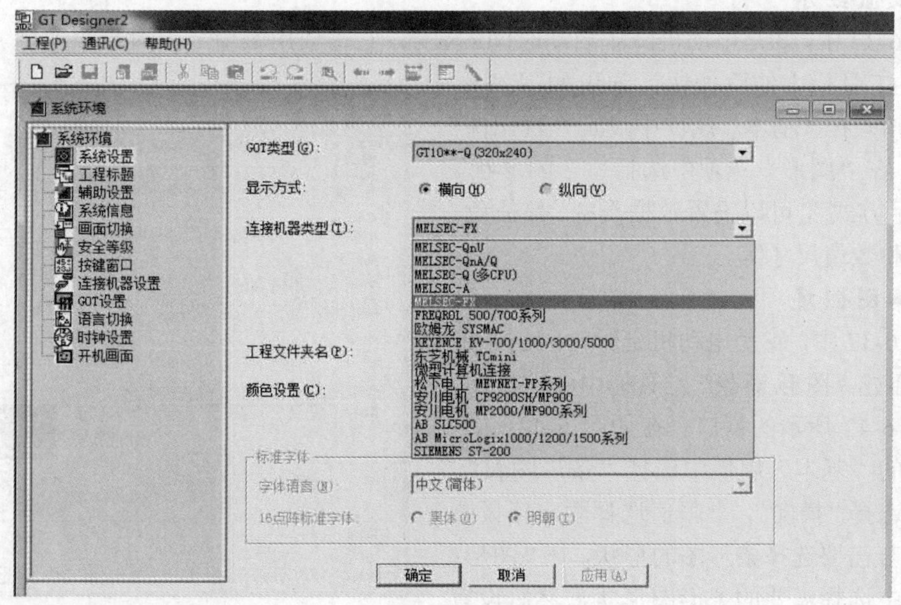

图 6-38　创建显示屏幕对话框

2．文本创建

在图 6-37 中，①是文本。单击“图形/对象”工具栏中的 A 按钮，弹出如图 6-39 所示的文本设置窗口。首先在文本栏中输入要显示的文字“电动机 Y-△降压启动控制”，然后在下面选择文本颜色和大小，设置完毕后，单击“确定”按钮，然后再将文本拖到编辑区中合适的位置即可。图 6-37 中“启动时间设置”“启动时间显示”及“s”等的操作方法与此相同。

3．数值输入

在图 6-37 中，②是电动机降压启动时间的设置，它需要用数值输入对象来实现。单击“图形/对象”工具栏中的按钮，弹出如图 6-40 所示的窗口。在“基本”属性中设定“软元件”

为 D100，在“图形”选项中选择适合的形状。单击“显示方式”，可以设置数据类型、数值色、显示位数和数值尺寸等。

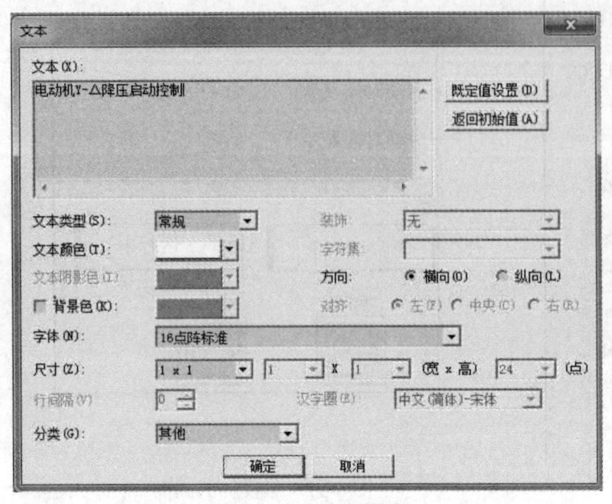

图 6-39　文本设置窗口

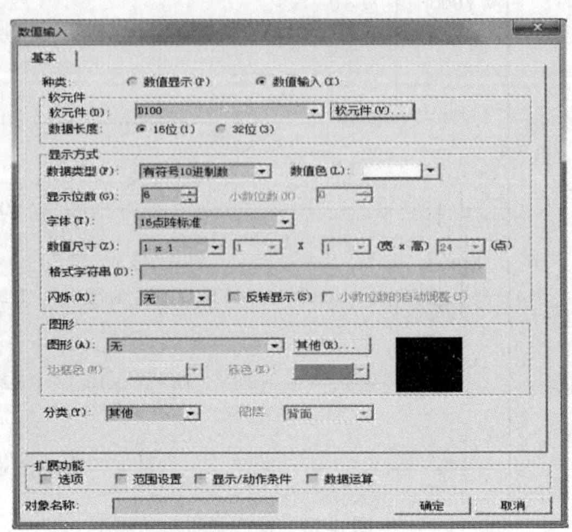

图 6-40　数值输入设置窗口

4．数值显示

在图 6-37 中，③是电动机降压启动时间的显示，它需要用数值显示对象来实现。单击“图形/对象”工具栏中的123按钮，弹出如图 6-41 所示的窗口。在“基本”属性中设定“软元件”为 D201，在“图形”选项中选择适合的形状。单击“显示方式”，可以设置数据类型、数值色、显示位数和数值尺寸等。

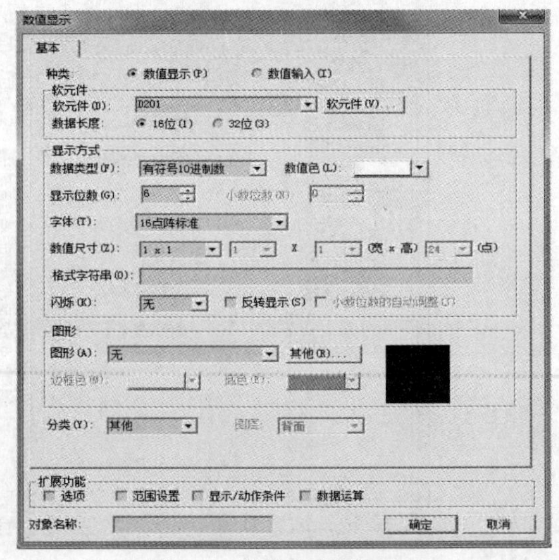

图 6-41　数值显示设置窗口

5．棒图创建

在图 6-37 中，④是电动机延时时间的条形图显示。单击“图形/对象”工具栏中的按钮，弹出如图 6-42 所示的窗口。在如图 6-42（a）所示界面的“基本”属性中选择“条形图表”，显示方向选择“横向”，上限值选择固定值设置为“50”，若需要选择条形图的形状，在“图形”下拉列表中选择需要的条形图形状，然后设置图形边框色和底色。单击“软元件/刻度”属性，就进入如图 6-42（b）所示的窗口，在该窗口设置“软元件”为 D201，图表色为绿色，填充图样设置为需要的图样，背景色设置为白色。如需要显示刻度，可以勾选“刻度显示”和“刻度值显示”复选框。

6．注释显示

在图 6-37 中，⑤是电动机运行状态显示，“Y 启动结束”“△运行中”为注释显示对象。首先，单击“图形/对象”工具栏中的按钮，弹出如图 6-43 所示的窗口。在如图 6-43（a）所示的窗口中，在“基本”属性中的“元件”选项中输入“Y1”（控制电动机Y 启动），图形选项设置图形和边框色，其他选项默认。单击“显示注释”标签，弹出如图 6-43（b）所示

的显示属性设置窗口，选择“基本注释”，在“ON”状态下选择“直接注释”，并在文本框中输入“Y 启动中”，根据需要设置改变底色为绿色，其他选项选择默认，在“OFF”状态下选择“直接”，并在文本框中输入“Y 启动结束”，根据需要改变底色为红色，其他选项保持默认，最后单击“确定”按钮，完成设置。

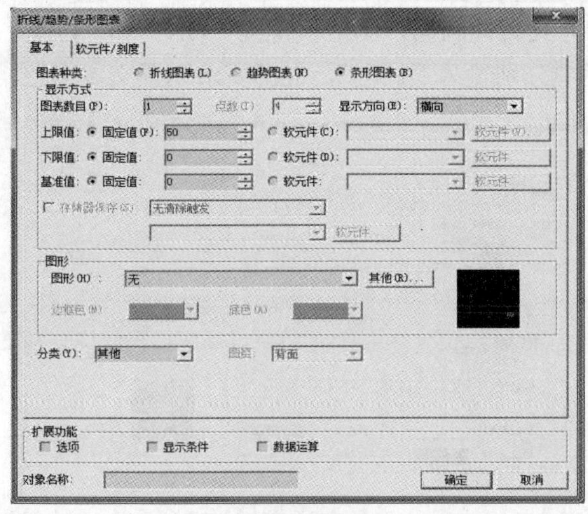

(a) 基本属性设置

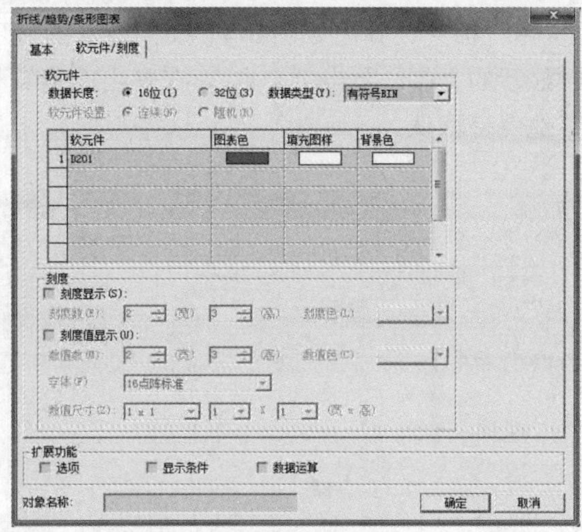

(b) 软元件/刻度属性设置

图 6-42　棒图设置窗口

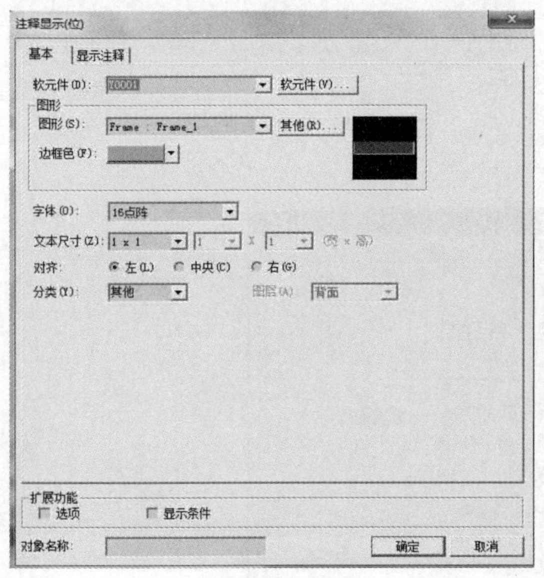

(a) 基本属性设置

(b) 显示注释设置

图 6-43　注释显示设置窗口

“△运行中”的设置与此相同，只不过需要将“元件”修改为 Y2（△运行控制）。

7. 触摸键

在图 6-37 中，⑥为触摸键。单击“图形/对象”工具栏中的按钮，弹出如图 6-44（a）所示的窗口。在“基本”标签下单击“软元件”，在可视窗口中输入“M0”，在“动作”选项中将“元件”属性设置为“点动”。其他保持默认。

单击“指示灯”标签，弹出如图 6-44（b）所示的显示方式属性画面。在显示方式属性中，单击“ON” 标签，可以对按键 ON 时的属性进行设置。“图形”是选择触摸键的形状，单击“图形”，在可视窗口中选择适合的形状即可。“图形边框色”为触摸键边框的颜色。“开关颜色”为触摸键在“ON”时显示的颜色，选择绿色，其他保持默认。在“显示方式”属性下单击“OFF”标签，可以对按键 OFF 时的属性进行设置，设置方法与“ON”相同。单击“文本”标签，弹出如图 6-44（c）所示的显示方式属性画面，为触摸键在“ON”和“OFF”时显示的文字，单击“文本”，在弹出的编辑栏中分别输入“启动”。根据要求设置文本颜色，其他保持默认。

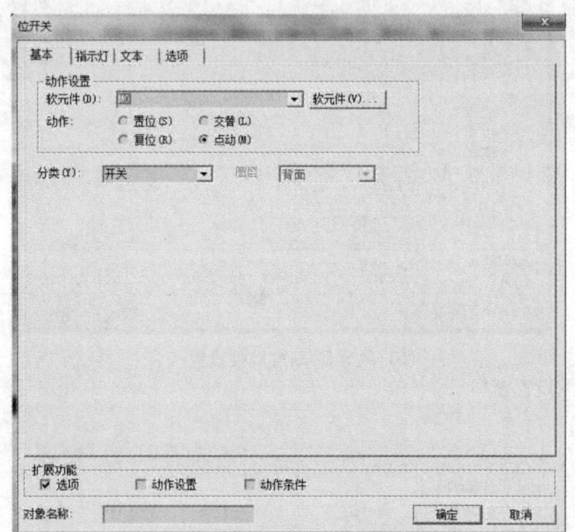

(a) 基本属性窗口

(b) 指示灯属性窗口

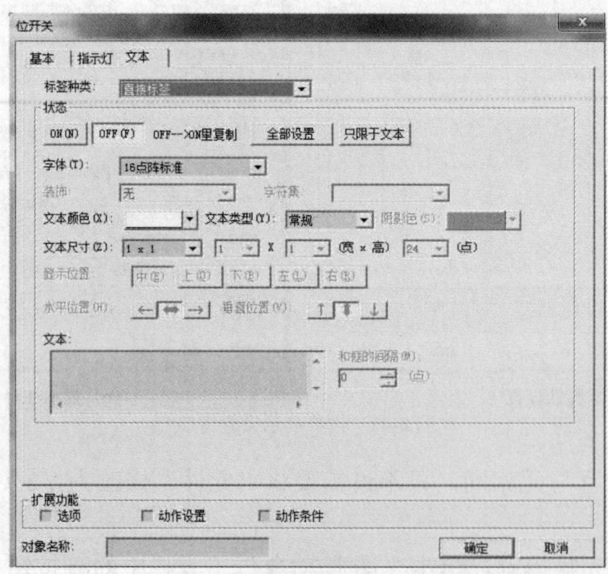

(c) 文本属性窗口

图 6-44 触摸键设置窗口

“停止”按钮的设置与此相同。

8. 触摸屏画面

根据上述操作设计的电动机Y-△降压启动触摸屏画面，如图 6-45 所示。

图 6-45 触摸屏画面

四、程序下载运行和调试运行

（1）按图 6-34 所示的连接方式连接好通信电缆，即触摸屏 RS-232 接口与计算机 RS-232 接口连接，触摸屏 RS-422 接口与 PLC 编程接口连接。将制作完成的如图 6-45 所示的触摸屏画面下载到 GOT 中，操作步骤：选择“通信”→“下载至 GOT”→“监视数据”，开始数据下载操作。将图 6-36 所示的程序写入 PLC 中。若无法写入，检查通信电缆连接和触摸屏画面制作软件 GT-Designer2 和 PLC 编程软件 GX 中的通信设置项。

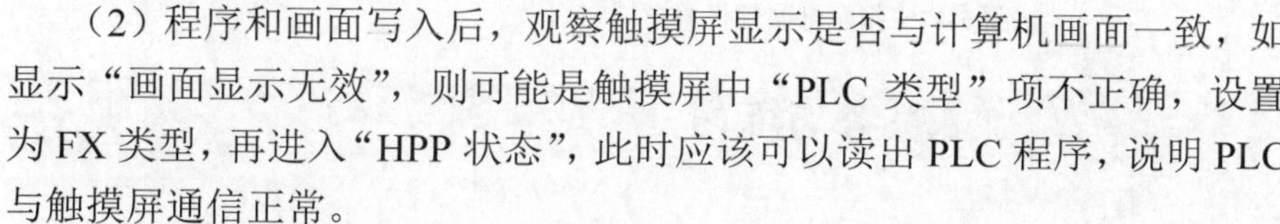

54. Y-△降压启动触摸屏和 PLC 联机运行

（2）程序和画面写入后，观察触摸屏显示是否与计算机画面一致，如显示“画面显示无效”，则可能是触摸屏中“PLC 类型”项不正确，设置为 FX 类型，再进入“HPP 状态”，此时应该可以读出 PLC 程序，说明 PLC 与触摸屏通信正常。

（3）PLC 不接电动机，进行模拟调试。

返回“画面状态”，将 PLC 运行开关拨至 RUN 位置，先设定好启动时间，单击数字输入对象，弹出软键盘，设定延时时间为 20s，按触摸屏“启动”键，该键文本显示“启动中”，同时注释显示“Y 启动中”，棒图向右延伸。延时时间到，注释显示变为“Y 启动结束”，棒图停止延伸，同时显示“△运行中”。

（4）将 PLC 的输出与电动机主电路连接好，再进行调试，直至系统按要求正常工作。

（5）记录程序调试的结果。

知识拓展——指示灯的制作

若将图 6-45 中的“注释显示”改为图 6-46 中的用“指示灯”显示电动机的运行状态，需要利用 GT- Designer2 软件中的“指示灯”设计。

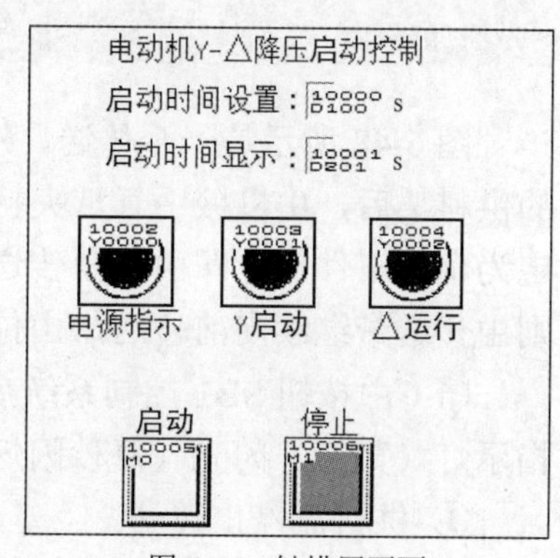

图 6-46 触摸屏画面

单击“图形/对象”工具栏中的按钮，弹出如图 6-47（a）所示的指示灯属性设置窗口。在“基本”标签下单击“元件”，输入“Y0000”，其他保持默认设置不变；单击“显示方式（位）”标签，设置窗口如图 6-47（b）所示。“图形”是设置指示灯的形状，根据自己的喜好单击“图形”选择。在“开”和“关”中分别设置当 Y0 为 ON 或 OFF 时指示灯的颜色，这里设置 Y0=ON 时选择红色，Y0=OFF 时选择黑色，其他保持默认设置不变。

其他两个指示灯的设置与此相同。注意：Y 启动对应的软元件为“Y1”，△运行对应的软元件为“Y2”。

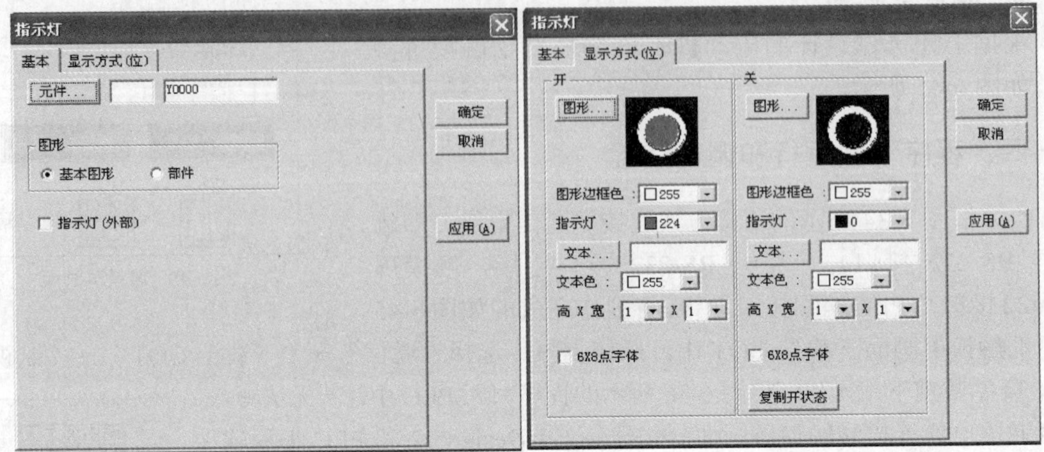

（a）基本属性窗口　　　（b）显示方式属性窗口

图 6-47　指示灯属性设置窗口

思考与练习

1．简答题

GT1055 系列触摸屏有几个接口，各有什么作用？

2．分析题

试用触摸屏控制电动机正反转系统，按触摸屏上的“正转启动”按钮，电动机正转运行；按“反转启动”按钮，电动机反转运行；按“停止”按钮，电动机停止运行。用“注释显示”或“指示灯”显示电动机的运行状态。

任务五　自动分拣生产线的 PLC 控制系统设计

任 务 导 入

图 6-48 所示是一个传送、分拣金属工件和塑料工件的系统。工件由供料盘推出至位置Ⅰ的供料架后，由机械手气爪夹持送至传送带位置Ⅱ的下料孔，工件经电感式接近开关检测确定为金属工件后，即由装在传送带位置Ⅲ的气缸活塞杆推至分拣斜槽；若检测为塑料工件，则由传送带继续向前传送，由位置Ⅳ的气缸活塞杆推至分拣斜槽。

（1）由按钮 SB1 控制系统启动。系统需在原点状态下才能启动。系统原点状态时，原点指示灯（黄灯）闪光（每秒闪烁 1 次）。原点状态要求如下。

① 供料盘停止转动。

② 机械手无夹持工件，气爪松开；机械手直线气缸活塞杆退回；机械手停止在左边的限止位置上。

③ 传送带电动机停止转动；传送带上各直线气缸活塞杆退回。

“停止”按钮的设置与此相同。

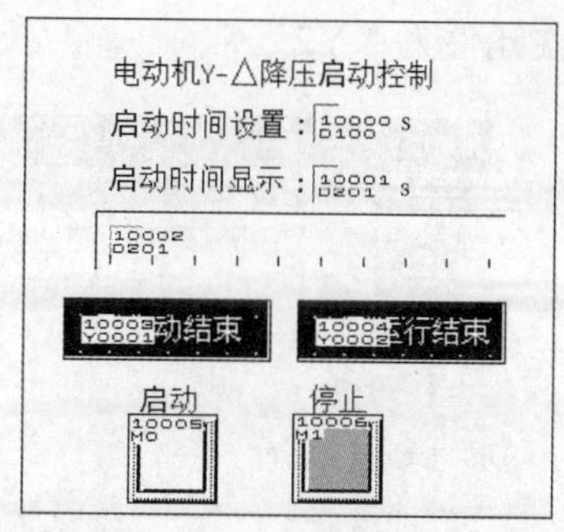

图 6-45　触摸屏画面

8．触摸屏画面

根据上述操作设计的电动机Y-△降压启动触摸屏画面，如图 6-45 所示。

四、程序下载运行和调试运行

（1）按图 6-34 所示的连接方式连接好通信电缆，即触摸屏 RS-232 接口与计算机 RS-232 接口连接，触摸屏 RS-422 接口与 PLC 编程接口连接。将制作完成的如图 6-45 所示的触摸屏画面下载到 GOT 中，操作步骤：选择“通信”→“下载至 GOT”→“监视数据”，开始数据下载操作。将图 6-36 所示的程序写入 PLC 中。若无法写入，检查通信电缆连接和触摸屏画面制作软件 GT-Designer2 和 PLC 编程软件 GX 中的通信设置项。

54. Y-△降压启动触摸屏和 PLC 联机运行

（2）程序和画面写入后，观察触摸屏显示是否与计算机画面一致，如显示“画面显示无效”，则可能是触摸屏中“PLC 类型”项不正确，设置为 FX 类型，再进入“HPP 状态”，此时应该可以读出 PLC 程序，说明 PLC 与触摸屏通信正常。

（3）PLC 不接电动机，进行模拟调试。

返回“画面状态”，将 PLC 运行开关拨至 RUN 位置，先设定好启动时间，单击数字输入对象，弹出软键盘，设定延时时间为 20s，按触摸屏“启动”键，该键文本显示“启动中”，同时注释显示“Y 启动中”，棒图向右延伸。延时时间到，注释显示变为“Y 启动结束”，棒图停止延伸，同时显示“△运行中”。

（4）将 PLC 的输出与电动机主电路连接好，再进行调试，直至系统按要求正常工作。

（5）记录程序调试的结果。

知识拓展——指示灯的制作

若将图 6-45 中的“注释显示”改为图 6-46 中的用“指示灯”显示电动机的运行状态，需要利用 GT- Designer2 软件中的“指示灯”设计。

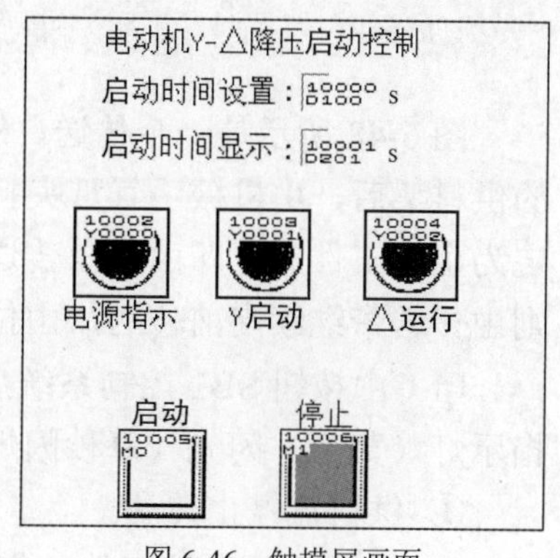

图 6-46　触摸屏画面

单击“图形/对象”工具栏中的按钮，弹出如图 6-47（a）所示的指示灯属性设置窗口。在“基本”标签下单击“元件”，输入“Y0000”，其他保持默认设置不变；单击“显示方式（位）”标签，设置窗口如图 6-47（b）所示。“图形”是设置指示灯的形状，根据自己的喜好单击“图形”选择。在“开”和“关”中分别设置当 Y0 为 ON 或 OFF 时指示灯的颜色，这里设置 Y0=ON 时选择红色，Y0=OFF 时选择黑色，其他保持默认设置不变。

其他两个指示灯的设置与此相同。注意：Y 启动对应的软元件为“Y1”，△运行对应的软元件为“Y2”。

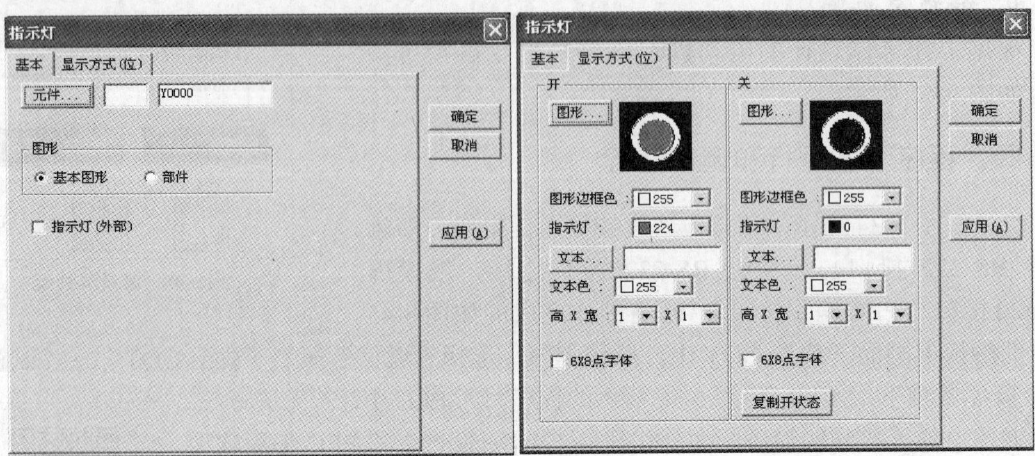

（a）基本属性窗口　　（b）显示方式属性窗口

图 6-47　指示灯属性设置窗口

思考与练习

1. 简答题

GT1055 系列触摸屏有几个接口，各有什么作用？

2. 分析题

试用触摸屏控制电动机正反转系统，按触摸屏上的“正转启动”按钮，电动机正转运行；按“反转启动”按钮，电动机反转运行；按“停止”按钮，电动机停止运行。用“注释显示”或“指示灯”显示电动机的运行状态。

任务五　自动分拣生产线的 PLC 控制系统设计

任 务 导 入

图 6-48 所示是一个传送、分拣金属工件和塑料工件的系统。工件由供料盘推出至位置Ⅰ的供料架后，由机械手气爪夹持送至传送带位置Ⅱ的下料孔，工件经电感式接近开关检测确定为金属工件后，即由装在传送带位置Ⅲ的气缸活塞杆推至分拣斜槽；若检测为塑料工件，则由传送带继续向前传送，由位置Ⅳ的气缸活塞杆推至分拣斜槽。

（1）由按钮 SB1 控制系统启动。系统需在原点状态下才能启动。系统原点状态时，原点指示灯（黄灯）闪光（每秒闪烁 1 次）。原点状态要求如下。

① 供料盘停止转动。

② 机械手无夹持工件，气爪松开；机械手直线气缸活塞杆退回；机械手停止在左边的限止位置上。

③ 传送带电动机停止转动；传送带上各直线气缸活塞杆退回。

（2）当系统启动后，运行指示灯（绿灯）发光。

（3）系统启动后，当供料架无工件时，供料盘应立刻转动，直至供料架的光电传感器检测到工件才停止。

（4）当供料架的光电传感器检测到工件后，气动机械手的手臂就伸出、下降，用气爪将工件夹紧（夹紧 1s），然后上升、缩回，转动至右限止位置，再伸出、下降，气爪放松，通过位置Ⅱ的下料孔将工件放到皮带传送机的传送带上。

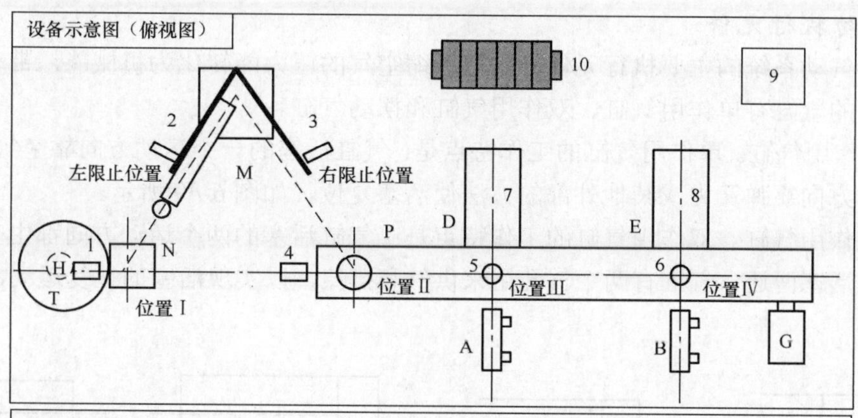

说明：

A、B—直线分拣气缸；N—供料架；M—气动机械手；P—皮带传送机；T—供料盘；G—传送带电动机；H—供料盘拖动电动机（直流电动机）；位置Ⅰ—供料架；位置Ⅱ—皮带传送机下料孔；位置Ⅲ、Ⅳ—工件识别与分拣（D、E 下料斜槽）

1—光电传感器；2、3—磁性开关；4—光电传感器（漫反射型）；5—电感式接近开关；6—电容式接近开关；7、8—分拣槽；9—气源；10—电磁阀组；机械手的升降、伸缩、夹紧气缸与 A、B 直线气缸装有磁性开关

图 6-48　自动分拣装置示意图

（5）机械手放下夹持工件 1s 后上升、缩回，转回左限止位置后继续进行工件传送。

（6）当传送带位置Ⅱ的传感器检测到工件后，传送带电动机立刻启动运行（变频器输出频率为 25Hz）。若是金属工件，就由位置Ⅲ的直线气缸 A 分拣到斜槽 7；若是塑料工件，传送带立刻转为 10Hz 低速运行，到达位置 IV 时，就由位置Ⅳ的直线气缸 B 分拣到斜槽 8。分拣用直线气缸动作，由气缸上的磁性开关控制。物料被分拣后，气缸活塞复位。

（7）若传送带位置Ⅱ的传感器连续 6s 都检测不到工件，则指示灯（红色）闪光（1s 闪烁 3 次），提示皮带传送机缺料，直到传送带位置Ⅱ的传感器检测到工件后才熄灭。

（8）按钮 SB2 控制系统正常停机。按下 SB2，运行指示灯（绿灯）熄灭。若机械手已无夹持工件，系统就会在完成工件的传送与分拣后，回到原点位置上，进入待机状态。若机械手夹持有工件，则系统会继续进行工件的传送与分拣，在工作完成后才停止运行并使系统回到原点位置上，进入待机状态。

相关知识

一、气动元件的认识

自动分拣控制系统的机械手和分拣装置都是由气动系统实现的。它利用空气压缩机将电动机输出的机械能转变为空气的压力能，通过执行元件把空气的压力能转变为机械能，从而完成直线或回转运动。气动系统主要由气源装置、气动执行元件、气动控制元件及各种辅助元件组成。

1．气源装置

气源装置的主体部分是空气压缩机。它将原动机供给的机械能转变为气体的压力能，为各类气动设备提供动力。

2．气动执行元件

气缸是气动系统的主要执行元件，它把压缩空气的压力能转化为机械能，带动工作部件运动。常见的气缸有单作用气缸、双作用气缸和摆动气缸。

（1）单作用气缸。单作用气缸的工作特点是：气缸活塞的一个运动方向靠空气压力驱动，另一个运动方向靠弹簧力或其他外部的方法使活塞复位，如图6-49所示。

（2）双作用气缸。双作用气缸的工作特点是：气缸活塞的两个运动方向都由空气压力推动，因此在活塞两边，气缸有两个气孔用来供气和排气，以实现活塞的往复运动，如图6-50所示。

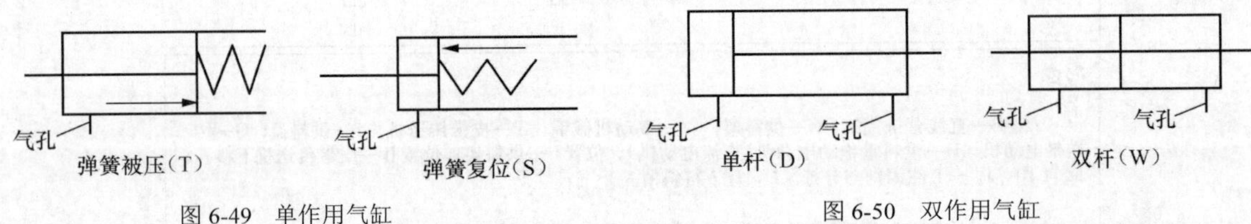

图6-49　单作用气缸　　　图6-50　双作用气缸

（3）叶片式摆动气缸。叶片式摆动气缸的工作原理是：将空气压力作用在叶片上，由于叶片与转轴连在一起，因此受气压作用的叶片就带动转轴摆动，并输出力矩。气缸用内部止动块或外部挡块来改变其摆动角。

3．气动控制元件

最常用的气动控制元件是电磁方向控制阀。它的主要作用是控制压缩空气的流动方向和气路的通断。电磁阀按电源的控制方式分为直流24V和交流220V两种；按控制形式分为单电控电磁阀和双电控电磁阀。

（1）单电控电磁阀。电磁阀只有一个控制线圈。当电磁线圈通电时，气动回路就发生切换；电磁线圈失电时，电磁阀由弹簧复位，气动回路恢复到原状态，这相当于“点动”，如图6-51所示。

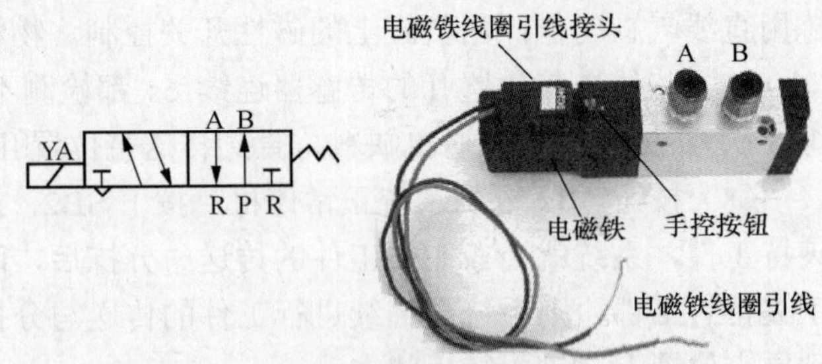

图6-51　单电控两位五通阀的符号及外形

（2）双电控电磁阀。电磁阀有两个控制线圈，常见的有两位五通电磁阀。任何一个电磁线圈通电，都会使电磁阀换向；双线圈电磁阀有记忆功能，即线圈通电后立即失电，电磁阀也会保持通电时的状态不变。只有当另一电磁线圈通电时，电磁阀才会切换为另一状态，这相当于“自锁”，如图6-52所示。基于双电控电磁阀的这种特性，在设计机电控制回路或编制PLC程序的时候，可以让电磁阀线圈只动作1～2s，这样可以保护电磁阀线圈不容易损坏。

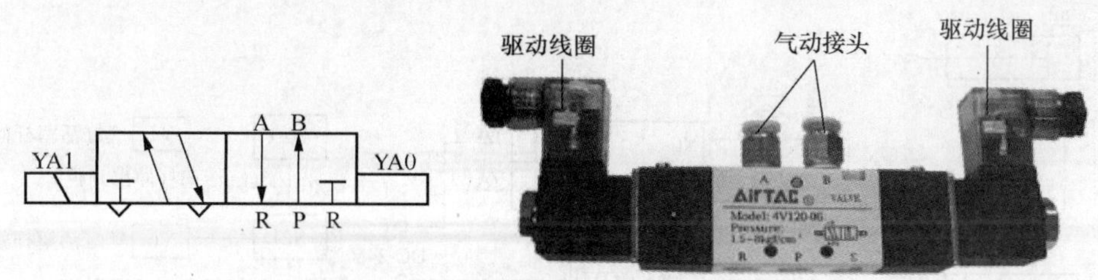

图 6-52　双电控两位五通阀的符号及外形

4. 气动控制回路的实现

（1）单电控电磁阀控制单作用气缸。图 6-53（a）所示为单电控二位五通电磁阀控制的单作用气缸。图 6-53（b）中的 YA 为控制气缸的电磁阀，由 PLC 的输出 Y0 控制。a1、a2 为安装在气缸上两个极限位置的磁性开关，用于检测气缸的活塞位置以及活塞的运动行程，为 PLC 提供位置信号，其在 PLC 上的接线如图 6-53（c）所示。在图 6-53（d）中，驱动 S20 步，Y0 得电闭合，电磁阀 YA 通电后，气缸活塞杆伸出；当伸出到位后，磁性开关 a1（X0）闭合，S20 步就转移到 S21 步，电磁阀线圈（Y0）失电，气缸活塞杆就退回；当后退到位时，磁性开关 a2（X1）闭合，S21 步就转移。

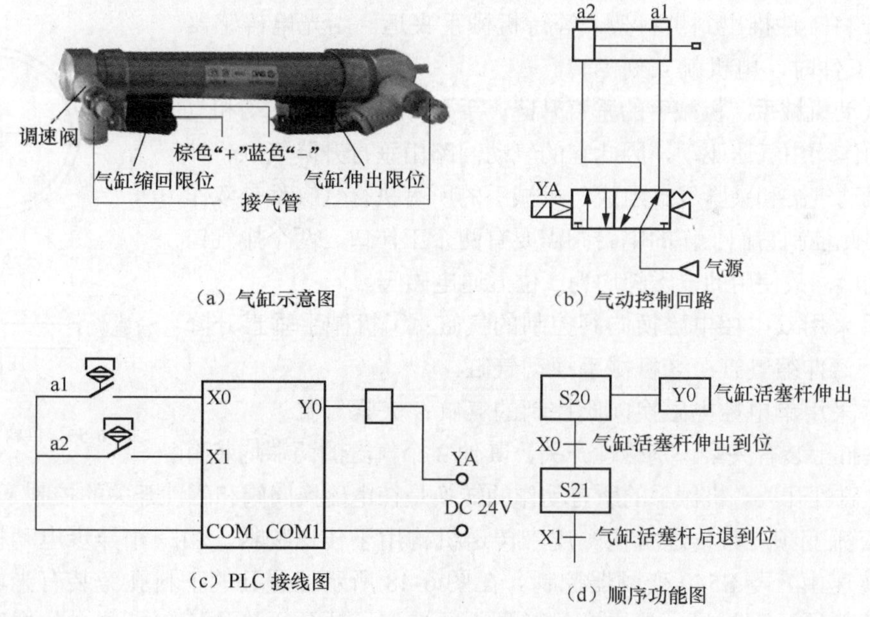

图 6-53　单电控电磁阀控制单作用气缸控制原理

（2）双电控电磁阀控制双作用气缸。图 6-54（a）所示为双电控二位五通电磁阀控制的双作用气缸。YA0、YA1 为控制气缸的电磁阀，由 PLC 的输出 Y0、Y1 控制。a1、a2 为安装在气缸上两个极限位置的磁性开关，为 PLC 提供位置信号，其在 PLC 上的接线如图 6-54（b）所示。在图 6-54（c）中，驱动 S20 步，Y1 得电闭合，换向电磁阀 YA1 通电后，气缸活塞杆伸出，由于双电控电磁阀具有记忆功能，此时即使断电，气缸活杆也会继续伸出，直至伸出到位；伸出到位后，磁性开关 a1（X0）闭合，S20 步就转移到 S21 步，Y0 得电闭合，换向电磁阀 YA0 得电，气缸活塞杆就退回；当后退到位时，磁性开关 a2（X1）闭合，S21 步就转移，完成一次往复运行。

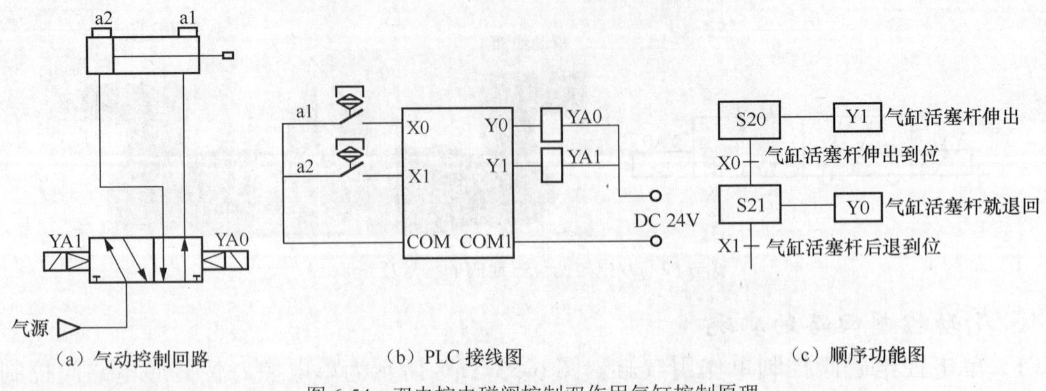

（a）气动控制回路　　（b）PLC 接线图　　（c）顺序功能图

图 6-54　双电控电磁阀控制双作用气缸控制原理

二、自动分拣生产线主要部件的认识

1. 自动分拣生产线的组成

如图 6-48 所示，自动分拣生产线由供料机构、气动机械手、交流变频皮带传送机构、物料辨别传感器、物料分拣气缸组成。

（1）供料机构。供料机构如图 6-55 所示。直流电动机 H 拖动供料盘 T 转动，供料盘 T 带动拨动杆将工件推出到供料架，等待机械手夹运。当光电传感器 X2 检测到工件时，电机就立刻停转。

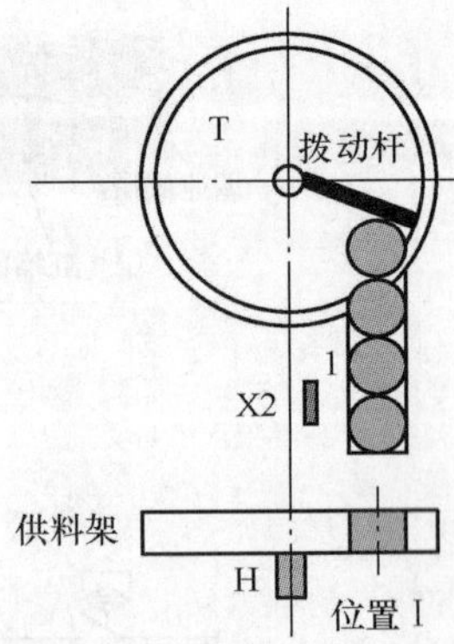

图 6-55　供料机构示意图

（2）气动机械手。机械手的垂直升降、手臂伸缩、左右转动和气爪的夹紧动作均由气压驱动，因此它的气动回路由垂直升降气缸、伸缩气缸、摆动气缸和夹紧气缸组成。机械手的所有执行气缸都是双作用气缸，因此控制它们工作的电磁阀需要有两个工作口、两个排气口和一个供气口，故使用的电磁阀均为二位五通电磁阀。

机械手采用双电控电磁换向阀控制的气缸：①机械手垂直升降气缸；②手臂伸缩气缸；③机械手摆动气缸。

机械手采用单电控电磁换向阀控制的气缸：夹紧气缸。

夹紧气缸上装有夹紧识别磁性开关，其他 3 个气缸的两端均装有检测位置的磁性开关。机械手的所有动作的转换是在电磁换向阀和磁性开关的控制下进行的。

（3）交流变频皮带传送机构。皮带传送机构用于传送物料，由三相异步电动机拖动，交流电机的转速由三菱 S540 变频器控制。在图 6-48 所示位置Ⅱ的下料孔旁装有光电传感器，只要该传感器检测到物料，就启动传送带中速运行。该传送机构还包括装在位置Ⅲ用来识别金属的电感式传感器、装在位置Ⅳ用来识别非金属的电容式传感器以及位置 A、B 处的直线推料气缸和出料斜槽。两个推料气缸均采用双电控电磁换向阀控制推出和退回，两端装有推出到位和退回到位的磁性开关。

2. 自动分拣生产线有关传感器的认知

自动分拣生产线所使用的传感器都是接近传感器，它利用传感器对所接近的物体具有的敏感特性来识别物体的接近，并输出相应开关信号，因此，接近传感器通常也称为接近开关。图 6-56 所示为该生产线有关传感器的位置示意图，图中标出了每一个传感器的安装位置、名称、接线方式以及接入 PLC 输入端子的对应地址编号。

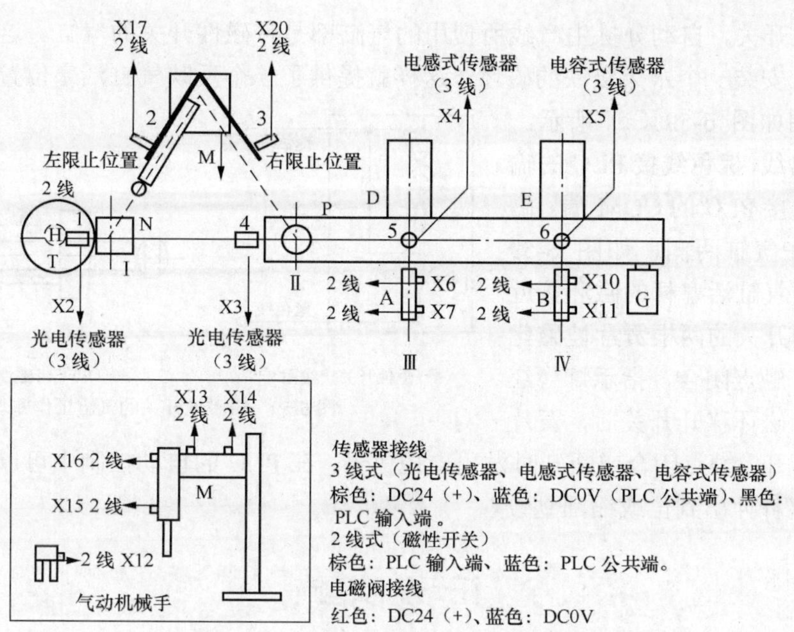

图 6-56　自动分拣生产线传感器的位置示意图

（1）光电传感器。用来检测工件不足或工件有/无的漫射式光电传感器的工作原理如图 6-57 所示。在工作时，光发射器始终发射检测光，若接近开关前方一定距离内没有物体，则光电传感器处于常态而不动作；若前方一定距离内出现物体，只要反射回来的光强度足够，则接收器接收到足够的漫射光就会使接近开关动作而改变输出状态。光电传感器分为 NPN 晶体管集电极开路输出型和 PNP 晶体管集电极开路输出型两种，由于三菱 FX_2N 系列的 PLC 是漏型输入，因此选择光电传感器时应该选用 NPN 输出型。

光电传感器与 PLC 的接线图如图 6-58 所示。对于 NPN 输出型的光电传感器，工作电源“0V”端接在 PLC 的“COM”上。3 线式光电传感器都要接工作电源，方法是：①接在外部电源上；②接在 PLC 提供的直流 24+端子上。

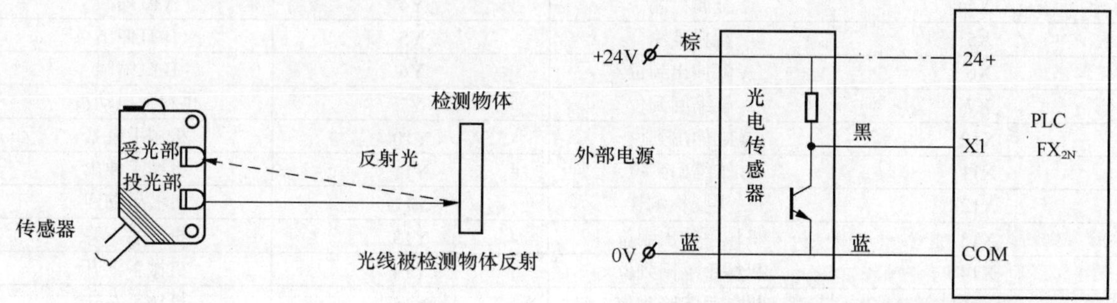

图 6-57　漫射式光电开关的工作原理　　图 6-58　光电传感器与 PLC 的接线图

（2）电感式传感器与电容式传感器。电感式传感器是利用电涡流效应工作的，用来检测金属物体。当没有物体接近时，电感式传感器不动作，若在一定距离内检测到金属物体，则传感器动作而改变输出状态。它也分 NPN 输出型和 PNP 输出型两种，该控制系统选择 NPN 输出型，接线方法参照图 6-58 所示的接线图。

电容式传感器用来检测非金属物体。该控制系统选择 NPN 输出型，接线方法参照图 6-58 所示的接线图。

（3）磁性开关。自动分拣生产线所使用的气缸都是带磁性开关的气缸。这些气缸在非磁性体的活塞上安装一个永久磁铁的磁环，这样就提供了一个反映气缸活塞位置的磁场。磁性开关的接线图如图6-59（a）所示，它有两根引出线，棕色线接PLC的输入端，蓝色线接PLC的COM端。磁性开关安装在气缸两侧，如图6-59（b）所示。当气缸活塞杆的磁环接近开关时，舌簧开关的两根簧片被磁化而相互吸引，触点闭合，指示灯（红色）发光；当磁环移开开关后，簧片失磁，触点断开。触点闭合或断开时发出电控信号，在PLC的自动控制中可以利用该信号判断气缸的活塞杆伸出到位或缩回到位。

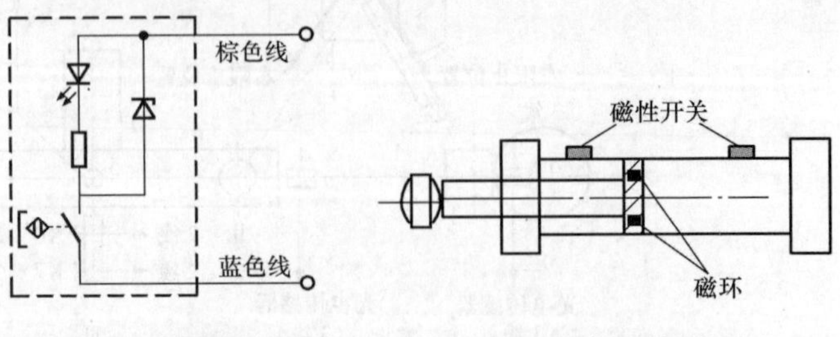

（a）磁性开关接线图　（b）带磁性开关的气缸

图6-59　带磁性开关的气缸工作原理图

任务实施

一、确定PLC的型号，绘制系统接线图

根据自动分拣生产线的控制要求，其I/O设备及分配如表6-7所示，选择FX_{2N}-48MR的PLC。

表6-7　自动分拣生产线的I/O分配

输入		输出	
输入继电器	作用	输出继电器	作用
X0	启动	Y0	原点指示（黄灯）
X1	停止	Y1	运行指示（绿灯）
X2	供料检测	Y2	缺料指示（红灯）
X3	下料检测	Y3	A缸伸出
X4	金属检测	Y4	A缸缩回
X5	塑料检测	Y5	B缸伸出
X6	A缸伸出到位	Y6	B缸缩回
X7	A缸缩回到位	Y7	供料盘电动机
X10	B缸伸出到位	Y10	机械手夹紧
X11	B缸缩回到位	Y11	机械手伸出
X12	夹紧检测	Y12	机械手缩回
X13	机械手伸出到位	Y13	机械手下降
X14	机械手缩回到位	Y14	机械手上升
X15	机械手下降到位	Y15	机械手左转
X16	机械手上升到位	Y16	机械手右转
X17	机械手左转到位	Y20	变频器STF
X20	机械手右转到位	Y21	中速RM
X21	急停	Y22	低速RL
X22	机械手回归原点		
X23	单周期选择		
X24	连续选择		

其I/O接线图如图6-60所示。

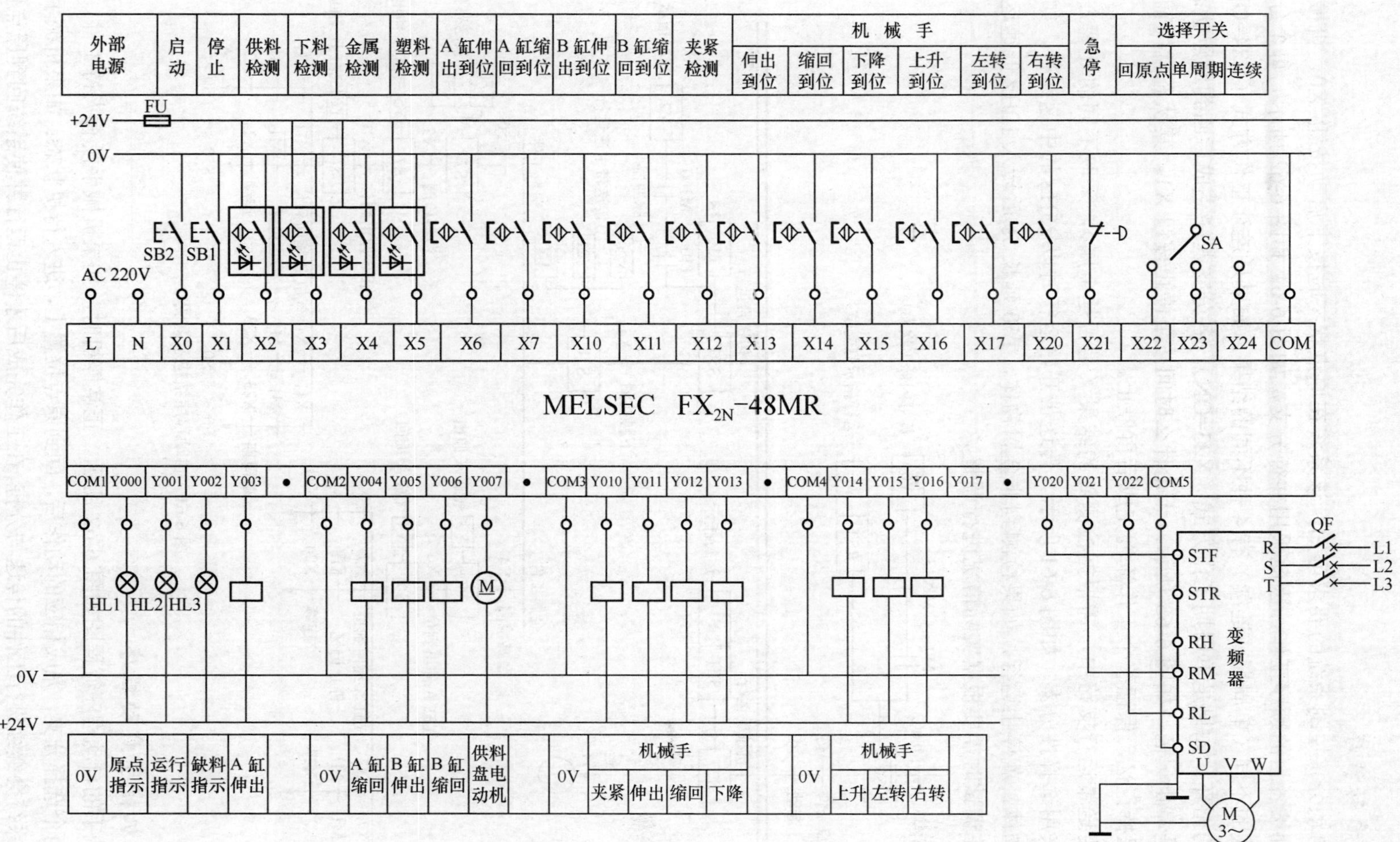

图 6-60 自动分拣生产线的 I/O 接线图

二、控制方案

1. 自动程序

由自动分拣控制系统的要求可知，该系统在原点状态时按下启动按钮 X0，机械手和传送带分别按各自的顺序工作，因此采用并行分支，如图 6-61 和图 6-62 所示。每个分支根据工作方式的不同（单周期或连续）有 4 种不同的结果。如果是连续工作方式（X24=ON），各分支自动循环；如果是单周期工作方式（X23=ON），各分支程序完成后回到原点状态。M1 的作用是停止记忆，如图 6-63 所示，无论什么时间按下停止按钮 X1，其状态就用辅助继电器 M1 保持记忆，保证整个工作流程完成后再停止。

在传送带运行支路中，需根据检测到的结果（是否是金属），采取不同的处理方式，因此适合采用选择性分支，如图 6-61 所示。传送带开始运行时以 25Hz 的中速运行，如果检测到金属物体，就停止运行，如果检测到非金属物体，T50 延长 5s 后转入 10Hz 低速运行，这个时间在调试时需要根据实际情况进行调整。

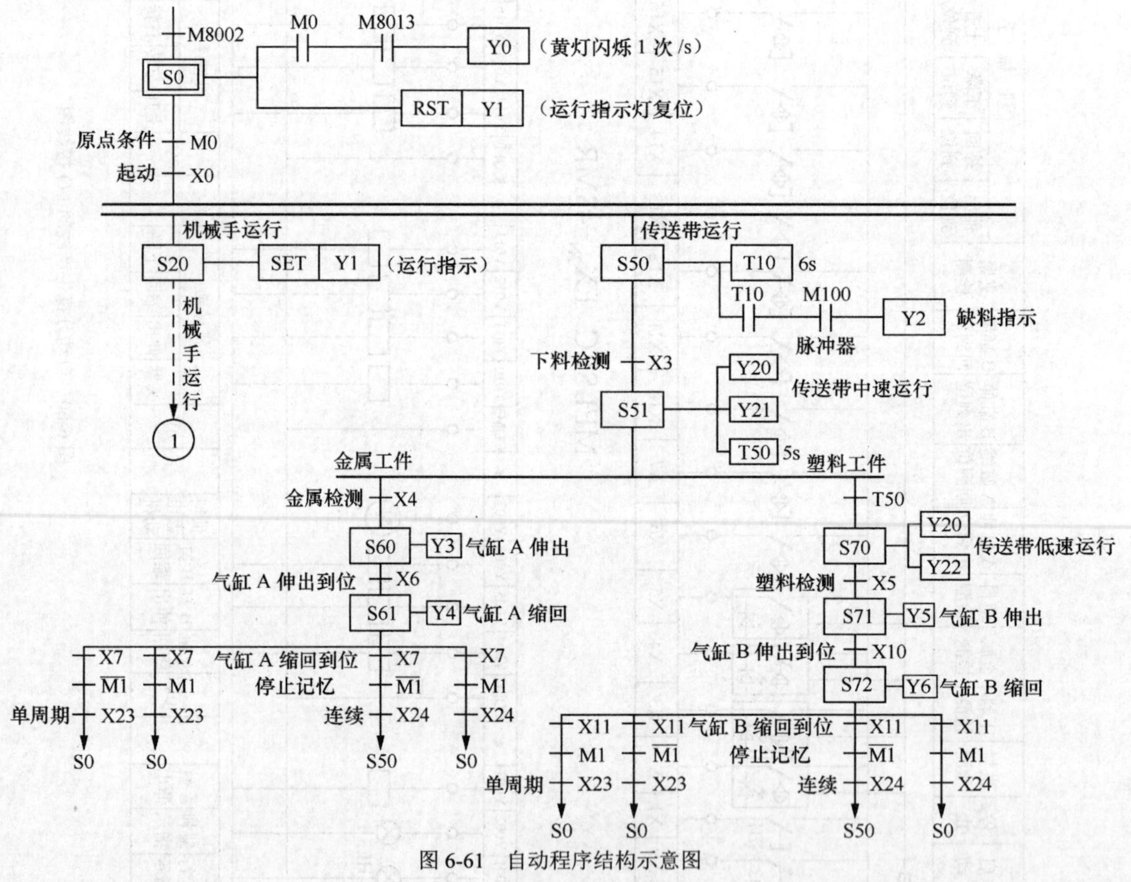

图 6-61　自动程序结构示意图

2. 机械手自动程序

机械手的自动程序流程图如图 6-62 所示。正常停机时，如果机械手没有夹持工件，则转向③或④两个选择分支，完成相应的动作后，回到原点位置上，进入待机状态；如果机械手夹持有工件，则系统会继续进行工件的传送与分拣，在工作完成后才停止运行并使系统回到原点位置上，进入待机状态。

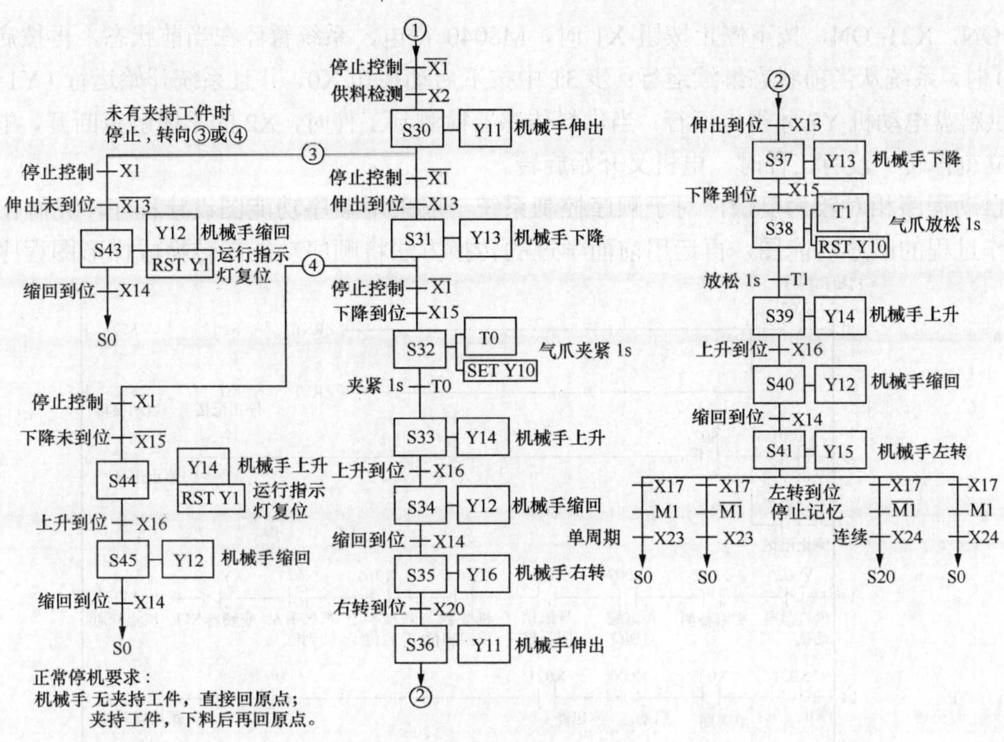

图 6-62 机械手自动程序

3. 自动返回原点程序

根据控制要求，当生产线需要中途停车或急停时，各动作机构要回到原点位置，因此，需要设计一个自动回原点的顺序控制，其流程图如图 6-63 所示。

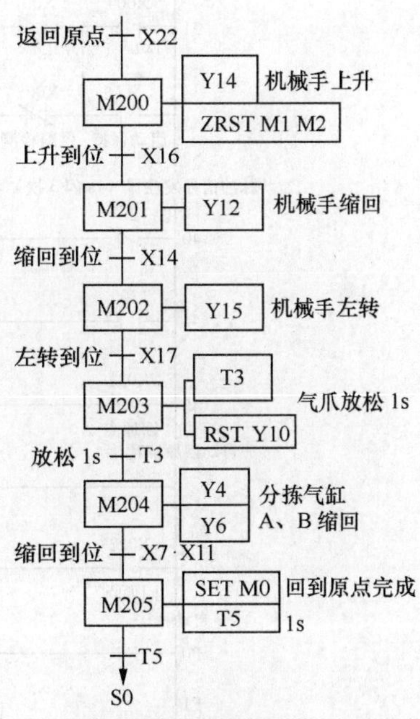

图 6-63 自动返回原点程序

4. 程序结构

由以上分析可知，自动分拣生产线的程序结构如图 6-64 所示，由初始化程序、自动回原点程序和自动程序等部分组成。在初始化程序中，X22 是自动回原点选择开关，CJ 为条件跳转指令，X22=1 时，X22 的常闭触点断开，执行自动回原点程序，在该程序的最后一步，由于 X22 的常开触点闭合，执行“CJ P1”指令，跳到 END 处结束；如果此时系统选择单周期或连续工作方式，则 X22=0，其常闭触点闭合，执行“CJ P0”指令，将跳过自动回原点程序，跳到标号 P0 处，执行自动程序。

初始化程序相对较为简单，一般采用经验设计法编程。如图 6-64 所示，按下急停按钮 X21 时，步 0 中，执行“ZRST S20 S72”指令，系统停在当前状态，若想重新运行，必须闭合回原点开关，执行自动回原点程序，让各动作机构回到原点位置，再按启动按钮 X0 开始系统的自动运行；步 11 中将停止信号 X1 的状态用自锁电路进行停止记忆，是为了在正常停止系统时，必须执行完所有的流程后再停止；自动程序运行的首要条件是系统必须处于原点状态。该系统的原点条件见步 15；步 24 中 M8040 是转移禁止，在单周期运行状态下，

X23=ON，X21=ON，按下停止按钮 X1 时，M8040 得电，系统暂停在当前状态，再按启动按钮 X0 时，系统从当前状态继续运行；步 31 中按下启动按钮 X0，并且系统开始运行（Y1=ON）后，供料盘电动机 Y7 才得电运行，当供料传感器检测到工件时，X2 的常闭触点断开，电机就应该立刻停转。没有工件时，电机又开始旋转。

自动程序相对较为复杂，对于顺序控制系统一般采用顺序功能图设计程序，先画出其自动工作过程的顺序功能图，再运用前面学过的转换方法将顺序功能图转换成梯形图程序。

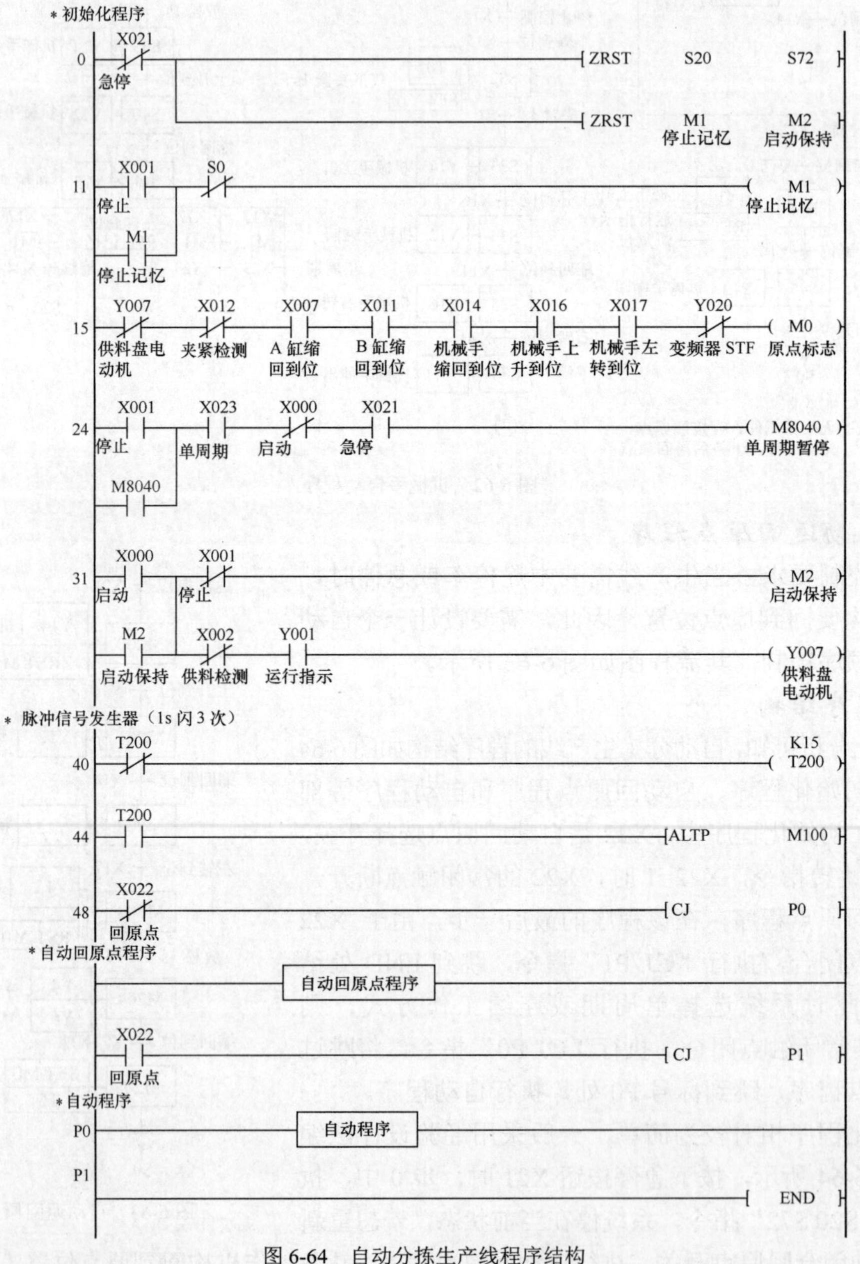

图 6-64 自动分拣生产线程序结构

5. 变频器参数设置

该控制系统选择三菱 S540 系列功率为 0.75kW 的变频器。变频器运行在多段速工作模式上，因此设置如下参数。

P79=3（组合操作模式）；P1=50Hz（上限频率）；P2=0Hz（下限频率）；P4=50Hz（高速）；P5=25Hz（中速）；P6=10Hz（低速）。

6．完整程序设计

自动分拣生产线的完整程序如图 6-65 所示。

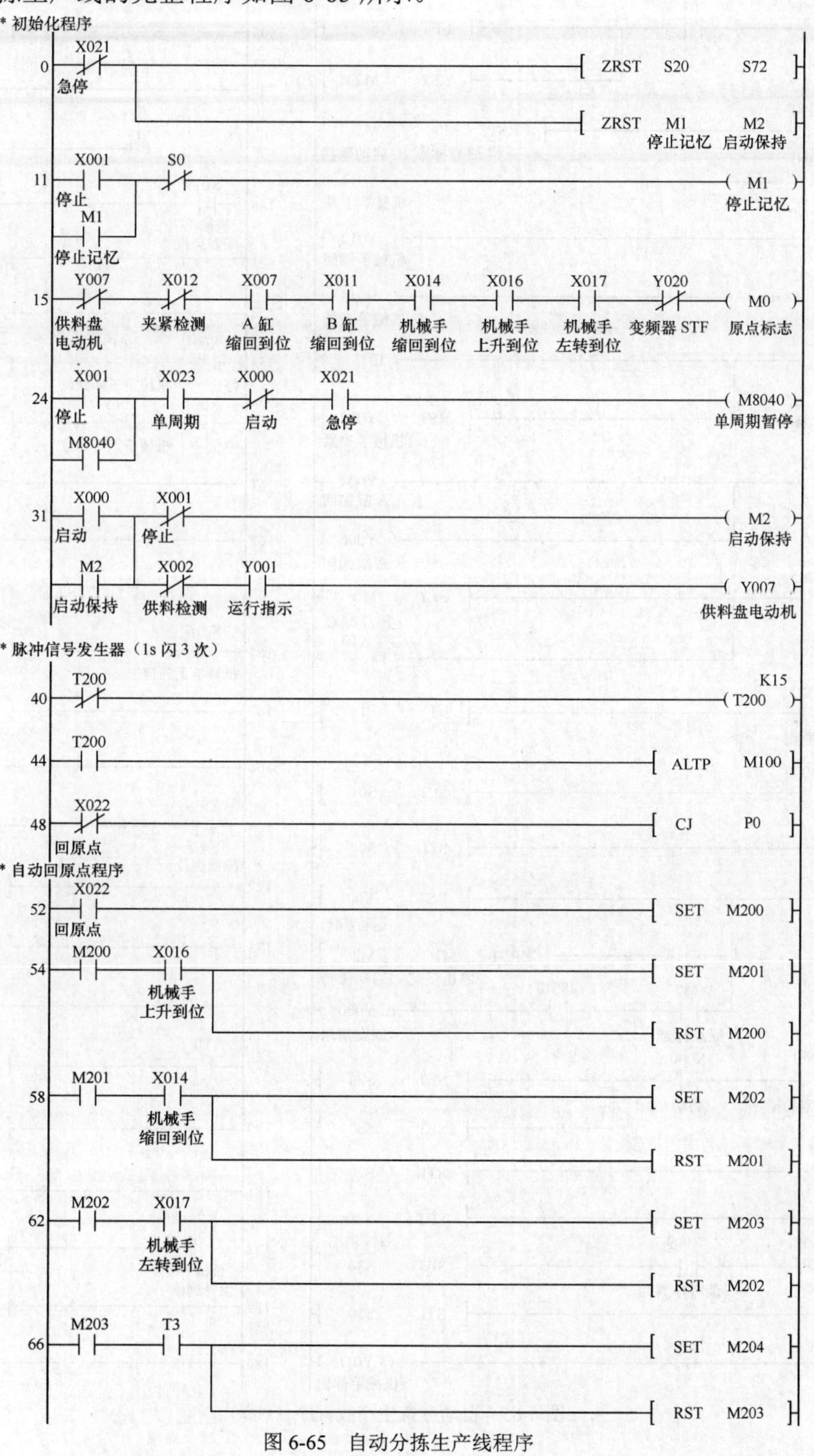

图 6-65　自动分拣生产线程序

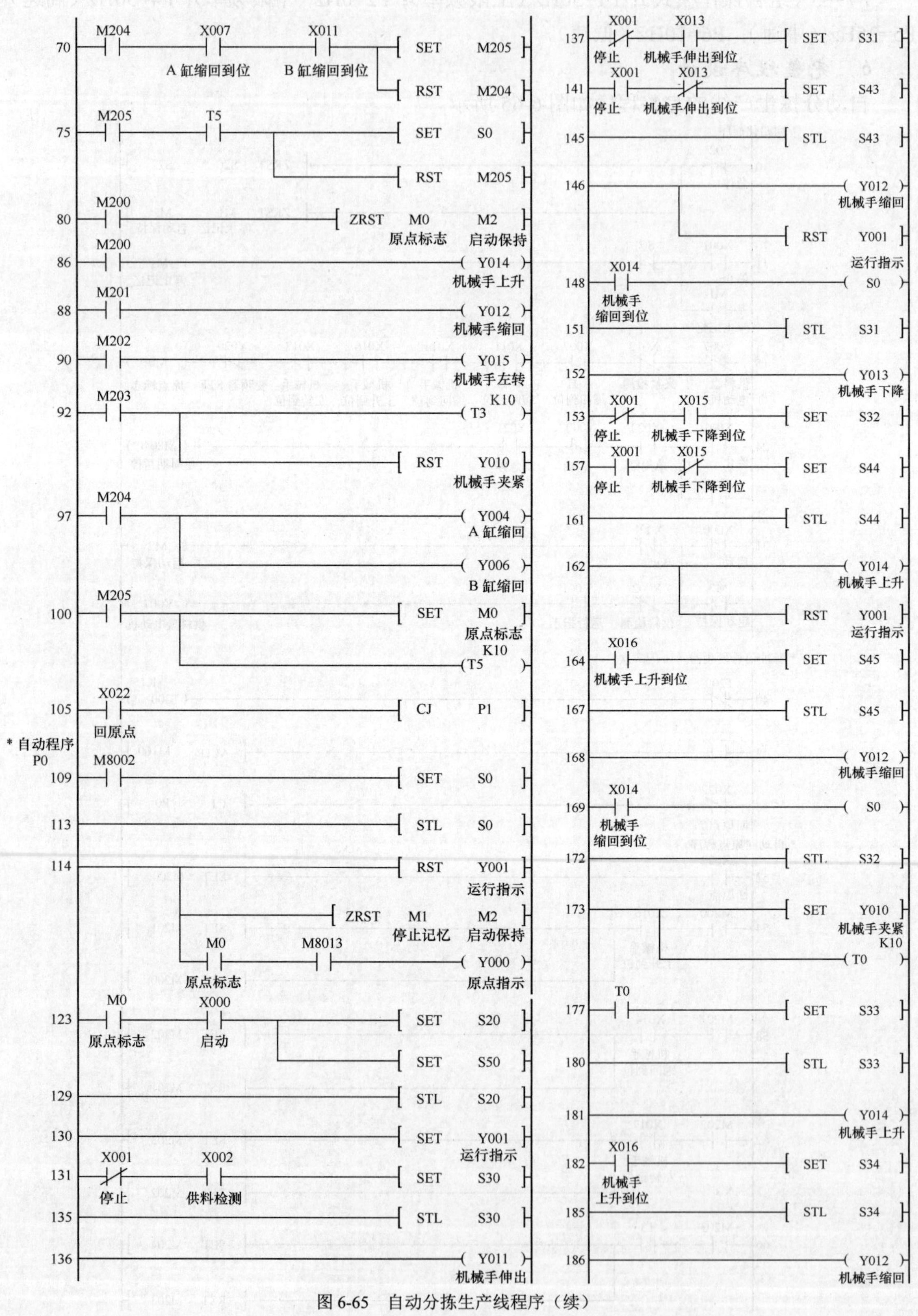

图 6-65 自动分拣生产线程序（续）

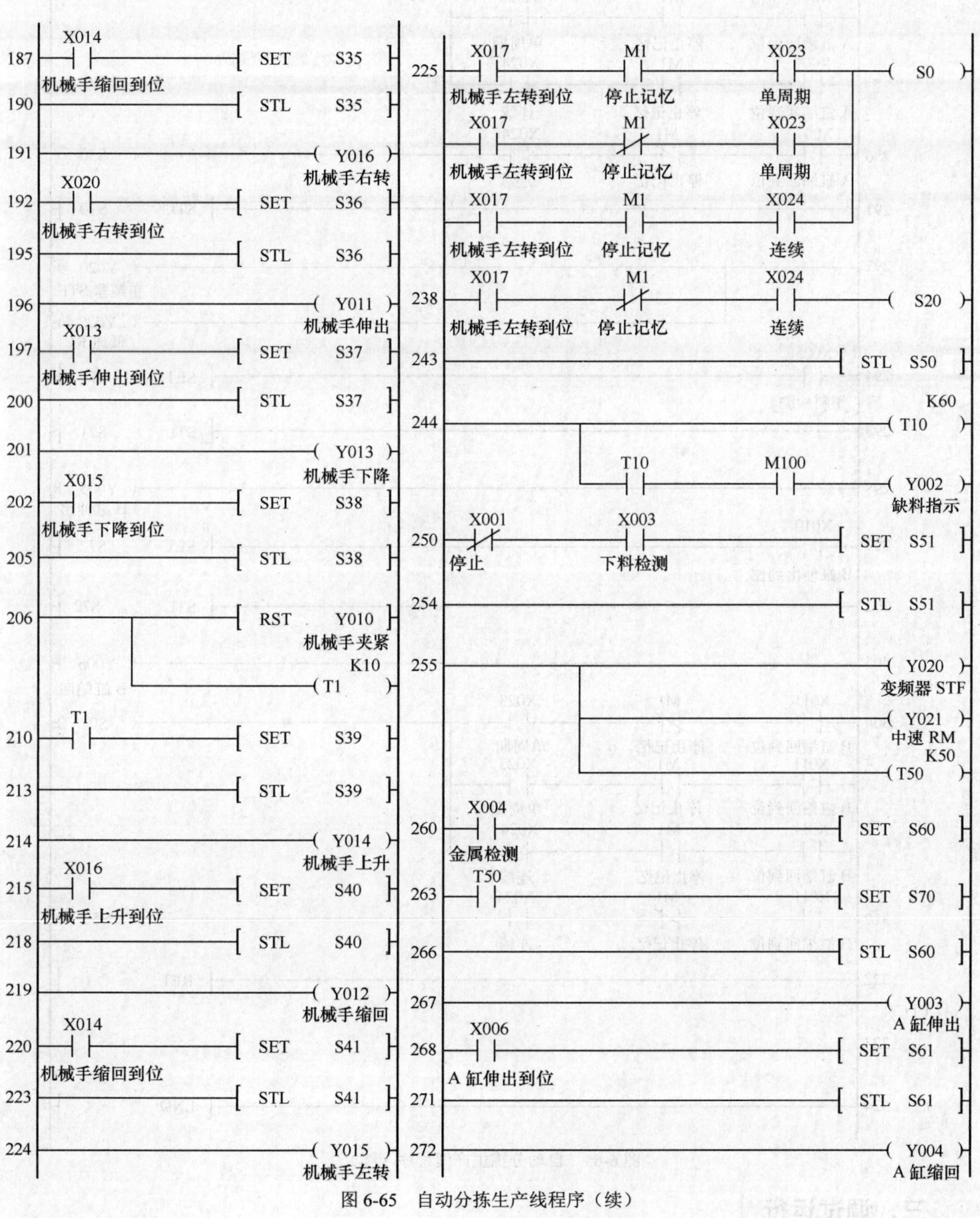

图 6-65 自动分拣生产线程序（续）

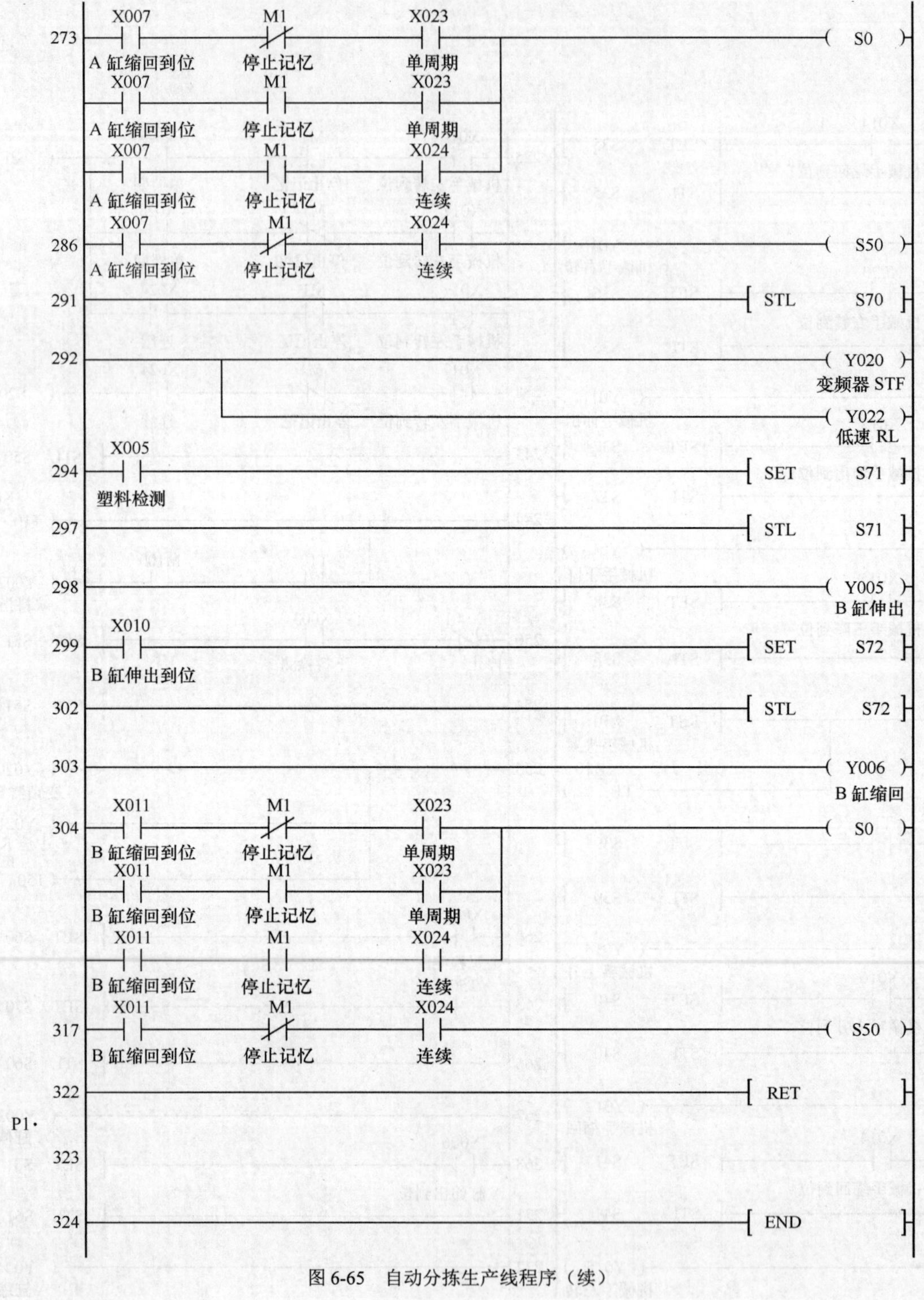

图 6-65 自动分拣生产线程序（续）

三、调试运行

（1）按图 6-65 所示的梯形图正确输入程序。

（2）按图 6-60 所示的系统接线图正确连接好输入设备，进行 PLC 的模拟静态调试，观察 PLC 的输出指示灯是否按要求指示，否则，检查并修改程序，直至指示正确。

（3）按图 6-60 所示的系统接线图正确连接好 PLC（不接电动机），进行 PLC 的空载调试，直至按控制要求动作。

（4）按图 6-60 所示的系统接线图正确连接好全部设备，进行自动分拣的系统调试，观察系统能否按控制要求动作，否则，检查线路并修改调试程序，直至系统按控制要求动作。

思考与练习

1．简答题

（1）如果自动分拣控制系统还需要手动操作，该如何编写程序？

（2）如果需要在系统中加入金属工件和塑料工件的计数功能，该如何修改自动分拣生产线的程序？

2．分析题

在三菱电机自动化（中国）有限公司的网站上，下载三菱 FX 系列 PLC 编程手册，查找指令 IST 的用法，试用该指令编写自动分拣生产线的程序，比较这两种编程的优、缺点。

附录

附录 A FX 系列 PLC 的编程元件及编号

编程元件的种类 ＼ PLC 型号		FX_{0S}	FX_{1S}	FX_{0N}	FX_{1N}	FX_{2N} FX_{2NC}
输入继电器 X（按八进制编号）		X0～X17（不可扩展）	X0～X17（不可扩展）	X0～X43（可扩展）	X0～X43（可扩展）	X0～X77（可扩展）
输出继电器 Y（按八进制编号）		Y0～Y15（不可扩展）	Y0～Y15（不可扩展）	Y0～Y27（可扩展）	Y0～Y27（可扩展）	Y0～Y77（可扩展）
辅助继电器 M	普通用	M0～M495	M0～M383	M0～M383	M0～M383	M0～M499
	保持用	M496～M511	M384～M511	M384～M511	M384～M1535	M500～M3071
	特殊用	M8000～M8255（具体见使用手册）				
状态寄存器 S	初始状态用	S0～S9	S0～S9	S0～S9	S0～S9	S0～S9
	返回原点用	—	—	—	—	S10～S19
	普通用	S10～S63	S10～S127	S10～S127	S10～S999	S20～S499
	保持用	—	S0～S127	S0～S127	S0～S999	S500～S899
	信号报警用	—	—	—	—	S900～S999
定时器 T	100ms	T0～T49	T0～T62	T0～T62	T0～T199	T0～T199
	10ms	T24～T49	T32～T62	T32～T62	T200～T245	T200～T245
	1ms	—	—	T63	—	—
	1ms 累积	—	T63	—	T246～T249	T246～T249
	100ms 累积	—	—	—	T250～T255	T250～T255
计数器 C	16 位增计数（普通）	C0～C13	C0～C15	C0～C15	C0～C15	C0～C99
	16 位增计数（保持）	C14、C15	C16～C31	C16～C31	C16～C199	C100～C199
	32 位可逆计数（普通）	—	—	—	C200～C219	C200～C219
	32 位可逆计数（保持）	—	—	—	C220～C234	C220～C234
	高速计数器	C235～C255（具体见使用手册）				
数据寄存器 D	16 位普通用	D0～D29	D0～D127	D0～D127	D0～D127	D0～D199
	16 位保持用	D30、D31	D128～D255	D128～D255	D128～D7999	D200～D7999
	16 位特殊用	D8000～D8069	D8000～D8255	D8000～D8255	D8000～D8255	D8000～D8195
	16 位变址用	V Z	V0～V7 Z0～Z7	V Z	V0～V7 Z0～Z7	V0～V7 Z0～Z7

附录B FX系列PLC应用指令一览表

分类	FNC NO.	指令助记符	功能说明	对应不同型号的PLC				
				FX_{0S}	FX_{0N}	FX_{1S}	FX_{1N}	FX_{2N} FX_{2NC}
程序流程	00	CJ	条件跳转	✓	✓	✓	✓	✓
	01	CALL	子程序调用	×	×	✓	✓	✓
	02	SRET	子程序返回	×	×	✓	✓	✓
	03	IRET	中断返回	✓	✓	✓	✓	✓
	04	EI	开中断	✓	✓	✓	✓	✓
	05	DI	关中断	✓	✓	✓	✓	✓
	06	FEND	主程序结束	✓	✓	✓	✓	✓
	07	WDT	监视定时器刷新	✓	✓	✓	✓	✓
	08	FOR	循环的起点与次数	✓	✓	✓	✓	✓
	09	NEXT	循环的终点	✓	✓	✓	✓	✓
传送与比较	10	CMP	比较	✓	✓	✓	✓	✓
	11	ZCP	区间比较	✓	✓	✓	✓	✓
	12	MOV	传送	✓	✓	✓	✓	✓
	13	SMOV	移位传送	×	×	×	×	✓
	14	CML	取反传送	×	×	×	×	✓
	15	BMOV	成批传送	×	✓	✓	✓	✓
	16	FMOV	多点传送	×	×	×	×	✓
	17	XCH	交换	×	×	×	×	✓
	18	BCD	二进制转换成BCD码	✓	✓	✓	✓	✓
	19	BIN	BCD码转换成二进制	✓	✓	✓	✓	✓
算术与逻辑运算	20	ADD	二进制加法运算	✓	✓	✓	✓	✓
	21	SUB	二进制减法运算	✓	✓	✓	✓	✓
	22	MUL	二进制乘法运算	✓	✓	✓	✓	✓
	23	DIV	二进制除法运算	✓	✓	✓	✓	✓
	24	INC	二进制加1运算	✓	✓	✓	✓	✓
算术与逻辑运算	25	DEC	二进制减1运算	✓	✓	✓	✓	✓
	26	WAND	字逻辑与	✓	✓	✓	✓	✓
	27	WOR	字逻辑或	✓	✓	✓	✓	✓
	28	WXOR	字逻辑异或	✓	✓	✓	✓	✓
	29	NEG	求二进制补码	×	×	×	×	✓
循环与移位	30	ROR	循环右移	×	×	×	×	✓
	31	ROL	循环左移	×	×	×	×	✓
	32	RCR	带进位右移	×	×	×	×	✓
	33	RCL	带进位左移	×	×	×	×	✓
	34	SFTR	位右移	✓	✓	✓	✓	✓
	35	SFTL	位左移	✓	✓	✓	✓	✓
	36	WSFR	字右移	×	×	×	×	✓
	37	WSFL	字左移	×	×	×	×	✓
	38	SFWR	FIFO（先入先出）写入	×	×	✓	✓	✓
	39	SFRD	FIFO（先入先出）读出	×	×	✓	✓	✓

续表

分类	FNC NO.	指令助记符	功能说明	对应不同型号的 PLC				
				FX_{0S}	FX_{0N}	FX_{1S}	FX_{1N}	FX_{2N} FX_{2NC}
数据处理	40	ZRST	区间复位	✓	✓	✓	✓	✓
	41	DECO	解码	✓	✓	✓	✓	✓
	42	ENCO	编码	✓	✓	✓	✓	✓
	43	SUM	统计 ON 位数	×	×	×	×	✓
	44	BON	ON 位数判断	×	×	×	×	✓
	45	MEAN	求平均值	×	×	×	×	✓
	46	ANS	报警器置位	×	×	×	×	✓
	47	ANR	报警器复位	×	×	×	×	✓
	48	SQR	求平方根	×	×	×	×	✓
	49	FLT	整数与浮点数转换	×	×	×	×	✓
高速处理	50	REF	输入输出刷新	✓	✓	✓	✓	✓
	51	REFF	输入滤波时间调整	×	×	×	×	✓
	52	MTR	矩阵输入	×	×	✓	✓	✓
	53	HSCS	比较置位（高速计数用）	×	✓	✓	✓	✓
	54	HSCR	比较复位（高速计数用）	×	✓	✓	✓	✓
	55	HSZ	区间比较（高速计数用）	×	×	×	×	✓
	56	SPD	脉冲密度	×	×	✓	✓	✓
	57	PLSY	指定频率脉冲输出	✓	✓	✓	✓	✓
	58	PWM	脉宽调制输出	✓	✓	✓	✓	✓
	59	PLSR	带加减速脉冲输出	×	×	✓	✓	✓
方便指令	60	IST	状态初始化	✓	✓	✓	✓	✓
	61	SER	数据查找	×	×	×	×	✓
	62	ABSD	凸轮控制（绝对式）	×	×	✓	✓	✓
	63	INCD	凸轮控制（增量式）	×	×	✓	✓	✓
	64	TTMR	示教定时器	×	×	×	×	✓
	65	STMR	特殊定时器	×	×	×	×	✓
	66	ALT	交替输出	✓	✓	✓	✓	✓
	67	RAMP	斜波信号	✓	✓	✓	✓	✓
	68	ROTC	旋转工作台控制	×	×	×	×	✓
	69	SORT	列表数据排序	×	×	×	×	✓
外部 I/O 设备	70	TKY	10 键输入	×	×	×	×	✓
	71	HKY	16 键输入	×	×	×	×	✓
	72	DSW	BCD 数字开关输入	×	×	✓	✓	✓
	73	SEGD	7 段码译码	×	×	×	×	✓
	74	SEGL	7 段码分时显示	×	×	✓	✓	✓
	75	ARWS	方向开关	×	×	×	×	✓
	76	ASC	ASCI 码转换	×	×	×	×	✓
	77	PR	ASCI 码打印输出	×	×	×	×	✓
	78	FROM	BFM 读出	×	✓	×	✓	✓
	79	TO	BFM 写入	×	✓	×	✓	✓
外围设备	80	RS	串行数据传送	×	✓	✓	✓	✓
	81	PRUN	八进制位传送（#）	×	×	✓	✓	✓
	82	ASCI	16 进制数转换成 ASCI 码	×	✓	✓	✓	✓
	83	HEX	ASCI 码转换成 16 进制数	×	✓	✓	✓	✓
	84	CCD	校验	×	✓	✓	✓	✓

续表

分类	FNC NO.	指令助记符	功 能 说 明	对应不同型号的 PLC				
				FX_{0S}	FX_{0N}	FX_{1S}	FX_{1N}	FX_{2N} FX_{2NC}
外围设备	85	VRRD	电位器变量输入	×	×	✓	✓	✓
	86	VRSC	电位器变量区间	×	×	✓	✓	✓
	87	—	—					
	88	PID	PID 运算	×	×	✓	✓	✓
	89	—	—					
浮点数运算	110	ECMP	二进制浮点数比较	×	×	×	×	✓
	111	EZCP	二进制浮点数区间比较	×	×	×	×	✓
	118	EBCD	二进制浮点数→十进制浮点数	×	×	×	×	✓
	119	EBIN	十进制浮点数→二进制浮点数	×	×	×	×	✓
	120	EADD	二进制浮点数加法	×	×	×	×	✓
	121	EUSB	二进制浮点数减法	×	×	×	×	✓
	122	EMUL	二进制浮点数乘法	×	×	×	×	✓
	123	EDIV	二进制浮点数除法	×	×	×	×	✓
	127	ESQR	二进制浮点数开平方	×	×	×	×	✓
	129	INT	二进制浮点数→二进制整数	×	×	×	×	✓
	130	SIN	二进制浮点数 sin 运算	×	×	×	×	✓
	131	COS	二进制浮点数 cos 运算	×	×	×	×	✓
	132	TAN	二进制浮点数 tan 运算	×	×	×	×	✓
	147	SWAP	高低字节交换	×	×	×	×	✓
定位	155	ABS	ABS 当前值读取	×	×	✓	✓	×
	156	ZRN	原点回归	×	×	✓	✓	×
	157	PLSY	可变速的脉冲输出	×	×	✓	✓	×
	158	DRVI	相对位置控制	×	×	✓	✓	×
	159	DRVA	绝对位置控制	×	×	✓	✓	×
时钟运算	160	TCMP	时钟数据比较	×	×	✓	✓	✓
	161	TZCP	时钟数据区间比较	×	×	✓	✓	✓
	162	TADD	时钟数据加法	×	×	✓	✓	✓
	163	TSUB	时钟数据减法	×	×	✓	✓	✓
	166	TRD	时钟数据读出	×	×	✓	✓	✓
	167	TWR	时钟数据写入	×	×	✓	✓	✓
	169	HOUR	计时仪	×	×	✓	✓	✓
外围设备	170	GRY	二进制数→格雷码	×	×	×	×	✓
	171	GBIN	格雷码→二进制数	×	×	×	×	✓
	176	RD3A	模拟量模块（FX_{0N}-3A）读出	×	✓	×	✓	×
	177	WR3A	模拟量模块（FX_{0N}-3A）写入	×	✓	×	✓	×
触点比较	224	LD=	（S1）=（S2）时起始触点接通	×	×	✓	✓	✓
	225	LD>	（S1）＞（S2）时起始触点接通	×	×	✓	✓	✓
	226	LD<	（S1）＜（S2）时起始触点接通	×	×	✓	✓	✓
	228	LD<>	（S1）<>（S2）时起始触点接通	×	×	✓	✓	✓
	229	LD<=	（S1）≤（S2）时起始触点接通	×	×	✓	✓	✓
	230	LD>=	（S1）≥（S2）时起始触点接通	×	×	✓	✓	✓
	232	AND=	（S1）=（S2）时串联触点接通	×	×	✓	✓	✓
	233	AND>	（S1）＞（S2）时串联触点接通	×	×	✓	✓	✓
	234	AND<	（S1）＜（S2）时串联触点接通	×	×	✓	✓	✓

续表

分类	FNC NO.	指令助记符	功能说明	对应不同型号的 PLC				
				FX_{0S}	FX_{0N}	FX_{1S}	FX_{1N}	FX_{2N} FX_{2NC}
触点比较	236	AND<>	（S1）<>（S2）时串联触点接通	×	×	✓	✓	✓
	237	AND<=	（S1）≤（S2）时串联触点接通	×	×	✓	✓	✓
	238	AND>=	（S1）≥（S2）时串联触点接通	×	×	✓	✓	✓
	240	OR=	（S1）=（S2）时并联触点接通	×	×	✓	✓	✓
	241	OR>	（S1）>（S2）时并联触点接通	×	×	✓	✓	✓
	242	OR<	（S1）<（S2）时并联触点接通	×	×	✓	✓	✓
	244	OR<>	（S1）<>（S2）时并联触点接通	×	×	✓	✓	✓
	245	OR<=	（S1）≤（S2）时并联触点接通	×	×	✓	✓	✓
	246	OR>=	（S1）≥（S2）时并联触点接通	×	×	✓	✓	✓

参考文献

[1] 史宜巧，侍寿永．PLC 技术及应用项目教材 [M]．北京：机械工业出版社，2011.

[2] 阮友德．电气控制与 PLC 实训教程 [M]．北京：人民邮电出版社，2006.

[3] 张伟林．电气控制与 PLC 应用 [M]．北京：人民邮电出版社，2007.

[4] 三菱电机自动化（上海）有限公司．FX 系列 PLC 应用 101 例 [M]．上海：三菱电机上海 FA 中心，2006.

[5] 文杰．三菱 PLC 电气设计与编程自学宝典 [M]．北京：中国电力出版社，2015.

[6] 廖常初．跟我动手学 FX 系列 PLC [M]．北京：机械工业出版社，2012.

[7] MITSUBISHI ELECTRIC CORPORATION．FX 系列编程手册，2001.

[8] MITSUBISHI ELECTRIC CORPORATION．FX 系列用户手册，2001.

[9] MITSUBISHI ELECTRIC CORPORATION．GOT1000 使用手册，1999.

[10] MITSUBISHI ELECTRIC CORPORATION．FX3U 系列微型可编程控制器硬件手册，2007.

[11] MITSUBISHI ELECTRIC CORPORATION．三菱通用变频器 FR-D700 使用手册（应用篇）．2008.

[12] 蔡杏山.零起步轻松学电动机及控制线路[M]．北京：人民邮电出版社，2012.

[13] MITSUBISHI ELECTRIC CORPORATION.GT Designer 2 画面设计手册，2006.

[14] 陈建明.电气控制与 PLC 应用（第 3 版）[M]．北京：电子工业出版社，2014.

[15] 廖常初．PLC 编程及应用（第 4 版）[M]．北京：机械工业出版社，2014.

[16] 张伟林，李海霞.电气控制与 PLC 综合应用技术（第 2 版）[M]．北京：人民邮电出版社，2015.